Charles Darwin

Der Ausdruck der Gemüthsbewegungen bei dem Menschen und den Thieren (1877)

Darwin, Charles

**Der Ausdruck der Gemüthsbewegungen
bei dem Menschen und den Thieren (1877)**

Erscheinungsjahr: 2010
Erscheinungsort: Bremen, Deutschland

Salzwasser-Verlag (www.salzwasserverlag.de) ist ein Imprint der Europäischer Hochschulverlag GmbH & Co KG, Fahrenheitstr. 1, 28359 Bremen. Alle Rechte beim Verlag und bei den jeweiligen Lizenzgebern.

Bei diesem Titel handelt es sich um den Nachdruck eines historischen, lange vergriffenen Buches aus der Schweizerbart'schen Verlagsbuchhandlung, Stuttgart (1877). Da elektronische Druckvorlagen für diese Titel nicht existieren, musste auf alte Vorlagen zurückgegriffen werden. Hieraus zwangsläufig resultierende Qualitätsverluste bitten wir zu entschuldigen.

Der

Ausdruck der Gemüthsbewegungen

bei

dem Menschen und den Thieren

von

Charles Darwin.

Aus dem Englischen übersetzt

von

J. Victor Carus.

Mit 21 Holzschnitten und 7 heliographischen Tafeln.

Dritte, sorgfältig durchgesehene Auflage.

STUTTGART.
E. Schweizerbart'sche Verlagshandlung (E. Koch).
1877.

Inhalt.

Einleitung . . . . Seite 1

Erstes Capitel.
Allgemeine Principien des Ausdrucks.

Angabe der drei hauptsächlichsten Principien. — Das erste Princip: Zweckmäszige Handlungen werden gewohnheitsgemäsz mit gewissen Seelenzuständen associirt und werden ausgeführt, mögen sie in jedem besondern Falle von Nutzen sein oder nicht. — Die Macht der Gewohnheit. — Vererbung. — Associirte gewohnheitsgemäsze Bewegungen bei dem Menschen. — Reflexthätigkeiten. — Übergang der Gewohnheiten in Reflexthätigkeiten. — Associirte gewohnheitsgemäsze Bewegungen bei den niedern Thieren. — Schluszbemerkungen S. 24

Zweites Capitel.
Allgemeine Principien des Ausdrucks. — (Fortsetzung.)

Das Princip des Gegensatzes. — Beispiele vom Hunde und von der Katze. — Ursprung des Princips. — Conventionelle Zeichen. — Das Princip des Gegensatzes ist nicht daraus hervorgegangen, dasz entgegengesetzte Handlungen mit Bewusztsein unter entgegengesetzten Antrieben ausgeführt werden S. 45

Drittes Capitel.
Allgemeine Principien des Ausdrucks. — (Schlusz.)

Das Princip der directen Wirkung des erregten Nervensystems auf den Körper, nnabhängig vom Willen und zum Theil von der Gewohnheit. — Veränderung der Farbe des Haars. — Erzittern der Muskeln. — Abgeänderte Secretionen. — Transpiration. — Ausdruck des gröszten Schmerzes, — der Wuth, groszer

Freude und äuszerster Angst. — Contrast zwischen den Erregungen, welche ausdrucksvolle Bewegungen verursachen und nicht verursachen. — Aufregende und niederdrückende Seelenzustände. — Zusammenfassung . . . . . S. 60

Viertes Capitel.
Mittel des Ausdrucks bei Thieren.

Auszerung von Lauten. — Stimmlaute. — Auf andere Art hervorgebrachte Laute. — Aufrichten der Hautanhänge, der Haare, Federn u. s. w., bei den Seelenerregungen des Zorns und Schreckens. — Das Zurückziehen der Ohren als eine Vorbereitung zum Kämpfen und als ein Ausdruck des Zorns. — Aufrichten der Ohren und Emporheben des Kopfes ein Zeichen der Aufmerksamkeit S. 76

Fünftes Capitel.
Specielle Ausdrucksformen der Thiere.

Der Hund. — Verschiedene ausdrucksvolle Bewegungen desselben. — Katzen. — Pferde. — Wiederkäuer. — Affen, deren Ausdrucksweise für Freude und Zuneigung; — für Schmerz; — Zorn; — Erstaunen und Schreck . . S. 105

Sechstes Capitel.
Specielle Ausdrucksweisen beim Menschen: Leiden und Weinen.

Das Schreien und Weinen kleiner Kinder. — Form der Gesichtszüge — Alter, in welchem das Weinen beginnt. — Die Wirkung gewohnheitsgemäszen Unterdrückens des Weinens. — Schluchzen. — Ursache der Zusammenziehung der Muskeln rings um das Auge während des Schreiens. — Ursache der Thränenabsonderung . . . . S. 133

Siebentes Capitel.
Gedrücktsein, Sorgen, Kummer, Niedergeschlagenheit, Verzweiflung.

Allgemeine Wirkung des Kummers auf den Körper. — Schräge Stellung der Augenbrauen im Leiden. — Über die Ursache der schrägen Stellung der Augenbrauen. — Über das Herabdrücken der Mundwinkel . . . . S. 161

Achtes Capitel.
Freude, Ausgelassenheit, Liebe, zärtliche Gefühle, fromme Ergebung und Andacht.

Das Lachen ursprünglich der Ausdruck der Freude. — Lächerliche Ideen. — Bewegungen des Gesichts während des Lachens. — Natur des dabei hervorgebrachten Lautes. — Die Absonderung von Thränen während hellen Gelächters. — Abstufung vom lauten Lachen zum leichten Lächeln. — Ausgelassenheit. — Der Ausdruck der Liebe. — Zarte Gefühle. — Andacht . . . . S. 180

Neuntes Capitel.

Überlegung. — Nachdenken. — Üble Laune. — Schmollen. — Entschlossenheit.

Der Act des Stirnrunzelns. — Überlegung mit einer Anstrengung oder mit der Wahrnehmung von etwas Schwierigem oder Unangenehmem. — Vertieftes Nachdenken. — Üble Laune. — Mürrisches Wesen. — Hartnäckigkeit. — Schmollen und Verziehen des Mundes. — Bestimmtheit oder Entschiedenheit. — Das feste Schlieszen des Mundes . . . . S. 202

Zehntes Capitel.

Hasz und Zorn.

Hasz. — Wuth. — Wirkungen derselben auf den Körper. — Entblöszung der Zähne. — Wuth bei Geisteskranken. — Zorn und Indignation. — Wie dieselben von verschiedenen Menschenrassen ausgedrückt werden. — Hohn und herausfordernder Trotz. — Das Entblöszen des Eckzahns auf einer Seite des Gesichts S. 218

Elftes Capitel.

Geringschätzung. — Verachtung. — Abscheu, — Schuld. — Stolz u. s. w. Hülflosigkeit. — Geduld. — Bejahung und Verneinung.

Verachtung, Spott und Geringschätzung verschieden ausgedrückt. — Höhnisches Lächeln. — Geberden, welche Verachtung ausdrücken. — Abscheu. — Schuld, List, Stolz u. s. w. — Hültlosigkeit oder Unvermögen. — Geduld. — Hartnäckigkeit. — Zucken der Schultern, bei den meisten Menschenrassen vorkommend. — Zeichen der Bejahung und Verneinung . . . . S. 232

Zwölftes Capitel.

Überraschung. — Erstaunen. — Furcht. — Entsetzen.

Überraschung, Erstaunen. — Erheben der Augenbrauen. — Öffnen des Mundes. — Vorstrecken der Lippen. — Geberden, welche die Überraschung begleiten. — Verwunderung. — Furcht. — Äuszerste Angst. — Aufrichten der Haare. — Zusammenziehung des Platysma myoides — Erweiterung der Pupille. — Entsetzen. — Schlusz . . . . S. 255

Dreizehntes Capitel.

Selbstaufmerksamkeit. — Scham. — Schüchternheit. — Bescheidenheit: Erröthen.

Natur des Erröthens. — Vererbung. — Die am meisten afficirten Theile des Körpers. — Erröthen bei verschiedenen Menschenrassen. — Begleitende Geberden. — Zerstreutheit des Geistes. — Ursachen des Erröthens. — Selbstaufmerksamkeit, das Fundamental-Element. — Schüchternheit. — Scham nach Verletzung von Moralgesetzen und conventionellen Regeln. — Bescheidenheit. — Theorie des Erröthens. — Schluszwiederholung . . . . S. 283

Vierzehntes Capitel.

Schluszbemerkungen und Zusammenfassung.

Die drei leitenden Grundsätze, welche die hauptsächlichsten Bewegungen des Ausdrucks bestimmt haben. — Deren Vererbung. — Über den Antheil, welchen der Wille und die Absicht bei der Erlangung verschiedener Ausdrucksweisen gehabt haben. — Das instinctive Erkennen des Ausdrucks. — Die Beziehung des Gegenstandes zur Frage von der specifischen Einheit der Menschenrassen. — Über das allmähliche Erlangen verschiedener Ausdrucksformen durch die Urerzeuger des Menschen. — Die Wichtigkeit des Ausdrucks. — Schlusz. S. 319

Anmerkung. Mehrere Figuren auf den 7 heliotypirten Tafeln sind nach Photographien, anstatt nach den Original-Negativen reproducirt worden; in Folge hievon sind sie etwas unbestimmt. Nichtsdestoweniger sind sie getreue Copien und für den vorliegenden Zweck bei weitem vorzüglicher als irgend eine, wenn auch noch so sorgfältig ausgeführte Zeichnung.

Einleitung.

Über den körperlichen Ausdruck der Seelenbewegungen sind viele erke geschrieben worden, aber eine noch gröszere Zahl über „Phygnomie", d. h. über das Erkennen des Characters aus dem Studium ~ beständigen Form der Gesichtszüge. Mit diesem letzteren Gegenande haben wir es hier nicht zu thun. Die älteren Abhandlungen[1], welche ich zu Rathe gezogen habe, sind mir nur von geringem oder von gar keinem Nutzen gewesen. Die berühmten „Conférences"[2] des Malers LE BRUN, 1667 erschienen, ist das beste mir bekannte ältere Werk; es enthält manche gute Bemerkungen. Eine andere, aber etwas veraltete Abhandlung, nämlich der „Discours" des bekannten holländischen Anatomen PETER CAMPER[3], nach seinen 1774—1782 gehaltenen Vorlesungen, kann kaum als eine irgend einen merkbaren Fortschritt in der Erkenntnis des Gegenstandes bezeichnende Arbeit betrachtet werden. Dagegen verdienen die folgenden Werke die eingehendste Berücksichtigung.

Der durch seine Entdeckungen in der Physiologie so berühmte SIR CHARLES BELL veröffentlichte 1806 die erste und im Jahre 1844 die dritte Ausgabe seiner „Anatomie und Philosophie des Ausdrucks"[4]. Man kann mit vollem Rechte sagen, dasz er nicht blosz den Grund

---

[1] J. Parsons gibt in seiner Abhandlung „Appendix to the Philosophical Transactions" 1746, p. 41, ein Verzeichnis von einundvierzig älteren Schriftstellern, welche über den Ausdruck geschrieben haben.

[2] „Conférences sur l'expression des différents Caractères des Passions". Paris 1667. 4°. Ich citire stets nach dem Wiederabdrucke der Conférences in der Ausgabe des Lavater von Moreau, erschienen 1820, in Bd. IX, p. 257.

[3] Discours par Pierre Camper sur le moyen de représenter les diverses passions etc. 1792.

[4] Ich citire immer nach der dritten Ausgabe von 1844, welche nach dem Tode Sir Charles Bell's erschien und seine letzten Verbesserungen enthält. Die erste Ausgabe von 1806 ist von viel untergeordneterem Werthe und enthält mehrere seiner wichtigsten Ansichten noch nicht.

zu diesem besonderen Zweige der Wissenschaft gelegt, sondern bereits ein werthvolles Gebäude aufgeführt habe. Sein Werk ist nach allen Richtungen hin von hohem Interesse; es enthält graphische Beschreibungen der verschiedenen Seelenbewegungen und ist ausgezeichnet illustrirt. Es wird allgemein zugegeben, dasz der Dienst, welchen es der Wissenschaft geleistet hat, hauptsächlich darin besteht, dasz es die innige Beziehung nachgewiesen hat, welche zwischen den Bewegungen des seelischen Ausdrucks und denen der Respiration besteht. Einer der bedeutungsvollsten Punkte, so gering er auf den ersten Blick erscheinen mag, ist der, dasz die rund um die Augen herumliegenden Muskeln während heftiger exspiratorischer Anstrengungen unwillkürlich zusammengezogen werden, um jene zarten Organe gegen den Druck des Blutes zu schützen. Diese Thatsache, welche Professor DONDERS in Utrecht mit der gröszten Freundlichkeit für mich nachuntersucht hat, wirft, wie wir später sehen werden, eine Masse Licht auf mehrere der bedeutungsvollsten Ausdrucksformen der menschlichen Gemüthsstimmung. Die Verdienste von SIR CH. BELL's Werk sind von mehreren auswärtigen Schriftstellern unterschätzt oder vollständig übersehen, von einigen dagegen eingehend anerkannt worden, so z. B. von A. LEMOINE[5], welcher mit sehr gerechter Anerkennung sagt: „le livre de CH. BELL devrait être médité par quiconque essaye de „faire parler le visage de l'homme, par les philosophes aussi bien „que par les artistes, car, sous une apparence plus légère et sous le „prétexte de l'esthétique, c'est un des plus beaux monuments de la „science des rapports du physique et du moral."

Aus Gründen, welche sofort angeführt werden sollen, versuchte SIR CH. BELL nicht, seine Ansichten so weit zu verfolgen, als sie wohl hätten ausgeführt werden können. Er versucht keine Erklärung darüber zu geben, warum bei verschiedenen Seelenbewegungen verschiedene Muskeln in Thätigkeit gesetzt werden, warum z. B. von einer Person, welche vor Schmerz oder Angst leidet, die inneren Enden der Augenbrauen in die Höhe und die Mundwinkel herab gezogen werden.

Im Jahre 1807 gab MOREAU eine Ausgabe von LAVATER's Physiognomik heraus[6], in welche er mehrere seiner eigenen Abhandlungen

---

[5] De la Physionomie et de la Parole, par Albert Lemoine. 1865. p. 101.

[6] „L'Art de connaitre les Hommes" etc. par G. Lavater. Die früheste Ausgabe dieses Werkes, auf welche in der Vorrede zur Ausgabe von 1820 in zehn Bänden als Moreau's Beobachtungen enthaltend Bezug genommen wird, soll im Jahre 1807

einverleibte; diese enthalten ausgezeichnete Beschreibungen der Bewegungen der Gesichtsmuskeln in Verbindung mit vielen werthvollen Bemerkungen. Er wirft indessen nur sehr wenig Licht auf die Philosophie des Gegenstandes. Wo z. B. Moreau von dem Acte des Stirnrunzelns spricht, d. h. von der Zusammenziehung des von französischen Anatomen sogenannten „sourcilier" (des corrugator supercilii), bemerkt er mit Recht: „Cette action des sourciliers est un des symptômes les „plus tranchés de l'expression des affections pénibles ou concentrées." Er fügt dann hinzu, dasz diese Muskeln wegen ihrer Anheftung und Lage dazu geeignet sind, „à reserrer, à concentrer les principaux „traits de la face, comme il convient dans toutes ces passions vrai„ment oppressives ou profondes, dans ces affections dont le sentiment „semble porter l'organisation à revenir sur elle-même, à se contracter „et à s'amoindrir, comme pour offrir moins de prise et de surface „à des impressions redoutables ou importunes." Wer der Ansicht ist, dasz Bemerkungen dieser Art irgend welches Licht auf die Bedeutung oder den Ursprung der verschiedenen Ausdrucksarten werfen, sieht die Sache von einem von dem meinigen sehr verschiedenen Standpunkte aus an.

In der oben angeführten Stelle findet sich, wenn überhaupt, nur ein kleiner Fortschritt in der Philosophie des Gegenstandes über den vom Maler Le Brun eingenommenen Standpunkt hinaus, welcher 1667 bei der Schilderung des Ausdrucks der Furcht sagt: „Le sourcil, qui

---

erschienen sein; und ich zweifle nicht daran, dasz dies richtig ist, weil die am Anfange des ersten Bandes stehende „Notice sur Lavater" vom 13. April 1806 datirt ist. In einigen bibliographischen Werken wird indesz als Erscheinungszeit 1805—1809 angegeben; 1805 scheint aber unmöglich richtig sein zu können. Dr. Duchenne bemerkt (Mécanisme de la Physionomie Humaine, Ausgabe in 8° 1862, und Archives générales de Médecine, Jan. et Févr. 1862), dasz Moreau „a composé pour son ouvrage un article important" etc. im Jahre 1805; ich finde in Band I. der Ausgabe von 1820 Stellen, welche die Daten 12. December 1805 und 5. Januar 1806 tragen, auszer dem bereits erwähnten 13. April 1806. In Folge des Umstandes, dasz einige dieser Stellen im Jahre 1805 „composé" wurden, schreibt Duchenne dem Moreau die Priorität vor Sir Ch. Bell zu, dessen Werk, wie wir gesehen haben, im Jahre 1806 herausgegeben wurde. Dies ist eine sehr ungewöhnliche Art, die Priorität wissenschaftlicher Werke zu bestimmen; doch sind derartige Fragen von äuszerst geringer Bedeutung im Vergleich mit dem relativen Werthe der Arbeiten. Die oben aus Moreau's und Le Brun's Abhandlungen angeführten Stellen sind in diesen wie in allen übrigen Fällen nach der Ausgabe des Lavater von 1820 citirt, Tom. IV., p. 228, Tom. XI, p. 279.

„est abaissé d'un côté et élevé de l'autre, fait voir que la partie
„élevée semble le vouloir joindre au cerveau pour le garantir du mal
„que l'âme aperçoit, et le côté qui est abaissé et qui parait enflé,
„nous fait trouver dans cet état par les esprits qui viennent du cer-
„veau en abondance, comme pour couvrir l'âme et la défendre du mal
„qu'elle craint; la bouche fort ouverte fait voir le saisissement du
„coeur, par le sang qui se retire vers lui, ce qui l'oblige, voulant
„respirer, à faire un effort qui est cause que la bouche s'ouvre ex-
„trêmement, et qui, lorsqu'il passe par les organes de la voix, forme
„un son qui n'est point articulé; que si les muscles et les veines
„paraissent enflés, ce n'est que par les esprits que le cerveau envoie
„en ces parties-là." Ich habe die vorstehenden Stellen für der An-
führung werth gehalten als Proben des überraschenden Unsinns, welcher über den Gegenstand geschrieben worden ist.

„Die Physiologie oder der Mechanismus des Erröthens" von Dr. BURGESS erschien 1839; auf dieses Werk werde ich im dreizehnten Capitel häufig verweisen.

Im Jahr 1862 veröffentlichte Dr. DUCHENNE zwei Ausgaben, in Folio und in Octav, seines „Mechanismus der menschlichen Physiognomie", worin er mit Hülfe der Electricität die Bewegungen der Gesichtsmuskeln analysirte und durch prachtvolle Photographien erläuterte. Er hat mir in sehr liberaler Weise gestattet, so viele seiner Photographien zu copiren, als ich wünschte. Mehrere seiner Landsleute haben von seinen Werken nur sehr obenhin gesprochen oder sie vollständig mit Stillschweigen übergangen. Es ist möglich, dasz DUCHENNE die Bedeutung der Zusammenziehung einzelner Muskeln bei Bildung einer Ausdrucksform übertrieben haben mag; denn in Folge der äuszerst innigen Art und Weise, in der diese Muskeln zusammenhängen, wie man aus HENLE's anatomischen Zeichnungen[7] sehen kann (wohl der besten jemals erschienenen), ist es schwer, an deren getrennte Wirkung zu glauben. Nichtsdestoweniger hat DUCHENNE offenbar diese Fehlerquelle, ebenso wie noch andere, deutlich erkannt; und da er bekanntlich in der Aufklärung der Physiologie der Muskeln mit Hülfe der Electricität auszerordentlich erfolgreich war, so hat er wahrscheinlich wohl auch in Betreff der Gesichtsmuskeln im Allgemeinen Recht. Nach meiner Ansicht hat Dr. DUCHENNE den Gegen-

---

[7] Handbuch der systemat. Anatomie des Menschen. Erster Band, dritte Abtheilung. 1858.

stand durch seine Behandlung desselben bedeutend gefördert. Niemand hat die Contraction jedes einzelnen Muskels und die in Folge davon in der Haut entstehenden Furchen sorgfältiger studirt als er. Er hat auch gezeigt, — und dies ist ein sehr wichtiger Dienst, den er der Sache geleistet hat, — welche Muskeln am wenigsten unter der Controle des Willens stehen. In theoretische Betrachtungen läszt er sich sehr wenig ein und versucht nur selten zu erklären, warum unter dem Einflusse gewisser Seelenerregungen sich gewisse Muskeln und nicht andere zusammenziehen.

Ein vortrefflicher französischer Anatom, PIERRE GRATIOLET, hat an der Sorbonne eine Reihe von Vorlesungen über den Ausdruck gehalten, welche 1865 nach seinem Tode unter dem Titel „De la Phy-„sionomie et des Mouvements d'Expression" herausgegeben wurden. Es ist dies ein sehr interessantes Werk, voll von werthvollen Beobachtungen. Seine Theorie ist ziemlich complicirt und lautet, so weit dieselbe in einem einzigen Satze (p. 65) wiedergegeben werden kann, folgendermaszen: — „Il résulte de tous les faits que j'ai rappelés, „que les sens, l'imagination et la pensée elle-même, si élevée, si ab-„straite qu'on la suppose, ne peuvent s'exercer sans éveiller un senti-„ment correlatif, et que ce sentiment se traduit directement, sym-„pathiquement, symboliquement ou métaphoriquement, dans toutes les „sphères des organes extérieurs, qui le racontent tous, suivant leur „mode d'action propre, comme si chacun d'eux avait été directement „affecté."

GRATIOLET scheint die vererbte Gewohnheit und in gewisser Ausdehnung sogar die Gewohnheit beim Individuum übersehen zu haben; es gelingt ihm daher, wie es mir scheint, nicht, die richtige Erklärung, ja überhaupt nur irgend eine Erklärung vieler Geberden und Ausdrucksweisen zu geben. Als eine Erläuterung für das, was er symbolische Bewegungen nennt, will ich seine, CHEVREUL entnommenen, Bemerkungen (p. 37), über einen Mann, welcher Billard spielt, anführen: „Si une bille dévie légèrement de la direction que le joueur „prétend lui imprimer, ne l'avez-vous pas vu cent fois la pousser du „regard, de la tête et même des épaules, comme si ces mouvements, „purement symboliques, pouvaient rectifier son trajet? Des mouve-„ments non moins significatifs se produisent quand la bille manque „d'une impulsion suffisante. Et, chez les joueurs novices, ils sont „quelquefois accusés au point d'éveiller le sourire sur les lèvres des

„spectateurs." Derartige Bewegungen lassen sich, wie mir es scheint, einfach auf Rechnung der Gewohnheit schreiben. So oft ein Mensch gewünscht hat, einen Gegenstand auf eine Seite zu bringen, so oft hat er denselben stets nach dieser Seite hin bewegt; sollte es nach vorwärts sein, stiesz er ihn nach vorwärts, und wollte er ihn aufhalten, hat er ihn zurückgezogen. Wenn daher Jemand seinen Billardball in einer falschen Richtung laufen sieht und er intensiv wünscht, dasz er in einer andern Richtung laufen möchte, so kann er es in Folge langer Gewohnheit nicht vermeiden, unbewuszt Bewegungen auszuführen, welche er in andern Fällen für wirksam erkannt hat.

Als ein Beispiel sympathischer Bewegungen führt GRATIOLET (p. 212) den folgenden Fall an: — „un jeune chien à oreilles droites, „auquel son maître présente de loin quelque viande appétissante, fixe „avec ardeur ses yeux sur cet objet dont il suit tous les mouvements, „et pendant que les yeux regardent, les deux oreilles se portent en „avant comme si cet objet pouvait être entendu." Anstatt hier von einer Sympathie zwischen den Ohren und Augen zu sprechen, scheint mir es viel einfacher zu sein anzunehmen, dasz die Bewegungen dieser Organe durch lange fortgesetzte Gewohnheit fest mit einander associirt worden sind, da Hunde viele Generationen hindurch, während sie scharf auf irgend einen Gegenstand hinsahen, ihre Ohren gespitzt haben, um jeden Laut zu vernehmen, und umgekehrt auch wieder scharf nach der Richtung hingesehen haben, von welcher her sie einen Laut vernahmen.

Im Jahre 1859 veröffentlichte Dr. PIDERIT eine Abhandlung über den Ausdruck, die ich nicht gesehen habe, in welcher er aber, wie er später behauptet, GRATIOLET in vielen seiner Ansichten zuvorgekommen ist. 1867 gab er sein „Wissenschaftliches System der Mimik und Physiognomik" heraus. Es ist kaum möglich, in einigen wenigen Sätzen eine gehörige Idee von seinen Ansichten zu geben. Die beiden folgenden Sätze werden am besten ausdrücken, was in Kürze gesagt werden kann: „Die Muskelbewegungen des Ausdrucks beziehen sich „zum Theil auf imaginäre Gegenstände und zum Theil auf imaginäre „Sinneseindrücke. In diesem Satze liegt der Schlüssel zum Verständ„nis aller expressiven Muskelbewegungen." (S. 25.) Ferner „Expres„sive Bewegungen offenbaren sich hauptsächlich in den zahlreichen „und beweglichen Muskeln des Gesichts, zum Theil, weil die Nerven, „durch welche sie in Bewegung gesetzt werden, in der unmittelbarsten

„Nähe des Seelenorgans entspringen, zum Theil aber auch, weil diese „Muskeln zu Stützen der Sinnesorgane dienen." (S. 26.) Wenn Dr. PIDERIT das Werk SIR CH. BELL's studirt hätte, würde er wahrscheinlich nicht gesagt haben (S. 101), dasz heftiges Lachen deshalb ein Runzeln der Stirne verursache, weil es in seiner Art etwas mit dem Schmerz Gemeinsames habe, oder dasz bei kleinen Kindern die Thränen die Augen reizen (S. 103) und dadurch die Zusammenziehung der umgebenden Muskeln veranlassen. Doch sind manche gute Bemerkungen durch das Buch zerstreut, auf welche ich mich später beziehen werde.

Kurze Erörterungen über den Ausdruck sind in verschiedenen Werken zu finden, welche hier nicht einzeln angeführt zu werden brauchen. Dagegen hat Mr. BAIN in zweien seiner Werke den Gegenstand mit einiger Ausführlichkeit behandelt. Er sagt[8]: „Ich betrachte „den sogenannten Ausdruck als Theil und Stück des Gefühls. Ich „glaube, es ist ein allgemeines Gesetz des Geistes, dasz in Verbindung „mit der Thatsache des inneren Fühlens oder des Bewusztseins eine „diffusive Thätigkeit oder Erregung auf die Glieder des Körpers aus„geht." An einer andern Stelle fügt er hinzu: „eine sehr beträcht„liche Zahl von Thatsachen kann unter den folgenden Grundsatz ge„bracht werden, dasz nämlich Zustände des Vergnügens mit einer Er„höhung und Zustände des Schmerzes mit einer Herabstimmung eini„ger oder aller Lebensfunctionen in Zusammenhang stehen." Das oben erwähnte Gesetz der diffusiven Thätigkeit der Empfindungen scheint aber zu allgemein zu sein, um auf specielle Ausdrucksformen viel Licht zu werfen.

Mr. HERBERT SPENCER macht bei Behandlung der Empfindungen in seinen „Grundzügen der Psychologie" (1855) die folgenden Bemerkungen; „Furcht drückt sich, wenn sie stark ist, in Schreien aus, in „Versuchen, sich zu verbergen oder zu entfliehen, in Zuckungen und „Zittern; und dies sind gerade die Erscheinungen, welche das wirk„liche Erfahren des gefürchteten Übels begleiten würden. Die zer„störenden Leidenschaften zeigen sich in einer allgemeinen Spannung „des Muskelsystems, im Knirschen der Zähne und Vorstrecken der „Krallen, in den weit geöffneten Augen und Nasenlöchern, im Knurren;

---

[8] The Senses and the Intellect. 2 edit. 1864. p. 96 und 288. Die Vorrede zur ersten Auflage dieses Werkes ist vom Juni 1855 datirt. Siehe auch die 2. Auflage von Bain's Werk: „On the Emotions and Will."

„und dies sind schwächere Formen der Thätigkeitsäuszerungen, welche „das Tödten der Beute begleiten." Wie ich glaube, liegt hierin die wahre Theorie einer groszen Zahl von Ausdrucksformen; das hauptsächlichste Interesse und die gröszte Schwierigkeit des Gegenstandes liegt aber in dem genaueren Verfolgen des Zustandekommens der wunderbar complicirten Resultate. Ich sehe, dasz irgend Jemand (wer es aber war, bin ich nicht im Stande gewesen, zu ermitteln) bereits früher eine ganz ähnliche Ansicht ausgesprochen hat; denn Sir Ch. Bell sagt[9]: „Es ist behauptet worden, dasz das, was die „äuszeren Zeichen der Leidenschaften genannt wird, nur die begleiten-„den Erscheinungen jener willkürlichen Bewegungen sind, die der „Körperbau nothwendig macht." Mr. Spencer hat auch eine werthvolle Abhandlung über die Physiologie des Lachens[10] veröffentlicht, in welcher er auf das allgemeine Gesetz mit Nachdruck hinweist, dasz die „Empfindung, wenn sie einen gewissen Grad übersteigt, sich „gewöhnlich in einer körperlichen Handlung äuszert", und dasz „ein „von keinem besondern Beweggrunde geleiteter Überschusz von Nerven-„kraft offenbar zunächst die gewohnheitsgemäszen Wege einschlagen „wird; reichen aber diese nicht hin, so flieszt derselbe in die weniger „gewohnheitsgemäszen über." Für die Beleuchtung unseres Gegenstandes ist dies Gesetz, wie ich glaube, von der gröszten Bedeutung[11].

Alle Schriftsteller, welche über den Ausdruck geschrieben haben, scheinen mit Ausnahme Mr. Spencer's, des groszen Commentators des Princips der Entwickelung, fest davon überzeugt gewesen zu sein, dasz die Arten, natürlich mit Einschlusz des Menschen, in ihrem gegenwärtigen Zustande in's Dasein traten. Sir Ch. Bell, welcher diese Überzeugung hatte, behauptet, dasz viele unserer Gesichtsmus-

---

[9] The Anatomy of Expression. 3. edit. p. 121.

[10] Essays, Scientific, Political, and Speculative. 2. Series. 1863. p. 111. Auch in der ersten Reihe findet sich eine Erörterung über das Lachen, welche mir aber von sehr untergeordnetem Werthe zu sein scheint.

[11] Seit dem Erscheinen der oben angezogenen Abhandlung hat Mr. Spencer noch eine andere geschrieben über „Morals and Moral Sentiments" in der Fortnightly Review. April 1., 1871, p. 426. Auch hat er jetzt seine Schluszfolgerungen im 2. Bande der 2. Ausgabe der Principles of Psychology, 1872, p. 539, veröffentlicht. Um der Anschuldigung zu entgehen, als griffe ich in Mr. Spencer's Bereich über, will ich erwähnen, dasz ich schon in der „Abstammung des Menschen" ankündigte, damals bereits einen Theil des vorliegenden Buches geschrieben zu haben. Meine ersten schriftlichen Aufzeichnungen über das Thema des Ausdrucks tragen das Datum von 1838.

keln „blosze Werkzeuge für den Ausdruck" seien, oder „eine specielle Einrichtung" für diesen einen Zweck darstellen¹². Aber schon die einfache Thatsache, dasz die menschenähnlichen Affen die nämlichen Gesichtsmuskeln wie wir besitzen¹³, macht es sehr unwahrscheinlich, dasz diese Muskeln bei uns ausschlieszlich dem Gesichtsausdrucke dienen; denn ich denke doch, dasz Niemand anzunehmen geneigt sein wird, dasz Affen mit speciellen Muskeln begabt worden sind nur zu dem Zwecke, ihre widerlichen Grimassen darzustellen. Es lassen sich in der That bestimmte, vom Ausdrucke unabhängige Gebrauchsweisen mit groszer Wahrscheinlichkeit für beinahe alle Gesichtsmuskeln nachweisen.

Sir Ch. Bell wünschte offenbar einen so weiten Unterschied zwischen dem Menschen und den niederen Thieren zu machen wie nur möglich; und in Folge hiervon behauptet er, dasz „bei den niederen „Geschöpfen kein Ausdruck vorhanden ist als das, was man mehr „oder weniger deutlich auf die Äuszerungen ihres Willens oder die „nothwendigen Instincte zurückführen kann." Er behauptet ferner, dasz ihre Gesichter hauptsächlich im Stande zu sein scheinen, Wuth oder Furcht auszudrücken"¹⁴. Aber selbst der Mensch kann Liebe und Demuth durch äuszere Zeichen nicht so deutlich ausdrücken als ein Hund, wenn er mit hängenden Ohren, herabhängenden Lippen, sich windendem Körper und wedelndem Schwanze seinem geliebten Herrn begegnet. Auch lassen sich diese Bewegungen beim Hunde nicht durch Handlungen des Willens oder durch nothwendige Instincte erklären, ebensowenig wie das Glänzen der Augen und das Lächeln der Wangen bei einem Menschen, wenn er einen alten Freund trifft. Wenn Sir Ch. Bell über den Ausdruck der Zuneigung beim Hunde gefragt worden wäre, so würde er ohne Zweifel geantwortet haben, dasz dies Thier mit speciellen Instincten erschaffen worden sei, welche dasselbe für die gesellige Verbindung mit dem Menschen geschickt machten, und dasz alle weiteren Untersuchungen über den Gegenstand überflüssig seien.

---

[12] Anatomy of Expression 3. edit. p. 98, 121, 131.

[13] Professor Owen führt ausdrücklich an (Proceed. Zoolog. Soc. 1830, p. 28), dasz dies in Bezug auf den Orang der Fall ist, und zählt speciell die bedeutungsvolleren Muskeln auf, von welchen bekannt ist, dasz sie beim Menschen dazu dienen, seine Gefühle auszudrücken. Siehe auch eine Beschreibung mehrerer Gesichtsmuskeln des Chimpanse von Prof. Macalister in: Annals and Magaz. of Natur. Hist. Vol. VII. May, 1871, p. 342.

[14] Anatomy of Expression, p. 121, 138.

Obgleich GRATIOLET es emphatisch leugnet[15], dasz irgend ein Muskel allein zum Zwecke des Ausdrucks entwickelt worden sei, so scheint er doch niemals über das Princip der Entwickelung nachgedacht zu haben. Allem Anscheine nach betrachtet er jede Species als Resultat einer besonderen Schöpfung. Dasselbe gilt auch von den übrigen Schriftstellern über den Ausdruck. Nachdem z. B. Dr. DUCHENNE von den Bewegungen der Gliedmaszen gesprochen hat, geht er auf diejenigen über, welche dem Gesichte einen bestimmten Ausdruck geben, und bemerkt[16]: „Le créateur n'a donc pas eu à se préoccuper „ici des besoins de la mécanique; il a pu, selon sa sagesse, ou — que „l'on me pardonne cette manière de parler — par une divine fantaisie, „mettre en action tel ou tel muscle, un seul ou plusieurs muscles „à la fois, lorsqu'il a voulu que les signes caractéristiques des passions, „même les plus fugaces, fussent écrits passagèrement sur la face de „l'homme. Ce langage de la physionomie une fois créé, il lui a suffi, „pour le rendre universel et immuable, de donner à tout être humain „la faculté instinctive d'exprimer toujours ses sentiments par la con„traction des mêmes muscles."

Viele Schriftsteller betrachten den ganzen Gegenstand, die verschiedenen Ausdrucksformen, als unerklärlich. So sagt der berühmte Physiolog JOHANNES MÜLLER[17]: „Der so äuszerst verschiedene Aus„druck der Gesichtszüge in den verschiedenen Leidenschaften zeigt, „dasz je nach der Art der Seelenzustände ganz verschiedene Gruppen „der Fasern des Nervus facialis in Thätigkeit oder Abspannung ge„setzt werden. Die Gründe dieser Erscheinung, dieser Beziehung „der Gesichtsmuskeln zu besondern Leidenschaften, sind gänzlich un„bekannt."

So lange man den Menschen und alle übrigen Thiere als besondere Schöpfungen betrachtet, wird ohne Zweifel dadurch unserm natürlichen Verlangen, den Ursachen des Ausdrucks so weit als möglich nachzuforschen, eine wirksame Schranke gesetzt. Nach dieser Theorie kann Alles und Jedes gleichmäszig gut erklärt werden; in Bezug auf die Lehre vom Ausdruck hat sie sich ebenso verderblich erwiesen, wie in Bezug auf jeden andern Zweig der Naturgeschichte. Beim Menschen

---

[15] De la Physionomie, p. 12, 73.
[16] Mécanisme de la Physionomie Humaine. Ausg. in 8°, p. 31.
[17] Handbuch der Physiologie des Menschen Bd. II. 1840. S. 92.

lassen sich einige Formen des Ausdrucks, so das Sträuben des Haares unter dem Einflusse des äuszersten Schreckens, oder des Entblöszens der Zähne unter dem der rasenden Wuth, kaum verstehn, ausgenommen unter der Annahme, dasz der Mensch früher einmal in einem viel niedrigeren und thierähnlichen Zustande existirt hat. Die Gemeinsamkeit gewisser Ausdrucksweisen bei verschiedenen, aber verwandten Species, so die Bewegungen derselben Gesichtsmuskeln während des Lachens beim Menschen und bei verschiedenen Affen, wird etwas verständlicher, wenn wir an deren Abstammung von einem gemeinsamen Urerzeuger glauben. Wer aus allgemeinen Gründen annimmt, dasz der Körperbau und die Gewohnheiten aller Thiere allmählich entwickelt worden sind, wird auch die ganze Lehre vom körperlichen Ausdrucke der Seelenzustände in einem neuen und interessanten Lichte betrachten.

Das Studium des Ausdrucks ist schwierig, da die Bewegungen häufig äuszerst unbedeutend und von einer schnell vorübergehenden Natur sind. Es mag schon eine Verschiedenheit wahrgenommen werden, und doch kann es, wie ich wenigstens gefunden habe, unmöglich sein, anzugeben, worin die Verschiedenheit besteht. Wenn wir Zeuge irgend einer tiefen Erregung sind, so wird unser Mitgefühl so stark erregt, dasz wir vergessen oder dasz es uns fast unmöglich wird, eine sorgfältige Beobachtung anzustellen. Von dieser Thatsache habe ich viele merkwürdige Belege erhalten. Unsre Einbildung ist eine andere und noch bedenklichere Quelle des Irrthums; denn wenn wir nach der Natur der Umstände irgend einen Ausdruck zu sehn erwarten, so bilden wir uns leicht seine Anwesenheit ein. Trotzdem Dr. Duchenne grosze Erfahrung besasz, so glaubte er doch, wie er selbst angibt, lange Zeit, dasz sich bei gewissen Seelenerregungen mehrere Muskeln zusammenzögen, während er sich zuletzt überzeugte, dasz die Bewegung auf einen einzelnen Muskel beschränkt war.

Um eine so gute Grundlage als nur möglich zu gewinnen und um, unabhängig von der gewöhnlichen Meinung, zu ermitteln, in wie weit besondere Bewegungen der Gesichtszüge und eigenthümliche Geberden wirklich gewisse Seelenzustände ausdrücken, habe ich die folgenden Mittel als die nützlichsten befunden. An erster Stelle sind Kinder zu beobachten: denn sie bieten, wie Sir Ch. Bell bemerkt, viele seelische Erregungen „mit auszerordentlicher Kraft" dar; während im spätern Leben mehrere unsrer Ausdrucksarten „aufhören, der reinen

„und einfachen Quelle zu entspringen, aus welcher sie in der Kindheit „hervorgehen" [18].

An zweiter Stelle kam mir der Gedanke, dasz man Geisteskranke studiren müsse, da sie Ausbrüchen der stärksten Leidenschaften ausgesetzt sind, ohne sie irgendwie zu controliren. Ich selbst hatte keine Gelegenheit dies zu thun; ich wandte mich daher an Dr. MAUDSLEY und erhielt von ihm eine Empfehlung an Dr. J. CRICHTON BROWNE, welcher eine auszerordentlich grosze Irrenheilanstalt in der Nähe von Wakefield leitet und, wie ich fand, dem Gegenstande bereits Aufmerksamkeit geschenkt hatte. Dieser vorzügliche Beobachter hat mir mit unermüdlicher Freundlichkeit zahlreiche Notizen und Beschreibungen mit werthvollen Andeutungen über viele Punkte gesandt, und ich kann den Werth seiner Unterstützung kaum überschätzen. Ich verdanke auch der Freundlichkeit des Mr. PATRICK NICOL von der Sussex-Irrenanstalt interessante Angaben über zwei oder drei Punkte.

Drittens galvanisirte Dr. DUCHENNE, wie wir bereits gesehen haben, bestimmte Muskeln im Gesichte eines alten Mannes, dessen Haut wenig empfindlich war, und rief dadurch verschiedene Ausdrucksarten hervor, welche in einem grossen Maszstabe photographirt wurden. Glücklicherweise fiel es mir ein, mehrere der besten Tafeln ohne ein Wort der Erklärung mehr als zwanzig gebildeten Personen verschiedenen Alters und beiderlei Geschlechts zu zeigen und diese in jedem einzelnen Falle zu fragen, von welcher Seelenbewegung oder von welchem Gefühl der alte Mann ihrer Vermuthung nach wohl erregt sei; die Antworten, die ich erhielt, notirte ich mir mit den von ihnen gebrauchten Worten. Mehrere dieser Ausdrucksformen wurden von beinahe jeder Person augenblicklich erkannt, wenn sie auch nicht mit genau denselben Worten beschrieben wurden, und ich glaube, dasz man diese als naturgetreu ansehn kann; ich werde sie später einzeln anführen. Auf der andern Seite wurden in Bezug auf einige derselben die allerverschiedensten Urtheile geäussert. Dieses Vorzeigen war noch in einer andern Art von Nutzen, da es mich überzeugte, wie leicht wir von unsrer Einbildung irregeführt werden können; denn als ich zum ersten Male Dr. DUCHENNE's Photographien durchsah und gleichzeitig den dazu gehörigen Text las, wobei ich erfuhr, was darzustellen beabsichtigt worden war, wurde ich von der Wahrhaftigkeit aller,

---

[18] Anatomy of Expression, 3. edit. p. 198.

mit nur wenig Ausnahmen, mit Bewunderung erfüllt. Wenn ich aber dieselben ohne Erklärung durchgesehen hätte, so würde ich demungeachtet ohne Zweifel ebenso sehr in manchen Fällen in Verwirrung gerathen sein, wie es andern Personen ergangen ist.

Viertens hatte ich auch gehofft, von den groszen Meistern der Malerei und Bildhauerkunst, welche so aufmerksame Beobachter sind, eine grosze Hülfe zu erhalten. Ich habe daher Photographien und Kupferstiche vieler allgemein bekannter Kunstwerke genau betrachtet, habe aber, mit wenig Ausnahmen, dadurch keinen Vortheil erlangt. Der Grund hiervon ist ohne Zweifel der, dasz bei Werken der Kunst die Schönheit das hauptsächlichste, oberste Ziel ist; und stark contrahirte Gesichtsmuskeln zerstören die Schönheit [19]. Die der Composition zum Ausgangspunkte dienende Geschichte wird meistens durch geschickt angebrachte Nebendinge mit wunderbarer Kraft zur Darstellung und zum Ausdrucke gebracht.

Fünftens schien es mir von groszer Bedeutung zu sein, zu ermitteln, ob dieselben Weisen des Ausdrucks, dieselben Geberden bei allen Menschenrassen, besonders bei denjenigen, welche nur wenig mit Europäern in gesellige Berührung gekommen sind, vorkommen, wie so oft ohne viele Belege zu geben behauptet worden ist. Wenn nur immer dieselben Bewegungen der Gesichtszüge oder des Körpers bei mehreren verschiedenen Rassen des Menschen dieselben Seelenbewegungen ausdrücken, so können wir mit groszer Wahrscheinlichkeit folgern, dasz derartige Ausdrucksarten echte sind, d. h. dasz sie angeborne oder instinctive sind. Conventionelle Ausdrucksformen oder Geberden, welche das Individuum während der ersten Zeit seines Lebens sich aneignet, dürften wahrscheinlich bei den verschiedenen Rassen in derselben Weise von einander verschieden gewesen sein, wie deren Sprachen es sind. In Folge dessen vertheilte ich, zeitig im Jahre 1867, die folgenden Fragen gedruckt mit der Aufforderung, welcher auch vollständig entsprochen worden ist, dasz man sich nur auf wirkliche Beobachtungen, nicht auf das Gedächtnis verlassen möge. Diese Fragen wurden nach dem Verlaufe einer beträchtlich langen Zeit seit meiner ersten Beschäftigung mit dem Gegenstande niedergeschrieben, innerhalb deren meine Aufmerksamkeit nach einer andern Richtung hin in Anspruch genommen war; und ich sehe jetzt,

---

[19] s. Bemerkungen hierüber in Lessing's Laokoon.

dasz sie viel besser hätten gestellt werden können. Einigen der später versendeten Exemplare fügte ich handschriftlich noch einige wenige Bemerkungen hinzu.

1. Wird das Erstaunen dadurch ausgedrückt, dasz die Augen und der Mund weit geöffnet und die Augenbrauen in die Höhe gezogen werden?

2. Erregt die Scham ein Erröthen, wenn die Farbe der Haut ein Sichtbarwerden desselben gestattet? und besonders: wie weit erstreckt sich das Erröthen am Körper abwärts?

3. Wenn ein Mensch indignirt oder trotzig ist, runzelt er die Stirn, hält er seinen Körper und Kopf aufrecht, wirft er seine Schultern zurück und ballt er die Faust?

4. Wenn er über irgend einen Gegenstand tief nachdenkt oder ein Räthsel zu lösen versucht, runzelt er die Stirn oder die Haut unterhalb der untern Augenlider?

5. Sind im Zustande der Niedergeschlagenheit die Mundwinkel herabgezogen und die innern Enden der Augenbrauen durch den Muskel, welchen die Franzosen den »Gram-Muskel« nennen, emporgehoben? Die Augenbrauen stehen in diesem Zustande unbedeutend schräg, ihr inneres Ende ist leicht angeschwollen und die Stirn ist im mittleren Theile quer gefaltet, aber nicht quer über die ganze Breite, wie dann, wenn die Augenbrauen beim Erstaunen in die Höhe gezogen werden.

6. Wenn der Mensch in guter Laune ist, glänzen dann die Augen, ist die Haut rund um sie herum und unter ihnen etwas gerunzelt und ist der Mund an den Winkeln ein wenig nach hinten gezogen?

7. Wenn ein Mensch einen andern verhöhnt oder bissig anfährt, wird dann der Winkel der Oberlippe über dem Hunds- oder Augenzahn auf der Seite erhoben, auf welcher der so angeredete Mensch sich findet?

8. Ist der Ausdruck des Mürrisch- oder Obstinatseins wiederzuerkennen, welcher sich hauptsächlich darin zeigt, dasz der Mund fest geschlossen ist, die Augenbrauen etwas herabgezogen und leicht gerunzelt sind?

9. Wird Verachtung durch ein leichtes Vorstrecken der Lippen, durch Emporheben der Nase, verbunden mit einer leichten Exspiration ausgedrückt?

10. Wird Widerwille dadurch gezeigt, dasz die Unterlippe nach abwärts gewendet und die Oberlippe leicht erhoben wird in Verbindung mit einer plötzlichen Exspiration, bald so wie ein beginnendes Erbrechen oder als wenn etwas aus dem Munde ausgespuckt würde?

11. Wird die äuszerste Furcht allgemein in derselben Weise ausgedrückt, wie bei Europäern?

12. Wird das Lachen jemals so weit getrieben, dasz es Thränen in die Augen bringt?

13. Wenn ein Mensch zu zeigen wünscht, dasz er irgend etwas zu geschehen nicht verhindern kann oder dasz er selbst etwas nicht thun kann, zuckt er dann mit den Schultern, wendet er seine Ellenbogen nach innen, streckt er seine Hände nach aussen und öffnet er dieselben, wobei noch die Augenbrauen erhoben werden?

14. Wenn Kinder mürrisch oder eigensinnig sind, lassen sie dann den Mund hängen oder strecken sie die Lippen vor?

15. Kann Schuld, oder Schlauheit, oder Eifersucht im Ausdrucke erkannt werden? Ich weisz indessen nicht, wie diese Ausdrucksformen scharf zu bestimmen sind.

16. Wird bei der Bejahung der Kopf in senkrechter Richtung genickt und bei der Verneinung nach den Seiten geschüttelt?

Beobachtungen an Eingebornen, welche nur wenig Communication mit Europäern gehabt haben, würden natürlich die werthvollsten sein, obschon solche überhaupt an Eingebornen angestellt von groszem Interesse für mich sein würden. Allgemeine Bemerkungen über den Ausdruck sind von verhältnismäszig geringem Werthe; und das Gedächtnis ist so trügerisch, dasz ich ernstlich bitte, ihm nicht zu trauen. Eine bestimmt abgefaszte Beschreibung des Ausdrucks unter irgend einer Seelenerregung oder einem bestimmten Zustande des Geistes, mit einer Angabe der Umstände, unter welchen jene eintraten, würden groszen Werth für mich haben.

Auf diese Fragen habe ich sechsunddreiszig Antworten von verschiedenen Beobachtern erhalten, mehrere derselben von Missionären oder Beschützern der eingebornen Bevölkerung, denen allen ich für die grosze Mühe, welche sie sich gegeben haben, und für die werthvolle Hülfe, die ich dadurch erhalten habe, auf's Tiefste verbunden bin. Ich will ihre Namen u. s. w. am Ende des vorliegenden Abschnittes einzeln aufzählen, um nicht die Reihe meiner Bemerkungen hier zu unterbrechen. Die Antworten beziehen sich auf mehrere der verschiedensten und wildesten Rassen des Menschen. In vielen Fällen sind die Umstände erzählt worden, unter denen eine jede der Ausdrucksformen beobachtet worden ist, und die Ausdrucksform selbst ist beschrieben. In derartigen Fällen kann den Antworten ein groszes Vertrauen geschenkt werden. Bestanden die Antworten einfach in Ja oder Nein, dann habe ich sie immer mit Vorsicht aufgenommen. Aus der mir hierdurch gewordenen Belehrung folgt, dasz ein und derselbe Zustand der Seele durch die ganze Welt mit merkwürdiger Gleichförmigkeit ausgedrückt wird; und diese Thatsache ist als ein Beweis für die grosze Ähnlichkeit aller Menschenrassen im Baue des Körpers und in den geistigen Anlagen schon an sich interessant.

Sechstens und letztens habe ich so sorgfältig als ich nur konnte dem Ausdrucke mehrerer Leidenschaften bei einigen der gewöhnlichen Hausthiere Aufmerksamkeit gewidmet; und dies ist, wie ich glaube, von äuszerster Bedeutung, natürlich nicht, um zu entscheiden, in wie weit beim Menschen gewisse Ausdrucksformen für bestimmte Seelenzustände characteristisch sind, sondern deshalb, weil es die sicherste

Grundlage für eine Verallgemeinerung in Betreff der Ursachen oder des Ursprungs der verschiedenen Bewegungen des Ausdrucks darbietet. Bei der Beobachtung von Thieren sind wir weniger dem ausgesetzt, von unsrer Einbildung uns vorweg einnehmen zu lassen, und darüber können wir sicher sein, dasz die Ausdrucksart der Thiere nicht conventionell ist.

Die Beobachtung des Ausdrucks ist aus den oben erwähnten Gründen durchaus nicht leicht, was auch viele Personen, die ich gebeten habe gewisse Punkte zu beobachten, sehr bald gefunden haben. Diese Gründe sind einmal: die flüchtige Natur mancher Ausdrucksformen — der Umstand, dasz die Veränderungen in den Gesichtszügen häufig äuszerst gering sind, — dasz unsre Sympathie leicht erweckt wird, wenn wir irgend eine starke Erregung der Seele vor uns sehn, wodurch unsre Aufmerksamkeit abgezogen wird, — dasz uns unsere Einbildungskraft täuscht, indem wir in einer unbestimmten Weise wissen, was etwa zu erwarten ist, trotzdem sicherlich nur wenige von uns wissen, worin die eigentlichen Veränderungen in dem Ausdrucke genau bestehn, — und endlich selbst unsre lange Vertrautheit mit dem Gegenstande: alle diese Gründe wirken vereint. Es ist demzufolge schwer mit Sicherheit zu bestimmen, welches die Bewegungen der Gesichtszüge und des Körpers sind, die gewöhnlich gewisse Seelenzustände characterisiren. Nichtsdestoweniger sind doch, wie ich hoffe, einige dieser Zweifel beseitigt worden und zwar einmal durch die Beobachtung kleiner Kinder, der Irren, der verschiedenen Menschenrassen, der Kunstwerke und endlich der Gesichtsmuskeln, wie diese unter der Wirkung des Galvanismus in Dr. DUCHENNE's Versuchen erscheinen.

Es bleibt aber noch immer die viel bedeutendere Schwierigkeit übrig, nämlich die Ursache oder den Ursprung der verschiedenen Ausdrucksformen einzusehn und zu beurtheilen, ob irgend eine theoretische Erklärung zuverlässig ist. Auszer dem Versuche, mit unserm Verstande, so gut als wir nur ohne Hülfe irgend welcher Regeln es können, zu beurtheilen, welche von zwei oder mehr Erklärungen die zufriedenstellendste ist, oder ob beide völlig unbefriedigend sind, sehe ich nur einen Weg, unsre Schluszfolgerungen zu prüfen. Derselbe besteht darin, dasz wir beobachten, ob dasselbe Princip, durch welches dem Anscheine nach die eine Ausdrucksform erklärt werden kann, in andern verwandten Fällen angewendet werden kann, und besonders, ob ein und dasselbe allgemeine Princip mit befriedigenden Resultaten sowohl auf den Menschen als auf die niedern Thiere anwendbar ist. Ich bin zu glauben geneigt, dasz diese letztere Methode von allen die brauchbarste ist. Die Schwierigkeit, die Wahrheit irgend einer theoretischen Erklärung zu beurtheilen und dieselbe durch eine bestimmte Untersuchungsweise zu prüfen, beeinträchtigt in hohem Masze das Interesse, welches dies Studium eigentlich wohl zu erregen ganz geeignet scheint.

Endlich möchte ich in Bezug auf meine eignen Beobachtungen erwähnen, dasz dieselben im Jahre 1838 begonnen wurden und dasz ich von jener Zeit an bis auf den heutigen Tag gelegentlich dem Gegenstande Aufmerksamkeit geschenkt habe. Zu der eben angegebenen Zeit war ich bereits geneigt, an das Princip der Entwickelung oder der Herleitung der Arten von andern und niedrigeren Formen zu glauben. In Folge hiervon fiel mir, als ich Sir Ch. Bell's groszes Werk las, dessen Ansicht, dasz der Mensch mit gewissen Muskeln erschaffen worden sei, welche speciell zum Ausdrucke seiner Empfindungen eingerichtet seien, als unbefriedigend auf. Es schien mir vielmehr wahrscheinlich zu sein, dasz die Gewohnheit unsre Gefühle durch gewisse Bewegungen auszudrücken, wenn sie auch jetzt zu einer angebornen geworden ist, doch in einer gewissen Art und Weise allmählich erlangt worden sei. Es war aber in keinem geringen Grade verwirrend, herausfinden zu sollen, wie derartige Gewohnheiten erlangt worden sind. Der ganze Gegenstand musste von einem neuen Gesichtspunkte aus betrachtet werden und eine jede Ausdrucksform verlangte eine rationelle Erklärung. Diese Überzeugung führte mich dazu, das vorliegende Werk zu versuchen, wie unvollkommen seine Ausführung auch ausgefallen sein mag.

Ich will nun die Namen der Herren mittheilen, denen ich, wie ich oben sagte, für Informationen in Bezug auf den Ausdruck, wie ihn die verschiedenen Menschenrassen darbieten, zu Dank tief verpflichtet bin, und ich will auch einige der Umstände speciell anführen, unter denen in einem jeden Falle die Beobachtungen angestellt worden sind. Dank der grossen Freundlichkeit und dem bedeutenden Einflusse des Mr. Wilson, auf Hayes Place, Kent, habe ich aus Australien nicht weniger als dreizehn Reihen von Antworten auf meine Fragen erhalten. Dies ist ganz besonders glücklich für mich gewesen, da die Eingebornen von Australien zu den distinctesten von allen Menschenrassen gehören. Man wird bemerken, dasz die Beobachtungen hauptsächlich im Süden, in den Grenzbezirken der Colonie Victoria gemacht worden sind; doch habe ich auch einige ausgezeichnete Antworten aus dem Norden erhalten.

Mr. Dyson Lacy hat mir im Detail einige werthvolle Beobachtungen mitgetheilt, welche er mehrere hundert Meilen weit im Innern von Queensland angestellt hat. Mr. R. Brough Smyth in Melbourne bin ich sehr verbunden für Beobachtungen, die er selbst angestellt hat, und für Zusendung mehrerer der folgenden Briefe, nämlich: Von Mr. Hagenauer von Lake Wellington, einem Missionär in Gippsland, Victoria, welcher durch seinen Umgang mit den Eingebornen viele Erfahrung besitzt. Von Mr. Samuel Wilson, einem Grundbesitzer, welcher in Langerenong, Wimmera, Victoria, lebt. Von Mr. George Taplin, Oberaufseher der eingebornen industriellen Niederlassung in Port Macleay. Von Mr. Archibald G. Lang in Coranderik, Victoria, einem Lehrer an einer Schule, in welcher alte und junge Eingeborne von allen Theilen der Colonie zusammenkommen. Von Mr. H. B. Lane in Belfast, Victoria, einem Polizeibeamten und Amtmanne, dessen Beobachtungen, wie mir versichert worden ist, in hohem Grade zuverlässig sind. Von Mr. Templeton Bunnett in Echuca, dessen Aufenthaltsort an der Grenze der Colonie Victoria liegt, und welcher in Folge dessen im Stande war, viele Eingeborne zu beobachten, welche wenig Verkehr mit den Weiszen gehabt haben. Er hat seine Beobachtungen mit denen zweier andrer Herren verglichen, welche lange in seiner Nähe gelebt haben. Endlich auch von Mr. J. Bulmer, einem Missionär in einem entfernten Theile von Gippsland, Victoria.

Ich bin auch dem ausgezeichneten Botaniker, Dr. Ferdinand Müller, in Victoria, für einige von ihm selbst angestellte Beobachtungen, wie für Zusendung andrer, welche Mrs. Green gemacht hat, sowie mehrerer der vorstehend erwähnten Briefe verbunden.

In Bezug auf die Maoris von Neu-Seeland hat mir Mr. J. W. Stack nur einige wenige meiner Fragen beantwortet; diese Antworten waren aber merkwürdig ausführlich, klar, deutlich und bestimmt und enthielten Schilderungen der Umstände, unter denen die Beobachtungen gemacht worden sind.

Der Rajah BROOKE hat mir einige Informationen in Bezug auf die Dyaks von Borneo gegeben.

Betreffs der Malayen bin ich auszerordentlich erfolgreich gewesen. Mr. F. GEACH (an welchen ich von Mr. WALLACE empfohlen worden war) hat während seines Aufenthaltes im Innern von Malacca als Bergbau-Ingenieur viele Eingeborne beobachtet, welche noch niemals vorher mit weiszen Leuten in gesellige Berührung gekommen waren. Er hat mir zwei lange Briefe geschrieben mit ausgezeichneten und detaillirten Beobachtungen über den Ausdruck. Gleichzeitig hat er auch die chinesischen Einwanderer in dem Malayischen Archipel beobachtet.

Auch der bekannte Naturforscher, Mr. SWINHOE, groszbritannischer Consul, hat die Chinesen, und zwar in ihrem Heimathlande, in meinem Interesse beobachtet und Erkundigungeu bei Andern angestellt, auf welche er sich verlassen konnte.

In Indien hat Mr. H. ERSKINE während seines Aufenthalts in seiner officiellen Stellung in dem Admednugur-Bezirk der Präsidentschaft Bombay der Ausdrucksweise der Einwohner Aufmerksamkeit geschenkt, hat aber deshalb viel Schwierigkeit gefunden, zu irgend welchen sichern Schluszfolgerungen zu gelangen, weil dieselben gewöhnlich alle ihre Seelenerregungen in der Gegenwart von Europäern zu verbergen suchen. Er hat auch Informationen für mich von Mr. WEST, dem Richter in Canara, erhalten, und einige intelligente eingeborne Herren über gewisse Punkte consultirt. In Calcutta beobachtete Mr. SCOTT, der Curator des botanischen Gartens, sorgfältig die verschiedenen Menschenstämme, welche in dem Garten während eines beträchtlichen Zeitraums angestellt waren, und Niemand hat mir so ausführliche Details mitgetheilt wie er. Die Gewohnheit sorgfältiger Beobachtung, welche er durch seine botanischen Studien sich angeeignet hatte, hat er auch in Bezug auf den in Frage stehenden Gegenstand zur Geltung gebracht. In Betreff der Insel Ceylon bin ich Mr. S. O. GLENIE für Antworten auf mehrere meiner Fragen zu Dank verpflichtet.

Wenn ich mich nun zu Africa wende, so bin ich, was die Neger betrifft, wenig glücklich gewesen, obschon Mr. WINWOOD READE mir geholfen hat, so weit es nur in seiner Macht stand. Es würde vergleichsweise leicht gewesen sein, Informationen in Betreff der Neger-Sklaven in America zu erhalten; da diese aber lange Zeit mit weiszen

Menschen Umgang gehabt haben, so würden derartige Beobachtungen nur wenig Werth besessen haben. Im südlichen Theile des africanischen Continents beobachtete Mrs. Barber die Kaffern und Fingoes und schickte mir viele ganz bestimmte Antworten. Mr. J. P. Mansel Weale hat gleichfalls Beobachtungen über die Eingebornen angestellt; er hat mir auch ein merkwürdiges Document verschafft, nämlich die englisch niedergeschriebene Ansicht des Christian Gaika, Bruder des Häuptlings Sandilli, über die Ausdrucksweisen seiner Landsleute. In den nördlichen Gegenden von Africa beantwortete Captain Speedy, welcher lange bei den Abyssiniern gelebt hat, meine Fragen theils aus dem Gedächtnis theils nach Beobachtungen, welche er am Sohne des König Theodor, der damals unter seiner Obhut war, angestellt hat. Professor Asa Gray und Mrs. Gray zollten mehreren Punkten betreffs der Ausdrucksweisen der Eingebornen Aufmerksamkeit, als sie dieselben während ihrer Reise den Nil hinauf zu beobachten Gelegenheit hatten.

Auf dem grossen americanischen Continent hat Mr. Bridges, ein bei den Feuerländern lebender Katechet, einige wenige Fragen in Bezug auf die Ausdrucksweisen derselben beantwortet, welche ich vor vielen Jahren ihm vorgelegt hatte. In der nördlichen Hälfte des Continents beobachtete Dr. Rothrock die Ausdrucksweise der wilden Atnah- und Espyox-Stämme am Nasse-Flusz im nordwestlichen America. Auch beobachtete Mr. Washington Matthews, Assistenzarzt in der Armee der Vereinigten Staaten, mit besonderer Sorgfalt (nachdem er meine in den Smithsonian Reports abgedruckten Fragen gesehn hatte) einige der wildesten Stämme in den westlichen Theilen der Vereinigten Staaten, nämlich die Tetons, die Grosventres, die Mandans und die Assinaboines; seine Antworten haben sich als äuszerst werthvoll erwiesen.

Endlich habe ich noch, auszer diesen speciellen Quellen der Information, einige wenige Thatsachen gesammelt, welche beiläufig in Reisewerken mitgetheilt sind.

Da ich häufig, und besonders im letzten Theile dieses Werkes, die Muskeln des menschlichen Gesichts zu erwähnen haben werde, habe ich eine Zeichnung aus Sir Ch. Bell's Werk copiren und verkleinern lassen (Fig. 1), ebenso zwei andere mit noch sorgfältigeren

Details (Fig. 2 und Fig. 3) aus Henle's bekanntem „Handbuch der Anatomie des Menschen". Die gleichen Buchstaben beziehn sich in allen drei Figuren auf die nämlichen Muskeln; es sind aber nur die Namen der bedeutungsvolleren angegeben, auf welche ich mich zu beziehen haben werde. Die Gesichtsmuskeln verschmelzen vielfach unter einander und erscheinen, wie mir gesagt worden ist, auf einem präparirten Gesichte kaum so deutlich geschieden, wie sie hier dargestellt worden sind. Einige Schriftsteller nehmen an, dasz die Gesichtsmusculatur aus neunzehn paarigen und einem unpaaren Muskel besteht [20]; Andere lassen aber die Zahl viel gröszer sein, selbst bis auf fünfundfünfzig reichen, nach Moreau. Wie Alle zugeben, welche über den Gegenstand geschrieben haben, sind sie sehr variabel in ihrer Anordnung und Moreau bemerkt, dasz sie in kaum einem halben Dutzend Individuen gleich sind.[21] Sie variiren auch ihrer Function nach. So ist z. B. das Vermögen, den Augenzahn der einen Seite zu entblöszen, bei verschiedenen Personen sehr verschieden. Auch die Fähigkeit die Nasenflügel zu bewegen ist der Angabe Piderit's[22] zufolge in einem merkwürdigen Grade verschieden; und noch andere derartige Fälle lieszen sich anführen.

Endlich kann ich mir das Vergnügen nicht versagen, meiner Verbindlichkeit gegen Mr. Rejlander wegen der Mühe Ausdruck zu geben, welche er sich gegeben hat, verschiedene Ausdrucksweisen für mich zu photographiren. Ich bin auch Herrn Kindermann in Hamburg verbunden für das Darleihen einiger ausgezeichneter Negativen von weinenden Kindern, und Dr. Wallich für ein reizendes Negativ eines lächelnden Mädchens. Meinen Dank an Dr. Duchenne für die mir gegebene liberale Erlaubnis, einige seiner groszen Photographien copiren und verkleinern zu lassen, habe ich bereits früher ausgesprochen. Alle diese Photographien sind durch den Process der Heliotypie gedruckt worden und hierdurch wird die Genauigkeit der Copie garantirt. Diese Tafeln sind stets mit römischen Zahlen citirt worden.

Ich bin auch Mr. T. W. Wood zu groszem Danke verbunden für die auszerordentliche Mühe, welche er sich beim Zeichnen des Aus-

---

[20] Partridge, in Todd's Cyclopaedia of Anatomy and Physiology. Vol. II, p. 227.

[21] La Physionomie, par G. Lavater. Tom. IV. 1820. p. 274. Über die Zahl der Gesichtsmuskeln, s. Tom. IV, p. 209—211.

[22] Mimik und Physiognomik. 1867, p. 91.

drucks verschiedener Thiere nach dem Leben gegeben hat. Ein ausgezeichneter Künstler, Mr. RIVIERE, hat die Freundlichkeit gehabt, mir

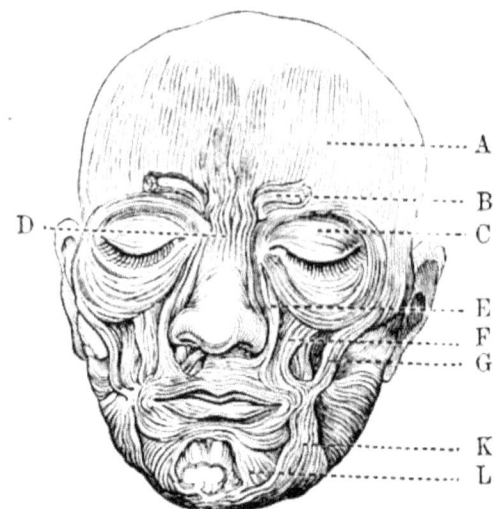

Fig. 1. Darstellung der Gesichtsmuskeln, nach Sir Ch. Bell.

zwei Zeichnungen von Hunden zu geben, eine von einem Hunde in einer feindlichen, die andere von einem in einer demüthigen und lieb-

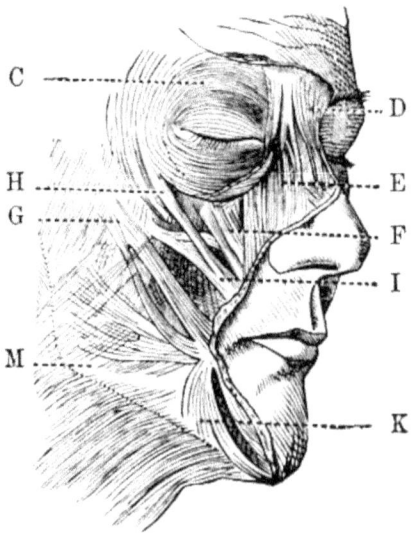

Fig. 2. Abbildung nach Henle.

kosenden Stimmung. Auch Mr. A. MAY hat mir zwei ähnliche Skizzen von Hunden gegeben. Mr. COOPER hat viel Sorgfalt auf die Anfertigung der Holzschnitte verwandt. Einige der Photographien und Zeichnungen, namentlich diejenigen von Mr. MAY und die von Mr. WOLF vom *Cynopithecus* wurden zunächst von Mr. COOPER photographisch auf

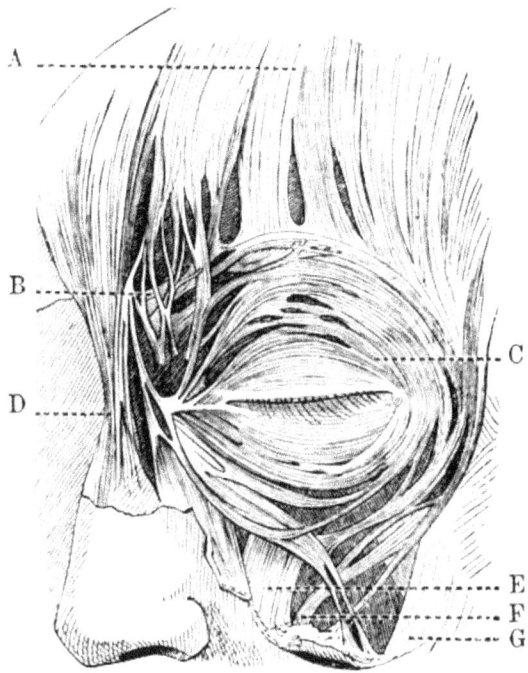

Fig. 3 nach Henle.

A Occipito-frontalis oder Stirnmuskel.
B Corrugator supercilii oder Augenbrauen-Runzler.
C Orbicularis palpebrarum oder Ringmuskel des Auges.
D Pyramidalis nasi oder Pyramidenmuskel der Nase.
E Levator labii superioris alaeque nasi, oder Heber der Oberlippe und des Nasenflügels.
F Levator labii proprius, eigentlicher Lippenheber.
G Zygomaticus, Jochbeinmuskel.
H Malaris, Wangenbeinmuskel.
I Kleiner Jochbeinmuskel.
K Triangularis oris oder Depressor anguli oris, Herabdrücker des Mundwinkels.
L Quadratus menti, oder viereckiger Kinnmuskel.
M Risorius, oder Lachmuskel, Theil des Platysma myoides, des Hautmuskels des Halses.

den Holzstock gebracht und dann geschnitten; auf diese Weise ist beinahe absolute Treue erreicht worden.

Erstes Capitel.

Allgemeine Principien des Ausdrucks.

Angabe der drei hauptsächlichsten Principien. — Das erste Princip: Zweckmäszige Handlungen werden gewohnheitsgemäsz mit gewissen Seelenzuständen associirt und werden ausgeführt, mögen sie in jedem besondern Falle von Nutzen sein oder nicht. — Die Macht der Gewohnheit. — Vererbung. — Associirte gewohnheitsgemäsze Bewegungen bei dem Menschen. — Reflexthätigkeiten. — Übergang der Gewohnheiten in Reflexthätigkeiten. — Associirte gewohnheitsgemäsze Bewegungen bei den niedern Thieren. — Schluszbemerkungen.

Ich will damit beginnen, die drei Principien oder Gesetze darzulegen, welche mir die meisten Ausdrucksformen und Geberden zu erklären scheinen, die von dem Menschen und den niedern Thieren unter dem Einflusse verschiedener Seelenbewegungen und Gefühle unwillkürlich gebraucht werden[1]. Ich bin indessen auf diese drei Principien erst am Schlusse meiner Beobachtungen gelangt. Sie werden in dem vorliegenden und in den zwei folgenden Capiteln in einer allgemeinen Art und Weise besprochen werden. Sowohl bei dem Menschen als bei den niedern Thieren beobachtete Thatsachen werden hier benutzt werden; doch sind die letztern Thatsachen vorzuziehen, da sie weniger geneigt sind, uns zu täuschen. Im vierten und fünften Capitel will ich die speciellen Ausdruckserscheinungen bei einigen der niedern Thiere beschreiben und in den folgenden Capiteln diejenigen beim Menschen. Jeder Leser wird dann hierdurch in den Stand gesetzt sein, für sich selbst zu beurtheilen, wie weit meine drei Principien auf die Theorie des vorliegenden Gegenstandes Licht werfen. Mir

---

[1] Mr. Herbert Spencer hat (Essays, Second Series, 1863, p. 138) eine deutliche Trennungslinie zwischen Seelenerregungen (Emotionen) und Empfindungen (Sensationen) gezogen, wovon die letztern „in unserm Körpergerüst erzeugt werden." Beides, Erregungen und Empfindungen, classificirt er als Gefühle.

scheinen auf diese Weise so viele Ausdrucksweisen in einer ziemlich befriedigenden Art erklärt zu werden, dasz wahrscheinlich sämmtliche später als unter dieselben oder nahe analoge Gesichtspunkte gehörig nachgewiesen werden dürften. Ich brauche kaum vorauszuschicken, dasz Bewegungen oder Veränderungen an jedem beliebigen Theile des Körpers in ganz gleichmäsziger Weise zum Ausdrucke benutzt werden können, so das Wedeln des Schwanzes bei dem Hunde, das Zurückschlagen der Ohren bei dem Pferde, das Zucken der Schultern oder die Erweiterung der Capillargefäsze in der Haut bei dem Menschen. Diese drei Principien sind nun die folgenden:

I. **Das Princip zweckmäsziger associirter Gewohnheiten.** — Gewisse complicirte Handlungen sind unter gewissen Seelenzuständen von directem oder indirectem Nutzen, um gewisse Empfindungen, Wünsche u. s. w. zu erleichtern oder zu befriedigen; und sobald nur immer derselbe Seelenzustand herbeigeführt wird, so schwach dies auch geschehen mag, so ist in Folge der Macht der Gewohnheit und der Association eine Neigung vorhanden, dieselben Bewegungen auszuführen, wenn sie auch im gegebenen Falle nicht von dem geringsten Nutzen sind. Einige in der Regel durch Gewohnheit mit gewissen Seelenzuständen associirte Handlungen können theilweise durch den Willen unterdrückt werden, und in derartigen Fällen sind die Muskeln, welche am wenigsten unter der besondern Controle des Willens stehen, diejenigen, welche am meisten geneigt sind, doch noch thätig zu werden und damit Bewegungen zu veranlassen, welche wir als expressive anerkennen. In gewissen andern Fällen erfordert das Unterdrücken einer gewohnheitsgemäszen Bewegung andere unbedeutende Bewegungen, und diese sind gleicherweise ausdrucksvoll.

II. **Das Princip des Gegensatzes.** — Gewisse Seelenzustände führen zu bestimmten gewohnheitsgemäszen Handlungen, welche, nach unserm ersten Princip, zweckmäszig sind. Wenn nun ein direct entgegengesetzter Seelenzustand herbeigeführt wird, so tritt eine sehr starke und unwillkürliche Neigung zur Ausführung von Bewegungen einer direct entgegengesetzten Natur ein, wenn auch dieselben von keinem Nutzen sind, und derartige Bewegungen sind in manchen Fällen äuszerst ausdrucksvoll.

III. Das Princip, dasz Handlungen durch die Constitution des Nervensystems verursacht werden, vom Anfang an unabhängig vom Willen und in einer gewissen Ausdehnung unabhängig von der Gewohnheit. — Wenn das Sensorium stark erregt wird, so wird Nervenkraft im Überschusse erzeugt und in gewissen bestimmten Richtungen fortgepflanzt, welche zum Theil von dem Zusammenhange der Nervenzellen, zum Theil von der Gewohnheit abhängen, oder die Zufuhr der Nervenkraft kann allem Anscheine nach unterbrochen werden. Es werden hierdurch Wirkungen hervorgebracht, welche wir als ausdrucksvoll anerkennen. Dies dritte Princip kann der Kürze wegen das der directen Thätigkeit des Nervensystems genannt werden.

In Bezug auf unser erstes Princip ist es bekannt, wie stark die Macht der Gewohnheit ist. Die complicirtesten und schwierigsten Bewegungen können mit der Zeit ohne die geringste Anstrengung und ohne Bewusztsein ausgeführt werden. Man weisz nicht sicher, woher es kommt, dasz Gewohnheit so wirksam in der Erleichterung complicirter Bewegungen ist. Physiologen nehmen aber an[2], „dasz „sich die Leitungsfähigkeit der Nervenfasern mit der Häufigkeit ihrer „Erregung ausbildet." Dies bezieht sich auf die Bewegungs- und Empfindungsnerven ebensowohl wie auf die Nerven, welche mit dem Acte des Denkens in Zusammenhang stehen. Dasz irgend eine physikalische Veränderung in den Nervenzellen oder den Nerven hervorgebracht wird, welche gewohnheitsgemäsz benutzt werden, kann kaum bezweifelt werden; denn im andern Falle wäre es unmöglich, zu verstehen, warum die Neigung zu gewissen erworbenen Bewegungen vererbt wird. Dasz diese vererbt wird, sehen wir bei Pferden in gewissen vererbten Schrittarten, so im kurzen Galopp und im Paszgange, welche den Pferden nicht natürlich sind, im Stellen junger Vorstehehunde und im Spüren junger Hühnerhunde, in der eigenthümlichen Flugart gewisser Taubenrassen u. s. w. Wir haben analoge Fälle bei dem Menschen in der Vererbung gewisser Züge und ungewöhnlicher Gesten, auf welche wir sofort zurückkommen werden. Für

---

[2] J. Müller, Handbuch der Physiologie des Menschen. Bd. 2. 1840. S. 100. Siehe auch Mr. H. Spencer's interessante Speculationen über denselben Gegenstand und über die Genesis der Nerven, in seinen Principles of Biology, Vol. II, p. 346, und in seinen Principles of Psychology (2. edit.) p. 511—557.

diejenigen, welche die allmähliche Entwickelung der Arten annehmen, wird ein äuszerst auffallendes Beispiel der Vollendung, mit welcher die schwierigsten consensuellen Bewegungen überliefert werden können, von einem Schmetterlinge, dem Rüsselschwärmer *(Macroglossa)*, dargeboten; man kann nämlich diesen Schwärmer kurz nach dem Verlassen seines Puppengehäuses, wie sich aus dem Staube auf seinen nicht verdrückten Flügelschuppen ergibt, ruhig in der Luft stehen sehen, seinen langen haarähnlichen Rüssel entrollt und in die kleinsten Öffnungen der Blüthen eingesenkt. Ich glaube, Niemand hat jemals gesehen, dasz dieser Schmetterling die Ausführung seiner schwierigen Aufgabe, welche ein so sicheres Zielen erfordert, erst habe lernen müssen.

Wenn eine ererbte oder instinctive Neigung zur Ausübung einer Handlung oder ein ererbter Geschmack für gewisse Arten von Nahrung vorhanden ist, so ist häufig oder allgemein ein gewisser Grad von Übung oder Gewohnheit bei dem Individuum erforderlich. Wir sehen dies an den Schrittarten des Pferdes und in einem gewissen Grade an dem Stellen der Vorstehehunde. Obschon manche junge Hunde das erste Mal, wo sie mit hinausgenommen werden, ganz vorzüglich stellen, so associiren sie doch oft die eigenthümliche geerbte Stellung mit einer falschen Witterung oder selbst mit einem Gesichtseindruck. Ich habe behaupten hören, dasz wenn man einem Kalbe gestattet, auch nur einmal an seiner Mutter zu saugen, es später viel schwieriger ist, es mit der Hand aufzuziehen[3]. Raupen, welche mit den Blättern einer Art von Bäumen gefüttert worden sind, sind, wie man erfahren hat, eher vor Hunger umgekommen, als dasz sie die Blätter eines andern Baumes gefressen hätten, obschon dieser ihnen im Naturzustande ihre eigentliche Nahrung darbot[4]. Und so verhält es sich in vielen andern Fällen.

Die Macht der Association wird von Jedermann zugegeben. Mr.

---

[3] Eine Bemerkung beinahe desselben Sinnes haben vor langer Zeit schon Hippocrates und dann der berühmte Harvey gemacht; beide behaupten nämlich, dasz ein junges Thier im Laufe weniger Tage die Kunst des Saugens vergiszt und dieselbe nicht ohne einige Schwierigkeit sich wieder aneignen kann. Ich führe diese Behauptungen nach Dr. Darwin's Zoonomia, Vol. I, 1794, p. 140, an.

[4] Siehe wegen der Autoritäten und in Bezug auf verschiedene analoge Thatsachen: Das Variiren der Thiere und Pflanzen im Zustande der Domestication. 2. Aufl. 2. Bd. 1873, S. 347 (Übersetzung).

Bain bemerkt, dasz „Handlungen, Empfindungen und Gefühlszustände, „welche zusammen oder in dichter Aufeinanderfolge vorkommen, zu „verwachsen oder zusammen zu hängen streben, und zwar in einer „solchen Weise, dasz, wenn irgend eine von ihnen später der Seele „dargeboten wird, die andern im Geiste hervorgerufen zu werden ge„neigt sind"[5]. Es ist für unsern Zweck so bedeutungsvoll, völlig sich zu vergegenwärtigen, dasz Handlungen leicht mit andern Handlungen oder mit verschiedenen Zuständen der Seele associirt werden, dasz ich ziemlich viele Beispiele anführen will; an erster Stelle solche, welche sich auf den Menschen, und später die, welche sich auf die niedern Thiere beziehen. Einige der Beispiele sind von einer sehr untergeordneten Natur; sie dienen aber unserm Zwecke eben so gut wie bedeutungsvollere Gewohnheiten. Jedermann ist bekannt, wie schwierig oder selbst unmöglich es ist, ohne wiederholte Versuche die Gliedmaszen in gewissen entgegengesetzten Richtungen zu bewegen, welche niemals geübt worden sind. Analoge Fälle kommen bei Empfindungen vor, wie in dem bekannten Experiment, eine kleine Kugel zwischen den Spitzen zweier übereinander gekreuzter Finger zu rollen, wo man dann vollständig das Gefühl von zwei Kugeln erhält. Ein Jeder sucht sich, wenn er auf den Boden fällt, durch Ausstrecken seiner Arme zu schützen; und wie Prof. Alison bemerkt hat: nur Wenige können es über sich gewinnen, nicht so zu handeln, wenn sie sich absichtlich auf ein weiches Bett fallen lassen. Wenn man aus dem Hause hinausgeht, so zieht man seine Handschuhe völlig unbewuszt an; dies könnte nun eine äuszerst einfache Operation zu sein scheinen. Wer aber einmal ein Kind gelehrt hat, Handschuhe anzuziehen, weisz, dasz dies durchaus nicht der Fall ist.

Ist unsere Seele lebendig erregt, so sind es auch die Bewegungen unseres Körpers. Aber hier kommt ein anderes Moment auszer der Gewohnheit, nämlich der einer Leitung entbehrende Überschusz an Nervenkraft, zum Theil mit in's Spiel. Norfolk sagt, wo er vom Cardinal Wolsey spricht:

---
[5] „The Senses and the Intellect", 2. edit. 1864, p. 332. Professor Huxley bemerkt (Grundzüge der Physiologie in allgemein verständlichen Vorlesungen, herausgeg. von Rosenthal, Leipzig, 1871, S. 290): „Es kann als eine Regel „aufgestellt werden, dasz wenn zwei geistige Zustände häufig und lebhaft zusam„men oder hintereinander hervorgerufen werden, die spätere Hervorbringung des „einen genügt, um den andern hervorzurufen; und zwar geschieht dies, ob wir es „wünschen oder nicht."

"Seltsamer Aufruhr
Ist ihm im Hirn: er beiszt die Lippe, starrt;
Hält plötzlich an den Schritt, blickt auf die Erde,
Legt dann die Finger an die Schläfe; stracks,
Springt wieder auf, läuft schnell, steht wieder still,
Schlägt heftig seine Brust; und gleich drauf reiszt er
Die Augen auf zum Mond: seltsame Stellung
Sahn wir hier an ihm wechseln."

König Heinrich der Achte, 3. Aufz., 2. Scene.
(Schlegel und Tieck.)

Der gemeine Mann kratzt sich häufig den Kopf, wenn er in Verlegenheit kommt; und ich glaube, dasz er aus Gewohnheit so handelt, als wenn er eine unbedeutende, unangenehme körperliche Empfindung erführe; ein Jucken am Kopfe, dem er besonders ausgesetzt ist, erleichtert er nämlich dadurch etwas. Ein Anderer reibt sich die Augen, wenn er in Verwirrung geräth, oder hustet kurz, wenn er verlegen ist, wobei er in beiden Fällen so handelt, als ob er eine etwas unbequeme Empfindung in seinen Augen oder in seiner Luftröhre fühlte[6].

In Folge des beständigen Gebrauches der Augen werden diese Organe ganz besonders leicht durch Association unter verschiedenen Seelenzuständen beeinfluszt, obschon offenbar nichts zu sehen ist. Wie GRATIOLET bemerkt, wird ein Mensch, welcher eine ausgesprochene Ansicht heftig zurückweist, beinahe mit Sicherheit seine Augen schlieszen oder sein Gesicht abwenden; nimmt er aber den Satz an, so wird er als Bejahung mit dem Kopfe nicken und seine Augen weit öffnen. In dem letztern Falle handelt er so, als wenn er die Sache ganz deutlich sähe, im erstern Falle, als ob er sie nicht sähe oder nicht sehen wollte. Ich habe bemerkt, dasz, wenn Personen einen schrecklichen Anblick beschreiben, sie häufig ihre Augen für Augenblicke fest schlieszen oder ihren Kopf schütteln, gleichsam, um irgend etwas Unangenehmes nicht zu sehen oder hinweg zu scheuchen; und ich habe mich selbst dabei ertappt, dasz, wenn ich im Dunkeln an ein schaudererregendes Schauspiel dachte, ich die Augen fest zudrückte. Sieht man plötzlich auf irgend einen Gegenstand oder sieht man sich rings umher um, so hebt man seine Augenbrauen in die Höhe, da-

---

[6] Gratiolet führt bei seiner Erörterung dieses Gegenstandes (De la Physionomie, p. 324) viele analoge Beispiele an. So z. B. s. p. 42, über das Öffnen und Schlieszen der Augen. Engel wird (p. 323) citirt in Betreff der veränderten Gangart des Menschen, je nachdem die Gedanken sich ändern.

mit die Augen schnell und weit geöffnet werden können. Dr. Duchenne macht die Bemerkung [7], dasz, wenn eine Person sich auf Etwas zu besinnen versucht, sie häufig die Augenbrauen in die Höhe zieht, als wenn sie das Gesuchte sehn wollte. Ein gebildeter Hindu machte dieselbe Bemerkung gegen Mr. Erskine in Bezug auf seine Landsleute. Ich bemerkte, wie eine junge Dame, welche eifrig versuchte, sich des Namens eines Malers zu erinnern, zuerst nach der einen Ecke der Zimmerdecke und dann in die entgegengesetzte Ecke hinaufsah, wobei sich die Augenbraue der betreffenden Seite emporwölbte, obgleich natürlich da oben nichts zu sehen war.

In den meisten der vorstehend angeführten Fälle können wir einsehen, in welcher Weise die associirten Bewegungen durch Gewohnheit erlangt worden sind; bei manchen Individuen sind aber gewisse fremdartige Geberden oder besondere Züge in Association mit gewissen Seelenzuständen aufgetreten, welche von gänzlich unerklärbaren Ursachen abhängen und zweifellos vererbt werden. An einem andern Orte habe ich einen Fall meiner eignen Erfahrung von einer auszerordentlichen und zusammengesetzten Geberde erzählt, welche mit angenehmen Gefühlen associirt und von dem Vater seiner Tochter überliefert war, ebenso noch einige andre analoge Thatsachen [8]. Ein andres merk-

---

[7] Mécanisme de la Physionomie Humaine. 1862. p. 17.

[8] S. „Das Variiren der Thiere und Pflanzen im Zustande der Domestication" 2. Bd., S. 7. Die Vererbung gewohnheitsgemäszer Geberden ist für uns von solcher Bedeutung, dasz ich gern Mr. Galton's Erlaubnis benutze, den folgenden merkwürdigen Fall in seinen eignen Worten mitzutheilen: — „Die folgende Schilderung „einer bei Individuen von drei aufeinander folgenden Generationen auftretenden „Gewohnheit ist von eigenthümlichem Interesse, da dieselbe während des gesunden „festen Schlafes eintritt und daher nicht durch Nachahmung erklärt werden kann, „sondern durchaus natürlich sein musz. Die Einzelheiten sind vollkommen zu„verlässig, denn ich habe ihnen ganz eingehend nachgeforscht und spreche nach „zahlreichen und unabhängig von einander erlangten Beweisen. Die Frau eines „Herrn von sehr angesehner Stellung fand, dasz derselbe die eigenthümliche An„gewöhnung hatte, wenn er in festem Schlafe auf dem Rücken in seinem Bette „lag, seinen rechten Arm langsam vor seinem Gesichte aufwärts bis zur Stirn zu „erheben und ihn dann mit einem Schwunge wieder fallen zu lassen, so dasz die „Handwurzel schwer auf seinen Nasenrücken fiel. Diese Bewegung kam nicht in „jeder Nacht vor, sondern nur gelegentlich und zwar unabhängig von irgend einer „etwa zu ermittelnden Ursache. Zuweilen wurde die Bewegung eine Stunde lang „und noch länger unaufhörlich wiederholt. Die Nase des Herrn war ziemlich vor„stehend und ihr Rücken wurde von den erhaltenen Schlägen häufig schmerzhaft. „Einmal wurde eine fatale Wunde dadurch veranlaszt, welche lange Zeit zum „Heilen brauchte, und zwar wegen der Nacht für Nacht eintretenden Wiederholung

würdiges Beispiel einer alten vererbten Bewegung, welche mit dem Wunsche, einen bestimmten Gegenstand zu erlangen, associirt war, wird im Verlaufe der vorliegenden Darstellung noch mitgetheilt werden.

Es gibt noch andere Handlungen, welche gemeiniglich unter gewissen Umständen, unabhängig von Gewohnheit, ausgeführt werden und welche die Folge einer Nachahmung oder irgend einer Art von Sympathie zu sein scheinen. So kann man zuweilen Personen sehn, welche, wenn sie irgend etwas mit einer Scheere schneiden, ihre Kinnbacken in gleichem Tempo mit den Scheerenblättern bewegen. Wenn Kinder schreiben lernen, so drehen sie häufig so wie sie ihre Finger bewegen die Zunge in einer lächerlichen Weise umher. Wird ein öffentlich auftretender Sänger plötzlich etwas heiser, so kann man hören, wie viele der Zuhörer sich zu räuspern beginnen, um ihren Hals frei zu machen; dies hat mir ein Herr versichert, auf den ich mich verlassen kann; es kommt hier aber wahrscheinlich Gewohnheit mit in's Spiel, da wir uns unter ähnlichen Umständen eben selbst räuspern würden. So ist mir auch gesagt worden, dasz beim Wetthüpfen viele der Zuschauer, gewöhnlich Männer und Knaben, zu derselben Zeit, wo die Ausführenden ihre Sprünge machen, auch ihre Füsze bewegen; aber auch in diesem Falle kommt wahrscheinlich

---

„der Schläge, die sie zuerst hervorgerufen hatten. Seine Frau muszte den Knopf „vom Ärmel seines Nachthemdes entfernen, da er mehrere starke Kratzwunden „verursacht hatte; auch wurden mehrere Mittel versucht, den Arm festzubinden.

„Viele Jahre nach dem Tode dieses Herrn heirathete sein Sohn eine Dame, „welche niemals von dem Familienereignis gehört hatte. Sie beobachtete indessen „genau dieselbe Eigenthümlichkeit an ihrem Manne; da aber dessen Nase nicht „besonders vorragend ist, hat diese bis jetzt noch nicht von Schlägen zu leiden „gehabt. Die merkwürdige Bewegung tritt nicht ein, wenn er nur halb im Schlafe „ist, so z. B. wenn er in seinem Armsessel nickt; im Moment aber, wo er fest ein„schläft, tritt sie leicht ein. Sie tritt wie bei seinem Vater intermittirend auf, „zuweilen viele Nächte hindurch gar nicht, und zuweilen beinahe unaufhörlich „während eines Theiles fast jeder Nacht. Sie wird, wie es bei seinem Vater der „Fall war, mit dem rechten Arme ausgeführt.

„Eines seiner Kinder, ein Mädchen, hat dieselbe Eigenthümlichkeit geerbt; „sie führt sie gleichfalls mit der rechten Hand aus, aber in einer unbedeutend „modificirten Form; denn nachdem sie den Arm erhoben hat, läszt sie die Hand„wurzel nicht auf den Nasenrücken fallen, sondern die Innenfläche der halb„geschlosznen Hand fällt über das Gesicht herab, dasselbe ziemlich schnell „streichend. Auch bei diesem Kinde ist das Auftreten dieses Zugs sehr intermit„tirend; er erscheint ganze Perioden hindurch für Monate nicht, kommt aber zu„weilen unaufhörlich vor."

Gewohnheit in's Spiel; es ist wenigstens sehr zweifelhaft, ob Frauen es auch so machen würden.

Reflexthätigkeiten. — Reflexbewegungen im strengen Sinne des Ausdrucks sind Folgen der Erregung eines peripherischen Nerven, welcher seinen Einflusz gewissen Nervenzellen überliefert, worauf dann diese ihrerseits wieder gewisse Muskeln oder Drüsen zur Thätigkeit anregen; und alles dies kann ohne irgend eine Empfindung oder ein Bewusztwerden unsrerseits stattfinden, obschon es oft hiervon begleitet wird. Da viele Reflexthätigkeiten für den Ausdruck von hoher Bedeutung sind, so musz der Gegenstand hier mit etwas Ausführlichkeit besprochen werden. Wir werden auch sehen, dasz etliche derselben in Handlungen übergehen oder kaum von solchen unterschieden werden können, welche durch Gewohnheit erworben worden sind[9]. Husten und Niesen sind geläufige Beispiele von Reflexthätigkeiten. Bei kleinen Kindern ist der erste Act der Athmung häufig ein Niesen, obschon dies die coordinirte Bewegung zahlreicher Muskeln erfordert. Das Athemholen ist zum Theil willkürlich, aber hauptsächlich eine Reflexbewegung und wird in der natürlichsten und besten Art und Weise ohne das Hinzutreten des Willens ausgeführt. Eine sehr grosze Zahl complicirter Bewegungen sind reflectorisch. Ein Beispiel, wie es kaum besser gegeben werden kann, ist das oft angeführte von einem enthaupteten Frosche, welcher natürlich nicht fühlen und keine Bewegung mit Bewusztsein ausführen kann. Bringt man aber einen Tropfen Säure auf die innere Oberfläche des Schenkels bei einem Frosche in diesem Zustande, so reibt er den Tropfen mit der obern Fläche des Fuszes derselben Seite wieder ab. Wird dieser Fusz abgeschnitten, so kann er diese Handlung nicht ausführen. „Nach einigen frucht„losen Anstrengungen gibt er daher den Versuch auf diese Weise auf, „erscheint unruhig, als ob er, wie Pflüger sagt, irgend eine andre „Weise aufsuchte, und schlieszlich gebraucht er den Fusz der andern „Seite; und dadurch gelingt es ihm, die Säure wegzureiben. Offenbar

---

[9] Professor Huxley bemerkt (Grundzüge der Physiologie etc. von Rosenthal, 1871, S. 289), dasz die dem Rückenmarke eigenen Reflexthätigkeiten natürliche sind, dasz wir aber mit Hülfe des Gehirnes, das heiszt also durch Gewohnheit, eine Unzahl künstlicher Reflexthätigkeiten erlangen können. Virchow nimmt an (Sammlung wissenschaftl. Vorträge u. s. w. Über das Rückenmark, 1871, S. 24, 31), dasz einige Reflexbewegungen kaum von Instincten unterschieden werden können; und in Bezug auf letztere kann hinzugefügt werden, dasz einige von ihnen wiederum nicht von vererbten Gewohnheiten unterschieden werden können.

„haben wir hier nicht blosz Zusammenziehungen von Muskeln vor
„uns, sondern combinirte und harmonische Contractionen in gehöriger
„Aufeinanderfolge zur Erreichung eines speciellen Zwecks. Dies sind
„Handlungen, welche ganz die Erscheinung darbieten, als würden sie
„durch den Verstand geleitet und durch den Willen angeregt, und
„zwar bei einem Thiere, dessen anerkanntes Organ der Intelligenz und
„des Willens entfernt worden ist." [10]

Den Unterschied zwischen Reflexthätigkeiten und willkürlichen Bewegungen sehen wir bei sehr jungen Kindern daran, dasz sie, wie mir Sir HENRY HOLLAND mitgetheilt hat, nicht im Stande sind, gewisse Handlungen, die denen des Niesens und Hustens gewisserweise analog sind, auszuführen, namentlich, dasz sie nicht im Stande sind, sich zu schnauben (d. h. ihre Nase zusammenzudrücken und heftig durch den engen Gang zu blasen), und dasz sie nicht im Stande sind, ihren Hals von Schleim zu reinigen. Die Ausführung dieser Acte haben sie zu lernen, und doch werden diese von uns, wenn wir etwas älter sind, beinahe so leicht wie Reflexthätigkeiten vollzogen. Niesen und Husten indessen können nur theilweise oder durchaus gar nicht vom Willen controlirt werden, während das Reinmachen des Halses oder das Räuspern und das Schnauben der Nase vollständig unter unsrer Herrschaft stehen.

Wenn wir das Vorhandensein eines reizenden Körperchens in unsrer Nase oder unsrer Luftröhre merken, d. h. wenn dieselben empfindenden Nervenzellen gereizt werden, wie es beim Niesen und Husten eintritt, so können wir willkürlich die Körperchen entfernen dadurch, dasz wir mit Kraft Luft durch diese Gänge hindurchtreiben. Wir können dies aber nicht mit nahezu derselben Kraft, Schnelligkeit und Präcision thun, wie bei einer Reflexbewegung. In diesem letztern Falle erregen allem Anscheine nach die empfindenden Nervenzellen die motorischen Nervenzellen ohne irgend welche Verschwendung von Kraft, wie es der Fall ist, wenn sie zuerst mit den Hemisphären des groszen Gehirns in Communication treten — dem Sitze unsres Bewusztseins und unsres Willens. In allen Fällen scheint ein tiefliegender Antagonismus zwischen denselben Bewegungen, je nachdem sie durch den Willen oder durch einen Reflexreiz angeregt werden, in der Kraft zu bestehn, mit denen sie ausgeführt, und in der

[10] Dr. Maudsley, Body and Mind. 1870. p. 8.

Leichtigkeit, mit welcher sie erregt werden. CLAUDE BERNARD behauptet daher: „L'influence du cerveau tend donc à entraver les mouve-„ments réflexes, à limiter leur force et leur étendue" [11].

Der bewuszte Wunsch, eine Reflexhandlung auszuführen, hemmt oder unterbricht zuweilen ihre Ausführung, obschon die gehörigen empfindenden Nerven gereizt sein können. Vor vielen Jahren gieng ich z. B. eine kleine Wette mit einem Dutzend junger Leute ein, dasz sie nicht niesen würden, wenn sie Schnupftabak nähmen; obschon sie alle erklärten, dasz sie es ausnahmslos thäten. Demzufolge nahmen sie alle eine Prise; da sie aber sämmtlich zu gewinnen wünschten, nieste nicht einer, obschon sich ihre Augen mit Wasser füllten, und alle ohne Ausnahme hatten mir die Wette zu bezahlen. Sir HENRY HOLLAND bemerkt [12], dasz wenn man dem Acte des Schlingens Aufmerksamkeit zuwendet, die gehörigen Bewegungen gestört werden; und hieraus erklärt es sich wahrscheinlich, wenigstens zum Theil, dasz es manchen Personen so schwer wird, eine Pille zu verschlucken.

Ein andres sehr geläufiges Beispiel einer Reflexthätigkeit ist das unwillkürliche Schlieszen der Augenlider, wenn die Oberfläche des Auges berührt wird. Eine ähnliche blinkende Bewegung wird dadurch verursacht, dasz ein Schlag nach dem Gesichte zu gerichtet wird. Dies ist aber eine gewohnheitsgemäsze und keine streng reflectorische Thätigkeit, da der Reiz durch die Seele und nicht durch die Erregung eines peripherischen Nerven überliefert wird. Meist wird der ganze Körper und Kopf zu gleicher Zeit plötzlich zurückgezogen. Indessen können diese letzteren Bewegungen verhindert werden, wenn die Gefahr unsrer Einbildungskraft nicht drohend erscheint; dasz uns aber unser Verstand sagt, es sei keine Gefahr vorhanden, reicht nicht aus. Ich will eine unbedeutende Thatsache hier erwähnen, welche diesen Punkt erläutert und welche mich zu ihrer Zeit sehr amüsirt hat. Ich brachte mein Gesicht dicht an die dicke Glasscheibe vor einer Puff-Otter in dem zoologischen Garten mit dem festen Entschlusse, nicht zurückzufahren, wenn die Schlange auf mich losstürzte. Sobald aber der Stosz ausgeführt wurde, war es mit meinem Entschlusse aus, und ich sprang ein oder zwei Yards mit erstaunlicher Geschwindigkeit zurück.

---

[11] s. die sehr interessante Erörterung über den ganzen Gegenstand in Cl. Bernard, Tissus Vivants. 1866, p. 353—356.

[12] Chapters on Mental Physiology. 1858, p. 85.

Mein Wille und mein Verstand waren kraftlos gegen die Einbildung einer Gefahr, welche niemals direct erfahren worden war.

Die Heftigkeit des Zusammenfahrens scheint zum Theil von der Lebhaftigkeit der Einbildung und zum Theil von dem entweder gewohnheitsgemäszen oder zeitweiligen Zustande des Nervensystems abzuhängen. Wer auf das Scheuwerden seines Pferdes, je nachdem dasselbe ermüdet oder frisch ist, aufmerkt, wird beobachten, wie vollkommen die Abstufung von einem einfachen Blicke auf irgend einen unerwarteten Gegenstand mit einem augenblicklichen Zweifel, ob er gefährlich ist, bis zu einem so heftigen und schnellen Satze ist, dasz das Thier wahrscheinlich sich nicht willkürlich in einer so rapiden Weise herumdrehen könnte. Das Nervensystem eines frisch und gut gefütterten Pferdes schickt seinen Befehl an das Bewegungsnervensystem so schnell, dasz ihm keine Zeit gegönnt ist, zu überlegen, ob die Gefahr eine wirkliche ist oder nicht. Nach einem einmaligen heftigen Scheuwerden, wenn das Pferd erregt ist und das Blut reichlich durch das Gehirn fliesst, ist es sehr geneigt, von Neuem zusammenzufahren; dasselbe gilt, wie ich bemerkt habe, für kleine Kinder.

Ein Zusammenfahren in Folge eines plötzlichen Geräusches, wo also der Reiz durch die Gehörnerven vermittelt wird, wird bei erwachsenen Personen immer von einem Blinken der Augenlider begleitet[13]. Indessen habe ich beobachtet, dasz meine Kinder, obschon sie bei plötzlichen Geräuschen zusammenfuhren, wenn sie unter vierzehn Tagen alt waren, sicherlich nicht immer mit den Augen blinkten; und, wie ich glaube, thaten sie dies niemals. Das Zusammenfahren eines älteren Kindes stellt dem Anscheine nach ein unbestimmtes Greifen nach irgend Etwas dar, um das Fallen zu verhüten. Ich schüttelte eine Pappschachtel dicht vor den Augen eines meiner Kinder, als es 114 Tage alt war, und es blinkte nicht im Allergeringsten. Als ich aber ein wenig Confect in die Schachtel that, sie in derselben Stellung wie vorher hielt, und mit jenem raschelte, so blinkte das Kind jedesmal heftig mit den Augen und fuhr ein wenig zusammen. Offenbar war es unmöglich, dasz ein sorgfältig gehütetes Kind durch Erfahrung gelernt haben könnte, dasz ein raschelndes Geräusch in der Nähe seiner Augen eine Gefahr anzeigte. Eine solche Erfahrung

---

[13] J. Müller bemerkt (Handbuch der Physiologie des Menschen, Engl. Übers. II. Bd. S. 1311), dasz das Zusammenschrecken immer von einem Verschlieszen der Augenlider begleitet werde.

wird aber im späteren Alter während einer langen Reihe von Generationen erlangt worden sein, und nach dem, was wir von der Vererbung wissen, liegt darin nichts Unwahrscheinliches, dasz eine Gewohnheit den Nachkommen zu einem früheren Alter vererbt wird, als zu dem, in welchem sie zuerst von den Eltern erlangt wurde.

Nach den vorstehenden Bemerkungen erscheint es wahrscheinlich, dasz einige Handlungen, welche anfangs mit Bewusztsein ausgeführt wurden, durch Gewohnheit und Association in Reflexhandlungen umgewandelt worden und jetzt so fest fixirt sind und vererbt werden, dasz sie ausgeführt werden, selbst wenn nicht der geringste Nutzen damit verbunden ist [14], so oft nur dieselben Ursachen eintreten, welche ursprünglich durch den Willen in uns diese Handlungen erregten. In solchen Fällen erregen die empfindenden Nervenzellen die motorischen Zellen, ohne erst mit denjenigen Zellen zu communiciren, von welchen unser Bewusztsein und unser Wille abhängt. Wahrscheinlich wurde das Niesen und Husten ursprünglich durch die Gewohnheit erlangt, jedes reizende Theilchen so heftig als möglich aus dem empfindlichen Luftwege auszustoszen. Was das Moment der Zeit betrifft, so ist davon mehr als hinreichend vergangen, dasz diese Gewohnheiten zu eingebornen oder in Reflexhandlungen umgewandelt wurden. Denn sie sind den meisten oder allen höheren Säugethieren gemeinsam und müssen daher zuerst in einer sehr weit zurückliegenden Zeit erlangt worden sein. Warum der Act des Räusperns keine Reflexhandlung ist und von unsern Kindern gelernt werden musz, kann ich nicht behaupten, erklären zu können. Wir können aber einsehen, warum das Schnauben mit dem Taschentuche gelernt werden musz.

Es ist kaum glaublich, dasz die Bewegungen eines kopflosen Frosches, wenn er einen Tropfen Säure oder irgend einen andern Gegenstand von seinem Schenkel wegwischt, — welche Bewegungen für den speciellen Zweck so gut coordinirt sind, — anfangs nicht willkürlich ausgeführt sein sollten, während sie später durch lang fortgesetzte Gewohnheit so leicht gemacht wurden, dasz sie zuletzt ohne Bewusztsein oder unabhängig von den Hemisphären des Gehirns ausgeführt werden.

---

[14] Dr. Maudsley bemerkt (Body and Mind, p. 10), dasz „Reflexbewegungen, „welche gewöhnlich einen nützlichen Zweck bewirken, unter den veränderten Um- „ständen einer Krankheit sehr viel Schaden anrichten und selbst die Gelegenheits- „ursache heftigen Leidens und eines sehr schmerzvollen Todes werden können."

So scheint es ferner wahrscheinlich zu sein, dasz das Zusammenfahren ursprünglich durch die Gewohnheit erlangt wurde, so schnell als möglich der Gefahr durch einen Sprung zu entgehen, so oft nur irgend einer unsrer Sinne uns eine Warnung davor zukommen liess. Wie wir gesehen haben, wird das Zusammenfahren von einem Blinken mit den Augenlidern begleitet, so dasz die Augen, die zartesten und empfindlichsten Organe des Körpers, geschützt werden, und wie ich glaube, wird es immer von einem plötzlichen und kräftigen Einathmen begleitet, was die naturgemäsze Vorbereitung für jede heftige Anstrengung ist. Wenn aber ein Mensch oder ein Pferd zusammenschreckt, so schlägt sein Herz gegen seine Rippen, und hier haben wir, wie man in Wahrheit sagen kann, ein Organ, welches niemals unter der Controle des Willens gestanden hat und doch an den allgemeinen Reflexbewegungen des Körpers theilnimmt. Indessen werde ich auf diesen Punkt in spätern Capiteln noch zurückkommen.

Die Zusammenziehung der Regenbogenhaut, sobald die Netzhaut durch ein helles Licht gereizt wird, ist ein andres Beispiel einer Bewegung, welche, wie es scheint, unmöglich zuerst willkürlich ausgeführt und dann durch Gewohnheit fixirt worden ist; denn die Iris steht, soviel bekannt ist, bei keinem Thiere unter der bewuszten Controle des Willens. In derartigen Fällen musz irgend ein von der Gewohnheit vollständig verschiedener Erklärungsgrund noch entdeckt werden. Das Ausstrahlen von Nervenkraft aus heftig erregten Nervenzellen auf andre mit diesen in Zusammenhang stehende Zellen, wie in dem Falle, wo ein helles auf die Netzhaut treffendes Licht ein Niesen veranlaszt, kann uns vielleicht bei dem Verständnis des Ursprungs mancher Reflexbewegungen unterstützen. Ein Ausstrahlen von Nervenkraft dieser Art, wenn es eine Bewegung verursacht, die die ursprüngliche Erregung zu mildern strebt — wie in dem Falle, wo die Zusammenziehung der Regenbogenhaut es verhindert, dasz zu viel Licht auf die Netzhaut fällt — dürfte später mit Vortheil benutzt und für diesen speciellen Zweck modificirt worden sein.

Es verdient ferner Beachtung, dasz Reflexbewegungen aller Wahrscheinlichkeit nach unbedeutenden Abänderungen unterworfen sind, ebenso wie alle körperlichen Bildungen und Instincte; und alle die Abänderungen, welche wohlthätig oder von hinreichender Wichtigkeit waren, werden darnach gestrebt haben, erhalten und vererbt zu werden. So können Reflexhandlungen, wenn sie einmal für den einen Zweck erlangt wurden, später unabhängig von dem Willen oder der Gewohnheit modificirt werden, so dasz sie nun einem bestimmten anderen Zwecke dienen. Derartige Fälle würden denjenigen parallel sein, welche, wie wir allen Grund zu glauben haben, bei vielen Instincten eingetreten sind; denn obschon manche Instincte einfach durch lang fortgesetzte und vererbte Gewohnheit entwickelt worden sind, so haben sich andere in hohem Grade complicirte Instincte durch die Erhaltung von Abänderungen schon früher bestehender entwickelt, d. h. durch natürliche Zuchtwahl.

Ich habe die Erwerbung von Reflexhandlungen in ziemlicher Ausführlichkeit, wie ich aber wohl fühle, immer noch in einer sehr unvollkommenen Weise erörtert, weil sie häufig im Zusammenhange mit Bewegungen, die für unsere Seelenerregungen ausdruckvoll sind, mit in's Spiel kommen; es war auch nothwendig, zu zeigen, dasz mindestens einige von ihnen ursprünglich durch den Willenseinflusz erlangt worden sind, um eine Begierde zu befriedigen oder eine unangenehme Empfindung zu erleichtern.

Associirte gewohnheitsgemäsze Bewegungen bei den niederen Thieren. — Ich habe schon, was den Menschen betrifft, mehrere Beispiele von Bewegungen angeführt, welche, mit verschiedenen Zuständen des Geistes oder Körpers associirt, jetzt zwecklos sind, ursprünglich aber von Nutzen waren und auch jetzt noch immer unter gewissen Umständen von Nutzen sind. Da dieser Gegenstand für uns von groszer Bedeutung ist, so will ich nun eine beträchtliche Anzahl analoger Thatsachen mit Bezug auf die Thiere anführen, obschon viele von ihnen sehr unbedeutender Natur sind. Meine Absicht ist, zu zeigen, dasz gewisse Bewegungen ursprünglich zu einem bestimmten Zwecke ausgeführt wurden und dasz sie unter nahezu denselben Umständen noch jetzt hartnäckig in Folge der Gewohnheit ausgeführt werden,. wenn sie auch nicht von dem geringsten Nutzen sind. Dasz die Neigung zu dergleichen in den meisten der folgenden Fälle vererbt wird, können wir daraus schlieszen, dasz derartige Handlungen in einer und derselben Weise von allen Individuen der nämlichen Species, von Jungen und Alten ausgeführt werden. Wir werden auch sehen, dasz sie durch die allerverschiedenartigsten, oft weit hergeholten und zuweilen misverstandenen Associationen angeregt werden.

Wenn sich Hunde zum Schlafen auf einem Teppiche oder einer andern, auch harten Fläche niederlegen wollen, so gehen sie meist rings im Kreise herum und kratzen den Boden mit ihren Vorderpfoten in einer sinnlosen Art, als wenn sie beabsichtigten, das Gras niederzutreten und eine Grube zu scharren, wie es ohne Zweifel ihre wilden Voreltern thaten, als sie auf offenen grasigen Ebenen oder in den Wäldern lebten. Schakale, Fenneks u. a. verwandte Thiere in den zoologischen Gärten behandeln ihr Stroh in derselben Weise; es ist aber ein ziemlich merkwürdiger Umstand, dasz die Wärter nach einer Beobachtung von mehreren Monaten niemals gesehen haben, dasz sich die Wölfe ebenso benähmen. Ein halb blödsinniger Hund — und ein Thier in diesem Zustande wird ganz besonders geneigt sein, einer sinnlosen Handlung Folge zu geben — drehte sich, wie einer meiner Freunde beobachtet hat, auf einem Teppiche dreizehnmal rings im Kreise herum, ehe er sich hinlegte.

Viele fleischfressende Thiere, welche nach ihrer Beute hinkriechen und sich vorbereiten, plötzlich auf dieselbe loszubrechen oder zu springen, senken ihren Kopf und ducken sich zum Theil, um für das Einspringen vorbereitet zu sein; und diese Gewohnheit ist in einer übertriebenen Form bei unsern Vorstehe- und Hühnerhunden erblich geworden. Ich habe nun hundert Mal beobachtet, dasz, wenn zwei fremde Hunde sich auf einer offenen Strasze begegnen, derjenige, welcher den andern zuerst, wenn auch noch in der Entfernung von hundert oder zweihundert Yards sieht, nach dem ersten Blicke immer seinen Kopf senkt, meist sich ein wenig duckt oder selbst niederlegt, d. h. also, er nimmt die gehörige Stellung ein, sich zu verbergen und sich für ein Losbrechen oder einen Sprung fertig zu machen, obschon die Strasze völlig offen und die Entfernung noch grosz ist. Ferner heben Hunde aller Arten, wenn sie ihre Beute eifrig beobachten und sich ihr langsam nähern, häufig das eine ihrer Vorderbeine

Fig. 4. Kleiner Hund, welcher eine Katze auf einem Tische beobachtet. Nach einer von Mr. Rejlander aufgenommenen Photographie.

für eine lange Zeit in die Höhe in Bereitschaft für den nächsten vorsichtigen Schritt, und dies ist gerade für den Vorstehehund auszerordentlich characteristisch. (Fig. 4.) Aber aus Gewohnheit benehmen sie sich in genau derselben Weise, so oft ihre Aufmerksamkeit erregt wird. Ich habe einen Hund am Fusze einer hohen Mauer gesehen, der aufmerksam einem Laute auf der andern Seite derselben zuhörte, wobei er ein Bein in die Höhe hob; in diesem Falle konnte doch keine Absicht vorhanden gewesen sein, ein vorsichtiges Annähern vorzubereiten.

Haben Hunde ihre Excremente ausgeleert, so machen sie oft mit allen vier Füszen einige wenige kratzende Bewegungen nach hinten, selbst auf einem nackten Steinpflaster, als wenn es zum Zwecke des Zudeckens der Excremente mit Erde geschähe, in nahezu derselben Weise, wie es Katzen thun. Wölfe und Schakale benehmen sich in den zoologischen Gärten in genau derselben Weise, und doch bedecken weder Wölfe, Schakale noch Füchse, wie mir die Wärter versichert haben, jemals ihre Excremente, selbst wenn sie den Umständen nach e thun könnten, ebensowenig wie es die Hunde thun. Indessen verscharren alle diese Thiere die übrig bleibende Nahrung. Wenn wir daher die Bedeutung der eben erwähnten katzenähnlichen Gewohnheit recht verstehen, worüber kaum ein Zweifel bestehen kann, so haben wir hier ein zweckloses Überbleibsel einer gewohnheitsgemäszen Bewegung, welche ursprünglich von irgend einem entfernten Urerzeuger der Hundegattung zu einem bestimmten Zwecke ausgeführt wurde und welche nun eine ungeheuer lange Zeit hindurch beibehalten worden ist.

Hunde und Schakale [15] finden ein groszes Vergnügen darin, ihren Nacken und Rücken auf Aas zu wälzen und zu reiben. Es scheint ihnen der Geruch entzückend zu sein, obgleich wenigstens Hunde kein Aas fressen. Mr. BARTLETT hat meinetwegen Wölfe beobachtet und ihnen Aas gegeben, hat aber niemals gesehen, dasz sie sich auf demselben wälzten. Ich habe die Bemerkung gehört, und ich glaube, sie ist richtig, dasz die gröszeren Hunde, welche wahrscheinlich von Wölfen abstammen, sich nicht so häufig auf Aas wälzen, als es kleinere Hunde thun, welche wahrscheinlich von Schakals abstammen. Wenn ein Stück braunen Zwiebacks einem meiner Pinscher, einer Hündin, gegeben wird, und sie nicht hungrig ist (ich habe auch von andern ähnlichen Beispielen gehört), so zerrt sie dasselbe zuerst umher und zerfetzt es, als wenn es eine Ratte oder ein anderes Beutethier wäre; dann wälzt sie sich wiederholt auf demselben herum, als wenn es ein

---

[15] s. Mr. F. H. Salvin's Schilderung eines zahmen Schakals in: Land and Water. Oct. 1869.

Stück Aas wäre, und endlich friszt sie es. Es möchte fast scheinen, als sollte dem widrigen Bissen erst noch ein imaginärer Geschmack beigebracht werden, und um dies zu bewirken, handelt der Hund in seiner gewöhnlichen Art und Weise so, als wenn der Zwieback ein lebendiges Thier wäre oder wie Aas röche, obgleich er besser als wir weisz, dasz dies nicht der Fall ist. Ich habe gesehen, dasz derselbe Pinscher in derselben Art handelt, wenn er einen kleinen Vogel oder eine Maus getödtet hat.

Hunde kratzen sich mit einer schnellen Bewegung eines ihrer Hinterbeine; und wenn man ihren Rücken mit einem Stocke reibt, so ist die Gewohnheit so stark, dasz sie nicht umhin können, die Luft oder den Boden in einer nutzlosen, lächerlichen Art und Weise zu kratzen. Wenn der eben erwähnte Pinscher mit einem Stocke in dieser Weise gerieben wird, so zeigt er zuweilen sein Entzücken noch durch eine andere gewohnheitsgemäsze Bewegung, nämlich dadurch, dasz er in die Luft leckt, als wenn er meine Hand leckte.

Pferde kratzen sich in der Art, dasz sie diejenigen Theile ihres Körpers, welche sie mit ihren Zähnen erreichen können, benagen; aber noch gewöhnlicher zeigt ein Pferd dem andern, wo es gekratzt werden möchte, und dann benagen sie sich gegenseitig. Ein Freund, dessen Aufmerksamkeit ich auf diesen Gegenstand gelenkt hatte, beobachtete, dasz, wenn er den Rücken seines Pferdes rieb, das Thier seinen Kopf vorstreckte, seine Zähne entblöszte und seine Kinnladen bewegte, genau so, als wenn es den Rücken eines andern Pferdes benagte; denn es hätte niemals seinen eigenen Rücken benagen können. Wenn ein Pferd stark gejuckt wird, wie es beim Striegeln geschieht, so wird seine Begierde, irgend etwas zu beiszen, so unwiderstehlich stark, dasz es die Zähne zusammenschlägt und auch, wenn schon nicht mit bösem Willen, den Wärter beiszt. In Folge der Gewohnheit schlägt es gleichzeitig seine Ohren dicht herab, gewissermaszen um sie gegen das Gebissenwerden zu schützen, als wenn es mit einem andern Pferde kämpfte.

Ist ein Pferd voll Eifer, eine Reise anzutreten, so nähert es sich der gewohnheitsgemäszen Bewegung des Fortschreitens auf die gröszt mögliche Art dadurch, dasz es auf den Boden stampft. Wenn nun Pferde im Stalle gefüttert werden sollen und sie erwarten ihren Hafer ängstlich, so stampfen sie das Pflaster oder das Stroh. Zwei meiner Pferde benehmen sich in dieser Weise, wenn sie sehen oder hören, dasz der Hafer ihren Nachbarn gegeben wird. Hier haben wir aber Etwas vor uns, was man beinahe Ausdruck nennen könnte, da das Stampfen des Bodens allgemein als ein Zeichen der Begierde anerkannt wird.

Katzen decken ihre Excremente beider Arten mit Erde zu; mein Groszvater aber sah [16], wie eine junge Katze Asche auf einen Löffel voll reinen Wassers scharrte, der auf dem Herde vergossen war, so dasz hier eine gewohnheitsgemäsze oder instinctive Handlung irrthümlich nicht durch eine vorausgehende Handlung oder durch den Geruch, sondern durch das Gesicht erregt wurde. Es ist sehr bekannt, dasz Katzen ungern ihre Füsze nasz machen, wahrscheinlich, weil sie ursprünglich die trockenen Theile von Ägypten bewohnt haben; und wenn sie ihre Füsze nasz machen, so schütteln sie sie heftig. Meine Tochter gosz etwas Wasser in ein Glas dicht neben dem Kopfe einer jungen Katze, sofort schüttelte diese ihre Füsze in der gewöhnlichen Art und Weise, so dasz wir hier eine gewohnheitsgemäsze Bewegung haben, die irrthümlich durch einen associirten Laut statt durch den Gefühlssinn erregt wurde.

Junge Katzen, junge Hunde, junge Schweine und wahrscheinlich viele andere junge Thiere stoszen mit ihren Vorderfüszen gegen die Milchdrüsen ihrer Mütter, um eine reichlichere Milchabsonderung zu erregen oder sie zum Flieszen zu bringen. Es ist nun bei jungen Katzen sehr gewöhnlich und durchaus nicht selten bei alten Katzen der gewöhnlichen und der persischen Rassen (welche manche Naturforscher für specifisch verschieden halten), dasz sie, wenn sie gemüthlich auf einem warmen Shawl oder auf einem andern weichen Gegenstande liegen, diesen ruhig und abwechselnd mit ihren Vorderfüszen beklopfen; ihre Zehen sind ausgebreitet und die Krallen leicht vorgestreckt, genau so, als wenn sie an ihrer Mutter saugten. Dasz dies dieselbe Bewegung ist, zeigt sich deutlich daraus, dasz sie zu derselben Zeit häufig einen Zipfel von einem Shawl in ihr Maul nehmen und daran saugen, wobei sie meist ihre Augen schlieszen und vor Entzücken schnurren. Diese merkwürdige Bewegung wird gewöhnlich nur in Association mit der Empfindung einer warmen weichen Oberfläche erregt. Ich habe aber eine alte Katze gesehen, welche

---

[16] Dr. Darwin, Zoonomia, Vol. I. 1794, p. 160. Ich finde in diesem Werke auch die Thatsache erwähnt (p. 151), dasz die Katzen ihre Füsze ausstrecken, wenn sie vergnügt gestimmt sind.

sich freute, dasz ihr Rücken gekratzt wurde, und welche nun die Luft mit ihren Füszen in ganz derselben Weise klopfte, so dasz diese Handlung beinahe der Ausdruck einer angenehmen Empfindung geworden ist.

Da ich einmal auf den Act des Saugens zu sprechen gekommen bin, will ich noch hinzufügen, dasz diese zusammengesetzte Bewegung ebenso wie das abwechselnde Vorstrecken der Vorderfüsze eine Reflexbewegung ist; denn beide Handlungen werden ausgeführt, wenn ein mit Milch angefeuchteter Finger in den Mund eines jungen Hundes gesteckt wird, bei dem der Vordertheil des Gehirns entfernt worden ist [17]. Man hat neuerdings in Frankreich angegeben, dasz die Thätigkeit des Saugens allein durch den Geruchssinn erregt werde, so dasz ein junger Hund, wenn seine Riechnerven zerstört werden, niemals sauge. In gleicher Weise scheint die wunderbare Fähigkeit, welche ein junges Hühnchen nur wenige Stunden nach dem Auskriechen besitzt, kleine Nahrungstheilchen aufzupicken, durch den Gehörsinn in Thätigkeit gesetzt worden zu sein; denn bei Hühnchen, welche durch künstliche Wärme ausgebrütet worden waren, hat ein tüchtiger Beobachter gefunden, dasz „ein mit dem Fingernagel auf einem Brette „gemachtes Geräusch, um das Picken der Henne nachzuahmen, die „jungen Hühnchen zuerst gelehrt hat, ihre Nahrung aufzupicken" [18].

Ich will nur noch ein anderes Beispiel einer gewohnheitsgemäszen und zwecklosen Bewegung hinzufügen. Die Spieszente (*Tadorna*) ernährt sich auf den von den Fluthen unbedeckt gelassenen sandigen Dünen; sobald nun eine Wurmröhre entdeckt wird, „fängt sie an, „den Boden mit ihren Füszen zu schlagen, gewissermaszen, als wenn „sie über der Höhle tanzte, und dies veranlaszt den Wurm, an die „Oberfläche zu kommen." Mr. St. John bemerkt nun, dasz, wenn seine zahmen Spieszenten „herankommen, um Futter zu bitten, sie „den Boden in einer ungeduldigen und rapiden Weise schlagen" [19]. Man kann dies daher beinahe als ihren Ausdruck für Hunger betrachten. Mr. Bartlett theilt mir mit, dasz wenn der Flamingo und der Kagu (*Rhinochetus jubatus*) gefüttert sein wollen, sie den Boden in derselben merkwürdigen Art und Weise schlagen. So schla-

---

[17] Carpenter, Principles of Comparative Physiology. 1854, p. 690, und J. Müller, Physiologie, engl. Übers. II. Bd., p. 936.

[18] Mowbray, on Poultry. 6. edit. 1830, p. 54.

[19] s. die von diesem ausgezeichneten Beobachter gegebene Schilderung in: Wild Sports of the Highlands, 1846, p. 142.

gen auch Eisvögel, wenn sie einen Fisch fangen, denselben stets so lange, bis er getödtet ist, und in den zoologischen Gärten schlagen sie immer das rohe Fleisch, mit dem sie zuweilen gefüttert werden, ehe sie es verschlingen.

Ich glaube, wir haben nun die Richtigkeit unseres ersten Princips hinreichend erwiesen, nämlich, dasz, wenn irgend eine Empfindung, Begierde, ein Unwillen u. s. w. während einer langen Reihe von Generationen zu irgend einer willkürlichen Bewegung geführt hat, dann eine Neigung zur Ausführung einer ähnlichen Bewegung beinahe mit Sicherheit erregt werden wird, so oft dieselbe oder irgend eine analoge oder associirte Empfindung u. s. f., wenn auch sehr schwach, erfahren wird, trotzdem, dasz die Bewegung in diesem Falle nicht von dem geringsten Nutzen sein kann. Derartige gewohnheitsgemäsze Bewegungen werden häufig oder ganz allgemein vererbt, und dann sind sie nur wenig von Reflexthätigkeiten verschieden. Wenn wir von den speciellen Ausdrucksformen bei dem Menschen handeln werden, wird der letzte Theil unseres ersten Grundsatzes, wie er zu Anfang dieses Capitels mitgetheilt wurde, sich als gültig herausstellen, nämlich, dasz, wenn durch Gewohnheit mit gewissen Seelenzuständen associirte Bewegungen theilweise durch den Willen unterdrückt werden, die im strengen Sinne unwillkürlichen Muskeln ebenso wie diejenigen, welche am wenigsten unter der besondern Controle des Willens stehen, noch immer geneigt sind, zu wirken; und deren Thätigkeit ist dann häufig in hohem Grade ausdrucksvoll. Wenn umgekehrt der Wille zeitweise oder beständig geschwächt ist, so treten die willkürlichen Muskeln gegen die unwillkürlichen zurück. Wie Sir CH. BELL bemerkt [20], ist es eine den Pathologen geläufige Thatsache, „dasz, wenn Schwäche in Folge einer Affection des Gehirns „auftritt, der Einflusz am gröszten auf diejenigen Muskeln sich „äuszert, welche in ihrem natürlichen Zustande am meisten unter „dem Befehle des Willens stehen". Wir werden auch in unseren folgenden Capiteln noch einen andern in unserem ersten Principe enthaltenen Satz betrachten, nämlich, dasz die Hemmung einer gewohnheitsgemäszen Bewegung zuweilen andere unbedeutende Bewegungen erfordert, wobei diese letzteren als ein Mittel des Ausdrucks dienen.

---

[20] Philosophical Transactions, 1823, p. 182.

Zweites Capitel.

Allgemeine Principien des Ausdrucks. — (Fortsetzung.)

Das Princip des Gegensatzes. — Beispiele vom Hunde und von der Katze. — Ursprung des Princips. — Conventionelle Zeichen. — Das Princip des Gegensatzes ist nicht daraus hervorgegangen, dasz entgegengesetzte Handlungen mit Bewusztsein unter entgegengesetzten Antrieben ausgeführt werden.

Wir wollen nun unser zweites Prinzip betrachten, das des Gegensatzes. Gewisse Seelenzustände führen, wie wir im letzten Capitel gesehen haben, auf gewisse gewohnheitsgemäsze Bewegungen, welche ursprünglich von Nutzen waren oder es noch immer sein können; und wir werden nun finden, dasz, wenn ein direct entgegengesetzter Seelenzustand herbeigeführt wird, eine heftige und unwillkürliche Neigung eintritt, Bewegungen einer direct entgegengesetzten Natur auszuführen, auch wenn dieselben niemals von irgend welchem Nutzen waren. Einige wenige auffallende Beispiele dieses Gegensatzes werden angeführt werden, wenn wir die speciellen Ausdrucksweisen beim Menschen behandeln werden; da wir aber in diesen Fällen ganz besonders dem ausgesetzt sind, conventionelle oder künstliche Geberden und Ausdrucksarten mit denen zu verwechseln, welche angeboren oder allgemein sind und welche allein als wahre Ausdrucksformen betrachtet zu werden verdienen, so will ich mich in dem vorliegenden Capitel fast ausschlieszlich auf die niederen Thiere beschränken.

Wenn sich ein Hund einem fremden Hunde oder Menschen in einer wilden und feindseligen Stimmung nähert, so geht er aufrecht und recht steif einher: sein Kopf ist leicht emporgehoben oder nicht sehr gesenkt; der Schwanz wird aufrecht und vollständig steif getragen; die Haare sträuben sich, besonders dem Nacken und Rücken entlang; die gespitzten Ohren sind vorwärts gerichtet und die Augen haben einen starren Blick (s. Fig. 5 und 7.) Diese Erscheinungen sind, wie hernach erklärt werden wird, eine Folge davon, dasz es die Absicht des Hundes ist, seinen Feind anzugreifen; sie sind hiernach

Fig. 5. Hund, der sich einem andern Hunde in feindseliger Absicht nähert.
Von Mr. Riviere gez.

in hohem Grade verständlich. Da er sich darauf vorbereitet, mit einem wilden Knurren auf seinen Feind einzuspringen, so sind die Eckzähne unbedeckt und die Ohren werden rückwärts dicht an den

Kopf angedrückt; mit diesen letzten Bewegungen haben wir es aber hier nicht zu thun. Wir wollen nun annehmen, dasz der Hund plötzlich die Entdeckung macht, der Mann, dem er sich nähert, sei kein

Fig. 6. Derselbe Hund in einer demüthigen und zuneigungsvollen Stimmung.
Von Mr. Riviere gez.

Fremder, sondern sein Herr; und nun musz man beobachten, wie vollständig und augenblicklich seine ganze Haltung umgewandelt wird. Anstatt aufrecht zu gehen, sinkt der Körper nach abwärts oder duckt sich, und führt windende Bewegungen aus: der Schwanz, statt steif und aufrecht gehalten zu werden, wird gesenkt und von der einen zur andern Seite gewedelt; das Haar wird augenblicklich glatt; die Ohren sind heruntergeschlagen und nach hinten gezogen, aber nicht dicht an den Kopf; die Lippen sind schlaff. Dadurch, dasz die Ohren nach hinten gezogen werden, werden die Augenlider verlängert und

Fig. 7. Halbblut-Schäferhund, in demselben Zustande wie der Hund in Fig. 5. Gez. von Mr. A. May.

die Augen erscheinen nicht länger mehr rund und starr. Man musz noch hinzunehmen, dasz das Thier zu solchen Zeiten in einem vor Freude aufgeregten Zustand sich befindet; es wird dabei Nervenkraft in Überschusz erzeugt, welche naturgemäsz zu Handlungen irgend welcher Art führt. Nicht eine der so eben bezeichneten Bewegungen, welche einen so deutlichen Ausdruck der Zuneigung darstellen, ist von dem geringsten directen Nutzen für das Thier. So weit ich es übersehen kann, sind sie nur dadurch zu erklären, dasz sie in einem vollständigen Gegensatze zu der Haltung und den Bewegungen stehen, welche aus leicht einzusehenden Ursachen eintreten, wenn ein Hund zu kämpfen beabsichtigt, und welche demzufolge bezeichnend für den

Fig. 8. Derselbe Hund seinen Herrn liebkosend. Gez. von Mr. A. May.

Zorn sind. Ich ersuche den Leser, die vier beistehenden Abbildungen zu betrachten, welche in der Absicht gegeben wurden, um die Erscheinungen eines Hundes unter diesen beiden Seelenzuständen lebendig in's Gedächtnis zu rufen. Es ist indessen nicht wenig schwierig, die Zuneigung bei einem Hunde darzustellen, während er seinen Herrn liebkost und mit seinem Schwanze wedelt, da das Wesentliche des Ausdrucks hier in den beständigen gewundenen Bewegungen liegt.

Wir wollen uns nun zu der Katze wenden. Wenn dies Thier von einem Hunde erschreckt wird, so krümmt es den Rücken in einer überraschenden Art und Weise, richtet das Haar empor, öffnet das Maul und spuckt. Wir haben es aber hier nicht mit dieser so bekannten Haltung zu thun, welche für den Schreck in Verbindung mit Zorn so ausdrucksvoll ist, wir haben es hier nur mit dem Ausdrucke des Zornes oder der Wuth zu thun. Derselbe ist nicht häufig zu sehen, kann aber beobachtet werden, wenn zwei Katzen mit einander kämpfen, und ich habe ihn sehr wohl von einer wilden Katze dargestellt gesehen, die von einem Knaben geplagt wurde. Die Stellung ist fast genau dieselbe, wie die von einem Tiger, welcher gestört wird und über seinem Futter knurrt, was ja Jeder in Menagerien gesehen haben musz. Das Thier nimmt eine kauernde Stellung an, der Körper ist ganz ausgestreckt und der Schwanz wird entweder ganz oder nur die Spitze von einer Seite zur andern geschwungen oder gekrümmt. Das Haar ist nicht im mindesten aufgerichtet. So weit sind sowohl die Stellung als auch die Bewegungen nahezu die nämlichen, wie wenn das Thier bereit ist, auf seine Beute einzuspringen und wenn es ohne Zweifel böse ist. Bereitet es sich aber zum Kampfe vor, dann tritt der Unterschied ein, dasz die Ohren nicht nach hinten gedrückt werden; der Mund wird zum Theil geöffnet und zeigt die Zähne; die Vorderfüsze werden gelegentlich mit vorgestreckten Krallen vorgestoszen, und gelegentlich stöszt das Thier ein wüthendes Knurren aus. (S. Fig. 9 und 10.) Alle oder beinahe alle diese Handlungen sind, wie hernach erklärt werden wird, eine natürliche Folge der Art und Weise, wie die Katze ihren Feind angreift, und der Absicht dies zu thun.

Wir wollen nun einmal eine Katze in einer gerade entgegengesetzten Stimmung betrachten, während sie sich recht zuneigungsvoll fühlt und ihren Herrn liebkost. Man beachte hier, wie entgegengesetzt dabei ihre ganze Haltung in jeder Hinsicht ist. Sie steht jetzt aufrecht mit dem Rücken leicht gekrümmt, was das Haar ziemlich rauh erscheinen läszt, ohne dasz es sich jedoch sträubt; anstatt dasz der Schwanz ausgestreckt gehalten und von der einen zur andern Seite geworfen wird, wird derselbe vollständig steif und fast senkrecht in die Höhe gehalten; die Ohren sind aufrecht und gespitzt;

das Maul ist geschlossen, und das Thier reibt sich an seinem Herrn mit einem Schnurren statt eines Knurrens. Es ist auch ferner zu beachten, wie völlig die ganze Haltung einer schmeichelnden Katze von der eines Hundes in gleicher Stimmung verschieden ist, wenn letzterer mit kriechendem und sich windendem Körper, herabhängendem und wedelndem Schwanze und herabgedrückten Ohren seinen Herrn liebkost. Dieser Contrast in den Stellungen und Bewegungen dieser beiden fleischfressenden Säugethiere in derselben vergnüglichen und zärtlichen Gemüthsstimmung kann, wie es mir scheint, nur dadurch erklärt werden, dasz die betreffenden Bewegungen in vollkommenem Gegensatze zu denen stehen, welche ausgeführt werden, wenn die Thiere böse sind und bereit, entweder zu kämpfen oder auf ihre Beute einzuspringen.

In diesen beiden Fällen, beim Hunde und der Katze, haben wir allen Grund zu glauben, dasz die Geberden sowohl der Feindseligkeit als auch der Zuneigung angeboren oder ererbt sind; denn sie sind in den verschiedenen Rassen der Species und in allen Individuen einer und der nämlichen Rasse, sowohl jungen als alten, beinahe identisch dieselben.

Ich will hier noch ein anderes Beispiel des Gegensatzes im Ausdrucke anführen. Ich besasz früher einen groszen Hund, welcher wie jeder andere Hund ein groszes Vergnügen daran fand, hinaus spazieren zu gehen. Er zeigte seine Freude darin, dasz er gravitätisch mit hoch erhobenen Schritten vor mir her trabte mit hoch emporgehobenem, dabei aber nicht steifem Schwanze. Nicht weit von meinem Hause führt ein Fuszweg rechts vom Hauptgang ab nach einem Gewächshause hin, was ich häufig für ein paar Augenblicke zu besuchen pflegte, um nach meinen Versuchspflanzen zu sehen. Dies war jedesmal eine grosze Enttäuschung für den Hund, da er nicht wuszte, ob ich den Spaziergang fortsetzen würde; und die augenblickliche und vollständige Veränderung des Ausdrucks, die ihn überfiel, sobald er nur meinen Körper im Allergeringsten nach dem Fuszwege sich wenden sah (und zuweilen that ich es nur des Versuches wegen), war förmlich lächerlich. Sein Blick der gröszten Niedergeschlagenheit war jedem Gliede meiner Familie bekannt und wurde das „Gewächshaus-Gesicht" genannt. Es bestand dies darin, dasz der Kopf sehr gesenkt wurde, der ganze Körper ein wenig zusammensank und bewegungslos blieb, dasz die Ohren und der Schwanz ganz plötzlich herunter san-

4*

ken, wobei aber der Schwanz nicht im Mindesten gewedelt wurde. Mit dem Sinken der Ohren und dem Hängenlassen seines groszen Mauls wurden auch die Augen bedeutend im Aussehen verändert und

Fig. 9. Katze, böse und zum Kampfe bereit. Nach dem Leben gez. von Mr. Wood.

sahen, wie ich der Ansicht war, weniger glänzend aus. Sein ganzes Aussehen war das der mitleidswerthen, hoffnungslosen Niedergeschlagenheit; und wie ich schon gesagt habe, es war lächerlich, weil die

Ursache so unbedeutend war. Jeder einzelne Zug in seiner Stellung war in vollständigem Gegensatze zu seiner früheren freudigen, aber doch würdevollen Haltung; es kann dies, wie mir scheint, auf keine andere Weise erklärt werden, als durch das Princip des Gegensatzes.

Fig. 10. Katze in zärtlicher Stimmung. Gez. von Mr. Wood.

Wäre nicht die Veränderung so augenblicklich gewesen, so würde ich dieselbe dem Umstande zugeschrieben haben, dasz sein niedergeschlagener geistiger Zustand, wie beim Menschen, das Nerven- und Circulationssystem und dadurch nothwendigerweise den Tonus seines ganzen Muskelsystems afficirte, und zum Theil mag dies auch wirklich die Ursache gewesen sein.

Wir wollen nun untersuchen, auf welche Weise das Princip des Gegensatzes beim Ausdrucke entstanden ist. Bei gesellig lebenden Thieren ist das Vermögen gegenseitiger Mittheilung zwischen den Gliedern einer und derselben Gemeinde, — und bei andern Arten zwischen den verschiedenen Geschlechtern ebenso wie zwischen den Jungen und Alten —, von der gröszten Bedeutung für sie. Diese Mittheilungen werden meist mittelst der Stimme bewirkt; es ist aber sicher, dasz Geberden und ausdrucksvolle Stellungen in einem gewissen Grade gegenseitig verstanden werden. Der Mensch gebraucht nicht blosz inarticulirte Ausrufe, Geberden und ausdrucksvolle Mienen, sondern hat noch die articulirte Sprache erfunden, wenn freilich das Wort „erfunden" auf einen Procesz angewendet werden kann, der sich durch zahllose halb unbewuszt gethane Abstufungen vollzogen hat. Ein Jeder, welcher Affen beobachtet hat, wird nicht daran zweifeln, dasz sie vollkommen die Geberden und den Ausdruck unter einander und, wie RENGGER bemerkt, auch die des Menschen verstehen[1]. Wenn ein Thier im Begriffe ist, ein anderes anzugreifen, oder auch, wenn es sich vor einem andern fürchtet, macht es sich häufig in seiner äuszern Erscheinung schreckenerregend, es richtet das Haar auf, vermehrt dadurch scheinbar den Umfang seines Körpers, zeigt die Zähne, oder schwingt seine Hörner, oder stöszt wüthende Laute aus.

Da das Vermögen der gegenseitigen Mittheilung sicherlich für viele Thiere von groszem Nutzen ist, so hat die Vermuthung a priori nichts Unwahrscheinliches in sich, dasz Geberden, welche offenbar entgegengesetzter Natur sind, verglichen mit denen, durch welche gewisse Gefühle bereits ausgedrückt werden, zuerst willkürlich unter dem Einflusse eines entgegengesetzten Gefühlszustandes angewendet worden sein dürften. Die Thatsache, dasz die Geberden jetzt angeboren sind, bietet keinen gültigen Einwurf gegen die Annahme dar, dasz sie ursprünglich beabsichtigt waren; denn werden sie viele Generationen hindurch ausgeführt, so werden sie wahrscheinlich schlieszlich vererbt werden. Nichtsdestoweniger ist es mehr als zweifelhaft, wie wir sofort sehen werden, ob irgend welche von den Fällen, welche

---

[1] Naturgeschichte der Säugethiere von Paraguay. 1830. S. 55.

unter die vorliegende Kategorie des Gegensatzes gehören, in dieser Weise entstanden sind.

Bei conventionellen Zeichen, welche nicht angeboren sind, wie bei denen, welche die Taubstummen und die Wilden benutzen, ist von dem Principe des Gegensatzes oder der Antithese zum Theil Gebrauch gemacht worden. Die Cistercienser Mönche hielten es für sündhaft zu sprechen, da sie es aber nicht vermeiden konnten, eine gewisse gegenseitige Mittheilung zu unterhalten, so erfanden sie eine Geberdensprache, bei welcher das Princip des Gegensatzes angewendet worden zu sein scheint[2]. Dr. Scott, von der Exeter Taubstummen-Anstalt, schreibt mir, dasz „Gegensätze beim Lehren der Taubstum„men, welche einen lebendigen Sinn für dieselben haben, sehr viel be„nutzt werden." Trotzdem bin ich doch überrascht gewesen, wie wenig völlig unzweideutige Beispiele sich dafür anführen lassen. Dies hängt zum Theil davon ab, dasz sämmtliche Zeichen gewöhnlich irgend einen natürlichen Ursprung haben, und zum Theil von der Gewohnheit der Taubstummen und Wilden, ihre Zeichen zum Zwecke gröszerer Geschwindigkeit so viel als nur möglich zusammenzuziehen[3]. Ihre natürliche Quelle oder ihr Ursprung wird daher häufig zweifelhaft oder geht vollständig verloren, wie es in gleicher Weise auch bei Worten der articulirten Sprache der Fall ist.

Überdies scheinen viele Zeichen, welche offenbar zu einander im Verhältnis des Gegensatzes stehen, beiderseits als selbständige Bezeichnungen entstanden zu sein. Dies scheint für die Zeichen zu gelten, welche die Taubstummen für Licht und Dunkelheit, für Stärke und Schwachheit u. s. w. benutzen. In einem spätern Capitel werde ich zu zeigen versuchen, dasz die einander entgegengesetzten Geberden der Bejahung und der Verneinung, nämlich das senkrechte Nicken und das seitliche Schütteln des Kopfes, beiderseits wahrscheinlich

---

[2] M. Tylor gibt in seiner ‚Early History of Mankind' (2. edit. 1870, p. 40) eine Beschreibung der Geberdensprache der Cistercienser und macht einige Bemerkungen über das Princip des Gegensatzes bei den Geberden.

[3] s. über diesen Gegenstand das interessante Werk von Dr. W. R. Scott, The Deaf and Dumb, 2. edit. 1870, p. 12. Er sagt: „Diese Zusammenziehung „natürlicher Geberden, in viel kürzere als es der natürliche Ausdruck erfordert, „ist unter den Taubstummen sehr gewöhnlich. Diese zusammengezogene Geberde „ist häufig so verkürzt, dasz sie alle Ähnlichkeit mit der naturgemäszen Form „verloren hat, aber für die Taubstummen, welche sie gebrauchen, hat sie noch „immer die Stärke der ursprünglichen Bezeichnung."

einen natürlichen Ausgangspunkt hatten. Das Schwingen der Hand von rechts nach links, welches von manchen Wilden als Zeichen der Verneinung gebraucht wird, dürfte als Nachahmung des Kopfschüttelns erfunden worden sein; ob aber die entgegengesetzte Bewegung des Schwingens der Hand in einer geraden Linie vom Gesicht abwärts, welches als Zeichen der Bejahung gebraucht wird, durch den Gegensatz oder in irgend einer völlig verschiedenen Art und Weise entstanden ist, bleibt zweifelhaft.

Wenden wir uns nun zu den Geberden, welche angeboren sind oder allen Individuen der nämlichen Species gemeinsam zukommen und welche unter die vorliegende Kategorie des Gegensatzes fallen, so ist es äuszerst zweifelhaft, ob irgend welche von ihnen ursprünglich mit Vorbedacht erfunden und mit Bewusztsein ausgeführt worden sind. Beim Menschen ist das beste Beispiel einer Geberde, welche in einem directen Gegensatze zu andern, naturgemäsz unter einem entgegengesetzten Seelenzustande ausgeführten Bewegungen steht, das Zucken mit den Schultern. Dies drückt Unfähigkeit oder eine Entschuldigung aus, — es bezeichnet etwas, was nicht gethan werden kann oder was nicht vermieden werden kann. Die Geberde wird zuweilen bewuszt und willkürlich gebraucht; es ist aber äuszerst unwahrscheinlich, dasz sie ursprünglich mit Vorbedacht erfunden und später durch Gewohnheit fixirt worden ist; es zucken nämlich nicht allein kleine Kinder in den oben bezeichneten Gemüthszuständen mit ihren Achseln, sondern die Bewegung wird auch, wie in einem spätern Capitel gezeigt werden wird, von verschiedenen untergeordneten Bewegungen begleitet, dessen sich nicht ein Mensch unter tausend bewuszt wird, wenn er nicht speciell dem Gegenstande seine Aufmerksamkeit zugewendet hat.

Wenn Hunde sich einem fremden Hunde nähern, so können sie es unter Umständen für zweckmäszig halten, durch ihre Bewegungen zu erkennen zu geben, dasz sie freundlich gesinnt sind und nicht zu kämpfen wünschen. Wenn zwei junge Hunde im Spielen einander anknurren und sich in das Gesicht und die Beine beiszen, so verstehen sie offenbar unter einander ihre Geberden und Manieren. Es scheint geradezu bei jungen Hunden und Katzen ein gewisser Grad instinctiver Kenntnis davon zu existiren, dasz sie ihre kleinen scharfen Zähne oder Krallen beim Spielen nicht zu derb gebrauchen dürfen, doch kommt Letzteres zuweilen vor und dann ist ein Gewinsel das

Ende vom Lied; im andern Falle würden sie wohl oft sich gegenseitig die Augen verletzen. Wenn mein Pintscher mich im Spielen in die Hand beiszt, oft gleichzeitig dazu knurrend, und ich sage dann, wenn er zu stark beiszt, zu ihm: „ruhig, ruhig", so beiszt er zwar weiter, antwortet mir aber doch mit ein paar wedelnden Bewegungen des Schwanzes, was zu bedeuten scheint: „es schadet nichts, es ist ja nur Spasz." Obgleich nun wohl Hunde in dieser Weise andern Hunden und dem Menschen wirklich ausdrücken und auszudrücken wünschen können, dasz sie freundlicher Stimmung sind, so ist doch nicht zu glauben, dasz sie jemals mit Vorbedacht daran gedacht hätten, ihre Ohren zurückzuziehen und herabzuschlagen statt sie aufrecht zu halten, ihren Schwanz herabhängen zu lassen und damit zu wedeln, anstatt ihn steif und aufgerichtet zu tragen u. s. w., weil sie gewuszt hätten, dasz diese Bewegungen in einem directen Gegensatze zu denen stehen, welche sie in einer entgegengesetzten und bösen Stimmung ausführen.

Wenn ferner eine Katze, oder vielmehr wenn irgend ein früher Urerzeuger der Species im Gefühle einer zuneigungsvollen Stimmung zuerst seinen Rücken leicht gekrümmt, seinen Schwanz senkrecht nach oben gehalten und seine Ohren gespitzt hat, kann man wohl glauben, dasz das Thier mit vollem Bewusztsein gewünscht habe, damit zu zeigen, dasz sein Seelenzustand der directe Gegensatz von dem sei, wo es in fertiger Bereitschaft zum Kampfe oder auf seine Beute einzuspringen eine kriechende Stellung einnahm, seinen Schwanz von einer Seite zur andern krümmte und seine Ohren herabdrückte? Selbst noch weniger kann ich glauben, dasz mein Hund seine niedergeschlagene Haltung und sein „Gewächshaus-Gesicht" mit Willen anlegte, eine Haltung, welche einen so vollkommenen Contrast zu seiner früheren gemüthlichen Stimmung und ganzen Haltung bildete. Es kann nicht angenommen werden, dasz er gewuszt habe, ich würde seinen Ausdruck verstehen und er könne damit mein Herz erweichen und mich zum Aufgeben des Besuchs des Gewächshauses veranlassen.

Es musz daher in Bezug auf die Entwickelung der Bewegungen, welche unter die vorliegende Kategorie gehören, noch irgend ein anderes, vom Willen und Bewusztsein verschiedenes Princip thätig gewesen sein. Dies Princip scheint im Folgenden zu bestehen: jede Bewegung, welche wir unser ganzes Leben hindurch willkürlich ausgeführt haben, hat die Thätigkeit gewisser Muskeln erfordert; und wenn wir eine direct entgegengesetzte Bewegung ausgeführt haben, so ist beständig eine entgegengesetzte Gruppe von Muskeln in Thätigkeit gekommen, — wie beim Drehen nach rechts oder nach links, im Fortstoszen eines Gegenstandes von uns weg oder im Heranziehen desselben zu uns her, und beim Heben und Senken einer Last. Unsere Intentionen und Bewegungen sind so stark mit einander associirt, dasz, wenn wir recht eifrig wünschen, dasz sich ein Gegenstand in irgend einer Richtung bewegen möchte, wir es kaum vermeiden können, unsern Körper in derselben Richtung zu bewegen, obgleich wir uns dessen vollkommen bewuszt sein mögen, dasz dies keinen Einflusz haben kann. Eine gute Erläuterung hievon ist bereits in der Einleitung gegeben worden, nämlich in den grotesken Bewegungen eines jungen und eifrigen Billard-Spielers, wenn er den Lauf seines Balles verfolgt. Wenn ein Erwachsener, oder auch ein Kind, in leidenschaftlicher Erregung irgend Jemand mit erhobner Stimme sagt, er solle fortgehen, so bewegt er meist seinen Arm, als wenn er den andern damit fortschieben wolle, obgleich der Beleidiger nicht nahe dabei zu stehen braucht, und obschon nicht die geringste Nöthigung dazu vorhanden zu sein braucht, erst durch eine Geberde noch zu erklären, was gemeint wird. Wenn wir auf der andern Seite eifrig wünschen, dasz Jemand nahe zu uns herankommen möchte, so handeln wir so, als ob wir ihn zu uns heran ziehen wollten; und Ähnliches tritt in zahllosen andern Fällen ein.

Da die Ausführung gewöhnlicher Bewegungen entgegengesetzter Art, unter entgegengesetzten Willenseinflüssen, bei uns und den niederen Thieren zur Gewohnheit geworden ist, so erscheint es, wenn Thätigkeitsäuszerungen einer bestimmten Art mit bestimmten Empfindungen oder Erregungen in feste Association zu einander getreten sind, natürlich, dasz Handlungen einer direct entgegengesetzten Art, wenn sie auch ohne Nutzen sind, unter dem Einflusse einer direct entgegengesetzten Empfindung oder Erregung unbewuszt durch Gewohnheit und Association ausgeführt werden. Nur nach diesem Grundsatze kann ich es verstehen, auf welche Weise die Geberden und Ausdrucksformen, welche unter die Rubrik der Gegensätze gehören, entstanden sind. Wenn sie freilich dem Menschen oder irgend einem andern Thiere zur Unterstützung inarticulirter Ausrufe oder der Sprache von Nutzen sind, so werden sie auch willkürlich angewendet und die Gewohnheit dadurch verstärkt werden. Mögen sie aber als ein Mittel der Mittheilung von Nutzen sein oder nicht, so wird doch die Neigung, entgegengesetzte Bewegungen bei entgegengesetzten Empfindungen oder Erregungen auszuführen, wenn wir nach Analogie urtheilen dürfen, durch lange Übung erblich werden; und darüber kann kein Zweifel bestehen, dasz mehrere, von dem Princip des Gegensatzes abhängige Bewegungen vererbt werden.

Drittes Capitel.

Allgemeine Principien des Ausdrucks. — (Schlusz.)

Das Princip der directen Wirkung des erregten Nervensystems auf den Körper. unabhängig vom Willen und zum Theil von der Gewohnheit. — Veränderung der Farbe des Haars. — Erzittern der Muskeln. — Abgeänderte Secretionen. — Transpiration. — Ausdruck des gröszten Schmerzes, — der Wuth, groszer Freude und äuszerster Angst. — Contrast zwischen den Erregungen, welche ausdrucksvolle Bewegungen verursachen und nicht verursachen. — Aufregende und niederdrückende Seelenzustände. — Zusammenfassung.

Wir kommen nun zu unserm dritten Principe, dasz nämlich gewisse Handlungen, welche wir als ausdrucksvolle für gewisse Zustände der Seele anerkennen, das directe Resultat der Constitution des Nervensystems sind und von Anfang an vom Willen und in hohem Masze auch von der Gewohnheit unabhängig gewesen sind. Wenn das Sensorium stark erregt wird, so erzeugt sich Nervenkraft im Überschusse und wird in gewissen Richtungen fortgepflanzt, welche von dem Zusammenhange der Nervenzellen und, so weit das Muskelsystem in Betracht kommt, von der Natur der Bewegungen, welche gewohnheitsgemäsz ausgeübt worden sind, abhängen. Es kann aber auch allem Anscheine nach der Zuflusz der Nervenkraft unterbrochen werden. Natürlich ist jede Bewegung, welche wir ausführen, durch die Constitution des Nervensystems bestimmt; aber Handlungen, welche in Gehorsam gegen den Willen oder in Folge von Gewohnheit oder durch das Princip des Gegensatzes ausgeführt werden, sollen hier soviel als möglich ausgeschloszen werden. Der hier vorliegende Gegenstand ist sehr dunkel; seiner groszen Bedeutung wegen musz er aber in ziemlicher Ausführlichkeit erörtert werden; und es ist immer sehr rathsam, uns unsere Unwissenheit klar zu machen.

Der auffallendste, wenn auch seltene und abnorme Fall, welcher für den directen Einflusz des Nervensystems auf den Körper angeführt werden kann, wenn ersteres heftig afficirt wird, ist das Erbleichen des Haars, welches gelegentlich nach äuszerst heftigem Schreck oder Kummer beobachtet worden ist. Ein authentischer Fall ist von einem Manne in Indien berichtet worden, welcher zur Hinrichtung geführt wurde und bei welchem die Veränderung der Farbe so schnell eintrat, dasz sie für das Auge wahrnehmbar war[1].

Ein anderes gutes Beispiel bietet das Zittern der Muskeln dar, welches den Menschen und vielen oder geradezu den meisten der niedern Thiere gemeinsam zukommt. Das Zittern ist von keinem Nutzen, oft geradezu störend, und kann ursprünglich nicht durch den Willen erlangt und dann durch Association mit irgend einer Seelenerregung gewohnheitsgemäsz geworden sein. Eine ausgezeichnete Autorität hat mir versichert, dasz kleine Kinder nicht zittern, sondern unter den Umständen, welche bei Erwachsenen heftiges Zittern herbeiführen würden, in Convulsionen verfallen. Das Zittern wird bei verschiedenen Individuen in sehr verschiedenem Grade und durch die verschiedenartigsten Ursachen hervorgerufen, so durch Einwirkung der Kälte auf die Oberfläche, durch Fieberanfälle, trotzdem die Temperatur des Körpers hier höher als der normale Maszstab ist, bei Blutvergiftungen, im Delirium tremens und andern Krankheiten, durch allgemeinen Kräftemangel im hohen Alter, durch Erschöpfung nach übermäsziger Ermüdung, nach localen Reizen durch heftige Verletzungen, sowie Verbrennungen und in einer ganz besondern Art und Weise durch die Einführung eines Katheters. Von allen Seelenerregungen ist bekanntermaszen Furcht diejenige, welche am leichtesten Zittern herbeiführt, aber dasselbe thun gelegentlich groszer Zorn und grosze Freude. Ich erinnere mich, einmal einen Knaben gesehen zu haben, welcher gerade seine erste Bekassine im Fluge geschossen hatte, dessen Hände vor Entzücken in einem solchen Grade zitterten, dasz er eine Zeit lang nicht im Stande war, seine Flinte wieder zu laden; und ich habe von einem ganz ähnlichen Falle bei einem australischen Wilden gehört, dem eine Flinte geliehen worden war. Schöne Musik

---

[1] s. die interessanten Fälle, welche G. Pouchet gesammelt hat in der Revue des Deux Mondes. Jan. 1. 1872. p. 79. Vor wenig Jahren wurde auch ein Fall der British Association in Belfast mitgetheilt.

verursacht in Folge der unbestimmten Erregungen, welche sie hervorruft, ein den Rücken hinablaufendes Schauern bei manchen Personen. In den eben erwähnten physikalischen Ursachen und den Seelenerregungen scheint sehr wenig Gemeinsames zu liegen, was das Zittern veranlassen könnte. Sir JAMES PAGET, welchem ich für mehrere der angeführten Thatsachen verbunden bin, theilt mir mit, dass der Gegenstand ein sehr dunkler ist. Da Zittern häufig durch Wuth veranlasst wird, lange vorher, ehe Erschöpfung eintritt, und da es zuweilen grosze Freude begleitet, so möchte es fast scheinen, als ob jede starke Erregung des Nervensystems den stätigen Flusz der Nervenkraft zu den Muskeln unterbräche[2].

Die Art und Weise, in welcher die Absonderung des Nahrungscanals und gewisser Drüsen, so der Leber, der Nieren oder der Milchdrüsen, durch heftige Gemüthserregungen afficirt werden, ist ein anderes ausgezeichnetes Beispiel für die directe Einwirkung des Sensoriums auf diese Organe und zwar unabhängig vom Willen oder von irgend einer nutzbaren associirten Gewohnheit. Es besteht die gröszte Verschiedenheit bei verschiedenen Personen in den Theilen, welche auf diese Weise afficirt werden, und in dem Grade ihrer Affection.

Das Herz, welches ununterbrochen Tag und Nacht in einer so wunderbaren Weise fortschlägt, ist für äuszere Reize äuszerst empfindlich. Der bekannte Physiolog CLAUDE BERNARD hat gezeigt[3], wie die geringste Reizung eines Empfindungsnerven auf das Herz einwirkt, und zwar selbst dann, wenn ein Nerv so schwach berührt worden ist, dasz von dem Thiere, an welchem experimentirt wird, unmöglich ein Schmerz empfunden werden konnte. Wir dürfen daher erwarten, dasz, wenn die Seele heftig erregt wird, sie augenblicklich in einer directen Weise das Herz afficirt, und dies wird auch ganz allgemein anerkannt und von Allen gefühlt. CLAUDE BERNARD hebt auch wiederholt hervor, und dies verdient besondere Beachtung, dasz, wenn das Herz afficirt wird, es auf das Gehirn zurückwirkt: andererseits wirkt aber der Zustand des Gehirns wieder durch den herumschweifenden Nerven auf das Herz zurück, so dasz bei jeder Erregung eine lebhafte wechsel-

---

[2] Joh. Müller bemerkt (Handbuch der Physiologie des Menschen, Bd. 2, S. 92): „Bei stärkeren Gemüthsbewegungen verbreitet sich die Wirkung auf alle „Rückenmarksnerven bis zur unvollkommenen Lähmung und zum Zittern."

[3] Leçons sur les Prop. des Tissus vivants. 1866, p. 457—466.

seitige Wirkung und Rückwirkung zwischen diesen beiden bedeutungsvollsten Organen des Körpers besteht.

Das vasomotorische System, welches den Durchmesser der kleinen Arterien regulirt, wird vom Sensorium direct beeinfluszt, wie man sehen kann, wenn ein Mensch vor Scham erröthet. Ich glaube aber, dasz in diesem letzteren Falle die gehemmte Fortleitung der Nervenkraft zu den Gefäszen des Gesichts theilweise in einer merkwürdigen Art durch Gewohnheit erklärt werden kann. Wir werden auch im Stande sein, etwas wenn auch sehr wenig Licht auf das unwillkürliche Emporsträuben des Haares bei den Erregungen des Schrecks und der Wuth zu werfen. Die Thränenabsonderung hängt ohne Zweifel von dem Zusammenhange gewisser Nervenzellen ab; aber auch hier können wir einige wenige der Schritte verfolgen, durch welche der Abflusz von Nervenkraft den erforderlichen Canälen entlang unter gewissen Seelenerregungen gewohnheitsgemäsz geworden ist.

Eine kurze Betrachtung der äuszeren Zeichen einiger der heftigeren Empfindungen und Gemüthserregungen wird am besten dazu dienen, uns, wenn auch nur im allgemeinen Umrisse zu zeigen, in welcher complicirten Art und Weise das hier betrachtete Princip der directen Thätigkeit des erregten Nervensystems auf den Körper mit dem Principe gewohnheitsgemäsz associirter zweckmäsziger Bewegungen verbunden ist.

Wenn Thiere von einem Anfalle äuszersten Schmerzes leiden, so winden sie sich meist in fürchterlichen Verdrehungen herum, und diejenigen, welche gewöhnlich ihre Stimme gebrauchen, stoszen durchdringende Schreie oder Geheul aus. Fast jeder Muskel des Körpers wird in heftige Thätigkeit versetzt. Bei dem Menschen ist der Mund dicht zusammengepreszt, oder gewöhnlicher sind die Lippen zurückgezogen, während die Zähne zusammengepreszt sind oder knirschen. Man sagt, dasz in der Hölle „Zähne-klappern" sei; ich habe das Knirschen der Backenzähne deutlich auch bei einer Kuh gehört, welche sehr heftig an einer Entzündung der Eingeweide litt. Als der weibliche *Hippopotamus* im zoologischen Garten seine Jungen zur Welt bringen wollte, litt er heftig. Das Thier gieng unaufhörlich herum oder wälzte sich auf den Seiten, öffnete und schlosz die Kinnladen und schlug die Zähne aufeinander [4]. Bei dem Menschen starren die Augen

---

[4] Mr. Bartlett, Notes on the Birth of a Hippopotamus. Proceed. Zoolog. Soc. 1871, p. 255.

wie im fürchterlichsten Erstaunen wild hinaus oder die Augenbrauen sind heftig zusammengezogen. Der Körper ist von Schweisz gebadet und Tropfen rieseln das Gesicht herab. Die Circulation und Respiration sind bedeutend afficirt. Die Nasenlöcher sind daher meist erweitert und erzittern oft, oder der Athem wird so lange angehalten, bis das Blut in dem purpurrothen Gesichte stillsteht. Wenn die Seelenangst sehr heftig und lang anhaltend ist, so verändern sich alle diese Anzeichen. Die äuszerste Erschöpfung folgt mit Ohnmachten oder Convulsionen.

Wenn ein Empfindungsnerv gereizt wird, so überliefert er einen gewissen Reiz der Nervenzelle, von welcher er ausgeht, und diese gibt ihren Reiz wieder zuerst an die entsprechende Nervenzelle der entgegengesetzten Körperseite und dann auf- und abwärts dem cerebrospinalen Nervenstrange entlang an andere Nervenzellen, und zwar in gröszerer oder geringer Ausdehnung je nach der Stärke des ursprünglichen Reizes, so dasz zuletzt das ganze Nervensystem afficirt werden kann[5]. Diese unwillkürliche Überlieferung von Nervenkraft kann mit vollständigem Bewusztsein erfolgen oder auch ohne dasselbe. Warum die Erregung einer Nervenzelle Nervenkraft erzeugt oder freimacht, ist nicht bekannt; aber dasz dies der Fall ist, scheint eine Folgerung zu sein, zu welcher die sämmtlichen bedeutenderen Physiologen, wie JOHANNES MÜLLER, VIRCHOW, BERNARD u. s. w.[6] gelangt sind. Mr. HERBERT SPENCER bemerkt, dasz man es als „eine gar nicht weiter „fragliche Wahrheit annehmen kann, dasz die in irgend einem Augen- „blicke vorhandene Quantität freigewordener Nervenkraft, welche in „einer nicht weiter erforschbaren Weise in uns den Zustand hervor- „ruft, den wir Fühlen nennen, sich in irgend einer Richtung aus- „dehnen musz und eine gleich grosze Offenbarung von Kraft irgendwo „anders erzeugen musz", so dasz, wenn das Cerebrospinalsystem heftig gereizt und Nervenkraft im Überschusz frei gemacht wird, letztere sich in heftigen Empfindungen, lebendigem Denken, heftigen Be-

---

[5] s. über diesen Gegenstand Claude Bernard, Tissus vivants. 1866, p. 316' 337, 358. Virchow drückt sich fast genau ebenso darüber aus in seiner Abhandlung „Über das Rückenmark" (Sammlung wissenschaftlicher Vorträge 1871, S. 28).

[6] Joh. Müller sagt bei Schilderung der Nerventhätigkeit: „Jeder schnelle „Übergang in den Zuständen der Seele ist im Stande eine Entladung zu bewirken" (Handbuch der Physiol. Bd. 2. S. 89). s. Virchow und Bernard über denselben Gegenstand an Stellen der in der vorigen Anmerkung erwähnten Werke.

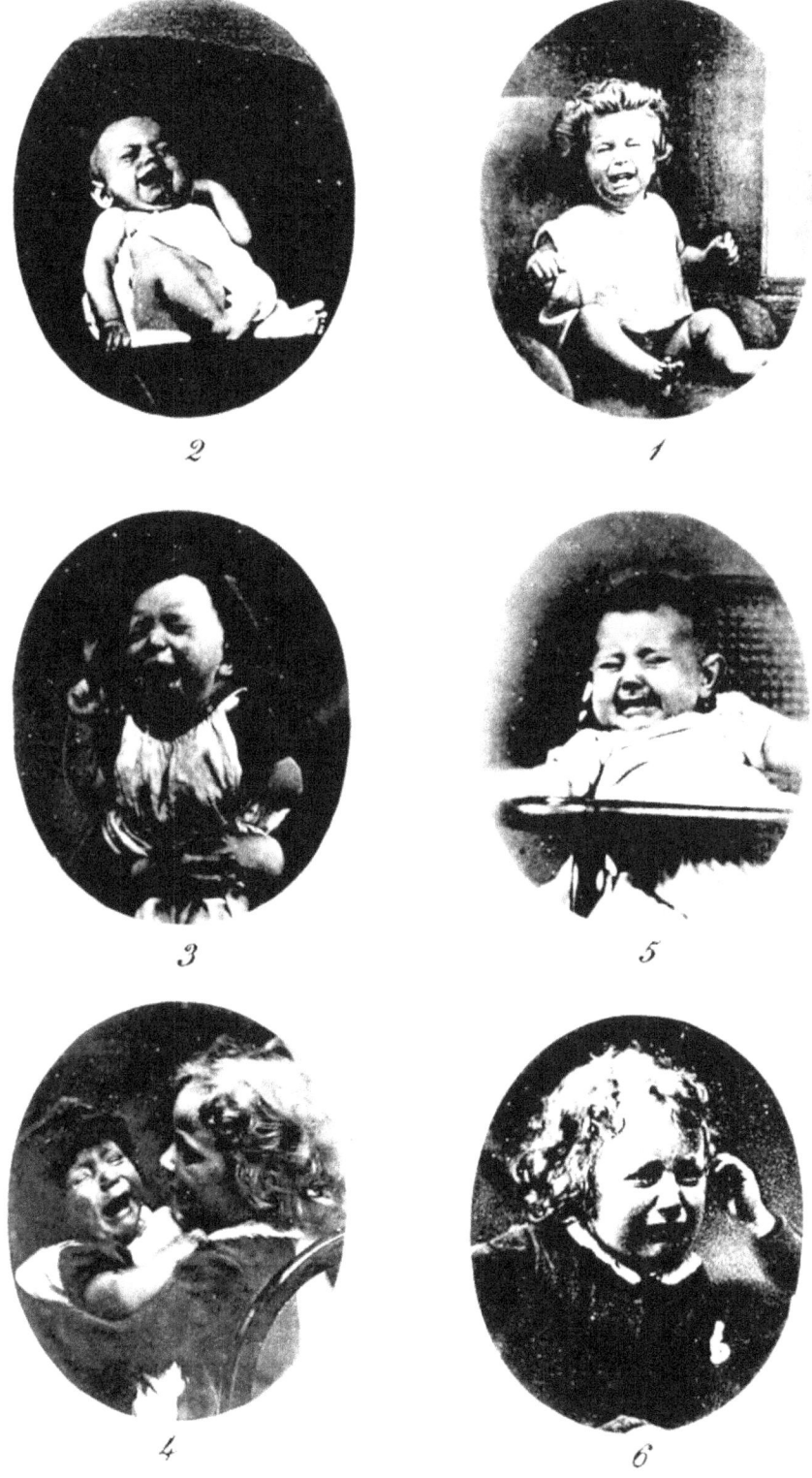

wegungen oder vermehrter Thätigkeit der Drüsen ausbreiten kann [7]. Mr. Spencer behauptet ferner, dasz „ein von keinem Beweggrunde be-„sonders geleiteter Überschusz an Nervenkraft offenbar zunächst die „am meisten gewohnheitsgemäszen Wege einschlagen und, wenn diese „nicht hinreichen, in die weniger gewohnheitsgemäszen überflieszen „werde." Folglich werden die Gesichts- und Athmungsmuskeln, welche die am meisten gebrauchten sind, geneigt sein, zuerst in Thätigkeit versetzt zu werden, dann diejenigen der oberen Extremitäten, zunächst dann diejenigen der untern und endlich diejenigen des ganzen Körpers [8].

Eine Gemüthserregung kann sehr stark sein und wird doch nur wenig geneigt sein, Bewegungen irgend einer Art herbeizuführen, wenn sie nicht gewöhnlich zu einer willkürlichen Handlung behufs ihrer Erleichterung oder Befriedigung geführt hat; und wenn Bewegungen erregt werden, so wird deren Natur in einem hohen Grade durch diejenigen bestimmt, welche unter derselben Erregung häufig unwillkürlich zu einem bestimmten Zwecke ausgeführt worden sind. Grosze Schmerzen treiben alle Thiere und haben dieselben während zahlloser Generationen dazu getrieben, die heftigsten und verschiedenartigsten Anstrengungen zu machen, der Ursache des Leidens zu entfliehen. Selbst wenn eine Gliedmasze oder ein anderer besonderer Theil des Körpers verletzt wird, sehen wir oft eine Neigung, denselben zu schütteln, als gälte es, die Ursache abzuschütteln, obschon dies offenbar unmöglich wäre. Auf diese Weise kann eine Gewohnheit, mit der äuszersten Kraft alle Muskeln anzustrengen, sich entwickelt haben, so oft heftige Schmerzen empfunden werden. Da die Muskeln der Brust und der Stimmorgane ganz beständig gebraucht werden, so werden diese besonders der Erregung ausgesetzt sein, und es werden laute, scharfe Schreie und Angstrufe ausgestoszen werden. Aber wahrscheinlich ist auch der Vortheil, den das Thier vom Schreien erlangt, mit in's Spiel gekommen; denn die Jungen der meisten Thiere rufen, wenn sie in Angst oder Gefahr sind, laut nach ihren Eltern um Hülfe, wie auch die Mitglieder einer und derselben Gemeinschaft einander um Hülfe anrufen.

[7] H. Spencer, Essays, Scientific, Political etc. Second Series, 1863, p. 109. 111.
[8] Sir H. Holland bemerkt (Medical Notes and Reflexions. 1839, p. 328) bei Besprechung jenes merkwürdigen in allgemeiner nervöser Unruhe bestehenden Körperzustandes, dasz er „Folge der Anhäufung irgend einer Erregungsursache zu „sein scheint, welche zu ihrer Erleichterung der Muskelbewegungen bedarf."

Ein anderes Princip, nämlich das innerliche Bewusztsein, dasz die Kraft oder die Fähigkeit des Nervensystems beschränkt ist, wird, wenn auch nur in einem untergeordneten Grade, die Neigung zu heftigen Handlungen im äuszersten Leiden verstärkt haben. Ein Mensch kann nicht tief nachdenken und gleichzeitig seine Muskelkraft auf das Äuszerste anstrengen. Wie HIPPOKRATES schon vor langer Zeit bemerkt hat: wenn zwei Schmerzen zu einer und derselben Zeit gefühlt werden, so übertäubt der heftigere den andern. Märtyrer sind in der Ecstase ihrer religiösen Schwärmerei wie es scheint häufig für die schauderhaftesten Qualen unempfindlich gewesen. Wenn Matrosen gepeitscht werden sollen, so nehmen sie zuweilen ein Stück Blei in ihren Mund, um es mit äuszerster Kraft zu beiszen und so den Schmerz zu ertragen. Kreiszende Frauen bereiten sich darauf vor, ihre Muskeln bis sum Äuszersten anzustrengen, um ihre Schmerzen dadurch zu erleichtern.

Wir sehen hieraus, dasz die nicht besonders geleitete Ausstrahlung von Nervenkraft von den zuerst afficirt gewesenen Nervenzellen, — der lang fortgesetzte Gebrauch, in heftigem Kampfe den Versuch zu machen, der Ursache des Leidens zu entfliehen — und das Bewusztsein, dasz willkürliche Anstrengung der Muskeln den Schmerz erleichtert, dasz alles dies wahrscheinlich sich vereinigt hat, die Neigung zu den heftigsten beinahe convulsivischen Bewegungen im Zustande äuszersten Leidens herbeizuführen; und derartige Bewegungen mit Einschlusz derer der Stimmorgane werden ganz allgemein als im hohen Grade ausdrucksvoll für diesen Zustand anerkannt.

Da die blosze Berührung eines Empfindungsnerven in einer directen Weise auf das Herz zurückwirkt, so wird offenbar auch heftiger Schmerz in gleicher Weise aber noch weit energischer auf dasselbe zurückwirken. Nichtsdestoweniger dürfen wir selbst in diesem Falle die indirecte Einwirkung der Gewohnheit auf das Herz nicht übersehen, wie wir später noch sehen werden, wenn wir die Zeichen der Wuth betrachten.

Wenn ein Mann in einer Agonie von Schmerz leidet, so rieselt ihm häufig der Schweisz das Gesicht herab; und mir hat ein Veterinärarzt versichert, dasz er häufig gesehen habe, wie bei Pferden die Tropfen von dem Bauche herabfallen und die Innenseite der Schenkel herabrinnen, ebenso an dem Körper der Rinder, wenn diese heftig leiden. Er hat dies beobachtet, als gar kein heftiges Sträuben vorhanden war, welches die starke Hautthätigkeit erklären könnte. Der ganze Körper des oben erwähnten weiblichen *Hippopotamus* war, während er seine Jungen gebar, mit roth gefärbtem Schweisze bedeckt. Dasselbe tritt auch bei äuszerster Furcht ein. Der genannte Thierarzt hat häufig Pferde aus diesem Grunde schwitzen sehen; dasselbe hat Mr. BARTLETT beim Rhinoceros gesehen, und bei dem Menschen ist es ein bekanntes Symptom. Die Ursache der in diesen Fällen hervorbrechenden Transpiration ist vollkommen dunkel. Manche Physiologen glauben aber, dasz sie mit einer Schwäche des capillaren Kreislaufs zusammenhängt, und wir wissen allerdings, dasz das vasomotorische System, welches den capillaren Kreislauf regulirt, bedeutend von der Seele beeinfluszt wird. Was die Bewegungen gewisser Muskeln des Gesichts im Zustande groszen Leidens ebenso wie in Folge anderer Seelenerregungen betrifft, so werden diese am besten betrachtet werden, wenn wir von den speciellen Ausdrucksformen des Menschen und der niedern Thiere handeln.

Wir wollen uns nun zu den characteristischen Symptomen der Wuth wenden. Unter dem Einflusse dieser mächtigen Erregung ist die Thätigkeit des Herzens bedeutend beschleunigt[9] oder kann auch sehr gestört sein. Das Gesicht ist geröthet oder es wird purpurn in Folge des verhinderten Rückflusses des Blutes oder kann auch todtenbleich werden. Die Respiration ist beschwerlich; die Brust hebt sich mühsam und die erweiterten Nasenlöcher zittern. Häufig zittert der ganze Körper. Die Stimme ist afficirt; die Zähne sind fest zusammengeklemmt oder knirschen und das Muskelsystem ist gewöhnlich zu heftiger, beinahe tobsüchtiger Thätigkeit angeregt. Aber die Geberden eines Menschen in diesem Zustande weichen gewöhnlich von den zwecklosen Wendungen und Kämpfen eines vom wüthendsten Schmerz Geplagten ab; denn sie stellen mehr oder weniger deutlich die Handlung des Kämpfens oder Sichherumschlagens mit einem Feinde dar.

Alle diese Zeichen der Wuth sind wahrscheinlich zum groszen Theile, und einige von ihnen scheinen es gänzlich zu sein, Folgen der directen Einwirkung des erregten Sensoriums. Aber Thiere aller

---

[9] Ich bin Mr. A. H. Garrod sehr verbunden dafür, dasz er mich auf Lorain's Buch über den Puls aufmerksam gemacht hat, in welchem ein Sphygmogramm eines rasenden Weibes mitgetheilt wird; dasselbe zeigt bedeutende Verschiedenheiten in der Schnelligkeit und andern Merkmalen des Pulses derselben Frau in gesundem Zustande.

Arten und früher ihre Urerzeuger haben, wenn sie von einem Feinde angegriffen oder bedroht wurden, ihre Kräfte bis zum Äuszersten im Kämpfen und im Vertheidigen angestrengt. Wenn ein Thier nicht so handelt, oder nicht die Absicht oder wenigstens die Begierde hat, seinen Feind anzugreifen, so kann man nicht im eigentlichen Sinne sagen, dasz es in Wuth gerathen sei. Eine vererbte Gewohnheit der Muskelanstrengung wird hierdurch in Association mit Wuth erlangt worden sein; und dies wird direct oder indirect verschiedene Organe nahezu in derselben Weise afficiren, wie es grosze körperliche Leiden thun.

Ohne Zweifel wird das Herz gleicherweise in einer directen Art afficirt werden. Es wird aber auch aller Wahrscheinlichkeit nach durch Gewohnheit beinfluszt werden und letzteres um so mehr, als es nicht unter Controle des Willens steht. Wir wissen, dasz jedwede grosze Anstrengung, welche wir willkürlich unternehmen, das Herz beeinfluszt und zwar durch mechanische und andere Principien, welche hier nicht betrachtet zu werden brauchen. Und im ersten Capitel wurde gezeigt, dasz Nervenkraft leicht in gewohnheitsgemäsz benutzten Canälen flieszt und zwar durch die Nerven der willkürlichen oder unwillkürlichen Bewegung und durch die der Empfindung. So wird selbst ein mäsziger Grad von Anstrengung auf das Herz einzuwirken geneigt sein, und nach dem Principe der Association, von welchem so viele Beispiele angeführt worden sind, können wir ziemlich sicher sein, dasz jede Empfindung oder Gemüthserregung wie groszer Schmerz oder Wuth, welche gewohnheitsgemäsz zu starker Muskelthätigkeit geführt hat, den Zuflusz von Nervenkraft zum Herzen unmittelbar beeinflussen wird, obgleich zur gegebenen Zeit gar keine Muskelanstrengung vorhanden zu sein braucht.

Wie ich eben gesagt habe, wird das Herz nur um so leichter durch gewohnheitsgemäsze Associationen afficirt werden, als es nicht unter der Controle des Willens steht. Wenn ein Mensch mäszig zornig oder selbst wenn er in Wuth gerathen ist, so kann er wohl die Bewegungen seines Körpers beherrschen, er kann es aber nicht verhindern, dasz sein Herz heftig schlägt. Seine Brust gibt vielleicht ein paar seufzende Inspirationen und seine Nasenlöcher zittern eben, denn die Bewegungen der Respiration sind nur zum Theil willkürlich. In gleicher Weise werden zuweilen allein diejenigen Muskeln des Gesichts, welche am wenigsten dem Willen unterworfen sind, eine geringe und vorübergehende Erregung verrathen. Ferner sind die Drüsen gänzlich vom Willen unabhängig, und ein an Kummer leidender Mensch kann wohl seine Gesichtszüge beherrschen, kann aber nicht immer verhindern, dasz ihm die Thränen in die Augen kommen. Wenn verlockende Nahrung vor einen hungrigen Menschen hingestellt wird, so kann er wohl seinen Hunger durch keine äuszerliche Geberde zu erkennen geben, er kann aber die Absonderung des Speichels in seinem Munde nicht unterdrücken.

Bei übergroszer Freude oder sehr lebendigem Vergnügen ist eine starke Neigung zu verschiedenen zwecklosen Bewegungen und zu Äuszerung verschiedener Laute vorhanden. Wir sehen dies an unsern kleinen Kindern in ihrem lauten Lachen, dem Zusammenschlagen der Hände und dem Hüpfen vor Freude, in dem Springen und Bellen eines Hundes, wenn er mit seinem Herrn ausgehen will, und in den muntern Sprüngen eines Pferdes, wenn es auf ein offenes Feld gelassen wird. Freude beschleunigt die Circulation und diese reizt wieder das Gehirn, welches umgekehrt auf den ganzen Körper zurückwirkt. Die eben erwähnten zwecklosen Bewegungen und die vermehrte Herzthätigkeit können zum hauptsächlichsten Theil auf den erregten Zustand des Sensoriums [10] und auf den davon abhängigen, nicht geleiteten Überschusz von Nervenkraft bezogen werden, wie Mr. HERBERT SPENCER behauptet. Es verdient Beachtung, dasz hauptsächlich das Vorausempfinden eines Vergnügens und nicht sein wirklicher Genusz es ist, welches zu zwecklosen und extravaganten Bewegungen des Körpers und zum Ausstoszen verschiedener Laute führt. Wir sehen dies an

---

[10] Wie mächtig heftige Freude das Gehirn erregt und wie das Gehirn auf den Körper zurückwirkt, zeigt sich sehr deutlich in den seltenen Fällen sogenannter psychischer Intoxicationen. Dr. J. Crichton Browne erzählt (Medical Mirror, 1865) den Fall von einem jungen Menschen eines stark nervösen Temperaments, welcher beim Empfang eines Telegramms mit der Nachricht, dasz er ein Vermögen geerbt habe, zuerst blasz, dann heiter und bald ganz ausgelassen, aber erhitzt und ruhelos wurde. Er machte dann mit einem Freunde einen Spaziergang, um sich zu beruhigen, kehrte aber mit stolperndem Gange, ausgelassen laut lachend, reizbarer Stimmung, beständig sprechend und laut in den Straszen singend zurück. Es wurde ganz positiv ermittelt, dasz er kein spirituöses Getränk berührt hatte, obschon ihn Jedermann für betrunken hielt. Nach einer Zeit trat Erbrechen ein; der halbverdaute Mageninhalt wurde untersucht; es liesz sich aber auch hier kein Geruch von Alkohol nachweisen. Er fiel dann in tiefen Schlaf und war beim Erwachen gesund, ausgenommen, dasz er über Kopfschmerzen, Übelkeit und Kraftlosigkeit klagte.

unseren Kindern, wenn sie irgend ein groszes Vergnügen oder einen besonderen Reiz erwarten; auch Hunde, welche beim Anblick eines Tellers mit Futter freudig umher gesprungen sind, zeigen, wenn sie es bekommen, ihr Ergötzen durch kein äuszerliches Zeichen, nicht einmal durch ein Wedeln ihres Schwanzes. Nun ist bei Thieren aller Arten das Erreichen beinahe aller ihrer Freuden mit Ausnahme derer der Wärme und der Ruhe mit lebendigen Bewegungen associirt und ist lange so associirt gewesen, so beim Jagen oder beim Suchen nach Nahrung und bei ihrer Brautwerbung. Überdies ist die blosze Anstrengung der Muskeln nach langer Ruhe oder Gefangenschaft an sich selbst schon ein Vergnügen, wie wir auch an uns fühlen, und wie wie wir es an dem Spiele junger Thiere sehen. Nach diesem letzten Principe allein schon dürften wir daher vielleicht erwarten, dasz lebhaftes Vergnügen geneigt sein wird, sich umgekehrt in Muskelbewegungen anzuzeigen.

Bei allen oder beinahe allen Thieren, selbst bei Vögeln, verursacht äuszerste Angst ein Erzittern des Körpers. Die Haut wird blasz, es bricht Schweisz aus und die Haare sträuben sich. Die Absonderungen des Nahrungscanals und der Nieren werden vermehrt, und sie werden unwillkürlich entleert in Folge der Erschlaffung der Schlieszmuskeln, wie es ja bekanntlich bei dem Menschen der Fall ist und wie ich es bei Kindern, Hunden, Katzen und Affen gesehen habe. Das Athmen ist beschleunigt. Das Herz schlägt schnell, wild und heftig. Ob es aber das Blut auch wirksamer durch den Körper pumpt, dürfte bezweifelt werden; denn die Oberfläche des Körpers erscheint blutlos und die Kraft der Muskeln schlägt sehr bald fehl. Bei einem erschreckten Pferde habe ich das Schlagen des Herzens durch den Sattel hindurch so deutlich gefühlt, dasz ich die Schläge hätte zählen können. Die Geistesthätigkeiten werden bedeutend gestört. Äuszerste Erschöpfung folgt bald und selbst Ohnmacht. Man hat gesehen, dasz ein erschrockener Canarienvogel nicht blosz erzitterte und um die Basis seines Schnabels herum weisz wurde, sondern in Ohnmacht fiel[11], und einmal habe ich in einem Zimmer ein Rothkehlchen gefangen, welches so vollständig in Ohnmacht lag, dasz ich eine Zeit lang glaubte, es sei todt.

Die meisten dieser Symptome sind wahrscheinlich das directe von Gewohnheit unabhängige Resultat des gestörten Zustandes des

---

[11] Dr. Darwin, Zoonomia. Vol. I. 1794, p. 148.

Sensoriums. Es ist aber zweifelhaft, ob sie alle auf diese Weise erklärt werden können. Wenn ein Thier beunruhigt wird, so steht es beinahe immer für einen Augenblick bewegungslos da, um seine Sinne zu sammeln und die Quelle der Gefahr zu ermitteln, zuweilen auch zum Zwecke, der Entdeckung zu entgehen. Sehr bald folgt aber kopflose Flucht, ohne die Körperkraft wie beim Kampfe zu Rathe zu halten, und das Thier flieht so lange fort, als die Gefahr währt, bis äuszerste Erschöpfung mit unterbrochener Respiration und Circulation, mit zitternden Muskeln des ganzen Körpers und profusem Schweisze ein ferneres Fliehen unmöglich macht. Es scheint daher nicht unwahrscheinlich zu sein, dasz das Princip der associirten Gewohnheit zum Theil einige der oben erwähnten characteristischen Symptome des äuszersten Schrecks erklärt, mindestens dasz derartige Gewohnheiten dieselben verstärken.

Dasz das Princip associirter Gewohnheiten bei der Verursachung von Bewegungen, welche für die in Vorstehendem erwähnten verschiedenen heftigen Gemüthserregungen und Empfindungen ausdrucksvoll sind, eine bedeutende Rolle gespielt hat, können wir, wie ich glaube, daraus schlieszen, dasz wir erstens einige andere heftige Gemüthserregungen, welche zu ihrer Erleichterung oder Befriedigung gewöhnlich keine willkürliche Bewegung bedürfen, und zweitens den Contrast in der Natur der sogenannten erregenden und deprimirenden Seelenzustände in Betracht ziehen. Keine Gemüthserregung ist stärker als Mutterliebe. Es kann aber eine Mutter die innigste Liebe für ihr hülfloses Kind fühlen und sie doch durch kein äuszeres Zeichen verrathen, oder nur durch leichte liebkosende Bewegungen mit einem sanften Lächeln und zärtlichen Augen. Nun soll aber irgend Jemand ihr Kind absichtlich verletzen, und man beachte nun, was für eine Veränderung eintritt; wie sie in die Höhe fährt mit einem drohenden Anblicke, wie ihre Augen funkeln und ihr Gesicht sich röthet, wie ihr Busen wogt, ihre Nasenlöcher sich erweitern und ihr Herz schlägt; denn der Zorn und nicht die Mutterliebe hat gewohnheitsgemäsz zur Thätigkeit geführt. Die Liebe zwischen den beiden Geschlechtern ist von Mutterliebe völlig verschieden, und wenn Liebende sich treffen, so wissen wir, dasz ihre Herzen schnell schlagen, ihr Athem beschleunigt ist und ihre Gesichter erröthen; denn diese Liebe ist nicht wie die einer Mutter zu ihrem Kinde unthätig.

Ein Mensch kann sein Herz mit Hasz oder dem schwärzesten Verdachte erfüllt haben oder von Neid oder Eifersucht zernagt sein: da aber diese Gefühle nicht sofort zu Handlungen führen und sie gewöhnlich eine Zeit lang anhalten, so werden sie auch durch kein äuszerliches Zeichen sichtbar, ausgenommen, dasz ein Mensch in diesem Zustande sicherlich nicht gemüthlich und gut gelaunt erscheint. Wenn diese Gefühle in äuszerliche Handlungen umschlagen, so nimmt Wuth ihre Stelle ein und wird deutlich gezeigt. Maler können kaum Verdacht, Eifersucht, Neid u. s. w. porträtiren, ausgenommen mit Hülfe von Nebendingen, welche die Geschichte zu erzählen haben, und Dichter brauchen solche unbestimmte und phantastische Ausdrücke wie „grünäugige Eifersucht"*). SPENCER beschreibt Verdacht als „faul, „misgünstig und grimmig, schief unter den Augenbrauen vorschielend" u. s. w. SHAKESPEARE spricht vom Neid als „hager in ekler Höhle" (2. Heinr. VI., Act III, Sc. 2); an einer andern Stelle sagt er: „sicher „soll schwarzer Hasz mein Grab nicht bauen" (Heinr. VIII., Act II, Sc. 1); und weiter „auszer dem Bereich des blassen Neids" (Titus Andr. Act II, Sc. 1).

Gemüthsbewegungen und Empfindungen sind oft als erregende und deprimirende classificirt worden; wenn alle Organe des Körpers und der Seele — diejenigen der willkürlichen und unwillkürlichen Bewegung, der Wahrnehmung, Empfindung, des Denkens u. s. w. — ihre Functionen energischer und schneller als gewöhnlich ausführen, so kann man sagen, dasz ein Mensch oder ein Thier erregt, und im entgegengesetzten Zustande, dasz er niedergeschlagen sei. Zorn und Freude sind vom Anfang an erregende Gemüthsbewegungen und sie führen naturgemäsz, besonders der erstere, zu energischen Bewegungen, welche auf das Herz und dieses wieder auf das Gehirn zurückwirken. Ein Arzt machte einmal gegen mich die Bemerkung, um die aufregende Natur des Zornes zu beweisen, dasz, wenn man im äuszersten Grade abgespannt ist, man sich zuweilen eingebildete Beleidigungen erfindet und sich in Leidenschaft bringt und zwar ganz unbewuszt, nur um sich selbst wieder zu kräftigen. Und seitdem ich diese Bemerkung gehört habe, habe ich gelegentlich ihre vollständige Wahrheit anerkannt.

---

*) „Green-eyed jealousy". Kaufmann von Venedig, Act III, Sc. 2. Schlegel übersetzt es nicht, sondern sagt: „blasse Schüchternheit".

Mehrere andere Seelenzustände scheinen anfangs aufregend zu sein, werden aber bald bis zu einem äuszersten Grade niederschlagend. Wenn eine Mutter plötzlich ihr Kind verliert, so ist sie zuweilen vor Schmerz wie wahnsinnig und musz als sich in einem aufgeregten Zustande befindend betrachtet werden. Sie läuft wild umher, zerzaust sich das Haar oder die Kleider und ringt ihre Hände. Diese letztere Handlung ist vielleicht Folge des Princips des Gegensatzes und verräth ein innerliches Gefühl der Hülflosigkeit, dasz nichts gethan werden kann. Die andern wilden und heftigen Bewegungen können zum Theil durch die Erleichterung erklärt werden, welche jede Anstrengung der Muskeln gewährt, und zum Theil durch den nicht in bestimmte Bahnen geleiteten Überflusz von Nervenkraft aus dem gereizten Sensorium. Aber beim plötzlichen Verluste einer geliebten Person ist einer der ersten und gewöhnlichsten Gedanken, welcher eintritt, der, dasz irgend etwas mehr noch hätte geschehen können, um den Verlornen zu retten. Ein ausgezeichneter Beobachter [12] spricht bei der Beschreibung des Benehmens eines Mädchens beim plötzlichen Tode ihres Vaters: „sie gieng um das Haus herum, ihre Hände ringend „wie ein geisteskrankes Geschöpf und rief aus: es war meine Schuld; „ich hätte ihn niemals verlassen sollen; wenn ich nur bei ihm sitzen „geblieben wäre!" u. s. w. Wenn solche Ideen lebhaft vor der Seele stehen, dann wird durch das Princip associirter Gewohnheiten die stärkste Neigung zu energischen Handlungen irgend welcher Art eintreten.

Sobald der Leidende sich dessen vollständig bewuszt wird, dasz nichts mehr gethan werden kann, nimmt Verzweiflung oder tiefer Kummer die Stelle des wahnsinnigen Schmerzes ein. Der Leidende sitzt bewegungslos da oder schwankt langsam hin und her. Die Circulation wird träge. Das Athmen wird beinahe vergessen und tiefe Seufzer werden eingezogen. Alles dies wirkt auf das Gehirn zurück und es erfolgt bald Erschöpfung mit zusammengesunkenen Muskeln und stumpfen Augen. Da associirte Gewohnheit den Leidenden nicht länger mehr zum Handeln treibt, so wird er von seinen Freunden zu willkürlichen Anstrengungen veranlaszt und gedrängt, nicht dem schweigenden bewegungslosen Kummer nachzugeben. Anstrengungen reizen das Herz; dieses wirkt auf das Gehirn zurück und hilft dem Geiste seine schwere Last tragen.

---

[12] Mrs. Oliphant in ihrem Roman „Miss Majoribanks", p. 362.

Ist der Schmerz sehr heftig, so führt er sehr bald äuszerste Niedergeschlagenheit oder Erschöpfung herbei. Aber zuerst ist er ein Reizmittel und regt zu Handlungen an, wie wir sehen, wenn wir ein Pferd peitschen, und wie es sich zeigt durch die schrecklichen Qualen, die in fremden Ländern erschöpften Zugstieren beigebracht werden, um sie zu erneuerter Anstrengung anzutreiben. Furcht ist andrerseits die niederschlagendste von allen Gemüthserregungen; sie führt bald die äuszerste hülflose Erschöpfung herbei, gewissermaszen in Folge oder in Association mit den heftigsten und fortgesetztesten Anstrengungen der Gefahr zu entfliehen, wenn auch derartige Versuche factisch nicht gemacht worden sind. Nichtsdestoweniger wirkt selbst äuszerste Furcht häufig zu Anfang wie ein mächtiges Reizmittel. Ein durch Schreck zur Verzweiflung getriebener Mensch oder ein Thier wird mit wunderbarer Kraft begabt und ist notorisch im höchsten Grade gefährlich.

Im Ganzen können wir schlieszen, dasz das Princip der directen Einwirkung des Sensoriums auf den Körper, welches eine Folge der Constitution des Nervensystems und von Anfang an unabhängig vom Willen ist, in hohem Grade von Einflusz auf die Bestimmung vieler Ausdrucksformen gewesen ist. Gute Beispiele hiefür werden von dem Zittern der Muskeln, dem Schwitzen der Haut, den modificirten Absonderungen des Nahrungscanals und der Drüsen bei verschiedenen Gemüthserregungen und Empfindungen dargeboten. Aber Thätigkeiten dieser Art werden oft mit andern combinirt, welche eine Folge unseres ersten Princips sind, nämlich, dasz Handlungen, welche häufig von directem oder indirectem Nutzen waren, um bei gewissen Seelenzuständen gewisse Empfindungen, Begierden u. s. w. zu befriedigen oder zu erleichtern, noch immer unter analogen Umständen durch blosze Gewohnheit ausgeführt werden, obgleich sie von keinem Nutzen sind. Wir sehen Combinationen dieser Art wenigstens zum Theil in den wahnsinnigen Geberden der Wuth und in dem Sich-winden unter äuszerstem Schmerz und vielleicht auch in der vermehrten Thätigkeit des Herzens und der Respirationsorgane. Selbst wenn diese und andere Gemüthsbewegungen oder Empfindungen in einer sehr schwachen Art erregt werden, wird doch eine Neigung zu ähnlichen Handlungen in Folge der Macht lange associirter Gewohnheit eintreten; und diese Handlungen, welche am wenigsten unter der Controle des Willens stehen, werden allgemein am längsten beibehalten. Gelegentlich ist auch unser Princip des Gegensatzes gleichfalls in's Spiel gekommen.

Es können schlieszlich so viele ausdrucksvolle Bewegungen durch die drei Principien, welche nun erörtert worden sind, erklärt werden, — wie sich meiner Überzeugung nach noch im Laufe dieses Bandes herausstellen wird, — dasz wir hoffen dürfen, später alle Ausdrucksformen hierdurch oder durch nahe analoge Principien erklärt zu sehen. Es ist indessen häufig unmöglich, zu entscheiden, wie viel Gewicht in jedem besondern Falle dem einen unserer Principien und wie viel Gewicht dem andern beizulegen ist; und sehr viele Punkte in der Lehre vom Ausdruck bleiben noch unerklärt.

Viertes Capitel.

Mittel des Ausdrucks bei Thieren.

Äuszerung von Lauten. — Stimmlaute. — Auf andere Art hervorgebrachte Laute. — Aufrichten der Hautanhänge, der Haare, Federn u. s. w., bei den Seelenerregungen des Zorns und Schreckens. — Das Zurückziehen der Ohren als eine Vorbereitung zum Kämpfen und als ein Ausdruck des Zorns. — Aufrichten der Ohren und Emporheben des Kopfes ein Zeichen der Aufmerksamkeit.

In diesem und dem folgenden Capitel will ich, aber nur in so weit hinreichendem Detail als zur Erläuterung meines Gegenstandes nöthig ist, die Bewegungen des Ausdruckes bei einigen wenigen allgemein bekannten Thieren in verschiedenen Seelenzuständen beschreiben. Ehe ich aber dieselbe in gehöriger Aufeinanderfolge betrachte, wird es viel nutzlose Wiederholung ersparen, wenn ich gewisse, den meisten von ihnen gemeinsame Ausdrucksmittel erörtere.

Das Äuszern von Lauten. — Bei vielen Arten von Thieren, den Menschen mit eingeschlossen, sind die Stimmorgane im höchsten Grade wirksame Mittel des Ausdrucks. Wir haben im letzten Capitel gesehen, dasz, wenn das Sensorium stark erregt wird, die Muskeln des Körpers allgemein in heftige Bewegung versetzt werden; als Folge hiervon werden laute Töne ausgestoszen, wie schweigsam auch das Thier im Allgemeinen sein mag und obschon die Laute von keinem Nutzen sind. Hasen und Kaninchen gebrauchen z. B., wie ich glaube, ihre Stimmorgane niemals, ausgenommen im Zustande des äuszersten Leidens; so wenn ein verwundeter Hase vom Jäger getödtet oder wenn ein junges Kaninchen von einem Wiesel gefangen wird. Rinder und Pferde ertragen grosze Schmerzen schweigend; ist aber der Schmerz excessiv und besonders wenn er mit Schrecken verbunden ist, dann stoszen sie fürchterliche Laute aus. Ich habe in den Pampas häufig in groszen Entfernungen das Gebrüll der Rinder im Todeskampfe unterschieden, wenn sie mit dem Lasso gefangen und ihnen die Schenkelsehnen durchschnitten wurden. Man sagt, dasz Pferde, wenn sie von Wölfen angegriffen werden, laute und eigenthümliche Angstschreie ausstoszen.

Zu der Äuszerung vocaler Laute dürften unwillkürliche und zwecklose, in der erwähnten Art und Weise angeregte Zusammenziehungen der Muskeln der Brust und Stimmritze zuerst Veranlassung gegeben haben. Jetzt wird aber die Stimme von vielen Thieren zu verschiedenen Zwecken benutzt; auch scheint Gewohnheit bei deren Verwendung unter anderen Umständen eine wichtige Rolle gespielt zu haben. Naturforscher haben, und wie ich glaube mit Recht, bemerkt, dasz sociale Thiere, weil solche ihre Stimmorgane gewohnheitsgemäsz als Mittel zu gegenseitiger Mittheilung benutzen, dieselben auch bei andern Veranlassungen viel häufiger gebrauchen als andere Thiere. Es gibt aber auffallende Ausnahmen von dieser Regel, z. B. beim Kaninchen. Auch hat das Princip der Association, welches einen so weiten Wirkungskreis hat, dabei eine Rolle gespielt. Es folgt hieraus, dasz die Stimme, weil sie unter gewissen, Vergnügen, Schmerz, Zorn u. s. w. veranlassenden Bedingungen gewohnheitsgemäsz als nützliches Hülfsmittel angewendet worden ist, allgemein gebraucht wird, sobald nur immer dieselben Empfindungen oder Gemüthsbewegungen unter völlig verschiedenen Bedingungen oder in einem geringeren Grade angeregt werden.

Die beiden Geschlechter vieler Thiere rufen während der Brunstzeit unaufhörlich einander, und in nicht wenig Fällen sucht das Männchen durch die Stimme das Weibchen zu bezaubern oder zu reizen. Dies scheint allerdings der uranfängliche Gebrauch und die urspüngliche Entwickelungsweise der Stimme gewesen zu sein, wie ich in meiner „Abstammung des Menschen" zu zeigen versucht habe. Hiernach wird der Gebrauch der Stimmorgane mit der Vorausempfindung des gröszten Vergnügens, was die Thiere zu fühlen im Stande sind, associirt worden sein. Thiere, welche in Gesellschaft leben, rufen einander oft, wenn sie getrennt werden und empfinden offenbar eine grosze Freude, wenn sie sich treffen; dies sehen wir z. B. an einem Pferde bei der Rückkehr seines Gefährten, dem es entgegenwiehert. Die Mutter ruft beständig nach ihren verlorenen Jungen, so z. B. eine Kuh nach ihrem Kalbe; auch rufen die Jungen vieler Thiere nach ihrer Mutter. Wenn eine Schafheerde auseinander getrieben wird, so blöcken die Mutterschafe unaufhörlich nach ihren Lämmern und die wechselseitige Freude beim Zusammenkommen drückt sich ganz deutlich aus. Wehe dem Menschen, welcher sich mit den Jungen der gröszeren und furchtbareren Raubthiere zu schaffen macht, wenn diese das Angstgeschrei ihrer Jungen hören. Wuth führt zur heftigen Anstrengung aller Muskeln mit Einschlusz derer der Stimme; und einige Thiere versuchen, wenn sie in Wuth gerathen sind, ihre Feinde durch deren Kraft und Wildheit in Schrecken zu versetzen, wie es der Löwe durch Brüllen und der Hund durch Knurren thut. Ich glaube deshalb, dasz ihr Zweck hierbei der ist, Schrecken einzujagen, weil zu gleicher Zeit der Löwe sein Mähnenhaar, der Hund das Haar seinem Rücken entlang aufrichtet und sie sich dadurch so grosz und so schrecklich aussehend machen wie nur möglich. Rivalisirende Männchen versuchen durch ihre Stimmen sich einander zu überbieten und einander herauszufordern; und dies führt zu Kämpfen auf Tod und Leben. Hierdurch wird der Gebrauch der Stimme mit der Erregung des Zorns, auf welche Weise er auch veranlaszt worden sein mag, associirt worden sein. Wir haben auch gesehen, dasz intensive Schmerzen gleich der Wuth zu heftigem Aufschreien führen; die Anstrengung des Schreies gibt an und für sich etwas Erleichterung. Hierdurch wird der Gebrauch der Stimme mit Leiden jedweder Art associirt worden sein.

Die Ursache, warum sehr verschiedene Laute bei verschiedenen Gemüthsbewegungen und Empfindungen geäuszert werden, ist ein sehr dunkler Gegenstand. Auch gilt die Regel nicht immer, dasz irgend eine ausgesprochene Verschiedenheit besteht. So weicht z. B. beim Hunde das Bellen vor Zorn nicht sehr von dem Bellen vor Freude ab, obschon beide unterschieden werden können. Es ist nicht wahrscheinlich, dasz irgend eine genaue Erklärung der Ursache oder der Quelle jedes besonderen Lautes unter verschiedenen Seelenzuständen jemals gegeben werden wird. Wir wissen, dasz einige Thiere, nachdem sie domesticirt worden sind, die Gewohnheit erlangt haben, Laute auszustoszen, die ihnen nicht natürlich waren[1]. So haben domesticirte Hunde und selbst gezähmte Schakals zu bellen gelernt, was ein Laut ist, der keiner Species der Gattung eigen ist, mit Ausnahme

---

[1] s. die Belege hierüber in meinem „Variiren der Thiere und Pflanzen im Zustande der Domestication" 2. Aufl. Bd. I. S. 29. Über das Girren der Tauben ebenda, Bd. I. S. 172.

des *Canis latrans* von Nord-America, welcher bellen soll. Auch haben einige Rassen der domesticirten Tauben in einer neuen und eigenthümlichen Art und Weise zu girren gelernt.

Der Character der menschlichen Stimme unter dem Einflusse verschiedener Seelenerregungen ist von Herbert Spencer in seinem interessanten Aufsatze über Musik erörtert worden[2]. Er zeigt deutlich, dasz die Stimme unter verschiedenen Bedingungen sich bedeutend in der Lautheit und in der Qualität ändert, d. h. in der Resonanz und im Timbre, in der Höhe und den Intervallen. Es kann wohl Niemand einen beredten Sprecher oder einen Prediger, dann einen Menschen, der zornig einen Andern anschreit, oder einen, welcher Erstaunen über Etwas ausdrückt, hören, ohne von der Wahrheit der Bemerkung Spencer's frappirt zu sein. Es ist merkwürdig, wie früh im Leben schon die Modulation der Stimme ausdrucksvoll wird. Bei einem meiner Kinder bemerkte ich, ehe dasselbe zwei Jahre alt war, deutlich, dasz das „Hm" der Zustimmung durch eine leichte Modulation stark emphatisch gemacht wurde, während ein eigenthümlich winselndes Verneinen eine obstinate Bestimmtheit ausdrückte. Mr. Spencer weist ferner nach, dasz die Sprache unter Erregung des Gemüths in allen den oben angeführten Beziehungen eine innige Verwandtschaft mit Vocalmusik, und folglich auch mit Instrumentalmusik darbietet; und er versucht die characteristischen Eigenschaften beider mit physiologischen Gründen zu erklären, nämlich aus „dem allgemeinen Gesetze, dasz „eine Empfindung ein Reiz zur Muskelthätigkeit ist". Man kann zugeben, dasz die Stimme durch dies Gesetz beeinfluszt wird; die Erklärung erscheint mir aber zu allgemein und zu vag, als dasz sie auf die einzelnen Unterschiede, mit Ausnahme des der Lautheit, zwischen dem gewöhnlichen Sprechen und dem Sprechen in gewissen Gemüthserregungen oder dem Singen viel Licht werfen könnte.

Diese Bemerkung behält seine Gültigkeit, mögen wir annehmen, dasz die verschiedenen Qualitäten der Stimme dadurch entstanden, dasz unter der Erregung starker Gefühle gesprochen wurde und dasz diese Qualitäten später auf die Vocalmusik übertragen wurden, oder mögen wir der Ansicht sein, wie ich es behaupte, dasz die Gewohnheit musikalische Laute auszustoszen zuerst als ein Mittel der Brautwerbung bei den frühen Urerzeugern des Menschen entwickelt und

---

[2] Essays, Scientific, Political and Speculative, 1858. The Origin and Function of Music, p. 359.

hierdurch mit den stärksten Gemüthserregungen, deren sie fähig waren, associirt wurde, — nämlich mit glühender Liebe, Rivalität und Triumph. Dasz Thiere musikalische Töne hervorbringen, ist eine Jedermann geläufige Thatsache, wie wir es ja täglich im Gesang der Vögel hören. Eine merkwürdigere Thatsache ist die, dasz ein Affe, einer der Gibbons, genau eine Octave musikalischer Töne hervorbringt, wobei er die Tonleiter in halben Tönen auf- und abwärts singt, so dasz man von diesem Affen sagen kann, dasz „er allein unter den Säugethieren „singe"[3]. Durch diese Thatsache und durch die Analogie mit anderen Thieren bin ich zu der Folgerung geführt worden, dasz die Urerzeuger des Menschen wahrscheinlich musikalische Töne ausstieszen, ehe sie das Vermögen der articulirten Sprache erlangt hatten, und dasz in Folge hievon die Stimme, wenn sie in irgend einer heftigen Gemüthserregung gebraucht wird, durch das Princip der Association einen musikalischen Character anzunehmen strebt. Bei einigen der niederen Thiere können wir deutlich wahrnehmen, dasz die Männchen ihre Stimmen dazu gebrauchen, ihren Weibchen zu gefallen und dasz sie selbst an ihren eigenen vocalen Äuszerungen Vergnügen finden. Warum aber besondere Laute ausgestoszen werden, und warum diese Vergnügen gewähren, kann für jetzt nicht erklärt werden.

Dasz die Höhe der Stimme in gewisser Beziehung zu gewissen Empfindungszuständen steht, ist ziemlich klar. Eine Person, welche sich ruhig über schlechte Behandlung beklagt oder welche unbedeutend leidet, spricht beinahe immer in einem hohen Tone. Wenn Hunde ein wenig ungeduldig sind, so geben sie oft einen hohen pfeifenden Ton durch die Nase, der uns sofort als klagend auffällt[4]; wie schwer ist es aber zu wissen, ob der Laut seinem Wesen nach ein klagender ist oder nur in diesem besondern Falle als solcher erscheint, weil wir aus Erfahrung gelernt haben, was er bedeutet. RENGGER gibt an[5], dasz die Affen *(Cebus Azarae)*, welche er in Paraguay hielt, ihr

---

[3] Die Abstammung des Menschen. 3. Aufl. 1875. Bd. 2, p. 310. Die citirten Worte sind von Professor Owen. Es ist neuerdings nachgewiesen worden, dasz Säugethiere, welche in der Stufenreihe viel tiefer als Affen stehen, nämlich Nagethiere, fähig sind, correcte musikalische Töne hervorzubringen, s. die Schilderung einer singenden *Hesperomys* von S. Lockwood in „The American Naturalist." Vol. V. December, 1871, p. 761. s. Die Abstammung des Menschen, a. a. O., p. 311.

[4] Mr. Tylor (Primitive Culture, Vol. I. 1871, p. 166) erwähnt bei Erörterung dieses Gegenstandes das Winseln des Hundes.

[5] Naturgeschichte der Säugethiere von Paraguay. 1830. S. 46.

Erstaunen durch einen halb pfeifenden, halb brummenden Ton, Zorn
oder Ungeduld durch Wiederholung des Lautes „hu", „hu" mit einer
tieferen, grunzenden Stimme, und Schrecken oder Schmerz durch
schrilles Geschrei ausdrückten. Auf der andern Seite drückt beim
Menschen ein tiefes Stöhnen und ein hohes durchdringendes Geschrei
in gleicher Weise den äuszersten Schmerz aus. Das Lachen kann
entweder hoch oder tief sein, so dasz, wie schon HALLER vor langer
Zeit bemerkt hat[6], der Laut bei erwachsenen Personen den Character
der Vocale O und A annimmt, während er bei Frauen und Kindern
mehr den Character von E und I hat. Diese letzten beiden Vocallaute haben, wie HELMHOLTZ gezeigt hat, ihrer Natur gemäsz einen
höheren Ton, als die beiden erstern; und doch drücken beide Töne des
Lachens in gleicher Weise Freude oder Vergnügen aus.

Bei Betrachtung der Art und Weise, in welcher Äuszerungen der
Stimme eine Gemüthserregung ausdrücken, werden wir naturgemäsz
darauf geführt, die Ursache dessen zu untersuchen, was man in der
Musik „Ausdruck" nennt. Mr. LITCHFIELD, welcher der Theorie der
Musik lange Zeit seine Aufmerksamkeit gewidmet hat, ist so freundlich gewesen, mir über diesen Gegenstand die folgenden Bemerkungen
mitzutheilen: — „Die Frage, was das Wesen des musikalischen ‚Aus-
„drucks' sei, schlieszt eine Anzahl dunkler Punkte in sich, welche so-
„viel mir bekannt ist, noch ungelöste Räthsel sind. Indessen musz bis
„zu einem gewissen Punkte ein jedes Gesetz, welches in Bezug auf
„den Ausdruck der Gemüthserregungen durch einfache Laute als gültig
„erfunden worden ist, auch auf die höher entwickelte Ausdrucksweise
„des Gesangs anwendbar sein, welcher ja als der ursprüngliche Typus
„jeder Musik angenommen werden kann. Ein groszer Theil der ge-
„müthlichen Wirkung eines Gesanges hängt von dem Character der
„Thätigkeit ab, durch welche die Töne hervorgebracht werden. So
„hängt z. B. bei Gesängen, welche grosze Heftigkeit der Leidenschaft
„ausdrücken, die Wirkung oft hauptsächlich von dem kraftvollen Aus-
„stoszen einer oder zweier characteristischer Passagen ab, welche
„bedeutende Anstrengung der Stimmkraft erfordern, und es ist häufig
„zu beobachten, dasz ein Gesang dieser Art seine gehörige Wirkung
„verfehlt, wenn er zwar von einer Stimme von hinreichender Kraft
„und gehörigem Umfange, um die characteristischen Passagen wieder-

[6] citirt von Gratiolet, De la Physionomie. 1865, p. 115.

"zugeben, aber ohne grosze Anstrengung gesungen wird. Dies ist
"ohne Zweifel der Schlüssel zu dem Geheimnis, warum ein Lied so
"oft durch Transposition aus einer Tonart in die andere seine Wirkung
"verliert. Es zeigt sich hieraus, dasz die Wirkung nicht blosz von
"den wirklichen Klängen selbst, sondern zum Theil auch von der
"Natur der Thätigkeit abhängt, welche die Klänge hervorbringt. Es
"ist in der That offenbar, dasz, sobald wir fühlen, der ‚Ausdruck'
"eines Gesanges sei eine Folge seiner schnelleren oder langsameren
"Bewegung, der Ruhe seines Flusses, der Lautheit seiner Äuszerung
"u. s. w., wir in der That die Muskelthätigkeit, welche den Klang
"hervorbringt, in derselben Weise beurtheilen, wie wir die Muskel-
"thätigkeit überhaupt beurtheilen. Dies läszt aber die feinere und
"specifischere Wirkung, welche wir den musikalischen Ausdruck
"des Gesanges nennen, — das durch seine Melodie oder selbst durch
"die einzelnen die Melodie erst zusammensetzenden Töne hervorgerufene
"Entzücken, unerklärt. Es ist dies eine Wirkung, welche von der
"Sprache nicht definirt werden kann, welche auch, so viel ich weisz,
"Niemand zu analysiren im Stande gewesen ist, und welche die geist-
"volle Speculation HERBERT SPENCER's über den Ursprung der Musik
"vollkommen unerklärt läszt. Denn es ist ganz sicher, dasz die
"melodische Wirkung einer Reihe von Tönen nicht im Allergeringsten
"von ihrer Stärke oder ihrer Schwäche, noch von ihrer absoluten
"Höhe abhängt. Eine Melodie bleibt immer dieselbe, mag sie nun
"laut oder schwach, von einem Kinde oder einem Erwachsenen ge-
"sungen, mag sie nun auf einer Flöte oder auf einer Posaune gespielt
"werden. Die rein musikalische Wirkung irgend eines Tones hängt
"von seiner Stellung in dem ab, was man technisch die Tonleiter nennt;
"ein und derselbe Ton bringt hienach absolut verschiedene Wirkungen
"auf das Ohr hervor, je nachdem er in Verbindung mit der einen
"oder einer andern Reihe von Tönen gehört wird."

"Es ist also diese relative Association von Tönen das Moment,
"von dem alle die wesentlich characteristischen Wirkungen abhängen,
"welche man unter der Bezeichnung ‚musikalischer Ausdruck' zu-
"sammenfaszt. Warum aber gewisse Associationen von Tönen gerade
"die und die, andre jene Wirkungen haben, ist ein Problem, welches
"noch immer zu lösen bleibt. Allerdings müssen diese Wirkungen
"auf die eine oder die andere Weise mit den arithmetischen Verhält-
"nissen zwischen den Schwingungszahlen der Töne, welche eine musi-

„kalische Tonleiter bilden, in Verbindung stehen. Und es ist wohl
„möglich, — doch ist dies eine blosze Vermuthung, — dasz die
„gröszere oder geringere mechanische Leichtigkeit, mit welcher
„der schwingende Apparat des menschlichen Kehlkopfes aus einem
„Schwingungszustand in den andern übergeht, eine der ursprünglichen
„Ursachen gewesen ist, weshalb verschiedene Reihen von Tönen ein
„gröszeres oder geringeres Vergnügen hervorgerufen haben."

Lassen wir aber diese verwickelten Fragen bei Seite und beschränken wir uns auf die einfacheren Laute, so können wir wenigstens einige der Gründe für die Association gewisser Arten von Tönen mit gewissen Seelenzuständen einsehn. Es wird z. B. ein von einem jungen Thiere oder von einem Gliede einer Thiergemeinde als ein Ruf nach Hülfe ausgestoszener Schrei naturgemäsz laut, lang ausgezogen und hoch sein, so dasz er in gröszere Entfernung reicht. Denn HELMHOLTZ hat gezeigt[7], dasz in Folge der Form der innern Höhle des menschlichen Ohrs und seiner daraus sich ergebenden Resonanzfähigkeit hohe Töne einen eigenthümlich starken Eindruck hervorrufen. Wenn männliche Thiere Laute ausstoszen, um den Weibchen zu gefallen, so werden sie natürlich solche anwenden, welche den Ohren der Species lieblich sind; und es möchte scheinen, als wenn dieselben Töne oft sehr verschiedenen Thieren angenehm wären, und zwar in Folge der Ähnlichkeit ihres Nervensystems, wie wir selbst ja dies darin wahrnehmen. dasz uns der Gesang der Vögel und selbst das Zirpen gewisser Laubfrösche Vergnügen macht. Auf der andern Seite werden Laute, welche hervorgebracht werden, um einem Feinde Schrecken einzujagen, naturgemäsz rauh und unangenehm sein.

Ob das Princip des Gegensatzes, wie sich vielleicht hätte erwarten lassen, bei Lauten mit in's Spiel gekommen ist, ist zweifelhaft. Die unterbrochenen lachenden oder kichernden Laute, welche der Mensch und verschiedene Arten von Affen hervorbringen, wenn sie vergnüglich gestimmt sind, sind von langausgezogenen Schreien dieser Thiere, wenn sie in Angst sind, so verschieden, als nur möglich. Das tiefe Grunzen der Befriedigung eines Schweines, wenn ihm sein Futter zusagt, ist von dem scharfen Schrei des Schmerzes oder Schreckens äuszerst verschieden. Beim Hunde aber sind, wie erst vor Kurzem

---

[7] Die Lehre von den Tonempfindungen, 1870, S. 221 ff. Helmholtz hat auch in diesem gelehrten Werke die Beziehung der Form der Mundhöhle zu dem Hervorbringen der Vocallaute ausführlich erörtert.

bemerkt wurde, das Bellen vor Zorn und das vor Freude Laute, welche durchaus nicht in Gegensatz zu einander stehn; dasselbe gilt auch für einige andere Fälle.

Es findet sich dabei noch ein anderer dunkler Punkt, nämlich, ob die unter verschiedenen Zuständen der Seele hervorgebrachten Laute die Form des Mundes bestimmen oder ob die Form desselben nicht von unabhängigen Ursachen bestimmt und der Laut dadurch modificirt wird. Wenn ganz junge Kinder schreien, so öffnen sie ihren Mund weit, und dies ist ohne Zweifel nothwendig, um einen starken vollen Laut auszustoszen; der Mund nimmt aber dann aus einer völlig verschiedenen Ursache eine fast viereckige Gestalt an, welche, wie später erklärt werden wird, von dem festen Schlieszen der Augenlider und dem daraus folgenden Heraufziehen der Oberlippe abhängt. In wie weit diese viereckige Form des Mundes den klagenden oder weinenden Laut modificirt, bin ich nicht vorbereitet zu sagen; wir wissen aber aus den Untersuchungen von HELMHOLTZ und Andern, dasz die Form der Mundhöhle und der Lippen die Natur und die Höhe der hervorgebrachten Vocallaute bestimmt.

In einem spätern Capitel wird auch gezeigt werden, dasz bei den Gefühlen der Verachtung oder des Abscheus aus erklärlichen Gründen eine Neigung vorhanden ist, durch die Mundhöhle oder Nasenlöcher hinaus zu blasen, und dies ruft einen Laut hervor wie „Puh" oder „Pish". Wenn irgend Jemand erschreckt oder plötzlich in Erstaunen versetzt wird, so tritt, gleicherweise aus einer erklärlichen Ursache, nämlich um für eine längere Anstrengung vorbereitet zu sein, eine augenblickliche Neigung ein, den Mund weit zu öffnen, wie um eine tiefe und schnelle Inspiration auszuführen. Wenn die nächste volle Ausathmung erfolgt, so wird der Mund leicht geschlossen und, aus später zu erörternden Ursachen, die Lippen vorgestreckt; nach HELMHOLTZ bringt aber diese Form des Mundes, wenn die Stimme überhaupt nur zum Tönen gebracht wird, den Laut des Vocals O hervor. Sicherlich kann man einen tiefen Laut eines langen Oh! von einer ganzen Menge Menschen unmittelbar nach dem Erleben irgend eines staunenerregenden Ereignisses hören. Wenn in Verbindung mit Überraschung Schmerz gefühlt wird, dann tritt eine Neigung ein, alle Muskeln des Körpers, mit Einschlusz derer des Gesichts, zusammenzuziehen und dann werden die Lippen zurückgezogen; dies dürfte es vielleicht erklären, dasz dann der Ton höher wird und den Character des Ah oder Ach annimmt. Da die Furcht ein Erzittern sämmtlicher Muskeln des Körpers verursacht, so wird auch die Stimme zitternd und gleichzeitig auch wegen der Trockenheit des Mundes heiser, da die Speicheldrüsen nicht thätig sind. Warum das Lachen der Menschen und das Kichern der Affen aus einer schnellen Wiederholung von Lauten besteht, kann nicht erklärt werden. Während der Äuszerung dieser Laute wird der Mund dadurch, dasz die Winkel nach hinten und nach oben gezogen werden, quer verlängert; für diese Thatsache eine Erklärung zu geben wird in einem späteren Capitel versucht werden. Aber das ganze Thema von den Verschiedenheiten der unter verschiedenen Seelenzuständen hervorgebrachten Laute ist so dunkel, dasz es mir kaum gelungen ist, irgend welches Licht darauf zu werfen; und die Bemerkungen, welche ich hier gemacht habe, haben nur wenig Bedeutung.

Alle bis jetzt erwähnten Laute hängen von den Respirationsorganen ab; es sind aber auch Laute, welche durch völlig verschiedene Mittel hervorgebracht werden, ausdrucksvoll. Kaninchen stampfen laut auf den Boden, um ihren Kameraden ein Signal zu geben; und wenn man es ordentlich zu machen versteht, so kann man an einem ruhigen Abend die Kaninchen rings umher antworten hören. Es stampfen auch diese Thiere, ebenso wie einige andere, auf den Boden, wenn sie zornig gemacht werden. Stachelschweine rasseln mit ihren Stacheln und machen ihren Schwanz erzittern, wenn sie zornig gemacht werden; ein solches Thier benahm sich in dieser Weise, als eine lebendige Schlange in seinen Käfig gebracht wurde. Die Stacheln am Schwanze sind von denen am übrigen Körper sehr verschieden; sie sind kurz, hohl, dünn wie ein Gänsekiel mit quer abgeschnittenem Ende, so dasz sie offen sind; sie werden von langen, dünnen, elastischen Stielen getragen. Wenn nun der Schwanz schnell geschüttelt wird, so schlagen diese hohlen Kiele gegen einander und bringen, wie ich im Beisein des Mr. BARTLETT hörte, einen eigenthümlichen anhaltenden Laut hervor. Ich glaube, wir können einsehen,

Fig. 11. Lauterregende Kiele vom Schwanze des Stachelschweins.

warum Stachelschweine durch eine Modification ihrer schützenden Stacheln mit diesem lauterzeugenden Instrumente versehen worden sind. Sie sind nächtliche Thiere; und wenn sie ein auf Raub ausziehendes Raubthier wittern oder hören, so dürfte es für sie im Dunkeln ein groszer Vortheil sein, ihrem Feinde anzuzeigen, was sie sind und dasz sie mit gefährlichen Stacheln ausgerüstet sind. Sie werden dadurch dem Angriffe entgehen. Sie sind sich, wie ich hinzufügen will, der Kraft ihrer Waffen so vollständig bewuszt, dasz wenn sie in Wuth gerathen, sie nach hinten einen Angriff machen, wobei ihre Stacheln aufgerichtet, indesz etwas nach hinten geneigt sind.

Viele Vögel bringen während ihrer Brautwerbung mittelst speciell eingerichteter Federn verschiedenartige Laute hervor. Wenn Störche erregt werden, so bringen sie mit ihren Schnäbeln ein lautes klapperndes Geräusch hervor. Manche Schlangen machen ein knarrendes und rasselndes Geräusch. Viele Insecten striduliren dadurch, dasz sie speciell modificirte Theile ihrer harten Bedeckungen auf einander reiben. Diese Stridulation dient allgemein als ein sexueller Reiz oder Ruf; sie wird aber auch dazu benutzt, verschiedene Gemüthserregungen auszudrücken[8]. Jeder, welcher Bienen aufmerksam beobachtet hat, weisz, dasz sich ihr Summen ändert, wenn sie zornig sind; und dies dient als eine Warnung, dasz Gefahr gestochen zu werden vorhanden ist. Ich habe diese wenigen Bemerkungen gemacht, weil einige Schriftsteller ein so groszes Gewicht auf den Umstand gelegt haben, dasz die Stimm- und Athmungsorgane speciell als Mittel des Ausdrucks angepaszt worden sind, dasz es mir gerathen schien zu zeigen, wie auf andere Weise erzeugte Laute demselben Zwecke gleichmäszig gut dienen.

Aufrichten der Hautanhänge. — Kaum irgend eine Bewegung des Ausdrucks ist so allgemein wie das unwillkürliche Aufrichten der Haare, Federn und andern Hautanhänge; denn durch drei der groszen Wirbelthierclassen geht es gemeinsam durch. Diese Anhänge werden unter der Erregung des Zornes oder Schreckens emporgerichtet, ganz besonders wenn diese Gemüthserregungen mit einander verbunden sind oder schnell aufeinander folgen. Die Bewegung dient dazu, das Thier seinen Feinden oder Nebenbuhlern gröszer und furcht-

---

[8] Ich habe einige Details hierüber in meiner „Abstammung des Menschen", 3. Auflage, 1875, Bd. I. S. 371, 398 angeführt.

barer erscheinen zu lassen und wird allgemein von verschiedenen willkürlichen Bewegungen, die demselben Zwecke angepaszt sind, sowie von dem Ausstoszen wilder Laute begleitet. Mr. BARTLETT, welcher über Thiere aller Arten eine so reiche Erfahrung besitzt, zweifelt nicht daran, dasz dies der Fall ist; es ist aber eine davon ganz verschiedene Frage, ob die Fähigkeit des Aufrichtens ursprünglich zu diesem speciellen Zwecke erlangt wurde.

Ich will zuerst eine ziemlich beträchtliche Menge von Thatsachen mittheilen, welche zeigen, wie allgemein diese Handlungsweise bei Säugethieren, Vögeln und Reptilien ist; dabei behalte ich das, was ich in Bezug auf den Menschen zu sagen habe, auf ein späteres Capitel vor. Mr. SUTTON, der intelligente Wärter im zoologischen Garten, beobachtete für mich sorgfältig den Chimpanse und den Orang; er gibt an, dasz, wenn sie plötzlich erschreckt werden, wie durch ein Gewitter, oder wenn sie zornig gemacht werden, wie durch Necken, ihr Haar aufgerichtet wird. Ich sah einen Chimpanse, der vom Anblick eines schwarzen Kohlenträgers beunruhigt war; sein Haar richtete sich am ganzen Körper in die Höhe; er machte kurze Ansätze nach vorwärts, als wollte er den Mann angreifen, ohne irgend eine wirkliche Absicht es zu thun, aber doch, wie der Wärter bemerkt, in der Hoffnung, den Mann zu erschrecken. Wird der Gorilla zur Wuth gereizt, so erscheint er nach der Beschreibung des Mr. FORD [9] „mit auf„gerichtetem und vorstehendem Kamme, erweiterten Nasenlöchern „und nach unten geworfener Unterlippe; zu gleicher Zeit stösst er „seinen characteristischen Schrei aus, gewissermaszen um seinen Gegner „zu erschrecken." Beim Anubis-Pavian sah ich, wie sich in der Erregung des Zorns das Haar dem Rücken entlang vom Nacken bis zu den Lenden sträubte, aber nicht am Rumpfe oder an andern Theilen des Körpers. Ich brachte eine ausgestopfte Schlange in das Affenhaus und im Augenblicke sträubte sich bei mehreren Species das Haar in die Höhe, besonders am Schwanze, wie ich es namentlich bei dem *Cercopithecus nictitans* beobachtete. BREHM gibt an [10], dasz der *Midas oedipus* (eine zur Abtheilung der amerikanischen Affen gehörige Form)

---

[9] Citirt von Huxley in: „Zeugnisse für die Stellung des Menschen in der Natur." Übersetzung. 1863. S. 59.

[10] Illustrirtes Thierleben. (1. Aufl.) Bd. I. S. 130. [2. Aufl. S. 233 von *Hapale Rosalia*].

im Affecte seine Mähne aufrichtet, um, wie er hinzufügt, sich so schrecklich als möglich aussehend zu machen.

Bei den Raubthieren scheint das Sträuben der Haare beinahe ganz allgemein zu sein; es wird häufig von drohenden Bewegungen, wie dem Zeigen der Zähne und dem Ausstoszen wilden Gebrülls begleitet. Beim *Herpestes* habe ich das Haar nahezu über den ganzen Körper mit Einschlusz des Schwanzes aufrecht stehen sehen; bei *Hyaena* und *Proteles* wird der Rückenkamm in einer auffallenden Weise aufgerichtet. Der Löwe richtet im Affecte der Wuth seine

Fig. 12. Henne, welche einen Hund von ihren Küchlein wegtreibt. Nach der Natur gez. von Mr. Wood.

Mähne empor. Das Sträuben des Haares beim Hunde dem Nacken und Rücken entlang und bei der Katze über den ganzen Körper ist eine Jedermann bekannte Erscheinung. Bei der Katze tritt es augenscheinlich nur im Affecte der Furcht ein, beim Hunde unter dem des Zorns und der Furcht, aber nicht, so weit ich es beobachtet habe, bei unterwürfiger Furcht, wie wenn ein Hund von einem strengen Wildwart geschlagen werden soll. Wenn aber ein Hund sich zum Kampfe aufgelegt zeigt, wie es zuweilen vorkommt, so geht das Haar in die Höhe. Ich habe häufig bemerkt, dasz das Haar des Hundes besonders gern sich sträubt, wenn er halb im Zorne ist und halb sich fürchtet, wie z. B. wenn er im Dunkeln irgend einen Gegenstand nur undeutlich sieht.

Ein Veterinärarzt hat mir versichert, dasz er oft gesehen habe, wie sich bei Pferden und Rindern, an welchen er früher eine Operation vollzogen hatte und welche er von Neuem operiren wollte, das Haar sträubte. Als ich einem Peccari eine ausgestopfte Schlange zeigte, richtete sich das Haar dem Rücken entlang in einer wunderbaren Art in die Höhe: dasselbe geschieht auch beim Eber, wenn er in Wuth geräth. Man hat beschrieben, wie ein Elk, welcher in den Vereinig-

Fig. 13. Schwan, welcher einen Eindringling fortjagt. Nach der Natur gez. von Mr. Wood.

ten Staaten einen Mann todt stach, zuerst sein Geweihe schwang, vor Wuth schrie und den Boden stampfte; „endlich sah man, wie „sich sein Haar sträubte und aufrecht stellte" und dann sprang er vorwärts zum Angriff[11]. Auch bei Ziegen, und wie ich von Mr. BLYTH höre, auch bei einigen indischen Antilopen wird das Haar aufgerichtet. Ich habe es beim behaarten Ameisenfresser sich sträuben sehen, ebenso beim Aguti, einem Nagethier. Eine weibliche Fledermaus[12], welche

---

[11] The Hon. J. Caton, Ottawa Acad. of Natur. Sciences. May 1868, p. 36, 40. Wegen der *Capra aegagrus* s. Land and Water, 1867, p. 37.

[12] Land and Water, 20. July 1867, p. 659.

ihre Jungen in der Gefangenschaft aufzog, „sträubte das Haar auf „ihrem Rücken", wenn irgend Jemand in den Käfig hineinsah, und „bisz heftig nach hingehaltenen Fingern".

Vögel aller der groszen Hauptordnungen richten ihre Federn auf, wenn sie zornig oder erschreckt werden. Wohl ein Jeder wird einmal gesehen haben, wie sich zwei junge Hähne, selbst wenn es ganz junge Vögel sind, mit aufgerichteten Halssichelfedern zum Kampfe vorbereiten; es können diese Federn, wenn sie aufgerichtet werden, nicht etwa als Vertheidigungsmittel dienen; denn Kampfhahnzüchter haben durch die Erfahrung gelernt, dasz es für die Hähne ein Vortheil ist, diese Federn gestutzt zu haben. Der männliche Kampfläufer (*Machetes pugnax*) richtet gleichfalls seinen Federkragen in die Höhe, wenn er kämpft. Wenn ein Hund sich einer gemeinen Henne nähert, so breitet sie ihre Flügel aus, erhebt ihren Schwanz, richtet alle ihre Federn auf und stürzt sich so wild als möglich aussehend auf den Eindringling. Der Schwanz wird nicht immer in derselben Stellung gehalten: zuweilen wird er so hoch gehoben, dasz die mittlern Federn, wie in der umstehenden Zeichnung, beinahe den Rücken berühren. Schwäne erheben, wenn sie in Zorn gerathen, gleichfalls ihre Flügel und ihren Schwanz und richten ihre Federn auf. Sie öffnen ihren Schnabel und machen beim Rudern kleine schnelle Stösze vorwärts gegen einen Jeden, der sich dem Rande des Wassers zu weit nähert. Von den Tropik-Vögeln [13] sagt man, dasz sie, wenn sie auf ihren Nestern gestört werden, nicht fortfliegen, sondern „nur ihre Federn „aufrichten und schreien." Nähert man sich der Schleiereule, so „schwellt sie augenblicklich ihr Gefieder auf, breitet ihre Flügel und „ihren Schwanz aus, zischt und schlägt ihre Kinnladen schnell mit „Heftigkeit zusammen" [14]. Dasselbe thun auch andere Eulenarten. Wie mir Mr. JENNER WEIR mitgetheilt hat, schütteln auch Habichte unter ähnlichen Umständen ihre Federn auf und breiten ihre Flügel und ihren Schwanz aus. Einige Arten von Papageien richten ihre Federn auf; ich habe dasselbe Manoeuvre beim Casuar gesehen, als er beim Anblick eines Ameisenfressers zornig wurde. Junge Kuckucke im Neste richten ihre Federn auf, öffnen ihre Schnäbel weit und machen sich so schrecklich als möglich.

---

[13] *Phaeton rubricauda*: Ibis, Vol. III, p. 180.
[14] Über die *Strix flammea* s. Audubon, Ornithological Biography, Vol. II, 1854, p. 407. Andere Fälle habe ich im Zoologischen Garten beobachtet.

Wie ich von Mr. WEIR höre, richten auch kleine Vögel, wie verschiedene Finken, Meisen und Grasmücken, wenn sie zornig sind, alle ihre Federn auf oder nur diejenigen um den Hals; oder sie breiten ihre Flügeln oder Schwanzfedern aus. Mit dem Gefieder in diesem Zustande und mit drohenden Geberden fahren sie, den Mund weit geöffnet, auf einander los. Aus seiner reichen Erfahrung zieht Mr. WEIR den Schlusz, dasz das Aufrichten der Federn viel mehr durch den Zorn als durch Furcht verursacht wird. Als Beispiel führt er einen Bastard-Goldfinken von sehr zorniger Disposition an, welcher, wenn sich ihm der Diener zu sehr näherte, im Augenblicke die Erscheinung einer Kugel von Federn annahm. Er glaubt, dasz, wenn Vögel erschreckt werden, sie der allgemeinen Regel nach ihre sämmtlichen Federn dicht andrücken; die hierdurch eintretende Verminderung ihrer Grösze ist häufig staunenerregend. Sobald sie sich von der Furcht oder der Überraschung erholen, ist das erste, was sie vornehmen, ihre Federn aufzuschütteln. Die besten Beispiele von diesem Andrücken der Federn, welche Mr. WEIR beobachtet hat, bieten die Wachtel und der Wellenpapagey dar[15]. Eine solche Handlungsweise ist bei diesen Vögeln daraus verständlich, dasz sie gewöhnt sind, in Gefahr sich entweder platt auf den Boden zu ducken oder bewegungslos auf einem Zweige zu sitzen, um der Entdeckung zu entgehen. Obgleich bei Vögeln Zorn die hauptsächlichste und häufigste Ursache des Aufrichtens der Federn sein mag, so ist es doch wahrscheinlich, dasz junge Kuckucke, wenn sie im Neste angesehen werden, und eine Henne mit ihren Küchlein, der sich ein Hund nähert, wenigstens einen geringen Schrecken fühlen. Mr. TEGETMEIER theilt mir mit, dasz bei Kampfhähnen das Aufrichten der Federn auf dem Kopfe schon seit langer Zeit auf den Kampfplätzen als ein Zeichen der Feigheit erkannt worden ist.

Die Männchen einiger Eidechsen breiten, wenn sie während der Brunstzeit mit einander kämpfen, ihre Kehlsäcke oder Krausen aus und richten ihre Rückenkämme in die Höhe[16]. Dr. GÜNTHER glaubt aber nicht, dasz sie die einzelnen Dornen oder Schuppen aufrichten können.

---

[15] *Melopsittacus undulatus* s. eine Schilderung seiner Lebensweise bei Gould, Handbook of Birds of Australia. 1865, Vol. II, p. 82.

[16] s. z. B. die Schilderung, welche ich von einer *Anolis* und dem *Draco* gegeben habe (Abstammung des Menschen, 3. Aufl., Bd. II. S. 29, 30, 31).

Wir sehen hieraus, wie allgemein in den ganzen zwei höheren Wirbelthierclassen und bei einigen Reptilien die Hautanhänge unter dem Einflusse des Zorns oder der Furcht emporgerichtet werden. Wie wir aus Kölliker's interessanter Entdeckung [17] wissen, wird diese Bewegung durch die Zusammenziehung kleiner, nicht gestreifter, unwillkürlicher Muskeln, häufig Arrectores pili genannt, bewirkt, welche an die Wurzelscheiden der einzelnen Haare, Federn u. s. w. geheftet sind. Durch die Zusammenziehung dieser Muskeln können die Haare augenblicklich aufgerichtet werden, wie wir beim Hunde sehen, wobei das Haar gleichzeitig ein wenig aus seinem Balge herausgezogen wird; später wird es dann schnell wieder niedergedrückt. Die unendlich grosze Zahl dieser sehr kleinen Muskeln über den ganzen Körper eines behaarten Säugethiers ist staunenerregend. Das Aufrichten des Haares wird indessen in manchen Fällen, wie bei dem am Kopfe des Menschen, durch die quergestreiften und willkürlichen Fasern des darunter liegenden Panniculus carnosus unterstützt. Es geschieht durch die Thätigkeit dieser letztern Muskeln, dasz der Igel seine Stacheln aufrichtet. Aus den Untersuchungen Leydig's [18] und Anderer geht auch hervor, dasz sich quergestreifte Muskelfasern von dem Panniculus zu einigen der gröszeren Haare erstrecken, wie z. B. zu den Schnurrborsten gewisser Säugethiere. Die Arrectores pili ziehen sich nicht blosz während der oben erwähnten Gemüthserregungen zusammen, sondern auch bei der Einwirkung von Kälte auf die Hautoberfläche. Ich erinnere mich, dasz meine, aus einem niedrigeren und wärmeren Lande gebrachten Maulthiere und Hunde, nachdem sie eine Nacht auf der rauhen Cordillera zugebracht hatten, das Haar über den ganzen Körper emporgesträubt hatten, wie im allergröszten Schrecken. Wir sehen dieselbe Erscheinung bei uns in der „Gänsehaut" während des Frostes vor einem Fieberanfall. Mr. Lister [19] hat auch gefunden, dasz das Kitzeln einer benachbarten Hautstelle das Aufrichten und Vortreten der Haare verursacht.

Aus diesen Thatsachen geht offenbar hervor, dasz das Aufrichten

---

[17] Diese Muskeln sind in seinen bekannten Büchern beschrieben. Ich bin dem ausgezeichneten Beobachter sehr dafür verbunden, dasz er mir in einem Briefe Aufklärung über diesen Gegenstand gegeben hat.

[18] Lehrbuch der Histologie des Menschen u. s. w. 1857. S. 82. Ich verdanke der Freundlichkeit des Prof. Turner Auszüge aus diesem Werk.

[19] Quarterly Journal of Microscopical Science. 1853, Vol. I, p. 262.

der Hautanhänge eine vom Willen unabhängige Reflexbewegung ist; tritt diese Bewegung unter dem Einflusse des Zorns oder der Furcht ein, so darf sie nicht als eine zum Zwecke der Erlangung irgend eines Vortheils erworbene Fähigkeit, sondern musz als ein wenigstens zu einem groszen Theil mit einer Affection des Sensorium zusammenfallendes Resultat angesehen werden. Das Resultat kann, so weit es zufällig ist, mit dem profusen Schwitzen im äuszersten Schmerz oder Schrecken verglichen werden. Nichtsdestoweniger ist es merkwürdig, eine wie unbedeutende Reizung häufig hinreicht, das Aufrichten des Haares zu verursachen, so wenn zwei Hunde im Spielen mit einander zu kämpfen vorgeben. Wir haben auch bei einer groszen Zahl von Thieren, die zu sehr verschiedenen Ordnungen gehören, gesehen, dasz das Aufrichten der Haare oder Federn beinahe immer von verschiedenen willkürlichen Bewegungen begleitet wird, — von drohenden Geberden, Öffnen des Mundes, Zeigen der Zähne, bei Vögeln von Ausbreiten der Flügel und des Schwanzes und Ausstoszen rauher Laute; die Absicht bei diesen willkürlichen Bewegungen ist unverkennbar. Es scheint daher kaum glaublich, dasz das coordinirte Aufrichten der Hautanhänge, durch welche das Thier seinen Feinden oder Nebenbuhlern gröszer und schrecklicher aussehend gemacht wird, durchaus ein zufälliges und zweckloses Resultat der Reizung des Sensoriums sein sollte. Es scheint dies beinahe ebenso unglaublich, als dasz das Aufrichten der Stacheln beim Igel oder der Stacheln beim Stachelschweine oder der Schmuckfedern bei vielen Vögeln während ihrer Brautwerbung Alles nur zwecklose Handlungen sein sollten.

Wir stoszen hier auf eine bedeutende Schwierigkeit. Wie kann die Zusammenziehung der nicht gestreiften und unwillkürlichen Arrectores pili mit der der verschiedenen willkürlichen Muskeln für denselben speciellen Zweck coordinirt worden sein? Wenn wir annehmen dürften, dasz die Arrectoren ursprünglich willkürliche Muskeln gewesen wären, und seitdem ihre Querstreifen verloren hätten und unwillkürlich geworden wären, so würde der Fall verhältnismäszig einfach sein. Mir ist indessen nicht bekannt, dasz irgend welche Belege zu Gunsten dieser Ansicht sprächen, obschon der umgekehrte Übergang keine grosze Schwierigkeit dargeboten haben würde, da die willkürlichen Muskeln in den Embryonen der höheren Thiere und in den Larven mancher Crustaceen in einem ungestreiften Zustande sich befinden. Überdies findet sich in den tieferen Hautschichten erwachsener Vögel das Muskelnetz nach LEYDIG[20] in einem Übergangszustande, da die Fasern nur Andeutungen einer Querstreifung darbieten.

Es scheint eine andere Erklärung möglich zu sein. Wir können annehmen, dasz ursprünglich die Arrectores pili unbedeutend in einer directen Art und Weise unter der Einwirkung der Wuth und des Schreckens durch eine Reizung des Nervensystems beeinfluszt worden sind, wie es unzweifelhaft bei unserer sogenannten „Gänsehaut" vor einem Fieberanfall der Fall ist. Thiere sind wiederholt durch viele Generationen hindurch von Wuth und Schrecken erregt worden; in Folge hiervon werden die directen Wirkungen des gereizten Nervensystems auf die Hautanhänge beinahe sicher durch Gewohnheit und die Tendenz der Nervenkraft, leicht gewohnten Canälen entlang auszuströmen, verstärkt worden sein. Wir werden diese Ansicht von der Kraft der Gewohnheit in einem spätern Capitel auffallend bestätigt sehen, wo gezeigt werden wird, dasz das Haar der Wahnsinnigen in Folge der wiederholten Anfälle von Wuth und Schrecken in einer auszerordentlichen Art und Weise afficirt wird. Sobald nun bei Thieren die Fähigkeit des Aufrichtens hierdurch gekräftigt oder gesteigert worden war, so werden sie die Haare oder Federn bei rivalisirenden oder in Wuth gerathenen Männchen sicher häufig aufgerichtet und den Umfang ihrer Körper vergröszert gesehen haben. In diesem Falle scheint es möglich zu sein, dasz bei ihnen der Wunsch entstanden ist, sich ihren Feinden gegenüber gröszer und furchtbarer aussehen zu machen dadurch, dasz sie willkürlich eine drohende Stellung annahmen und rauhes Geschrei ausstieszen; dasz ferner derartige Stellungen und Laute nach einer Zeit durch Gewohnheit instinctiv wurden. Auf diese Weise dürften Handlungen, welche durch die Zusammenziehung willkürlicher Muskeln ausgeführt wurden, zu demselben speciellen Zwecke mit solchen, welche unwillkürliche Muskeln ausführten, combinirt worden sein. Es ist sogar möglich, dasz Thiere, wenn sie erregt und sich undeutlich irgend einer Veränderung im Zustande ihres Haarkleides bewuszt sind, durch wiederholte Anstrengungen ihrer Aufmerksamkeit und ihres Willens auf dasselbe einwirken können; denn wir haben zu glauben Ursache, dasz der Wille im Stande ist, in einer nicht klaren Art und Weise die Thätigkeit einiger nicht gestreiften oder unwillkürlichen Muskeln zu beeinflussen, wie z. B. in Bezug

---

[20] Lehrbuch der Histologie u. s. w. 1857, S. 82.

auf die Periode der peristaltischen Bewegungen des Darms und die Contraction der Blase. Auch dürfen wir die Rolle nicht übersehen, welche Abänderung und natürliche Zuchtwahl gespielt haben können; denn diejenigen Männchen, welchen es gelang, sich ihren Nebenbuhlern oder ihren andern Feinden gegenüber am furchtbarsten aussehend zu machen, wenn diese nicht von ganz überwältigender Kraft gewesen sind, werden im Mittel mehr Nachkommen hinterlassen haben, ihre characteristischen Eigenschaften zu erben, was dieselben auch sein und wie sie zuerst erlangt sein mögen, als andere Männchen.

Das Aufblähen des Körpers und andere Mittel, beim Feinde Furcht zu erregen. — Gewisse Amphibien und Reptilien, welche entweder keine Stacheln zum Aufrichten oder keine Muskeln, durch welche jene aufgerichtet werden könnten, besitzen, vergröszern sich, wenn sie beunruhigt oder zornig werden, dadurch, dasz sie Luft einathmen. Dasz dies bei Fröschen und Kröten der Fall ist, ist allgemein bekannt. In der Aesopischen Fabel vom Ochsen und dem Frosche läszt der Dichter das letztere Thier vor Eitelkeit und Neid sich soweit aufblasen, bis es platzt. Diese Handlungsweise musz während der alterältesten Zeiten beobachtet worden sein, da, zufolge der Angabe des Mr. HENSLEIGH WEDGWOOD [21] das Wort Kröte in vielen europäischen Sprachen die Gewohnheit des Anschwellens ausdrückt. Es is dies Schwellen bei einigen exotischen Arten in den zoologischen Gärten beobachtet worden, und Dr. GÜNTHER glaubt, dasz es der ganzen Gruppe allgemein zukommt. Nach Analogie zu schlieszen, war der ursprüngliche Zweck wahrscheinlich der, einem Feinde gegenüber den Körper so grosz und fürchterlich als möglich erscheinen zu machen; es wird aber noch ein anderer und vielleicht bedeutungsvollerer secundärer Vortheil dadurch erreicht. Wenn Frösche von Schlangen ergriffen werden, welches ihre hauptsächlichsten Feinde sind, so vergröszern sie sich wunderbar, so dasz, wenn die Schlange von geringer Grösze ist, sie, wie mir Dr. GÜNTHER mittheilt, den Frosch nicht verschlucken kann, er entgeht daher dadurch dem Verschlungenwerden.

Chamäleons und einige andere Eidechsen blähen sich auf, wenn sie zornig werden. So ist eine Oregon bewohnende Species, die *Tapaya*

---

[21] Dictionary of English Etymology, p. 403.

Douglasii, langsam in ihren Bewegungen und beiszt nicht, hat aber ein schreckliches Ansehen; „wenn sie gereizt wird, springt sie in einer „äuszerst drohenden Art auf Alles zu, was man ihr vorhält, öffnet „gleichzeitig den Mund weit und zischt hörbar, worauf sie ihren Kör-„per aufbläht und andere Zeichen des Zorns blicken läst"[22].

Mehrere Arten von Schlangen blähen sich gleichfalls auf, wenn sie gereizt werden. In dieser Hinsicht ist die Puff-Otter *(Clotho arietans)* merkwürdig; nachdem ich aber dieses Thier sorgfältig beobachtet habe, glaube ich doch, dasz es dies nicht thut zum Zwecke der scheinbaren Vergröszerung seines Körperumfangs, sondern einfach um eine grosze Menge Luft einzuathmen, so dasz es seinen überraschend lauten, harschen und lang ausgezogenen zischenden Laut hervorbringen kann. Die Cobra-de-capellos (Brillenschlangen) schwellen sich, wenn sie gereizt werden, ein wenig auf und zischen mäszig; zu derselben Zeit aber heben sie ihren Kopf in die Höhe und breiten mittelst ihrer verlängerten vorderen Rippen die Haut zu beiden Seiten des Halses zu einer groszen platten Scheibe, dem sogenannten Schilde, aus. Mit weit geöffnetem Munde nehmen sie dann ein schreckenerregendes Aussehen an. Der hierdurch erreichte Vortheil musz beträchtlich sein, um den damit verbundenen Verlust an Schnelligkeit (obschon diese noch immer bedeutend ist) zu compensiren, da sie im ausgebreiteten Zustande doch nicht ebenso gut auf ihre Feinde oder ihre Beute losstürzen können, nach demselben Princip nämlich, nach welchem ein breites dünnes Stück Holz nicht so schnell durch die Luft bewegt werden kann als ein dünner runder Stock. Eine nicht giftige Schlange, *Tropidonotus macrophthalmus,* eine Bewohnerin Ost-Indiens, breitet, wenn sie gereizt wird, gleichfalls die Halshaut aus und wird daher häufig irrthümlich für ihre Landesgenossin, die Cobra, gehalten[23]. Diese Ähnlichkeit dient vielleicht dem *Tropidonotus* als ein gewisser Schutz. Eine andere nicht giftige Schlange, die *Dasypeltis* von Süd-Africa, bläht sich auf, breitet ihren Hals aus und zischt und schieszt auf jeden Eindringling in ihr Bereich[24]. Viele andere Schlangen zischen unter ähnlichen Umständen. Sie schwingen auch ihre

---

[22] s. die Schilderung der Lebensweise dieses Thieres von Dr. Cooper, citirt in „Nature", 27. Apr. 1871, p. 512.

[23] Dr. Günther, Reptiles of British India, p. 262.

[24] Mr. J. Mansel Weale „Nature", 27. Apr. 1871, p. 508.

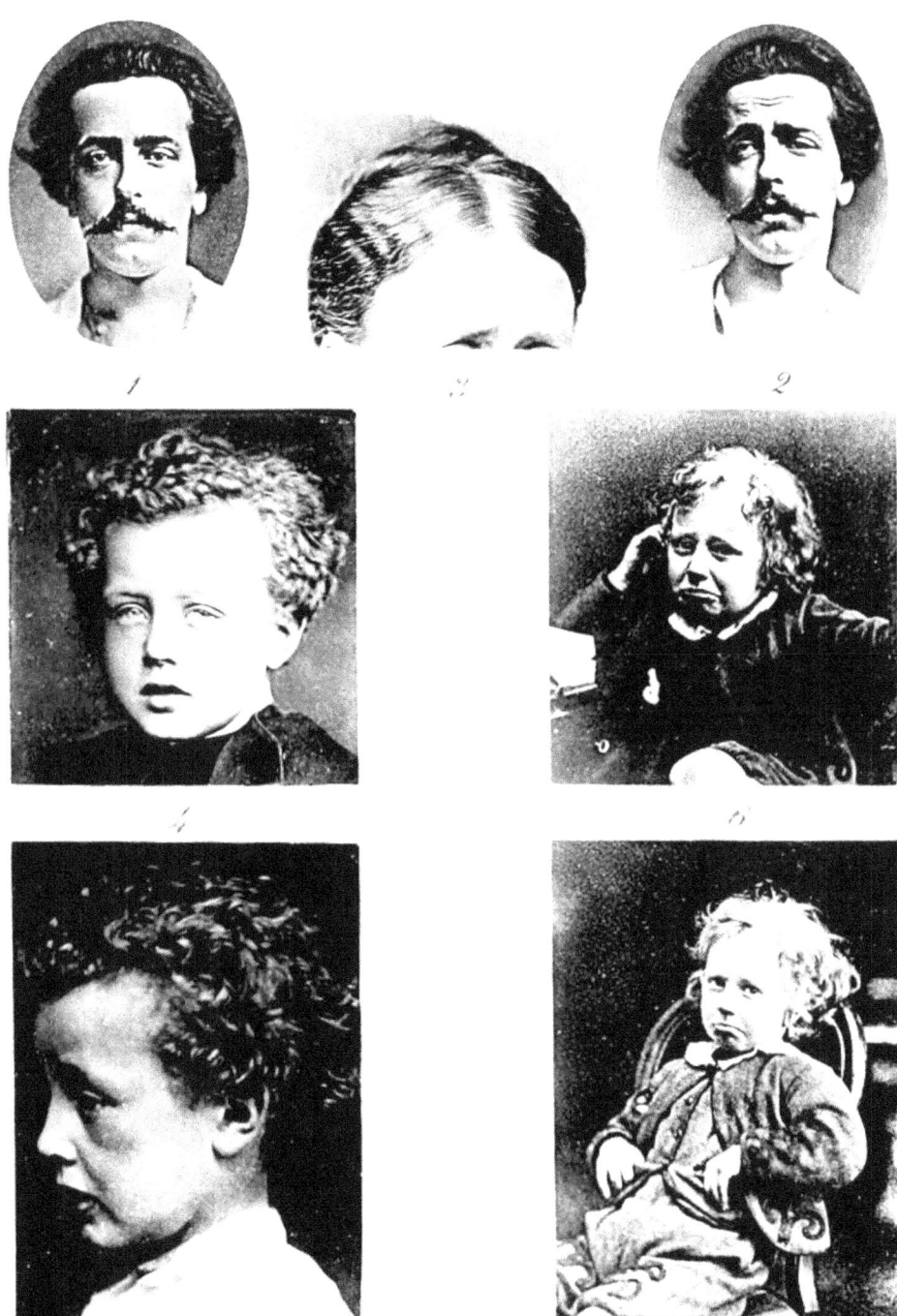

vorgestreckten Zungen mit Schnelligkeit; und dies dürfte dazu dienen, das Schreckenerregende ihres Ansehens noch zu vermehren.

Schlangen besitzen noch andere Mittel zum Hervorbringen von Lauten auszer dem Zischen. Vor vielen Jahren beobachtete ich in Süd-America, dasz eine giftige Schlange, ein *Trigonocephalus*, wenn sie gestört wurde, mit Schnelligkeit das Ende ihres Schwanzes in vibrirende Bewegung versetzte, so dasz es gegen das trockene Gras und Reisig stoszend ein rasselndes Geräusch hervorbrachte, welches noch in einer Entfernung von sechs Fusz deutlich gehört werden konnte [25]. Die giftige und wilde *Echis carinata* von Indien bringt „einen merkwürdigen, lang ausgezogenen, beinahe zischenden Laut" auf eine ganz andere Weise hervor, nämlich dadurch, dasz sie „die „Ränder ihr seitlichen Körperschuppen gegen einander reibt", während der Kopf beinahe in ein und derselben Stellung verbleibt. Die Schuppen an den Seiten, aber an keiner anderen Stelle des Körpers, sind stark gekielt und die Kiele wie eine Säge gezähnt; wenn nun das aufgerollt daliegende Thier seine Seiten gegen einander reibt, so kratzen sie aufeinander [26]. Endlich haben wir noch den bekannten Fall der Klapperschlange. Wer nur die Klapper einer todten Schlange geschüttelt hat, kann sich keine rechte Idee von dem Laute machen, den das lebende Thier hervorbringt. Professor SHALER gibt an, dasz dieser Laut von dem nicht zu unterscheiden ist, den das Männchen einer groszen Cicade (ein homopteres Insect), welche denselben Bezirk bewohnt, hervorbringt [27]. Als im zoologischen Garten die Klapper-

---

[25] Reise eines Naturforschers (Übers.), 1875, p. 110. Ich verglich hier das auf die oben erwähnte Weise erzeugte Rasseln mit dem Klappern der Klapperschlange.

[26] s. die Schilderung des Dr. Anderson in: Proceed. Zoolog. Soc. 1871, p. 196.

[27] The American Naturalist. Jan. 1872, p. 32. Ich bedaure, Hrn. Prof. Shaler in der Annahme nicht folgen zu können, dasz die Klapper durch natürliche Zuchtwahl zu dem Zwecke entwickelt worden sei, Laute hervorzubringen, welche Vögel täuschen und anlocken, so dasz sie der Schlange zur Beute dienen können. Ich will indessen nicht bezweifeln, dasz der Laut gelegentlich diesem Zwecke dient. Die Schluszfolgerung, zu welcher ich gelangt bin, dasz nämlich das Klappern den Thieren als Warnung dient, welche die Schlange zu verschlingen drohn, scheint mir viel wahrscheinlicher zu sein, da sie verschiedene Classen von Thatsachen mit einander verbindet. Hätte diese Schlange die Klapper und die Gewohnheit zu klappern zu dem Zwecke erlangt, Beute anzulocken, so scheint es nicht wahrscheinlich zu sein, dasz das Thier auch ausnahmslos dasselbe Instrument benutzt, wenn es gereizt oder gestört wird. Was die Entwickelungsweise der Klapper be-

schlangen und Puff-Ottern zu gleicher Zeit heftig erregt wurden, war ich von der Ähnlichkeit der von ihnen hervorgebrachten Laute sehr frappirt; und obgleich das von der Klapperschlange gemachte Geräusch lauter und schriller als das Zischen der Puff-Otter ist, so konnte ich doch, wenn ich in der Entfernung von einigen Yards von ihnen stand, kaum beide von einander unterscheiden. Zu welchem Zwecke auch der Laut von der einen Species hervorgebracht wird, ich kann doch kaum bezweifeln, dasz er bei der andern Species demselben Zwecke dient; und aus den von vielen Schlangen gleichzeitig gemachten drohenden Geberden schliesze ich, dasz ihr Zischen, das Klappern der Klapperschlange, das Schütteln des Schwanzes beim *Trigonocephalus*, das Kratzen der Schuppen bei *Echis* und die Ausbreitung des Halsschildes bei der Cobra, alles demselben Ende dient, dem nämlich, sie ihren Feinden schrecklich erscheinen zu lassen [28].

Auf den ersten Blick scheint die Schluszfolgerung wahrscheinlich, dasz Giftschlangen, wie die im Vorstehenden erwähnten, weil sie bereits durch ihre Giftzähne so gute Vertheidigungsmittel haben, niemals von irgend einem Feinde angegriffen werden und dasz sie demzufolge nicht nöthig haben, noch mehr Schrecken zu erregen. Dies ist aber durchaus nicht der Fall; denn in allen Theilen der Erde wird ihnen von vielen Thieren bedeutend nachgestellt. Es ist eine bekannte Thatsache, dasz in den Vereinigten Staaten Schweine dazu benutzt werden, von Klapperschlangen heimgesuchte Bezirke zu säubern, was sie auch in äuszerst wirksamer Weise thun [29]. In England greift der Igel die Kreuzotter an und verzehrt sie. Wie ich von Dr. Jerdon höre, tödten in Indien mehrere Arten von Habichten und wenigstens eine Säuge-

---

trifft, so hat Prof. Shaler nahezu dieselbe Ansicht wie ich: ich bin immer dieser Meinung gewesen, seitdem ich in Süd-America den *Trigonocephalus* beobachtet habe.

[28] Nach den in neuerer Zeit von Mrs. Barber über die Schlangen von Süd-Africa gesammelten und im „Journal of the Linnean Society" mitgetheilten Berichten, wie auch nach den von mehreren Schriftstellern, z. B. von Lawson über die Klapperschlange von Nord-America gegebenen Schilderungen erscheint es nicht unwahrscheinlich, dasz das schreckenerregende Aussehen von Schlangen und die von ihnen hervorgebrachten Laute gleichfalls dazu dienen können, ihnen Beute dadurch zu verschaffen, dasz sie kleinere Thiere lähmen oder, wie es zuweilen genannt wird, bezaubern.

[29] s. die Schilderung des Dr. R. Brown in: Proceed. Zoolog. Soc. 1871, p. 39. Er sagt, dasz ein Schwein, so bald es eine Schlange sieht, auf dieselbe losstürzt; auch flüchtet sich eine Schlange sofort, wenn ein Schwein erscheint.

thierart, der *Herpestes*, Brillenschlangen und andere Giftschlangen[30]; Ähnliches gilt auch für Süd-Africa. Es ist daher durchaus nicht unwahrscheinlich, dasz irgend ein Zeichen oder ein Laut, durch welchen sich die giftigen Arten im Augenblicke als gefährlich zu erkennen geben können, ihnen von gröszerem Nutzen ist, als den nicht giftigen Arten, welche, im Falle dasz sie angegriffen werden, nicht im Stande sein würden, irgend welchen wirklichen Schaden zu thun.

Da ich einmal so viel über Schlangen gesagt habe, werde ich versucht, noch einige wenige Bemerkungen über die Art und Weise hinzuzufügen, auf welche die Klapper der Klapperschlange wahrscheinlich entwickelt worden ist. Verschiedene Thiere, mit Einschlusz einiger Eidechsen, kräuseln entweder oder schwingen ihren Schwanz, wenn sie gereizt werden. Dies ist bei vielen Arten von Schlangen der Fall[31]. Im zoologischen Garten schwingt eine nicht giftige Art, die *Coronella Sayi*, ihren Schwanz so rapid hin und her, dasz man ihn kaum mehr sehen kann. Der vorhin erwähnte *Trigonocephalus* hat dieselbe Gewohnheit; dabei ist das Ende seines Schwanzes ein wenig verdickt oder endet in einem Knopfe. Bei der *Lachesis*, welche mit der Klapperschlange so nahe verwandt ist, dasz LINNÉ sie beide in eine und dieselbe Gattung brachte, endet der Schwanz in einer einfachen, groszen, lanzettförmigen Spitze oder Schuppe. Bei einigen Schlangen ist, wie Professor SHALER bemerkt, die Haut „in der Schwanz-„gegend unvollständiger von den darunterliegenden Theilen geschieden „als an andern Theilen des Körpers". Wenn wir nun annehmen, dasz das Schwanzende irgend einer alten americanischen Species vergröszert und von einer einzigen groszen Schuppe bedeckt war, so hätte diese kaum bei den aufeinanderfolgenden Häutungen abgestoszen wer-

---

[30] Dr. Günther gibt Bemerkungen (Reptiles of British India, p. 340) über die Zerstörung der Cobras durch den Ichneumon oder *Herpestes* und, so lange die Schlangen jung sind, durch das Jungle-Huhn. Es ist bekannt, dasz auch der Pfauhahn ungestüm Schlangen tödtet.

[31] Prof. Cope zählt eine Anzahl von Arten in seiner „Method of Creation of Organic Types", gelesen vor der American Philos. Soc. 15. Decemb. 1871. p. 20. auf. In Bezug auf den Nutzen der von Schlangen gemachten Geberden und Laute hat Prof. Cope dieselbe Ansicht wie ich. Ich erwähnte diesen Gegenstand kurz in der letzten Ausgabe meiner „Entstehung der Arten". Seitdem die obigen Stellen im Texte gedruckt worden sind, habe ich das Vergnügen gehabt zu finden, dasz Mr. Henderson (The American Naturalist. May 1872, p. 260) eine ähnliche Ansicht vom Nutzen der Klapper hat, nämlich dasz sie „verhindere, dasz „ein Angriff auf die Schlange gemacht werde".

den können. In diesem Falle wird sie beständig beibehalten worden sein und in jeder Wachsthumsperiode wird sich, wenn die Schlange gröszer wurde, eine neue Schuppe, gröszer als die letzte, über dieser gebildet haben, welche dann ebenfalls erhalten worden sein wird. Es wird damit der Grund zur Entwickelung einer Klapper gelegt worden sein; wenn die Schlange, wie so viele andere Arten, ihren Schwanz in schwingende Bewegungen versetzte, so oft sie gereizt wurde, so wird die Klapper gewohnheitsgemäsz benutzt worden sein. Dasz die Klapper seit jener Zeit speciell dazu entwickelt worden ist, als ein wirksames schallerzeugendes Instrument zu dienen, darüber kann kaum ein Zweifel bestehen; denn selbst die in der Schwanzspitze eingeschlossenen Wirbel sind in ihrer Form geändert worden und hängen zusammen. Darin aber, dasz verschiedene Gebilde, wie die Klapper der Klapperschlange, die Seitenschuppen der *Echis*, der Hals mit den darin befindlichen Rippen bei der Cobra und der ganze Körper der Puff-Otter zum Zwecke, die Feinde dieser Thiere zu warnen und fortzuschrecken, modificirt worden sind, liegt keine gröszere Unwahrscheinlichkeit als darin, dasz der ganze Körperbau eines Vogels, nämlich des wunderbaren Secretairs (*Gypogeranus*), zu dem Zwecke modificirt worden ist, Schlangen ungestraft tödten zu können. Nach dem, was wir vorhin gesehen haben, zu urtheilen, ist es in hohem Grade wahrscheinlich, dasz dieser Vogel seine Federn aufrichten wird, sobald er eine Schlange angreift; und sicher ist es, dasz der *Herpestes*, wenn er eifrig auf eine Schlange losstürzt, das Haar auf dem ganzen Körper und besonders am Schwanze aufrichtet [32]. Wir haben auch gesehen, dasz manche Stachelschweine, wenn sie beim Anblicke einer Schlange zornig oder beunruhigt werden, ihren Schwanz in schnelle vibrirende Bewegung setzen und dabei durch das Zusammenschlagen der hohlen Stachelkiele einen eigenthümlichen Laut hervorbringen. Es versuchen also hier beide, sowohl der Angreifer als der Angegriffene, sich gegenseitig so schrecklich als möglich zu machen, und beide besitzen speciell zu diesem Zwecke entwickelte Mittel, welche merkwürdig genug in einigen dieser Fälle nahezu dieselben sind. Endlich können wir einsehen, dasz wenn einerseits diejenigen individuellen Schlangen, welche am besten im Stande waren, ihre Feinde fortzutreiben, am sichersten dem Verschlungen werden entgiengen, und

---

[32] Mr. des Voeux, in Proceed. Zoolog. Soc. 1871, p. 3.

wenn andererseits diejenigen Individuen der angreifenden Feinde in gröszerer Zahl leben blieben, welche am besten für das gefährliche Unternehmen, Giftschlangen zu tödten und zu verschlingen, ausgerüstet waren, — dasz dann in dem einen Falle wie in dem andern unter der Annahme, dasz die in Frage stehenden Charactere variirten, wohlthätige Abänderungen durch das Überleben des Passendsten erhalten worden sind.

Das Zurückziehen der Ohren und Andrücken derselben an den Kopf. — Die Ohren sind durch ihre Bewegungen bei vielen Thieren äuszerst ausdrucksvoll; bei einigen aber, wie beim Menschen, den höheren Affen und vielen Wiederkäuern versagen sie in dieser Beziehung ihren Dienst. Ein unbedeutender Unterschied in der Haltung dient dazu, wie wir es täglich beim Hunde sehen können, in der deutlichsten Weise einen verschiedenen Seelenzustand auszudrücken; wir haben es aber hier nur damit zu thun, dasz die Ohren scharf nach hinten gezogen und dicht an den Kopf angedrückt werden. Es wird damit ein böser Gemüthszustand gezeigt, doch nur bei den Thieren, welche mit ihren Zähnen kämpfen; eine Erklärung dieser Haltung bietet die Sorgfalt, mit welcher sie es zu verhüten suchen, dasz sie von ihren Gegnern bei den Ohren ergriffen werden. In Folge hiervon werden bei ihnen durch Gewohnheit und Association, so oft sie sich im geringen Grade böse fühlen oder im Spiel wild zu sein vorgeben, ihre Ohren zurückgezogen. Dasz dies die richtige Erklärung ist, kann man aus der Beziehung folgern, welche bei sehr vielen Thieren zwischen ihrer Art und Weise zu kämpfen und dem Zurückziehen ihrer Ohren besteht.

Alle carnivoren Raubthiere kämpfen mit ihren Eckzähnen und alle ziehen, so viel ich beobachtet habe, ihre Ohren zurück, wenn sie böse oder wild werden. Man kann dies beständig bei Hunden sehen, wenn sie im Ernste mit einander kämpfen und bei jungen Hunden, wenn sie sich im Spiele beiszen. Die Bewegung ist verschieden von der, wenn die Ohren herabsinken und leicht nach hinten gezogen werden, was ein Hund thut, wenn er vergnügt ist und von seinem Hern geliebkost wird. Das Zurückziehen der Ohren ist gleichfalls bei jungen Kätzchen zu sehen, wenn sie in ihren Spielen mit einander kämpfen, ebenso bei erwachsenen Katzen, wenn sie wirklich wild werden, wie früher in Fig. 9 dargestellt worden ist (p. 52). Obgleich hierdurch die Ohren in hohem Grade geschützt sind, so werden sie doch häufig bei alten männlichen Katzen während ihrer Kämpfe unter einander zerrissen. Dieselbe Bewegung ist bei Tigern, Leoparden u. s. w. sehr auffallend, wenn sie in Menagerien über ihrem Futter knurren. Der Luchs hat merkwürdig lange Ohren; das Zurückziehen derselben, wenn man sich einem dieser Thiere in seinem Käfig nähert, ist sehr auffallend und für die wilde Stimmung des Thieres in eminentem Grade ausdrucksvoll. Selbst eine der Ohren-Robben, die *Otaria pusilla*, welche sehr kleine Ohren hat, zieht sie zurück, wenn sie wild auf die Füsze ihres Wärters losstürzt.

Wenn Pferde mit einander kämpfen, so brauchen sie ihre Schneidezähne zum Beiszen und ihre Vorderbeine zum Schlagen viel mehr als sie ihre Hinterbeine zum Ausschlagen nach hinten brauchen. Es ist dies beobachtet worden, wenn sich Hengste losgemacht und mit einander gekämpft haben; es läszt sich auch aus der Art der Verwundungen schlieszen, welche sie sich einander beibringen. Ein Jeder erkennt das bösartige Aussehen, was das Zurückziehen der Ohren einem Pferde gibt. Diese Bewegung ist von der sehr verschieden, welche ein Pferd macht, wenn es auf etwas hinter sich hört. Wenn ein bösgelauntes Pferd in einem Stalle geneigt ist, hinten auszuschlagen, so werden die Ohren aus Gewohnheit zurückgezogen, obschon es weder die Absicht noch die Möglichkeit zu beiszen hat. Wenn aber ein Pferd im Spiel, wenn es z. B. auf ein offenes Feld kommt, oder wenn es nur leise von der Peitsche berührt wird, seine beiden Hinterbeine aufhebt, so zieht es nicht immer die Ohren zurück; denn seine Stimmung ist dann nicht böse. Guanacos kämpfen wüthend mit ihren Zähnen; sie müssen dies sehr häufig thun, denn ich fand die Häute mehrerer solcher Thiere, die ich in Patagonien schosz, tief mit Narben bedeckt. Dasselbe thun auch Kameele, und beide Thiere ziehen, wenn sie böse werden, ihre Ohren dicht nach hinten. Ich habe auch bemerkt, dasz, wenn Guanacos nicht die Absicht zu beiszen haben, sondern nur ihren widrigen Speichel aus der Ferne auf einen Eindringling ausspucken, sie ihre Ohren zurückziehen. Selbst wenn der *Hippopotamus* mit seinem weit geöffneten enormen Munde einem Kameraden droht, zieht er, gerade wie ein Pferd, seine kleinen Ohren zurück.

Welchen Contrast bieten nun die eben erwähnten Thiere gegenüber den Rindern, Schafen und Ziegen dar, welche niemals ihre Zähne beim Kampfe benutzen und auch niemals ihre Ohren zurückziehen, wenn sie in Wuth gerathen! Obgleich Schafe und Ziegen so friedfertige Thiere zu sein scheinen, so begegnen sich doch häufig die Männchen in wüthenden Kämpfen. Da die Hirschartigen eine nahe verwandte Familie bilden und ich nicht wuszte, dasz sie jemals mit ihren Zähnen kämpften, war ich über die Schilderung sehr erstaunt, welche Major Ross King von dem Orignal in Canada gegeben hat. Er sagt: wenn sich „zwei Männchen zufällig begegnen, so fahren sie, die Ohren „zurückgeschlagen und mit den Zähnen aufeinander knirschend, mit „fürchterlicher Wuth auf einander los"[33]. Mr. Bartlett theilt mir aber mit, dasz einige Hirscharten bösartig mit ihren Zähnen mit einander kämpfen, so dasz das Zurückziehen der Ohren beim Orignal mit unserer Regel übereinstimmt. Mehrere im zoologischen Garten gehaltene Arten von Känguruhs kämpfen in der Weise, dasz sie mit ihren Vorderbeinen kratzen, mit den Hinterbeinen schlagen; sie beiszen aber einander niemals und die Wärter haben auch niemals gesehen, dasz sie ihre Ohren zurückziehen, wenn sie in Wuth gerathen. Kaninchen kämpfen hauptsächlich durch Schlagen und Kratzen; doch beiszen sie auch einander; ich habe einmal gehört, dasz eines den halben Schwanz seines Gegners abgebissen hat. Im Beginn ihrer Kämpfe schlagen sie die Ohren zurück; später aber, wenn sie über einander wegspringen und einander stoszen, halten sie die Ohren aufrecht oder bewegen sie viel herum.

Mr. Bartlett beobachtete einen wilden Eber, der sich mit seiner Sau zankte; beide hatten das Maul geöffnet und ihre Ohren zurückgezogen. Allem Anscheine nach ist dies aber beim domesticirten Schweine, wenn es sich herumzankt, nicht das gewöhnliche Benehmen. Eber kämpfen in der Weise mit einander, dasz sie mit ihren Hauern von unten nach oben schlagen; Mr. Bartlett bezweifelt es, ob sie dann ihre Ohren zurückziehen. Elephanten, welche in gleicher Weise mit ihren Stoszzähnen kämpfen, ziehen ihre Ohren nicht zurück, richten sie im Gegentheile auf, wenn sie aufeinander oder auf einen Feind losfahren.

Die Rhinocerosse im zoologischen Garten kämpfen mit ihren Nasenhörnern, und man hat niemals gesehen, dasz sie versuchen, einander zu beiszen, ausgenommen beim Spielen; auch sind die Wärter überzeugt, dasz sie, wenn sie böse werden, ihre Ohren nicht wie Pferde

---

[33] The Sportsman and Naturalist in Canada. 1866, p. 53.

und Hunde zurückziehen. Es ist daher die folgende von Sir S. BAKER[34] gemachte Angabe unerklärlich, dasz nämlich ein Rhinoceros, welches er in Nord-Africa schosz, „keine Ohren hatte; es waren ihm dieselben „von einem andern Thiere derselben Art während eines Kampfes dicht „am Kopfe abgebissen worden; auch ist diese Verstümmelung durch-„aus nicht ungewöhnlich".

Endlich noch ein paar Worte über die Affen. Einige Arten, welche bewegliche Ohren haben und mit ihren Zähnen kämpfen, — wie z. B. der *Cercopithecus ruber* — ziehen ihre Ohren, wenn sie gereizt werden, gerade so wie Hunde zurück; und dann haben sie ein sehr tückisches Ansehen. Andere Arten, wie der *Inuus ecaudatus*, handeln dem Anscheine nach nicht so. Ferner ziehen andere Arten, — und dies ist im Vergleich mit den meisten anderen Thieren eine grosze Anomalie, — ihre Ohren zurück, zeigen ihre Zähne und klappern damit, wenn sie sich über Liebkosungen recht vergnügt gestimmt fühlen. Ich habe dies bei zwei oder drei Species von *Macacus* und bei dem *Cynopithecus niger* beobachtet. In Folge unserer intimen Bekanntschaft mit Hunden würde diese Ausdrucksform von Leuten, welche mit der Art der Affen unbekannt sind, niemals für eine solche erkannt werden, welche Freude oder Vergnügen bezeichnet.

Aufrichten der Ohren. — Diese Bewegung erfordert kaum noch eine eingehendere Erwähnung. Alle Thiere, welche das Vermögen haben, ihre Ohren frei zu bewegen, richten ihre Ohren, wenn sie erschreckt werden oder wenn sie irgend einen Gegenstand aufmerksam beobachten, nach dem Punkte hin, auf welchen sie ihre Blicke richten, um jeden Laut aus dieser Gegend her wahrzunehmen. Allgemein richten sie zu derselben Zeit ihren Kopf in die Höhe, da alle ihre Sinnesorgane an diesem gelegen sind; einige von den kleineren Thieren richten sich sogar auf ihren Hinterbeinen auf. Selbst diejenigen Arten, welche auf dem Boden kauern oder augenblicklich die Flucht ergreifen, um der Gefahr zu entgehen, handeln für einen Moment in der geschilderten Weise, um die Quelle und die Natur der Gefahr zu ermitteln. Das Aufheben des Kopfes mit aufgerichteten Ohren und vorwärts gerichteten Augen gibt jedem Thiere den nicht miszuverstehenden Ausdruck gespannter Aufmerksamkeit.

---

[34] The Nile Tributaries of Abyssinia. 1867, p. 443.

Fünftes Capitel.

Specielle Ausdrucksformen der Thiere.

Der Hund. — Verschiedene ausdrucksvolle Bewegungen desselben. — Katzen. — Pferde. — Wiederkäuer. — Affen, deren Ausdrucksweise für Freude und Zuneigung; — für Schmerz; — Zorn; — Erstaunen und Schreck.

Der Hund. — Ich habe bereits früher (Fig. 3 und 7) die Erscheinung eines Hundes beschrieben, der sich einem andern Hunde mit feindseligen Absichten nähert. Er hat nämlich dann aufgerichtete Ohren, scharf nach vorn gerichtete Augen; das Haar im Nacken und auf dem Rücken sträubt sich. Der Gang ist merkwürdig steif und der Schwanz wird aufrecht und steif getragen. Es ist diese Erscheinung uns eine so geläufige, dasz man von einem zornigen Menschen zuweilen im Englischen sagt, „er sträubt seinen Rücken." Von den oben erwähnten Punkten bedarf nur der steife Gang und der aufrecht gehaltene Schwanz weiterer Erörterung. Sir Ch. Bell bemerkt[1], dasz wenn ein Tiger oder ein Wolf von seinem Wärter geschlagen und plötzlich zur Wuth getrieben wird, „jeder Muskel in Spannung geräth „und die Gliedmaszen in einer Haltung höchster Anstrengung sich be„finden, bereit zum Einspringen." Diese Anspannung der Muskeln und der davon abhängige steife Gang können nach dem Principe associirter Gewohnheit erklärt werden; denn Zorn hat beständig zu heftigen Kämpfen und in Folge dessen dazu geführt, dasz alle Muskeln des Körpers heftig angestrengt wurden. Es ist auch Grund zur Vermuthung vorhanden, dasz das Muskelsystem eine kurze Vorbereitung oder einen gewissen Grad von Innervation bedarf, ehe es zu starker

[1] The Anatomy of Expression. 1844, p. 190.

Thätigkeit gebracht werden kann. Meine eigene Empfindung führt mich zu diesem Schlusse. Ich kann aber nicht finden, dasz es eine Schluszfolgerung wäre, zu welcher auch Physiologen gelangt sind. Doch theilt mir Sir J. PAGET mit, dasz, wenn Muskeln plötzlich mit der grösten Kraft ohne irgend welche Vorbereitung zusammengezogen werden, sie sehr leicht zereiszen, so z. B. wenn ein Mensch unerwartet ausgleitet, dasz dies aber nur selten eintritt, wenn eine Handlung, so heftig sie auch sein mag, mit Vorbedacht ausgeführt wird.

Was die Aufrechthaltung des Schwanzes betrifft, so scheint sie (ob dies aber wirklich der Fall ist, weisz ich nicht) davon abzuhängen, dasz die Hebemuskeln kräftiger sind als die herabziehenden, so dasz, wenn alle Muskeln des hinteren Körpertheils im Zustande der Spannung sich befinden, der Schwanz gehoben wird. Wenn ein Hund in einer gemüthlichen Stimmung ist und vor seinem Herrn mit hohen elastischen Schritten einhertrabt, so hält er gewöhnlich seinen Schwanz in die Höhe, obschon er nicht entfernt so steif gehalten wird, als wenn das Thier zornig ist. Wenn ein Pferd zum ersten Male in ein offenes Feld frei gelassen wird, so kann man sehen, wie es mit langen elastischen, weitausgreifenden Schritten, den Kopf und den Schwanz hoch in die Höhe gehalten, dahin trabt. Selbst wenn Kühe aus Vergnügen umherspringen, werfen sie ihre Schwänze in einer lächerlichen Art in die Höhe. Dasselbe ist auch bei verschiedenen Thieren in den zoologischen Gärten der Fall. Indesz wird in gewissen Fällen die Haltung des Schwanzes durch specielle Umstände bestimmt. Sobald z. B. ein Pferd in groszer Schnelligkeit zum Galop übergeht, senkt es immer den Schwanz, um der Luft so wenig Widerstand als nur möglich darzubieten.

Wenn ein Hund im Begriff ist, auf seinen Gegner loszuspringen, so stöszt er ein wildes Knurren aus, die Ohren werden dicht nach hinten gedrückt und die Oberlippe wird den Zähnen aus dem Wege gezogen, besonders über den Eckzähnen (Fig. 14). Dieselben Bewegungen sind bei erwachsenen und bei jungen Hunden auch während ihrer Spiele zu beobachten. Wenn aber ein Hund beim Spiele böse wird, so ändert sich sein Ausdruck sofort. Indesz ist dies einfach eine Folge davon, dasz die Lippen und Ohren mit viel gröszerer Energie zurückgezogen werden. Wenn ein Hund einen andern nur anknurrt, so werden die Lippen gewöhnlich nur auf einer Seite, nämlich an der wo sich sein Gegner findet, zurückgezogen.

Die Bewegungen eines Hundes, welcher Zuneigung zu seinem Herrn zu erkennen gibt, sind in unserem zweiten Capitel (Fig. 6 und 8) beschrieben worden. Sie bestehen darin, dasz der Kopf und der ganze Körper sich niedriger stellt und gewundene Bewegungen ausführt, während der Schwanz ausgestreckt und von der einen zur andern Seite gewedelt wird. Die Ohren hängen herab und werden ein wenig nach hinten gezogen, was eine Verlängerung der Augenlider verursacht; dadurch wird das ganze Ansehen des Gesichts verändert. Die Lippen hängen lose herab und das Haar bleibt glatt. Alle diese Bewegungen oder Geberden sind wie ich glaube dadurch erklärbar,

Fig. 14. Kopf eines fletschenden Hundes. Nach dem Leben gez. von Mr. Wood.

dasz sie in vollkommenem Gegensatze zu denjenigen stehen, welche naturgemäsz ein bösgewordener Hund unter einem direct entgegengesetzten Seelenzustande annimmt. Wenn man seinen Hund anredet oder eben nur bemerkt, so sehen wir die letzte Spur dieser Bewegungen in einem leichten Wedeln des Schwanzes, ohne dasz der Körper irgend eine andere Bewegung machte und ohne dasz selbst die Ohren herabhiengen. Hunde geben ihre Zuneigung auch dadurch zu erkennen, dasz sie sich an ihren Herren zu reiben und von ihnen gerieben oder geliebkost zu werden wünschen.

GRATIOLET erklärt die eben angeführten Geberden der Zuneigung in der folgenden Art. Der Leser mag beurtheilen, ob ihm die Erklärung befriedigend erscheine. Wo er von den Thieren im Allgemeinen mit Einschlusz des Hundes spricht, sagt er [2]: „C'est toujours la partie „la plus sensible de leurs corps, qui recherche les caresses ou les „donne. Lorsque toute la longueur des flancs et du corps est sensible, „l'animal serpente et rampe sous les caresses; et ces ondulations se „propageant le long des muscles analogues des segments jusqu'aux „extrémités de la colonne vertébrale, la queue se ploie et s'agite." Weiterhin bemerkt er, dasz wenn Hunde sich zuneigungsvoll fühlen, sie ihre Ohren herabhängen lassen, um alle Laute abzuschlieszen, so dasz ihre ganze Aufmerksamkeit auf die Liebkosungen ihrer Herren concentrirt werden kann!

Hunde haben noch eine andere und auffallende Weise, ihre Zuneigung erkennen zu geben, nämlich dadurch, dasz sie die Hände oder das Gesicht ihrer Herren lecken. Sie lecken auch zuweilen andere Hunde und dann immer am Maule. Ich habe auch gesehen, dasz Hunde Katzen leckten, mit denen sie befreundet waren. Diese Gewohnheit entstand wahrscheinlich daraus, dasz die Weibchen ihre Jungen, die theuersten Gegenstände ihrer Liebe, um sie zu reinigen, beleckten. Nach einer kurzen Abwesenheit lecken sie auch oft ihre Jungen ein paar Mal schnell im Vorübergehen, allem Anscheine nach aus Zuneigung. Hierdurch wird die Gewohnheit mit der Erregung der Liebe associirt worden sein, auf welche Weise diese auch später erregt werden mag. Sie ist jetzt so fest vererbt oder angeboren, dasz sie gleichmäszig auf beide Geschlechter überliefert wird. Einer meiner weiblichen Pintscher warf vor Kurzem Junge, welche sämmtlich getödtet wurden; und trotzdem die Hündin schon zu allen Zeiten eine sehr zärtliche Creatur war, so war ich doch über die Art und Weise überrascht, in welcher sie nun versuchte, ihre instinctive mütterliche Liebe dadurch zu befriedigen, dasz sie sie auf mich wandte; und ihre Begierde, meine Hände zu lecken, wuchs zu einer unersättlichen Leidenschaft.

Dasselbe Princip erklärt es wahrscheinlich, warum Hunde, wenn sie sich zuneigungsvoll fühlen, es gern haben, sich an ihren Herren zu reiben oder von ihnen gerieben oder geklopft zu werden; denn von dem Warten ihrer Jungen her ist die Berührnng mit einem geliebten Gegenstande in ihrer Seele fest mit der Erregung der Liebe associirt worden.

---

[2] De la Physionemie, 1865, p. 187. 218.

Das Gefühl der Zuneigung eines Hundes gegen seinen Herrn ist mit einem starken Gefühle der Unterwürfigkeit verbunden, welches mit dem der Furcht verwandt ist. Daher senken Hunde nicht blosz ihre Körper und kriechen ein wenig, wenn sie sich ihrem Herrn nähern, sondern werfen sich zuweilen auf den Boden, mit der Bauchseite nach oben gekehrt. Dies ist eine Bewegung, welche jedem Anzeichen von Widerstand so vollständig als möglich entgegengesetzt ist. Ich besasz früher einen groszen Hund, der sich nicht im geringsten fürchtete, mit andern Hunden zu kämpfen. Aber ein wolfartiger Schäferhund in der Nachbarschaft besasz, trotzdem er nicht so wild und nicht so kraftvoll war wie mein Hund, einen merkwürdigen Einflusz auf ihn. Wenn sich beide auf der Strasze begegneten, so pflegte mein Hund ihm entgegen zu rennen, den Schwanz zum Theil zwischen die Beine genommen und das Haar nicht aufgerichtet, und dann warf er sich auf den Boden, den Bauch nach oben. Durch diese Handlung schien er deutlicher als es durch Worte hätte geschehen können, sagen zu wollen: „Siehe, ich bin dein Sclave!"

Ein vergnüglicher und erregter mit Zuneigung associirter Seelenzustand wird von manchen Hunden in einer sehr eigenthümlichen Weise ausgedrückt, nämlich durch Grinsen. SOMERVILLE hat dies schon vor längerer Zeit bemerkt, wenn er sagt:

„Und mit höflichem Grinsen grüszt dich der schwänzelnde Hund
„Kauernd, seine sich weit öffnende Nase
„Wirft er auf, und seine groszen kohlschwarzen Augen
„Schmelzen in sanften Liebkosungen und demüthiger Freude."
Die Jagd. Buch 1.

Sir WALTER SCOTT's berühmter schottischer Windhund, Maida, hatte diese Gewohnheit, und sie ist bei Pintschern gewöhnlich. Ich habe sie auch bei einem Spitze und bei einem Schäferhunde gesehen. Mr. RIVIERE, welcher dieser Ausdrucksweise besondere Aufmerksamkeit geschenkt hat, theilt mir mit, dasz sie selten in einer vollständigen Weise entfaltet wird, aber in einem geringeren Grade ganz gewöhnlich ist. Während des Actes des Grinsens wird die Oberlippe wie beim Knurren zurückgezogen, so dasz die Eckzähne sichtbar werden, und auch die Ohren werden zurückgezogen; aber die allgemeine Erscheinung des Thieres zeigt deutlich, dasz kein Zorn gefühlt wird. Sir CH. BELL bemerkt[3], „Hunde bieten bei ihrer Ausdrucksweise der

---

[3] The Anatomy of Expression, 1844. p. 140.

„Zuneigung ein geringes Aufwerfen der Lippen dar und grinsen und „schnüffeln während ihrer Sprünge in einer Weise, die dem Lachen „ähnlich ist." Manche Personen sprechen vom Grinsen, als wäre es ein Lachen. Wenn es aber wirklich ein Lachen wäre, so würden wir eine ähnliche, indessen noch ausgesprochenere Bewegung der Lippen und Ohren sehen, wenn Hunde ihr Freudengebell ertönen lassen; dies ist aber nicht der Fall, obschon ein Freudengebell oft auf ein Grinsen folgt. Auf der anderen Seite thun Hunde, wenn sie mit ihren Kameraden oder Herren spielen, beinahe immer so, als wenn sie einander bissen, und dann ziehen sie, wenn auch nicht energisch, ihre Lippen und Ohren zurück. Ich vermuthe daher, dasz bei manchen Hunden eine Neigung vorhanden ist, so oft sie ein lebendiges mit Zuneigung verbundenes Vergnügen empfinden, durch Gewohnheit und Association auf dieselben Muskeln einzuwirken, als wenn sie im Spiele einander oder die Hände ihrer Herren bissen.

Ich habe im zweiten Capitel die Gangart und die äuszere Erscheinung eines Hundes in gemüthlicher Stimmung beschrieben und den auffallenden Gegensatz erwähnt, den dasselbe Thier darbietet, wenn es niedergeschlagen und enttäuscht ist, wobei der Kopf, die Ohren, der ganze Körper, der Schwanz und das Maul herabsinken und die Augen matt werden. Bei der Erwartung irgend eines groszen Vergnügens hüpfen und springen die Hunde in einer extravaganten Manier umher und bellen vor Freude. Die Neigung, in diesem Seelenzustande zu bellen, wird vererbt oder ist Eigenheit der Rasse. Windspiele bellen selten, wogegen die Spitzhunde so unablässig beim Ausgehen zu einem Spaziergange mit ihren Herren bellen, dasz sie geradezu störend werden.

Der äuszerste Schmerz wird von Hunden in nahezu derselben Weise ausgedrückt, wie bei vielen anderen Thieren, nämlich durch Heulen, Winden und Zusammenziehen des ganzen Körpers.

Aufmerksamkeit wird gezeigt durch Erhebung des Kopfes mit aufgerichteten Ohren, wobei die Augen intensiv auf den Gegenstand oder die Seite, worauf sich die Beobachtung lenkt, gerichtet werden. Ist es ein Laut, dessen Quelle nicht bekannt ist, so wird der Kopf häufig schräg von einer zur andern Seite in einer äuszerst bezeichnenden Art und Weise gewendet, allem Anscheine nach, um mit gröszerer Genauigkeit zu beurtheilen, von welchem Punkte der Laut ausgeht. Ich habe aber einen Hund gesehen, der über ein neues Geräusch sehr überrascht war und seinen Kopf in Folge der Gewohnheit nach der einen Seite hindrehte, obschon er die Quelle des Geräusches deutlich wahrnahm. Wenn die Aufmerksamkeit der Hunde in irgend einer Weise erregt wird, während sie irgend einen Gegenstand beobachten oder auf irgend einen Laut aufmerken, so heben sie, wie früher bemerkt wurde, häufig die eine Pfote in die Höhe (Fig. 4, S. 39) und halten dieselbe oben, als wenn sie sich langsam und verstohlen annähern wollten.

Bei extremem Erschrecken wirft sich ein Hund nieder, heult und entleert seine Excretionen; das Haar wird aber, wie ich glaube, nicht aufgerichtet, wenn nicht etwas Zorn dabei empfunden wird. Ich habe einen Hund gesehen, der über eine Musikbande, die auszerhalb des Hauses laut spielte, stark erschrocken war, wobei jeder Muskel seines Körpers zitterte, sein Herz so schnell pulsirte, dasz die Schläge kaum gezählt werden konnten und er mit weit geöffnetem Munde nach Athem rang, in derselben Weise, wie es ein erschreckter Mensch thut. Und doch hatte sich dieser Hund nicht angestrengt, er war nur langsam und ruhelos im Zimmer umhergewandert und der Tag war kalt.

Selbst ein sehr unbedeutender Grad von Furcht zeigt sich unabänderlich dadurch, dasz der Schwanz zwischen die Beine eingezogen wird. Dieses Einziehen des Schwanzes wird immer von einem Zurückziehen der Ohren begleitet; diese werden aber nicht dicht an den Kopf angedrückt, wie bei dem Knurren, und werden nicht herabgelassen, wie wenn ein Hund vergnüglich oder zuneigungsvoll gestimmt ist. Wenn zwei junge Hunde einander beim Spielen jagen, so hält der eine, welcher davonläuft, immer seinen Schwanz eingezogen. Dasselbe ist auch der Fall, wenn ein Hund in gemüthlicher Stimmung in weiten Kreisen oder in Achterfiguren wie wahnsinnig rings um seinen Herrn herumkariolt. Er handelt dann so, als wenn ein anderer Hund ihn jagte. Diese merkwürdige Art zu spielen, welche Jedem geläufig sein musz, der nur irgend Hunde mit Aufmerksamkeit beobachtet hat, wird besonders gern dann angeregt, wenn das Thier ein wenig erschreckt oder zum Fürchten gebracht worden ist, so wenn sein Herr plötzlich im Dunkeln auf ihn zuspringt. In diesem Falle eben sowohl wie wenn zwei junge Hunde im Spiele einander jagen, möchte es fast scheinen, als wenn der eine, welcher davon läuft, sich davor fürchtet, dasz der andere ihn beim Schwanze faszte. So viel ich aber ausfindig machen kann, fangen Hunde einander nur sehr selten in dieser Weise. Ich frug einen Herrn, welcher sein Leben lang Fuchshunde gehalten hatte, und derselbe wandte sich noch an andere erfahrene Jäger, ob sie je gesehen hätten, dasz diese einen Fuchs auf diese Weise ergriffen; sie hatten es aber niemals gesehen. Es scheint, wenn ein Hund gejagt wird oder wenn er in Gefahr ist, hinten geschlagen zu werden oder dasz irgend etwas auf ihn falle, dasz er in diesen Fällen wünscht, so schnell wie möglich sein ganzes Hintertheil weg zu bringen und dasz dann in Folge der Sympathie oder des Zusammenhangs zwischen den Muskeln auch der Schwanz dicht nach innen gezogen wird.

Ein ähnlicher Zusammenhang zwischen den Bewegungen des Hintertheils und des Schwanzes ist bei der Hyäne zu beobachten. Mr. BARTLETT theilt mir mit, dasz wenn zwei dieser Thiere mit einander kämpfen, sie wechselseitig sich der wunderbaren Gewalt des Gebisses des andern bewuszt und in Folge dessen äuszerst vorsichtig sind. Sie wissen recht gut, dasz wenn eins ihrer Beine ergriffen würde, der Knochen im Augenblicke in Atome zermalmt werden würde. Sie nähern sich daher einander knieend, wobei ihre Beine so viel als möglich nach innen gewendet sind und der ganze Körper gebogen, so dasz er keinen irgendwie vorspringenden Punkt darbietet. Der Schwanz ist zu derselben Zeit dicht zwischen die Beine eingezogen. In dieser Stellung nähern sie sich einander von der Seite oder selbst theilweise von hinten. Dies ist ferner auch bei Hirschen der Fall, von denen mehrere Species, wenn sie böse sind und kämpfen, ihre Schwänze einziehen. Wenn ein Pferd auf der Weide das Hintertheil eines andern im Spiele zu beiszen versucht, oder wenn ein roher Bursche einen Esel von hinten schlägt, so wird das Hintertheil und der Schwanz eingezogen, obschon es hier nicht so scheint, als würde dies nur deshalb gethan, um den Schwanz vor Beschädigung zu schützen. Wir haben auch das Umgekehrte dieser Bewegungen schon gesehen. Denn wenn ein Thier mit hohen elastischen Schritten einhertrabt, so wird beinahe immer der Schwanz emporgetragen.

Wie ich gesagt habe, hält ein Hund, wenn er gejagt wird und davon läuft, seine Ohren nach hinten gerichtet, aber immer offen; und dies wird offenbar gethan, um die Fusztritte seines Verfolgers zu hören. Aus Gewohnheit werden die Ohren häufig in dieser selben Stellung und der Schwanz eingezogen getragen, wenn die Gefahr offenbar vor dem Hunde liegt. Ich habe wiederholt an einer furchtsamen

Pintscherhündin beobachtet, dasz, wenn sie sich vor irgend einem vor ihr befindlichen Gegenstande fürchtete, dessen Natur sie vollständig kannte, wo sie also nicht nöthig hatte, erst zu recognosciren, sie doch eine lange Zeit ihre Ohren und ihren Schwanz in dieser Stellung hielt, ein wahres Abbild der Traurigkeit. Ungemüthlichkeit oder irgend welche Furcht werden ähnlich ausgedrückt. So gieng ich eines Tages aus dem Hause hinaus, gerade zu derselben Zeit, wo dieser Hund wuszte, dasz sein Mittagsbrod gebracht werden würde. Ich rief ihn nicht, aber er wünschte doch sehr, mich zu begleiten und gleichzeitig sehnte er sich nach seiner Mahlzeit; und da stand er da, zuerst nach der einen Richtung, dann nach der andern hinblickend, mit eingezogenem Schwanze und die Ohren zurückgeschlagen, eine unverkennbare Erscheinung einer verwirrten ungemüthlichen Stimmung darbietend.

Beinahe alle die jetzt beschriebenen ausdrucksvollen Bewegungen, mit Ausnahme des Grinsens vor Freude, sind angeboren oder instinctiv, denn sie sind allen Individuen, Jungen wie Alten, und zwar aller Rassen, gemeinsam. Die meisten von ihnen kommen auch in gleicher Weise den ursprünglichen Eltern, nämlich dem Wolfe wie dem Schakale zu, einige von ihnen sogar noch andern Arten derselben Gruppe. Gezähmte Wölfe und Schakale springen, wenn sie von ihren Herren geliebkost werden, vor Freude umher, wedeln mit ihren Schwänzen, lassen ihre Ohren herab hängen, lecken die Hände ihrer Herren, ducken sich nieder und werfen sich selbst auf den Boden, mit dem Bauche nach oben[4]. Ich habe einen im Ganzen mehr fuchsähnlichen africanischen Schakal vom Gabun gesehen, der, wenn er geliebkost wurde, seine Ohren herabdrückte. Werden Wölfe und Schakale erschreckt, so ziehen sie sicherlich ihre Schwänze ein. Und es ist ein gezähmter Schakal beschrieben worden, der um seinen Herrn in Kreisen und Achterfiguren wie ein Hund herumlief mit dem Schwanze zwischen den Beinen.

Es ist angeführt worden[5], dasz Füchse, mögen sie auch noch

---

[4] Viele Einzelnheiten hat Güldenstädt in seiner Beschreibung des Schakals gegeben, in: Novi Comment. Acad. Sc. Petropol. 1775, Tom. XX, p. 449; s. auch eine andere ausgezeichnete Schilderung dieses Thieres und seines Spielens in: Land and Water, October 1869. Auch Lieut. Annesley, R. A., hat mir einige Einzelnheiten über den Schakal mitgetheilt. Ich habe über Wölfe und Schakale im zoologischen Garten vielfache Erkundigungen eingezogen und dieselben auch selbst beobachtet.

[5] Land and Water, 6. Novemb. 1869.

so zahm sein, niemals irgend eine der eben erwähnten ausdrucksvollen Bewegungen darbieten. Dies ist aber nicht streng genommen richtig. Vor vielen Jahren beobachtete ich im zoologischen Garten (und ich habe auch die Thatsache zu jener Zeit niedergeschrieben), dasz ein sehr zahmer englischer Fuchs, wenn er von seinem Wärter geliebkost wurde, mit seinem Schwanze wedelte, seine Ohren niederdrückte und sich dann auf den Boden niederwarf mit dem Bauche nach oben. Der schwarze Fuchs von Nord-America drückte gleichfalls seine Ohren in einem unbedeutenden Grade nieder. Ich glaube aber, dasz Füchse niemals die Hände ihres Herrn lecken; und man hat mir versichert, dasz, wenn sie in Furcht gerathen, sie niemals ihre Schwänze einziehen. Wenn man die Erklärung, welche ich von dem Ausdrucke der Zuneigung bei Hunden gegeben habe, annimmt, dann möchte es fast scheinen, als ob Thiere, welche nie domesticirt worden sind, nämlich Wölfe, Schakale und selbst Füchse nichtsdestoweniger durch das Princip des Gegensatzes gewisse ausdrucksvolle Geberden sich angeeignet haben; denn es ist nicht wahrscheinlich, dasz diese in Käfigen gefangen gehaltenen Thiere dieselben dadurch gelernt hätten, dasz sie Hunden nachahmten.

Katzen. — Ich habe bereits die Bewegungen einer Katze (Fig. 9, S. 52), wenn sie sich wild fühlt, aber nicht erschreckt ist, beschrieben. Sie nimmt eine kauernde Stellung an und streckt gelegentlich ihre Vorderfüsze aus mit ausgestreckten Klauen, fertig zum Zuschlagen. Der Schwanz ist ausgestreckt und wird gekrümmt oder von einer Seite zur andern geschlagen. Das Haar wird nicht aufgerichtet; wenigstens war es in den wenigen Fällen, die ich beobachtete, nicht der Fall. Die Ohren werden zurückgezogen und die Zähne gezeigt. Leises wildes Knurren wird ausgestoszen. Wir können einsehen, warum die von einer in der Vorbereitung zum Kampfe mit einer anderen Katze begriffenen oder von einer irgend wie heftig gereizten Katze angenommene Stellung so vollständig verschieden ist von der, welche ein Hund annimmt, der einem andern Hunde mit feindseligen Absichten begegnet; denn die Katze gebraucht ihre Vorderfüsze zum Schlagen, und das macht eine kauernde Stellung zweckmäszig oder nothwendig. Sie ist auch viel mehr als ein Hund daran gewöhnt, verborgen still zu liegen und plötzlich auf ihre Beute einzuspringen. Dafür dasz der Schwanz herumgeschlagen oder von der einen zur anderen Seite gekrümmt wird, läszt sich keine Ursache mit Gewiszheit nachweisen. Diese Gewohnheit ist vielen anderen Thieren gemeinsam, z. B. dem Puma, wenn er sich zum Springen bereit hält[6]; sie kommt aber bei Hunden oder Füchsen nicht vor, wie ich aus Mr. St. John's Beschreibung eines Fuchses schliesze, der im Hinterhalte liegt und einen Hasen fängt. Wir haben bereits gesehen, dasz manche Arten von Eidechsen und verschiedene Schlangen, wenn sie erregt werden, schnell die Spitzen ihres Schwanzes erzittern machen. Es möchte fast scheinen, als wenn im Zustande starker Erregung eine nicht zu controlirende Begierde nach einer Bewegung irgend welcher Art existire, welche eine Folge davon ist, dasz Nervenkraft von dem erregten Sensorium reichlich frei gemacht wird, und dasz, da der Schwanz frei herabhängt und seine Bewegungen die allgemeine Stellung des Körpers nicht stören, dieser gekrümmt und umhergeschlagen wird.

Alle Bewegungen einer Katze im zuneigungsvollen Gemüthszustande finden sich in vollkommenem Gegensatze zu den eben beschriebenen. Jetzt steht sie aufrecht mit leicht gekrümmtem Rücken, den Schwanz senkrecht in die Höhe gehalten und die Ohren aufgerichtet und sie reibt ihre Backen und Seiten an ihrem Herrn oder ihrer Herrin. Die Lust, sich an irgend Etwas zu reiben, ist bei Katzen in diesem Seelenzustande so stark, dasz man oft sehen kann, wie sie sich gegen Stühle oder Tischbeine oder Thürpfosten reiben. Diese Art und Weise, ihre Zuneigung auszudrücken, entstand wahrscheinlich ursprünglich durch Association wie bei dem Hunde daher, dasz die Mutter ihre Jungen pflegt und hätschelt, und vielleicht auch daher, dasz sich die Jungen untereinander lieben und miteinander spielen. Eine andere und sehr verschiedene Geberde, welche für das Gefühl des Vergnügens ausdrucksvoll ist, ist bereits beschrieben worden, nämlich die merkwürdige Art und Weise, in welcher junge und selbst alte Katzen, wenn sie sich vergnüglich fühlen, abwechselnd ihre Vorderfüsze mit auseinander gehaltenen Zehen vorstrecken, als wenn sie gegen die Zitzen ihrer Mutter stoszen und an denselben saugen wollten. Diese Gewohnheit ist insofern jener des Reibens an irgend Etwas analog, als beide allem Anscheine nach von Handlungen sich herleiten lassen, welche während der Saugperiode ausgeführt werden. Warum Katzen ihre Zuneigung viel mehr durch Reiben ausdrücken als es Hunde thun,

---

[6] Azara, Quadrupèdes du Paraguay, 1801. Tom. I. p. 136.

obschon letztere an der Berührung mit ihrem Herrn ein Entzücken finden, und warum Katzen nur gelegentlich die Hände ihrer Freunde lecken, während Hunde dies immer thun, kann ich nicht angeben. Katzen reinigen sich selbst durch Belecken ihres Pelzes viel regelmäsziger als es Hunde thun. Andererseits scheinen ihre Zungen viel weniger für diese Arbeit passend zu sein als die längeren und beweglicheren Zungen der Hunde.

Fig. 15. Katze, vor einem Hunde erschreckend. Nach dem Leben gez. von Mr. Wood.

Werden Katzen erschreckt, so stehen sie in voller Höhe da und krümmen ihren Rücken in einer bekannten lächerlichen Art. Sie spucken, zischen oder knurren. Das Haar am ganzen Körper und besonders am Schwanze richtet sich auf. In den von mir beobachteten Fällen wurde der Basaltheil des Schwanzes aufrecht, der Endtheil nach einer Seite gebogen getragen. Aber zuweilen wird der Schwanz (siehe Fig. 15) nur ein wenig erhoben und fast von seiner Basis an nach der einen Seite gebogen. Die Ohren werden zurückgezogen und die Zähne exponirt. Wenn zwei junge Kätzchen mit einander spielen, so versucht das eine häufig das andere in dieser Weise zu erschrecken. Nach dem, was wir in früheren Capiteln gesehen haben, sind sämmtliche der eben erwähnten Einzelnheiten des Ausdrucks verständlich mit Ausnahme der auszerordentlichen Krümmung des Rückens. Ich bin zu der Annahme geneigt, dasz in derselben Weise wie viele Vögel, während sie ihre Federn schütteln, dabei ihre Flügel und ihren Schwanz ausbreiten, um sich so grosz als möglich aussehen zu machen, auch Katzen in ihrer vollen Grösze aufrecht dastehen, ihren Rücken krümmen, häufig den Basaltheil ihres Schwanzes erheben und ihr Haar emporrichten, um denselben Zweck zu erreichen. Wird der Luchs angegriffen, so sagt man, dasz er seinen Rücken krümme, und BREHM hat ihn in dieser Weise abgebildet. Die Wärter im zoologischen Garten haben aber keine Neigung zur Annahme irgend einer derartigen Stellung bei gröszeren katzenartigen Thieren wie Tiger, Löwen u. s. w. gesehen. Diese haben aber auch wenig Ursache, sich vor irgend einem anderen Thiere zu fürchten.

Katzen brauchen ihre Stimmen sehr viel als Mittel des Ausdrucks; und in verschiedenen Gemüthserregungen und Begierden stoszen sie mindestens sechs oder sieben verschiedene Laute aus. Das Schnurren im befriedigten Zustande, welches sowohl während der Einathmung als während des Ausathmens gemacht wird, ist einer der merkwürdigsten Laute. Der Puma, Jagd-Leopard und Ocelot schnurren gleichfalls. Der Tiger aber „stöszt, wenn er sich vergnüglich fühlt, ein „eigenthümlich kurzes Schnüffeln aus, verbunden mit dem Schlieszen „der Augenlider"[7]. Es wird angegeben, dasz der Löwe, Jaguar und Leopard nicht schnurren.

Pferde. — Wenn Pferde wild werden, ziehen sie ihre Ohren scharf nach hinten, stoszen ihren Kopf vor und entblöszen zum Theil ihre Schneidezähne, bereit zum Beiszen. Sind sie dazu geneigt, hinten auszuschlagen, so ziehen sie gewöhnlich in Folge der Gewohnheit auch ihre Ohren zurück und ihre Augen werden in einer eigenthümlichen Art und Weise nach hinten gewendet[8]. Sind sie in einem vergnüg-

---

[7] Land and Water, 1867, p. 657. s. auch Azara über den Puma in dem vorhin angeführten Werke.

[8] Sir Ch. Bell, the Anatomy of Expression, 3 edit. p. 123; s. auch p. 126 darüber, dasz Pferde nicht durch den Mund athmen und über die dazu in Beziehung stehende Erweiterung der Nasenlöcher.

lichen Zustande, so z. B. wenn ein beliebtes Futter ihnen in den Stall gebracht wird, so erheben sie und ziehen sie ihren Kopf ein, spitzen ihre Ohren und sehen scharf ihre Freunde an, wobei sie oft wiehern. Ungeduld wird durch Stampfen auf den Boden ausgedrückt.

Die Bewegungen eines Pferdes, wenn es stark erschreckt wird, sind äuszerst ausdrucksvoll. Eines Tages erschrack mein Pferd sehr über eine Säemaschine, die, von einem dicken Wachstuche bedeckt, auf dem offenen Felde stand. Es erhob seinen Kopf so hoch, dasz der Hals beinahe senkrecht wurde; und dies that es aus Gewohnheit, denn die Maschine lag an einem Abhange unter ihm und konnte durch das Erheben des Kopfes durchaus nicht mit gröszerer Deutlichkeit gesehen werden. Wäre irgend ein Laut von derselben ausgegangen, so hätte er ebensowenig deutlicher gehört werden können. Die Augen und Ohren wurden intensiv vorwärts gerichtet und ich konnte durch den Sattel das Schlagen des Herzens fühlen. Mit rothen erweiterten Nasenlöchern schnaubte es heftig und drehte sich rund um. Es wäre auch mit gröszter Eile davongeflogen, hätte ich es nicht daran gehindert. Das Erweitern der Nasenlöcher geschieht nicht zum Zwecke, die Quelle der Gefahr zu wittern. Denn wenn ein Pferd sorgfältig irgend einen Gegenstand beriecht und dabei nicht beunruhigt ist, so erweitert es seine Nasenlöcher nicht. Wenn ein Pferd keucht, so athmet es in Folge der Anwesenheit einer Klappe in seiner Kehle nicht durch das offene Maul, sondern durch die Nasenlöcher, und diese sind in Folge hiervon mit einer groszen Ausdehnungsfähigkeit begabt worden. Diese Ausdehnung der Nasenlöcher ebenso wie das Schnauben und das Schlagen des Herzens sind Thätigkeiten, welche während einer langen Reihe von Generationen mit der Seelenerregung des Schrecks fest associirt worden sind; denn der Schreck hat gewohnheitsgemäsz das Pferd zur heftigsten Anstrengung, beim eiligsten Davonlaufen von der Ursache der Gefahr weg, geführt.

Wiederkäuer. — Rinder und Schafe sind deshalb merkwürdig, weil sie in einem so unbedeutenden Grade ihre Gemüthserregungen oder Empfindungen sichtbar werden lassen, mit Ausnahme des äuszersten Schmerzes. Wenn eine Bulle wüthend wird, so zeigt er seine Wuth nur durch die Art und Weise, in welcher er seinen herabhängenden Kopf mit erweiterten Nasenlöchern trägt und durch Brüllen. Er stampft auch oft auf den Boden; und dieses Stampfen scheint von dem eines ungeduldigen Pferdes sehr verschieden zu sein, denn wenn der Boden locker ist, so wirft er Staubwolken auf. Ich glaube, dasz Bullen in dieser Weise handeln, wenn sie von Fliegen irritirt werden, zum Zwecke, dieselben fortzutreiben. Die wilderen Schafrassen und die Gemsen stampfen, wenn sie erschreckt werden, den Boden und pfeifen durch ihre Nasen; und dies dient ihren Kameraden als ein Warnungssignal. Wird der Moschusochse der arktischen Länder angegriffen, so stampft er gleichfalls auf den Boden[9]. Wie diese Bewegungen des Stampfens entstanden sind, kann ich nicht einmal vermuthen; denn nach Erkundigungen, die ich zu diesem Zwecke anstellte, scheint es nicht so, als wenn irgend eines dieser Thiere mit seinen Vorderfüszen kämpfte.

Manche Arten der Hirschgattung zeigen, wenn sie wild werden, viel mehr äuszeren Ausdruck als es Rinder, Schafe oder Ziegen thun; denn sie ziehen, wie bereits angeführt worden ist, ihre Ohren zurück, knirschen mit ihren Zähnen, richten ihre Haare auf, schreien, stampfen auf den Boden und wetzen ihre Hörner. Eines Tages näherte sich im zoologischen Garten der Hirsch von Formosa *(Cervus pseudaxis)* mir in einer merkwürdigen Stellung mit emporgehobener Muffel, so dasz die Hörner auf den Nacken gedrückt wurden. Der Kopf wurde dabei etwas schief gehalten. Nach dieser Ausdrucksform war ich sicher, dasz er böse war. Er näherte sich langsam und sobald er dicht an die Eisenstäbe herankam, senkte er nicht seinen Kopf, um nach mir zu stoszen, sondern bog ihn plötzlich nach innen und schlug seine Hörner mit groszer Kraft gegen das Gitter. Mr. BARTLETT theilt mir mit, dasz einige andere Species von Hirschen dieselbe Stellung annehmen, wenn sie zornig werden.

Affen. — Die verschiedenen Arten und Gattungen der Affen drücken ihre Gefühle auf viele verschiedene Weisen aus, und diese Thatsache ist interessant, da sie in einem gewissen Grade sich auch mit auf die Frage bezieht, ob die sogenannten Menschenrassen als verschiedene Species oder Varietäten aufgefaszt werden sollen. Denn wie wir in den folgenden Capiteln sehen werden, drücken die verschiedenen Rassen des Menschen ihre Gemüthserregungen und Empfindungen über die ganze Erde mit merkwürdiger Gleichförmigkeit aus.

---

[9] Land and Water, 1869, p. 152.

Einige der ausdrucksvollen Handlungen der Affen sind in anderer Weise noch interessant, nämlich dadurch, dasz sie denen des Menschen äuszerst analog sind. Da ich keine Gelegenheit gehabt habe, irgend eine Species der Gruppe unter allen Umständen zu beobachten, so werden meine gelegentlichen Bemerkungen am besten nach den verschiedenen Seelenzuständen angeordnet.

Vergnügen, Freude, Zuneigung. — Es ist nicht möglich, wenigstens ohne mehr Erfahrung als ich sie besitze, bei Affen den Ausdruck des Vergnügens oder der Freude von dem der Zuneigung zu unterscheiden. Junge Chimpansen geben eine Art von bellendem Laut von sich, wenn sie sich über die Rückkehr irgend Jemandes freuen, dem sie anhänglich sind. Wenn dieser Laut, den die Wärter ein Lachen nennen, ausgestoszen wird, werden die Lippen vorgestreckt; doch werden sie dies auch im Zustande verschiedener anderer Erregungen. Nichtsdestoweniger konnte ich doch bemerken, dasz wenn diese Thiere freudig gestimmt waren, die Form der Lippen etwas von der verschieden war, welche sie annahmen, wenn sie sich ärgerten. Wird ein junger Chimpanse gekitzelt, — und die Achselhöhlen sind besonders für das Kitzeln empfindlich wie bei unseren Kindern — so wird ein noch entschiedenerer kichernder oder lachender Laut ausgestoszen, obschon das Lachen zuweilen von keinem Laute begleitet wird. Die Mundwinkel werden dann zurückgezogen, und dies verursacht zuweilen, dasz die unteren Augenlider leicht runzlig werden. Aber dieses Runzeln, welches für unser eigenes Lachen so characteristisch ist, zeigte sich bei einigen anderen Affen noch deutlicher. Die Zähne im Oberkiefer werden beim Chimpanse nicht exponirt, wenn er seinen lachenden Laut ausstöszt, in welcher Hinsicht er von uns abweicht. Aber die Augen funkeln und werden heller, wie Mr. W. L. Martin[10] bemerkt, der der Ausdrucksweise dieser Thiere besondere Aufmerksamkeit zugewendet hat.

Werden junge Orangs gekitzelt, so grinsen sie gleichfalls und machen ein kicherndes Geräusch. Mr. Martin gibt an, dasz ihre Augen glänzend werden. Sobald ihr Lachen aufhört, läszt sich beobachten, dasz ein Ausdruck über ihr Gesicht geht, welcher, wie Mr. Wallace gegen mich bemerkt, ein Lächeln genannt werden kann. Ich habe etwas derselben Art beim Chimpanse beobachtet. Dr. Duchenne

---

[10] Natural History of Mammalia, Vol. I. 1841, p. 333, 410.

— und ich kann keine bessere Autorität citiren — theilt mir mit, dasz er in seinem Hause einen sehr zahmen Affen ein Jahr lang gehalten hat; wenn er ihm während der Mahlzeiten irgend einen ausgesuchten delicaten Bissen gab, beobachtete er, dasz die Mundwinkel leicht erhoben wurden. Es liesz sich also ein Ausdruck der Befriedigung, der etwas von der Natur eines beginnenden Lächelns hatte und der dem ähnlich war, was oft auf dem Gesichte des Menschen zu sehen ist, deutlich bei diesem Thiere bemerken.

Freut sich der *Cebus Azarae*[11], dasz er eine geliebte Person wiedersieht, so bringt er einen eigenthümlichen kichernden Laut hervor. Er drückt auch angenehme Empfindungen dadurch aus, dasz er seine Mundwinkel zurückzieht, ohne irgend einen Laut hervorzubringen. RENGGER nennt diese Bewegung Lachen. Man dürfte es aber angemessener ein Lächeln nennen. Die Form des Mundes ist verschieden, wenn entweder Schmerz oder Schreck ausgedrückt und ein schrillendes Geschrei ausgestoszen wird. Eine andere Art von *Cebus* im zoologischen Garten (*C. hypoleucus*) gibt, wenn er vergnüglich gestimmt ist, oft hintereinander einen schrillen Ton von sich und zieht gleichfalls die Mundwinkel nach hinten, allem Anscheine nach in Folge der Zusammenziehung derselben Muskeln wie bei uns. Dasselbe thut der Berberaffe (*Inuus ecaudatus*) in einem auszerordentlichen Grade; ich habe bei diesem Affen beobachtet, dasz die Haut des unteren Augenlides sich dann runzelte. In derselben Zeit bewegte er seinen Unterkiefer oder die Unterlippe schnell in einer krampfhaften Art, wobei die Zähne exponirt wurden. Aber der dabei hervorgebrachte Laut war kaum deutlicher als der, den wir zuweilen unterdrücktes Lachen nennen. Zwei von den Wärtern bestätigten, dasz dieser unbedeutende Laut das Lachen des Thieres sei. Als ich aber meinen Zweifel hierüber ausdrückte (ich hatte zu der Zeit noch gar keine Erfahrung), lieszen sie den Affen einen ihm verhaszten *Entellus*, der in derselben Abtheilung mit ihm lebte, angreifen oder erschrecken. In dem Augenblicke veränderte sich der ganze Ausdruck des Gesichts des *Inuus*. Der Mund wurde viel weiter geöffnet, die Eckzähne wurden vollständig sichtbar gemacht und ein heiserer bellender Laut wurde ausgestoszen.

---

[11] Rengger (s. Säugethiere von Paraguay, 1830, S. 46) hielt diese Affen in ihrem Heimathlande Paraguay sieben Jahre lang in Gefangenschaft.

Der Anubis-Pavian (*Cynocephalus anubis*) wurde zunächst von seinem Wärter gereizt und in wüthenden Zorn gebracht, wie es leicht geschehen kann, worauf der Wärter wieder gut Freund mit ihm wurde

Fig. 16. *Cynopithecus niger* in behaglicher Stimmung. Nach dem Leben gez. von Mr. Wolf.

und ihm die Hand schüttelte. Sobald die Versöhnung vollzogen war, bewegte der Pavian seine Kinnladen und Lippen schnell auf und nieder

Fig. 17. Derselbe sich über Liebkosungen freuend.

und sah befriedigt aus. Wenn wir herzlich lachen, so läszt sich eine ähnliche Bewegung oder ein Zittern mehr oder weniger deutlich in unseren Kinnladen beobachten; aber beim Menschen werden besonders die Muskeln des Brustkastens beeinfluszt, während bei diesem Pavian und bei einigen anderen Affen es die Muskeln der Kinnladen und Lippen sind, welche krampfhaft afficirt werden.

Ich habe bereits Gelegenheit gehabt, die merkwürdige Art und Weise zu erwähnen, in welcher zwei oder drei Species von *Macacus* und der *Cynopithecus niger* ihre Ohren zurückziehen und einen leisen schnatternden Laut ausstoszen, wenn sie sich über Liebkosungen freuen. Bei dem *Cynopithecus* (Fig. 17) werden zu derselben Zeit die Mundwinkel nach rückwärts und aufwärts gezogen, so dasz die Zähne sichtbar werden. Es würde daher dieser Ausdruck von einem Fremden niemals als einer des Vergnügens erkannt werden. Der Kamm langer Haare auf dem Vorderkopfe wird niedergeschlagen und dem Anscheine nach die ganze Kopfhaut zurückgezogen. Hierdurch werden die Augenbrauen ein wenig emporgehoben und die Augen nehmen einen starren Ausdruck an; auch die unteren Augenlider werden leicht gerunzelt; aber dieses Runzeln ist wegen der beständigen Querfurchen auf dem Gesichte nicht auffallend.

Schmerzhafte Erregungen und Empfindungen. — Bei Affen wird der Ausdruck geringen Schmerzes oder irgend einer schmerzhaften Gemüthserregung, wie Kummer, Ärger, Eifersucht u. s. w. nicht leicht von dem eines mäszigen Zornes unterschieden, und diese Seelenzustände gehen leicht und schnell in einander über. Indesz wird bei einigen Arten Kummer ganz sicher durch Weinen ausgedrückt. Eine Frau, welche einen Affen, der der Annahme nach von Borneo gekommen war (*Macacus maurus* oder *M. inornatus* GRAY), an die zoologische Gesellschaft verkaufte, erzählte, er habe oft geweint. Auch Mr. BARTLETT hat ebenso wie der Wärter, Mr. SUTTON, es wiederholt gesehen, dasz er, wenn er sich härmte oder selbst wenn er sehr bemitleidet wurde, so reichlich weinte, dasz ihm die Thränen die Backen herabliefen. Bei diesem Falle liegt indessen doch etwas Fremdartiges vor. Denn zwei später im zoologischen Garten gehaltene Exemplare, welche der Annahme nach zu derselben Species gehörten, hat man niemals weinen sehen, obschon sie von dem Wärter und von mir selbst sorgfältig beobachtet wurden, wenn sie sehr in Noth waren und laut schrieen. RENGGER gibt an [12], dasz sich die Augen des *Cebus Azarae* mit Thränen füllten, aber doch nicht so stark, dasz sie über-

---

[12] Rengger, a. a. O. S. 46. Humboldt, Personal Narrative, Vol. IV. p. 527.

liefen, und zwar, wenn er daran gehindert wurde, irgend einen sehr ersehnten Gegenstand zu erlangen oder wenn er stark erschreckt wurde. Auch A. v. HUMBOLDT gibt an, dasz sich die Augen des *Callithrix sciureus* „augenblicklich mit Thränen füllen, wenn er von „Furcht ergriffen wird". Als aber dieser kleine hübsche Affe im zoologischen Garten so lange geplagt wurde, bis er laut aufschrie, so trat dies doch nicht ein. Ich wünsche indesz nicht, auch nur den allergeringsten Zweifel an der Genauigkeit der Angabe HUMBOLDT's zu erregen.

Die Erscheinung der Niedergeschlagenheit bei jungen Orangs und Chimpansen, wenn sie krank sind, ist so deutlich und beinahe so ergreifend wie bei unseren Kindern. Dieser Zustand des Geistes und des Körpers zeigt sich in den verdrossenen Bewegungen, dem abgespannten Ausdrucke, den matten Augen und der veränderten Gesichtsfarbe.

Zorn. — Diese Gemüthserregung wird von vielen Arten von Affen häufig dargeboten und, wie Mr. MARTIN bemerkt[13], auf viele verschiedene Arten ausgedrückt. „Viele Arten strecken, wenn sie ge„reizt werden, ihre Lippen vor, starren mit einem fixirten und wilden „Blicke auf ihren Feind und nehmen wiederholt kurze Anläufe, als „wenn sie im Begriffe wären, vorwärts zu springen, während sie zu „derselben Zeit innerliche gutturale Laute hervorbringen. Viele zeigen „ihren Zorn dadurch, dasz sie plötzlich vorwärts kommen, plötzliche „Anläufe nehmen und zu derselben Zeit den Mund öffnen und die „Lippen zusammenziehen, so dasz die Zähne verborgen werden, wäh„rend die Augen keck auf den Feind fixirt werden wie in wilder „Herausforderung. Wieder andere und vorzüglich die langschwänzigen „Affen, Guenons, zeigen ihre Zähne und begleiten ihr malitiöses Grin„sen mit einem scharfen abrupten, wiederholten Geschrei." Mr. SUTTON bestätigt die Angabe, dasz einige Arten ihre Zähne entblöszen, wenn sie wüthend werden, während andere dieselben durch Vorstrecken ihrer Lippen bedecken; einige Arten ziehen ihre Ohren zurück. Der vor Kurzem angeführte *Cynopithecus niger* handelt in dieser Art, drückt zu derselben Zeit den Haarkamm auf seinem Vorderkopfe nieder und zeigt seine Zähne, so dasz die Bewegungen der Gesichtszüge im Zorne nahezu dieselben sind wie diejenigen in der Freude, und es können

---

[13] Natural History of Mammalia, 1841, p. 351.

die beiden Ausdrucksweisen nur von Denjenigen unterschieden werden, welche mit dem Thiere vertraut sind.

Paviane zeigen ihre Leidenschaft und drohen ihrem Feinde häufig in einer sehr merkwürdigen Weise, nämlich dadurch, dasz sie ihren Mund weit öffnen wie im Acte des Gähnens. Mr. BARTLETT hat es oft gesehen, wie zwei Paviane, wenn sie in denselben Käfig gethan wurden, zuerst einander gegenüber sitzen und nun abwechselnd ihren Mund öffnen. Und diese Bewegung scheint häufig in einem wirklichen Gähnen ihr Ende zu nehmen. Mr. BARTLETT glaubt, dasz beide Thiere einander zu zeigen wünschen, dasz sie mit einem furchtbaren Gebisse versehen sind, wie dies unzweifelhaft der Fall ist. Da ich die Thatsache dieser gähnenden Geberde kaum für richtig hielt, reizte Mr. BARTLETT den alten Pavian und brachte ihn zur heftigen Leidenschaft; fast unmittelbar darauf begann er diese Bewegung. Einige Species von *Macacus* und *Cynopithecus*[14] benehmen sich in derselben Art und Weise. Paviane zeigen auch ihren Zorn, wie BREHM an denen beobachtet hat, die er in Abyssinien lebendig hielt, noch in einer anderen Weise, nämlich dadurch, dasz sie den Boden mit der einen Hand schlagen „wie ein zorniger Mensch, der mit der Faust auf den Tisch „schlägt". Ich habe diese Bewegung bei den Pavianen im zoologischen Garten gesehen. Aber zuweilen scheint diese Handlung eher ausdrücken zu sollen, dasz sie einen Stein oder einen anderen Gegenstand in ihrem Strohlager suchen.

Mr. SUTTON hat oft beobachtet, wie das Gesicht des *Macacus rhesus* roth wurde, wenn er in Wuth gerieth. Als er dies gegen mich erwähnte, griff ein anderer Affe einen *Rhesus* an, und nun sah ich, dasz sich sein Gesicht so deutlich wie bei einem Menschen in einer heftigen Leidenschaft röthete. Im Laufe einiger Minuten, nachdem der Kampf vorüber war, erhielt das Gesicht dieses Affen seine natürliche Farbe wieder. In derselben Zeit, als das Gesicht sich röthete, schien der nackte hintere Theil des Körpers, welcher immer roth ist, noch röther zu werden. Doch kann ich nicht positiv behaupten, dasz dies der Fall war. Wenn der Mandrill in irgend einer Weise gereizt wird, so wird angegeben, dasz die brillant gefärbten nackten Theile der Haut noch lebhafter gefärbt werden.

Bei mehreren Arten der Paviane springt die Leiste der Stirn be-

---

[14] Brehm, Thierleben. Bd. 1. 2. Aufl. S. 153. Über Paviane, welche den Boden schlagen, s. S. 61.

deutend über die Augen hervor und ist mit einigen wenigen langen Haaren besetzt, die unseren Augenbrauen entsprechen. Diese Thiere blicken beständig rund um sich her, und um nach oben sehen zu können, erheben sie ihre Augenbrauen. Es möchte fast scheinen, als hätten sie hierdurch die Gewohnheit erlangt, häufig ihre Augenbrauen zu bewegen. Wie sich dies auch verhalten möge: viele Arten von Affen, besonders die Paviane bewegen, wenn sie zornig oder in irgend einer Weise gereizt werden, ihre Augenbrauen schnell und unaufhörlich auf und nieder, ebenso wie die behaarte Haut des Vorderkopfes[15]. Da wir beim Menschen das Erheben und Senken der Augenbrauen mit bestimmten Zuständen der Seele associiren, so gibt die beinahe unablässige Bewegung der Augenbrauen bei Affen denselben einen sinnlosen Ausdruck. Ich habe einmal einen Mann beobachtet, der die Gewohnheit hatte, fortwährend seine Augenbrauen ohne irgend welche entsprechende Seelenerregung zu erheben; und dies gab ihm ein albernes Aussehen. Dasselbe gilt für einige Personen, welche ihre Mundwinkel ein wenig zurück- und aufwärts gezogen haben, wie bei einem beginnenden Lächeln, trotzdem sie zu der Zeit weder amüsirt noch vergnüglich gestimmt sind.

Ein junger weiblicher Orang, der von seinem Wärter dadurch eifersüchtig gemacht wurde, dasz dieser einem anderen Affen Aufmerksamkeit zuwendete, liesz leicht seine Zähne sehen, stiesz ein mürrisches Geräusch ungefähr wie „tisch-schist" aus und drehte ihm den Rücken zu. Sowohl Orangs als Chimpansen strecken, wenn sie etwas mehr geärgert werden, ihre Lippen bedeutend vor und bringen ein scharfes bellendes Geräusch hervor. Ein junger weiblicher Chimpanse bot in einer heftigen Leidenschaft eine merkwürdige Ähnlichkeit mit einem Kinde in demselben Zustande dar. Er schrie laut mit weit geöffnetem Munde, wobei die Lippen zurückgezogen waren, so dasz die Zähne vollständig exponirt waren. Er warf die Arme wild um sich herum, sie zuweilen über dem Kopfe zusammenschlagend. Er rollte sich auf dem Boden hin, zuweilen auf dem Rücken, zuweilen auf dem Bauche, und bisz nach jedem Dinge, was er erreichen konnte. Man hat einen jungen Gibbon (*Hylobates syndactylus*) beobachtet[16], der sich in leidenschaftlicher Erregung fast genau in derselben Art benahm.

---

[15] Brehm bemerkt (Thierleben, a. a. O. 2. Aufl. S. 141), dasz die Stirnhaut des *Inuus ecaudatus* häufig auf- und niederbewegt wird.

[16] G. Bennett, Wanderings in New South Wales etc. Vol. II. 1834. p. 153.

Die Lippen junger Orangs und Chimpansen werden unter verschiedenen Umständen zuweilen in wunderbarem Grade vorgestreckt. Sie thun dies nicht blosz, wenn sie leicht geärgert, mürrisch und enttäuscht sind, sondern auch, wenn sie sich über irgend Etwas beunruhigen — in einem Falle bei dem Anblicke einer Schildkröte [17] — und gleichfalls, wenn sie vergnügt werden. Es ist aber weder der Grad des Vorstreckens noch die Form des Mundes, wie ich glaube, in allen Fällen genau dieselbe: auch sind die Laute, welche dann ausgestoszen werden, verschieden. Die beistehende Zeichnung (Fig. 18)

Fig. 18. Chimpanse, enttäuscht und mürrisch. Nach dem Leben gez. von Mr. Wood.

stellt einen Chimpansen dar, der dadurch mürrisch gemacht worden war, dasz man ihm eine Orange angeboten und dann weggenommen hatte. Ein ähnliches Vorstrecken oder Hängenlassen des Mundes, wenn auch in einem viel unbedeutenderen Grade, kann man bei mürrischen Kindern sehen.

Vor vielen Jahren stellte ich im zoologischen Garten einen Spiegel auf die Erde vor zwei jungen Orangs hin, welche, soweit es bekannt war, niemals vorher einen solchen gesehen hatten. Zuerst

---

[17] W. C. Martin, Natur. History of Mamm. Animals, 1841. p. 405.

starrten sie ihr eigenes Bild mit der stetesten Überraschung an und änderten oft ihren Standpunkt. Dann näherten sie sich dicht dem Bilde und streckten ihre Lippen nach ihm hin als wenn sie es küssen wollten, in genau derselben Weise, wie sie es gegeneinander gethan hatten, als sie einige Tage vorher in ein und dasselbe Zimmer gebracht worden waren. Dann machten sie alle möglichen Grimassen und stellten sich in verschiedenen Stellungen vor dem Spiegel auf, drückten und rieben die Oberfläche, hielten ihre Hände in verschiedener Entfernung hinter denselben, sahen hinter ihn und schienen endlich beinahe erschreckt zu sein, fuhren etwas zurück, wurden unwillig und verweigerten nun länger hineinzusehen.

Wenn wir versuchen, irgend eine unbedeutende Handlung auszuführen, welche schwierig ist und Präcision erfordert, z. B. wenn wir eine Nadel einfädeln wollen, so schlieszen wir allgemein unsere Lippen fest, wie ich vermuthe zum Zwecke, unsere Bewegungen nicht durch Athmen zu stören. Und ich bemerkte dieselbe Bewegung bei einem jungen Orang. Das arme kleine Geschöpf war krank und amüsirte sich damit, zu versuchen, die Fliegen an den Fensterscheiben mit seinen Knöcheln zu tödten. Dies war schwierig, da die Fliegen umhersummten; und bei jedem Versuche wurden die Lippen fest geschlossen und in derselben Zeit ein wenig vorgestreckt.

Obschon der Gesichtsausdruck und noch specieller die Geberden von Orangs und Chimpansen in mancher Hinsicht in hohem Grade ausdrucksvoll sind, so zweifle ich doch, ob sie im Ganzen eben so ausdrucksvoll sind wie diejenigen einiger anderen Arten von Affen. Dies mag zum Theil dem Umstande zugeschrieben werden, dasz ihre Ohren unbeweglich sind, zum Theil der Nacktheit ihrer Augenbrauen, deren Bewegungen hierdurch weniger auffallend werden. Indessen wird, wenn sie ihre Augenbrauen erheben, ihre Stirn wie bei uns quer gefurcht. Im Vergleich mit dem Menschen sind ihre Gesichter ausdruckslos, hauptsächlich in Folge des Umstandes, dasz sie die Stirn bei keiner Seelenerregung runzeln, d. h. soweit ich im Stande gewesen bin, es zu beobachten, und ich habe dem Punkte sorgfältige Aufmerksamkeit zugewendet. Das Stirnrunzeln, welches eine der bedeutungsvollsten aller Ausdrucksformen bei dem Menschen ist, ist eine Folge der Zusammenziehung der Corrugatoren, durch welche die Augenbrauen herabgezogen und einander genähert werden, so dasz sich auf der

Stirn senkrechte Falten bilden. Man gibt freilich an [18], dasz der Orang und Chimpanse diesen Muskel besitzen; er scheint aber nur selten in Thätigkeit versetzt zu werden, wenigstens in einer deutlichen Weise. Ich hielt meine Hände zur Bildung einer Art Gitter zusammen, brachte einige verlockende Früchte hinein und liesz nun einen jungen Orang und einen Chimpansen ihr Äuszerstes versuchen, sie herauszubekommen. Obgleich sie aber ziemlich unwillig wurden, zeigte sich auch nicht eine Spur von Stirnrunzeln. Auch trat kein Stirnrunzeln ein, als sie wüthend wurden. Zweimal nahm ich zwei Chimpansen aus ihrem im Ganzen dunkeln Zimmer plötzlich heraus in hellen Sonnenschein, welches uns mit Sicherheit die Stirn zu runzeln veranlaszt hätte. Sie blinkten und winkten mit ihren Augen, aber nur einmal sah ich ein sehr unbedeutendes Stirnrunzeln. Bei einer anderen Gelegenheit kitzelte ich die Nase eines Chimpansen mit einem Strohhalme, und als das Gesicht leicht runzelig wurde, erschienen auch unbedeutende senkrechte Furchen zwischen den Augenbrauen. Ich habe aber niemals ein Stirnrunzeln bei einem Orang gesehen.

Geräth der Gorilla in Wuth, so wird beschrieben, dasz er seinen Haarkamm aufrichte, seine Unterlippe herabhängen lasse, seine Nasenlöcher erweitere und furchtbare Töne ausstosze. Messrs. SAVAGE und WYMAN geben an [19], dasz die Kopfhaut frei rück- und vorwärts bewegt werden kann und dasz sie, wenn das Thier gereizt ist, stark zusammengezogen wird. Ich vermuthe aber, dasz sie mit diesem letzteren Ausdrucke meinen, dasz die Kopfhaut herabgezogen wird. Denn sie sagen gleichfalls vom jungen Chimpansen, dasz er, wenn er aufschreit, „die Augenbrauen stark zusammengezogen habe". Die bedeutende Fähigkeit zur Bewegung der Kopfhaut beim Gorilla, vielen Pavianen und anderen Affen verdient in Bezug auf den Umstand, dasz einige wenige Menschen dieselbe Fähigkeit besitzen, Beachtung; die Fähigkeit, willkürlich die Kopfhaut zu bewegen, ist entweder in Folge von Rückschlag eingetreten oder beibehalten worden [20].

[18] Prof. Owen, über den Orang, s. Proceed. Zoolog. Soc. 1830. p. 28. Über den Chimpanse s. Prof. Macalister in: Ann. and Magaz. of Natur. Hist. Vol. VII. 1871, p. 342; derselbe gibt an, dasz der Corrugator supercilii von dem Orbicularis palpebrarum nicht zu trennen sei.

[19] Boston Journal of Natur. Hist. Vol. V. 1845—47. p. 423. Über den Chimpanse s. ebenda, Vol. IV. 1843—44, p. 365.

[20] s. über diesen Gegenstand: Abstammung des Menschen. 3. Aufl. Bd. 1. S. 17

Erstaunen, Schreck. — Eine lebendige Süszwasserschildkröte wurde auf meine Bitte in einen und denselben Behälter mit vielen Affen im zoologischen Garten gestellt. Sie zeigten grenzenloses Erstaunen, einige auch Furcht. Dies zeigte sich dadurch, dasz sie bewegungslos und mit weit geöffneten Augen starr herabblickend dasaszen und ihre Augenbrauen oft auf und nieder bewegten. Das Gesicht schien etwas verlängert zu sein. Sie erhoben sich etwas auf ihren Hinterbeinen, um einen noch besseren Blick zu gewinnen; auch zogen sie sich häufig wenige Fusz zurück und wendeten dann ihren Kopf über die eine Schulter, wieder starr herunterblickend. Es war merkwürdig zu beobachten, wie viel weniger sie sich vor der Schildkröte fürchteten als vor der lebendigen Schlange, welche ich früher einmal in ihren Behälter gethan hatte[21]; denn im Laufe weniger Minuten wagten einige der Affen sich in die Nähe, um die Schildkröte zu berühren. Auf der anderen Seite waren einige der gröszeren Paviane bedeutend erschreckt und grinsten, als wären sie im Begriff, laut aufzuschreien. Als ich eine kleine angezogene Puppe dem *Cynopithecus niger* zeigte, stand er bewegungslos da, starrte intensiv mit weit geöffneten Augen darauf hin und bewegte seine Ohren ein wenig vorwärts. Als aber die Schildkröte in seinen Käfig gebracht wurde, bewegte auch dieser Affe seine Lippen in einer merkwürdigen schnell schnatternden Weise, von welcher der Wärter meinte, es solle die Schildkröte versöhnen und ihr gefallen.

Ich bin niemals im Stande gewesen, deutlich wahrzunehmen, dasz die Augenbrauen erstaunter Affen permanent in die Höhe erhoben gehalten werden, obschon sie häufig auf und nieder bewegt wurden. Aufmerksamkeit, welche dem Erstaunen vorausgeht, wird vom Menschen durch ein leichtes Erheben der Augenbrauen ausgedrückt. Dr. DUCHENNE theilt mir mit, dasz, wenn er dem früher erwähnten Affen einige vollständig neue Eszwaaren gab, er seine Augenbrauen ein wenig in die Höhe hob und hierdurch das Ansehen gröszerer Aufmerksamkeit erhielt. Dann nahm er die Speise in seine Finger und kratzte, beroch und untersuchte sie mit herabgesenkten oder geradlinigen Augenbrauen, wodurch sich ein Ausdruck der Überlegung darstellte. Zuweilen warf er seinen Kopf ein wenig zurück, untersuchte dann mit plötz-

---

[21] Abstammung des Menschen. 3. Aufl. Bd. 1. S. 95.

lich emporgehobenen Augenbrauen nochmals und kostete endlich die Nahrung.

In keinem einzigen Falle hielt irgend ein Affe seinen Mund, während er erstaunt war, offen. Mr. SUTTON beobachtete meinetwegen einen jungen Orang und einen Chimpansen während einer beträchtlich langen Zeit, und so viel sie auch erstaunt sein mochten oder wenn sie mit noch so intensiver Aufmerksamkeit auf irgend einen fremdartigen Laut hörten: so hielten sie doch ihren Mund nicht offen. Diese Thatsache ist überraschend, da beim Menschen kaum irgend ein Ausdruck allgemeiner ist als ein weit geöffneter Mund im Gefühle des Erstaunens. So viel ich im Stande gewesen bin, zu beobachten, athmen Affen stärker durch ihre Nasenlöcher als es die Menschen thun; und dies dürfte es erklären, dasz sie, wenn sie erstaunt sind, ihren Mund nicht öffnen. Denn wie wir in einem späteren Capitel sehen werden, thut der Mensch dies, wenn er erstaunt ist, augenscheinlich zuerst zum Zwecke, schnell eine volle Inspiration zu erhalten und später, um so ruhig als möglich zu athmen.

Schreck wird von vielen Arten von Affen durch das Ausstoszen schriller Schreie ausgedrückt. Die Lippen werden zurückgezogen, so dasz die Zähne exponirt sind. Das Haar wird aufgerichtet, besonders wenn gleichzeitig etwas Zorn gefühlt wird. Mr. SUTTON hat das Gesicht des *Macacus rhesus* aus Furcht deutlich erbleichen sehen. Affen zittern auch aus Furcht und zuweilen entleeren sie ihre Excrete. Ich habe einen Affen gesehen, der, als er gefangen wurde, beinahe im Übermasze des Schrecks in Ohnmacht fiel.

Es ist nun in Bezug auf die Ausdrucksweise verschiedener Thiere eine hinreichende Zahl von Thatsachen mitgetheilt worden. Unmöglich kann man mit Sir CH. BELL übereinstimmen, wenn er sagt [22], dasz „die Gesichter der Thiere hauptsächlich fähig zu sein scheinen, „Wuth und Furcht auszudrücken", und ferner, wenn er sagt, dasz alle ihre Ausdrucksweisen „mehr oder weniger deutlich entweder auf „ihre Willensacte oder ihre nothwendigen instinctiven Handlungen be„zogen werden können". Wer einen Hund beobachtet, der sich vorbereitet, einen anderen Hund oder einen Menschen anzugreifen, und

---

[22] Anatomy of Expression. 3. edit 1844, p. 138. 121.

dann dasselbe Thier, wenn es seinen Herrn liebkost, oder wer den Gesichtsausdruck eines Affen betrachtet, wenn er beleidigt, und dann, wenn er von seinem Herrn gehätschelt wird, wird zur Annahme geneigt sein, dasz die Bewegungen ihrer Gesichtszüge und ihrer Geberden beinahe so ausdrucksvoll sind wie die des Menschen. Obgleich von einigen der Ausdrucksformen bei niederen Thieren keine Erklärung gegeben werden kann, so ist doch die gröszere Zahl derselben in Übereinstimmung mit den drei im Anfange des ersten Capitels angeführten Principien erklärbar.

Sechstes Capitel.

Specielle Ausdrucksweisen beim Menschen: Leiden und Weinen.

Das Schreien und Weinen kleiner Kinder. — Form der Gesichtszüge. — Alter, in welchem das Weinen beginnt. — Die Wirkung gewohnheitsgemäszen Unterdrückens des Weinens. — Schluchzen. — Ursache der Zusammenziehung der Muskeln rings um das Auge während des Schreiens. — Ursache der Thränenabsonderung.

In diesem und den folgenden Capiteln sollen die vom Menschen in verschiedenen Seelenzuständen dargebotenen Ausdrucksweisen beschrieben und erklärt werden, soweit es in meiner Macht liegt. Meine Beobachtungen sind in der Ordnung zusammengestellt, welche ich als die zweckmäszigste befunden habe; diese wird allgemein zu entgegengesetzten Erregungen und Empfindungen führen, die aufeinander folgen.

Leiden des Körpers und der Seele: Weinen. — Ich habe bereits mit hinreichenden Einzelnheiten im dritten Capitel die Zeichen äuszersten Schmerzes beschrieben, wie sie sich durch Schreien und Stöhnen, durch ein Winden des ganzen Körpers und durch das Zusammenschlagen oder Knirschen der Zähne darstellen. Diese Zeichen werden häufig von profusem Schwitzen, Erblassen, Zittern, äuszerstem Abgespanntsein oder Ohnmacht begleitet, oder diese Zustände folgen jenen. Kein Leiden ist gröszer als das in Folge äuszerster Furcht oder höchsten Entsetzens; hier kommt aber eine besondere Erregung noch in's Spiel, die später an anderem Orte betrachtet werden wird. Lang andauerndes Leiden besonders des Geistes geht in trübe Stimmung, Kummer, Niedergeschlagenheit und Verzweiflung über, und dieser Zustand wird den Gegenstand des folgenden Capitels bilden. Hier werde ich mich beinahe ganz auf das Weinen oder Schreien besonders bei Kindern beschränken.

Wenn kleine Kinder selbst geringen Schmerz erdulden, mäszigen Hunger oder Kummer leiden, so werden heftige und anhaltende Schreie ausgestoszen. Während sie in dieser Weise schreien, werden die Augen fest geschlossen, so dasz die Haut rings um sie gefaltet und die Stirn zu einem Runzeln zusammengezogen ist. Der Mund ist weit geöffnet und die Lippen sind in einer eigenthümlichen Art und Weise zurückgezogen, was dem Munde eine viereckige Form gibt. Das Zahnfleisch oder die Zähne sind dabei mehr oder weniger exponirt. Der Athem wird beinahe krampfhaft eingezogen. Es ist leicht, kleine Kinder während des Schreiens zu beobachten. Ich habe aber Photographien, welche durch den Procesz des augenblicklichen Lichtbildens gemacht wurden, als das beste Mittel zur Beobachtung erkannt, da sie eingehendere Untersuchung gestatten. Ich habe zwölf davon gesammelt, von denen die meisten ausdrücklich für mich angefertigt wurden. Sie bieten alle dieselben allgemeinen characteristischen Momente dar. Sechs von ihnen habe ich daher[1] (Tafel I.) durch den Procesz der Heliotypie reproduciren lassen.

Das feste Schlieszen der Augenlider und die in Folge davon eintretende Compression des Augapfels — und dies ist ein äuszerst bedeutungsvolles Moment bei verschiedenen Ausdrucksformen — dienen dazu, die Augen davor zu schützen, dasz sie zu sehr mit Blut überfüllt werden, wie sofort im Detail erklärt werden soll. In Bezug auf die Reihenfolge, in welcher sich die verschiedenen Muskeln zusammenziehen, um die Augen fest zusammenzudrücken, bin ich dem Dr. LANGSTAFF von Southampton für einige Beobachtungen, die ich seit der Zeit wiederholt habe, zu Danke verpflichtet. Die beste Art, diese Ordnung zu beobachten, ist: eine Person zuerst ihre Augenbrauen erheben (dies erzeugt Furchen quer über die ganze Stirn) und dann allmählich alle die Muskeln rund um das Auge mit so viel Kraft als nur möglich zusammenziehen zu lassen. Der Leser, welcher mit der Anatomie des Gesichts nicht bekannt ist, sollte sich hier Seite 22 und 23 mit den Holzschnitten 1—3 ansehen. Die Augenbrauenrunzler, Corrugatores supercilii, scheinen die ersten Muskeln zu sein, welche sich zusammenziehen; sie ziehen die Augenbrauen nach unten und

---

[1] Die besten Photographien in meiner Sammlung sind die von Mr. Rejlander, Victoria Street, London, und von Herrn Kindermann in Hamburg. Die Figuren 1, 3, 4 u. 6 sind von dem ersteren, Fig. 2 u. 5 von dem letzteren. Fig. 6 ist gegeben worden, um das mäszige Weinen bei einem älteren Kinde zu zeigen.

innen der Basis der Nase zu und verursachen senkrechte Furchen, d. h. also ein Stirnrunzeln, welches zwischen den Augenbrauen erscheint; zu derselben Zeit verursachen sie das Verschwinden der über die ganze Stirn wegziehenden Querfurchen. Die keisförmigen Muskeln ziehen sich beinahe gleichzeitig mit den Augenbrauenrunzlern zusammen und rufen Furchen ganz rings um das Auge hervor. Sie scheinen indessen einer Zusammenziehung mit gröszerer Kraft fähig zu sein, sobald die Zusammenziehung der Augenbrauenrunzler ihnen einen gewissen Stützpunkt gegeben hat. Zuletzt ziehen sich die Pyramidenmuskeln der Nase zusammen; diese ziehen die Augenbrauen und die Haut der Stirne noch tiefer herab und erzeugen kurze Querfurchen über der Basis der Nase[2]. Der Kürze wegen werden diese Muskeln allgemein als die Kreismuskeln oder als diejenigen, welche das Auge umgeben, erwähnt werden.

Wenn diese Muskeln stark zusammengezogen werden, so ziehen sich auch diejenigen, welche nach der Oberlippe hinlaufen[3], zusammen und erheben die Oberlippe. Dies hätte sich wegen der Art und Weise, in welcher wenigstens einer derselben, der Malaris, mit den kreisförmigen Muskeln in Zusammenhang steht, erwarten lassen. Ein Jeder, welcher allmählich die Muskeln rings um seine Augen zusammenziehen will, wird in dem Masze, wie er die Kraft verstärkt, fühlen, dasz seine Oberlippe und seine Nasenflügel (welche zum Theil von einem der nämlichen Muskeln beeinfluszt werden) beinahe immer ein wenig in die Höhe gezogen werden. Wenn er seinen Mund fest schliesst, während er die Muskeln rings um das Auge zusammenzieht, und dann plötzlich seine Lippen erschlafft, so wird er fühlen, dasz der Druck auf die Augen sich sofort verstärkt. Wenn ferner eine Person an einem

---

[2] Henle (Handbuch der systemat. Anat. Bd. 1. 1858. S. 139) stimmt mit Duchenne darüber überein, dasz dies die Wirkung der Zusammenziehung des Pyramidalis nasi ist.

[3] Es bestehen dieselben aus dem Levator labii superioris alaeque nasi, dem Levator labii proprius, dem Malaris, und dem Zygomaticus minor oder kleinen Jochbeinmuskel. Dieser letztere Muskel liegt parallel mit dem groszen Jochbeinmuskel und oberhalb desselben und heftet sich an den äuszeren Theil der Oberlippe. Er ist in Fig. 2 (S. 22), aber nicht in Fig. 1 und 3 dargestellt. Dr. Duchenne wies zuerst (Mécanisme de la Physion. Hum., Album, 1862, p. 39) die Bedeutung der Zusammenziehung dieses Muskels in Bezug auf die beim Schreien angenommene Form des Gesichts nach. Henle betrachtet die eben genannten Muskeln (mit Ausnahme des Malaris) als Unterabtheilungen des Quadratus labii superioris.

hellen blendenden Tage auf einen entfernten Gegenstand hinzusehen wünscht, aber gezwungen ist, theilweise die Augenlider zu schlieszen, so wird beinahe immer zu beobachten sein, dasz die Oberlippe etwas erhoben wird. Der Mund mancher sehr kurzsichtigen Personen, welche beständig gezwungen sind, die Öffnung ihrer Augen etwas zu verkleinern, erhält aus dieser selben Ursache einen grinsenden Ausdruck.

Das Erheben der Oberlippe zieht das Fleisch auf den oberen Theilen der Wangen in die Höhe und bewirkt hierdurch eine stark markirte Falte auf jeder Wange — die Nasenlippenfalte — welche von der Nähe der Nasenflügel zu den Mundwinkeln und noch unter dieselben hinabläuft. Diese Falte oder Furche ist in allen den Photographien von weinenden Kindern zu sehen und ist für den Ausdruck eines solchen sehr characteristisch, obschon eine nahezu ähnliche Falte im Acte des Lachens oder Lächelns gebildet wird[4].

Da die Oberlippe während des Actes des Schreiens in der eben erklärten Weise sehr in die Höhe gezogen wird, so werden die die

---

[4] Obgleich Dr. Duchenne die Zusammenziehung der verschiedenen Muskeln während des Actes des Weinens und die dadurch hervorgebrachten Furchen im Gesicht so sorgfältig studirt hat, so scheint doch in seiner Schilderung noch Etwas unvollständig zu sein; was dies aber ist, kann ich nicht sagen. Er hat eine Abbildung gegeben (Album, Fig 48), in welcher die eine Hälfte des Gesichts durch Galvanisirung der gehörigen Muskeln lächelnd gemacht worden ist, während in der anderen Hälfte auf ähnliche Weise der Beginn des Weinens dargestellt ist. Beinahe alle diejenigen (nämlich neunzehn unter einundzwanzig Personen), denen ich die lächelnde Hälfte des Gesichts zeigte, erkannten augenblicklich den Ausdruck; aber mit Bezug auf die andere Hälfte erkannten nur sechs unter einundzwanzig Personen deren Ausdruck, d. h. wenn ich solche Ausdrücke, wie „Kummer", „Elend", „Ärgerlichkeit" für correct nehme, während fünfzehn Personen sich äuszerst komisch irrten. Einige sagten, das Gesicht drücke „Witz", „Befriedigung", „Schlauheit", „Abscheu" u. s. w. aus. Wir können hieraus schlieszen, dasz irgend Etwas in dem Ausdruck unrichtig ist. Einige von diesen fünfzehn Personen dürften indessen zum Theil dadurch irregeführt worden sein, dasz sie nicht erwarteten, einen alten Mann weinen zu sehen, und dasz keine Thränen abgesondert wurden. Was eine andere Figur des Dr. Duchenne (Fig. 49) betrifft, in welcher die Muskeln der einen Gesichtshälfte der Art galvanisirt wurden, dasz der Beginn des Weinens dargestellt wird, während gleichzeitig die Augenbrauen derselben Seite schräg gestellt sind, was für „Elend" characteristisch ist, so wurde der Ausdruck von einer verhältnismäszig gröszeren Zahl von Personen erkannt. Unter dreiundzwanzig Personen antworteten vierzehn ganz richtig: „Kummer", „Unglück", „Trauer", „gerade vor dem Ausbruch des Weinens", „Erdulden von Schmerzen" u. s. w. Andererseits konnten neun Personen entweder gar keine Ansicht sich bilden oder waren vollständig im Irrthum und antworteten: „schlauer Blick", „Vergnügen", „Sehen in intensives Licht", „Sehen auf einen entfernten Gegenstand" u. s. w.

Mundwinkel herabziehenden Muskeln (siehe K in Holzschnitt 1 und 2) stark zusammengezogen, um den Mund weit offen zu halten, so dasz ein starker und voluminöser Laut ausgestoszen werden kann. Die Thätigkeit dieser einander entgegenwirkenden Muskeln oben und unten strebt dem Munde eine oblonge fast viereckige Contur zu geben, wie man in den beiliegenden Photographien sehen kann. Ein ausgezeichneter Beobachter[5] sagt bei der Beschreibung eines kleinen Kindes, welches während des Fütterns schrie: „es bildete seinen Mund zu „einem Viereck und liesz die Suppe aus allen vier Ecken herauslaufen." Ich bin der Ansicht — doch werden wir auf diesen Punkt in einem späteren Capitel zurückkommen — dasz die die Mundwinkel herabziehenden Muskeln weniger unter der besonderen Controle des Willens stehen als die angrenzenden Muskeln, so dasz wenn ein kleines Kind nur zweifelhaft geneigt ist, zu schreien, dieser Herabdrücker des Mundwinkels allgemein der erste ist, welcher sich zusammenzieht, und der letzte, welcher aufhört, zusammengezogen zu sein. Wenn ältere Kinder anfangen zu weinen, so sind die Muskeln, welche zur Oberlippe laufen, häufig die ersten, welche sich zusammenziehen. Dies ist vielleicht eine Folge davon, dasz ältere Kinder keine so starke Neigung haben, laut aufzuschreien und in Folge dessen ihren Mund weit offen zu halten, so dasz die ebengenannten herabziehenden Muskeln in keine so starke Thätigkeit versetzt werden.

Bei einem meiner eigenen Kinder beobachtete ich von seinem achten Tage an und einige Zeit später noch, dasz das erste Zeichen eines Schreianfalls, wenn ein solcher in seinem allmählichen Eintritte beobachtet werden konnte, ein unbedeutendes Stirnrunzeln war in Folge der Zusammenziehung der Augenbrauenrunzler. Die Capillargefäsze der nackten Kopf- und Gesichtshaut wurden zu derselben Zeit mit Blut geröthet. Sobald der Schreianfall factisch begann, wurden alle Muskeln rings um die Augen heftig zusammengezogen und der Mund in der oben beschriebenen Weise weit geöffnet, so dasz die Gesichtszüge in dieser frühen Periode dieselbe Form annahmen wie in einem etwas vorgeschritteneren Alter.

Dr. Piderit[6] legt auf die Zusammenziehung gewisser Muskeln groszes Gewicht, welche die Nase herabziehen und die Nasenlöcher

---

[5] Mrs. Gaskell, „Mary Barton". New edit., p. 84.

[6] Mimik und Physiognomik. 1867. S. 106. Duchenne, Mécanisme de la Physion. Hum. Album. p. 34.

verengern und welche für den weinenden Ausdruck ganz besonders characteristisch sein sollen. Die Depressores anguli oris werden, wie wir eben gesehen haben, gewöhnlich in derselben Zeit zusammengezogen und streben dann indirect, den Angaben des Dr. Duchenne zufolge, in derselben Weise auf die Nase zu wirken. Bei Kindern, welche heftigen Schnupfen haben, läszt sich ein ähnliches zusammengekniffenes Aussehen der Nase beobachten, welches, wie Dr. Langstaff gegen mich bemerkt, Folge ihres beständigen Schnüffelns und des davon abhängigen Druckes der Atmosphäre auf beiden Seiten ist. Der Zweck dieser Zusammenziehung der Nasenlöcher bei Kindern, welche Schnupfen haben oder während sie schreien, scheint der zu sein, das Herabflieszen des Schleimes und der Thränen zu hemmen und das Ausströmen dieser Flüssigkeiten über die Oberlippe zu verhindern.

Nach einem lang andauernden und heftigen Schreianfalle sind die Kopfhaut, das Gesicht und die Augen geröthet in Folge davon, dasz das Blut nun, wegen der heftigen expiratorischen Anstrengungen, von dem Kopfe zurückzufliszen verhindert wurde. Aber die Röthe der gereizten Augen ist hauptsächlich Folge des reichlichen Ergusses von Thränen. Die verschiedenen Muskeln des Gesichts, welche stark zusammengezogen worden waren, zucken noch immer ein wenig, die Oberlippe ist noch etwas in die Höhe gezogen oder umgebogen[7] und die Mundwinkel etwas nach abwärts gezogen. Ich habe es selbst gefühlt und es bei anderen erwachsenen Personen beobachtet, dasz, wenn Thränen mit Schwierigkeit zurückgedrängt werden, wie beim Lesen einer tragischen Geschichte, es beinahe unmöglich ist, zu verhindern, dasz die verschiedenen Muskeln, welche bei kleinen Kindern während ihrer Schreianfälle in heftige Thätigkeit versetzt werden, leicht zucken oder zittern.

Kleine Kinder vergieszen, so lange sie noch sehr jung sind, keine Thränen oder weinen nicht, wie es Wärterinnen und Ärzten wohlbekannt ist. Dieser Umstand ist nicht ausschlieszlich Folge davon, dasz die Thränendrüsen noch nicht fähig wären, Thränen abzusondern. Ich beobachtete diese Thatsache zuerst, als ich zufällig mit dem Aufschlage meines Rockes das offene Auge eines meiner Kinder gerieben hatte, als es 77 Tage alt war. Dies verursachte ein reichliches Erfüllen des Auges mit Wasser, und obschon das Kind heftig schrie,

---

[7] Dr. Duchenne macht diese Bemerkung, ebenda p. 39.

blieb das andere Auge trocken oder wurde nur leicht mit Thränen unterlaufen. Ein ähnlicher unbedeutender Ergusz trat zehn Tage früher in beiden Augen während eines Schreianfalles ein. Die Thränen liefen nicht über die Augenlider und die Backen bei diesem Kinde herab, als es im Alter von 122 Tagen heftig schrie. Dies trat zuerst 17 Tage später ein im Alter von 139 Tagen. Einige wenige andere Kinder sind für mich beobachtet worden; es stellte sich heraus, dasz die Periode, wo reichliches Weinen eintritt, sehr variabel zu sein scheint. In einem Falle wurden die Augen leicht wässerig im Alter von nur 20 Tagen, in einem anderen in dem von 62 Tagen. Bei zwei anderen Kindern, im Alter von 84 und 110 Tagen, liefen die Thränen nicht über das Gesicht herab, aber bei einem dritten Kinde liefen sie schon im Alter von 104 Tagen über die Wangen. Wie mir positiv versichert wurde, liefen in einem Falle Thränen in dem ungewöhnlich frühen Alter von 42 Tagen über das Gesicht. Es möchte scheinen, als ob die Thränendrüsen in den Individuen etwas Übung erforderten, ehe sie leicht zur Thätigkeit erregt werden können, in ziemlich derselben Art und Weise, wie verschiedene angeerbte consensuelle Bewegungen und Geschmacksformen eine gewisse Übung erfordern, ehe sie fixirt und vollkommen werden. Dies ist um so wahrscheinlicher bei einer Gewohnheit wie der des Weinens, welche seit der Zeit erlangt worden sein musz, wo der Mensch von dem gemeinsamen Urerzeuger der Gattung *Homo* und der nicht weinenden anthropomorphen Affen abgezweigt wurde.

Die Thatsache, dasz Thränen in einem sehr frühen Alter aus Schmerz oder irgend einer geistigen Erregung nicht vergossen werden, ist merkwürdig, da im späteren Leben keine Ausdrucksform allgemeiner oder schärfer ausgeprägt ist als das Weinen. Ist die Gewohnheit einmal von einem Kinde erlangt worden, so drückt es in der deutlichsten Art und Weise Leiden aller Arten, sowohl körperlichen Schmerz als geistiges Unglück, selbst wenn es von anderen Erregungen wie Furcht oder Wuth begleitet wird, durch Weinen aus. Indessen ist der Character des Weinens in einem sehr frühen Alter verschieden, wie ich bei meinen eigenen Kindern beobachtet habe: — leidenschaftliches Schreien ist verschieden von dem Weinen vor Kummer. Eine Dame theilt mir mit, dasz ihr neun Monate altes Kind laut aufschreit, aber nicht weint, wenn es in Leidenschaft geräth. Es vergieszt aber Thränen, wenn es dadurch bestraft wird, dasz man seinen Stuhl mit dem Rücken nach dem Tische zu umdreht. Diese Verschiedenheit kann vielleicht dem Umstande zugeschrieben werden, dasz das Weinen in einem vorgeschritteneren Alter, wie wir sofort sehen werden, in den meisten Fällen mit Ausnahme des Kummers unterdrückt wird, aber auch dem anderen Umstande, dasz die Fähigkeit eines solchen Zurückdrängens auf eine frühere Lebensperiode überliefert wird als auf die, in welcher sie zum ersten Male ausgeübt wurde.

Bei Erwachsenen und besonders denen des männlichen Geschlechts hört das Weinen bald auf, durch körperlichen Schmerz verursacht zu werden oder solchen auszudrücken. Dies kann dadurch erklärt werden, dasz es für schwächlich und unmännlich gehalten wird, wenn Männer, sowohl civilisirter als barbarischer Rassen, körperlichen Schmerz durch irgend welche äuszerliche Zeichen zu erkennen geben. Mit dieser Ausnahme weinen Wilde aus sehr unbedeutenden Ursachen reichlich, für welche Thatsache Sir J. Lubbock's Beispiele gesammelt hat. Ein Häuptling auf Neuseeland „weinte wie ein Kind, weil die „Matrosen seinen Lieblingsmantel mit Mehl gepudert hatten". Ich sah im Feuerlande einen Eingebornen, welcher vor Kurzem einen Bruder verloren hatte; er weinte abwechselnd in hysterischer Heftigkeit und lachte dann wieder über irgend etwas, was ihn amüsirte, herzlich. Auch bei civilisirten Nationen Europas besteht in der Häufigkeit des Weinens ein groszer Unterschied. Engländer weinen selten, ausgenommen unter dem Drucke des heftigsten Kummers, während in einigen Theilen des Continents die Menschen viel leichter und reichlicher Thränen vergieszen.

Geisteskranke geben bekanntlich allen ihren Gemüthserregungen mit nur geringer oder gar keiner Zurückhaltung nach; Dr. J. Crichton Browne hat mir nun mitgetheilt, dasz für einfache Melancholie selbst im männlichen Geschlechte nichts characteristischer ist, als eine Neigung, bei der allergeringsten Veranlassung oder auch aus gar keiner Ursache zu weinen. Solche Patienten weinen auch ganz unverhältnismäszig beim Eintritt irgend einer wirklichen Ursache des Kummers. Die Länge der Zeit, durch welche manche Patienten weinen, ebenso die Menge von Thränen, welche sie vergieszen, ist zuweilen staunenerregend. Ein melancholisches Mädchen weinte einen ganzen Tag und

---

[*] The Origin of Civilization, 1870, p. 355.

gestand dem Dr. Browne später, dasz es geschehen sei, weil es ihr eingefallen sei, dasz sie früher einmal ihre Augenbrauen rasirt habe, um deren Wachsthum zu befördern. Viele Patienten in der Anstalt sitzen eine Zeit lang da, sich beständig vorwärts und rückwärts bewegend, „und wenn man sie anredet, hören sie in ihren Bewegungen „auf, ziehen ihre Augen zusammen, drücken ihre Mundwinkel herab „und brechen in Weinen aus". In einigen dieser Fälle scheint der Angeredete oder freundlich Gegrüszte sich irgend eine eingebildete und traurige Idee vor die Seele zu führen; aber in anderen Fällen regt ein Anstosz jeder Art, ganz unabhängig von irgend einer kummervollen Idee, das Weinen an. Auch Patienten, welche an acuter Manie leiden, haben Paroxysmen von heftigem Weinen mitten in ihren unzusammenhängenden Rasereien. Wir dürfen indesz auf das reichliche Thränenvergieszen bei Geisteskranken, als eine Folge des Mangels jeder Zurückhaltung, nicht zu viel Gewicht legen; denn gewisse Gehirnkrankheiten wie Hemiplegie, Hirnschwund und Marasmus haben eine specielle Neigung, Weinen zu veranlassen. Das Weinen bei Geisteskranken ist ganz allgemein, selbst nachdem ein Zustand völliger Blödsinnigkeit erreicht worden und das Vermögen der Sprache verloren gegangen ist. Auch blödsinnig geborne Personen weinen [9]. Man sagt aber, dasz es bei Cretins nicht der Fall ist.

Das Weinen scheint, wie wir bei Kindern sehen, die ursprüngliche und natürliche Ausdrucksform für Leiden irgend welcher Art zu sein, mag es körperlicher Schmerz, der nur wenig der äuszersten Todesangst nachsteht, oder geistiges Unglück sein. Aber die vorstehend erwähnten Thatsachen und die gewöhnliche Erfahrung zeigt uns, dasz eine häufig wiederholte Anstrengung, das Weinen zu unterdrücken, in Verbindung mit gewissen Seelenzuständen sehr wirksam ist, die Gewohnheit zu unterbrechen. Andererseits scheint es fast, als könne das Vermögen zu weinen durch Gewohnheit verstärkt werden. So behauptet Mr. R. Taylor [10], welcher lange in Neu-Seeland lebte, dasz die Frauen dort willkürlich Thränen im Überflusz vergieszen können. Sie kommen zu diesem Zwecke, um die Todten zu beklagen, zusammen und setzen ihren Stolz darein, „in der ergreifendsten Weise zu weinen".

[9] s. z. B. Mr. Marshall's Beschreibung eines Blödsinnigen in: Philos. Transact. 1864. p. 526. In Bezug auf Cretins vergl. Piderit, Mimik und Physiognomik, 1867, S. 61.

[10] New Zealand and its Inhabitants. 1855, p. 175.

Ein einzelner Versuch des Zurückhaltens, auf die Thränendrüsen hingeleitet, scheint wenig zu thun und geradezu zu einem entgegengesetzten Resultate zu führen. Ein alter und erfahrener Arzt hat mir erzählt, dasz er immer gefunden habe, wie das einzige Mittel, das gelegentlich bittere Weinen von Damen aufzuhalten, welche ihn um Rath frugen und selbst wünschten, aufhören zu können, gewesen sei, sie zu bitten, dies nicht zu versuchen, und ihnen zu versichern, dasz sie nichts mehr trösten würde, als lang anhaltendes reichliches Weinen.

Das Schreien kleiner Kinder besteht in lang anhaltendem Ausathmen mit kurzen rapiden, beinahe krampfhaften Inspirationen, dem in etwas vorgeschrittenerem Alter Schluchzen folgt. Der Angabe GRATIOLET's zufolge [11] ist während des Actes des Schluchzens hauptsächlich die Stimmritze afficirt. Es wird dieser Laut gehört „im „Augenblicke, wenn die Inspiration den Widerstand der Stimmritze „überwindet und die Luft in dieselbe hineinfährt". Es ist aber auch der ganze Act der Athmung krampfhaft und heftig. Die Schultern werden zu derselben Zeit meist gehoben, da durch diese Bewegung das Athemholen erleichtert wird. Bei einem meiner Kinder waren, als es siebenundsiebzig Tage alt war, die Inspirationen so schnell und heftig, dasz sie sich dem Character des Schluchzens näherten. Als es 138 Tage alt war, bemerkte ich zuerst entschiedenes Schluchzen, welches später jedem schlimmen Weinanfalle folgte. Die Athembewegungen sind zum Theil willkürlich, zum Theil unwillkürlich, und ich vermuthe, dasz das Schluchzen wenigstens zum Theil davon herrührt, dasz die Kinder nach der frühesten Kindheit eine gewisse Fähigkeit haben, ihre Stimmorgane zu beherrschen und ihr Schreien zu unterdrücken. Da sie aber über ihre Respirationsmuskeln weniger Gewalt haben, so fahren diese eine Zeit lang fort, sich in einer willkürlichen und krampfhaften Art und Weise noch zusammenzuziehen, nachdem sie einmal in heftige Thätigkeit versetzt worden waren. Das Schluchzen scheint dem Menschen eigenthümlich zu sein, denn die Wärter im zoologischen Garten versichern mir, dasz sie niemals bei irgend einer Art von Affen ein Schluchzen gehört haben, obschon Affen häufig laut schreien, während sie gejagt und gefangen werden und dann eine Zeit lang keuchen. Wir sehen hieraus, dasz zwischen

---

[11] De la Physiognomie. 1865, p. 126.

dem Schluchzen und dem reichlichen Vergieszen von Thränen eine strenge Analogie besteht; denn bei Kindern beginnt das Schluchzen nicht während der frühesten Kindheit, tritt aber später ziemlich plötzlich ein und folgt dann jedem heftigen Weinanfalle, bis die Gewohnheit mit den fortschreitenden Jahren abgelegt wird.

Über die Ursache der Zusammenziehung der rings um das Auge gelegenen Muskeln während des Schreiens. — Wir haben gesehen, dasz neugeborene und junge Kinder, während sie schreien, ausnahmslos ihre Augen fest schlieszen und zwar durch die Zusammenziehung der umgebenden Muskeln, so dasz die Haut rings herum in Falten gelegt wird. Bei älteren Kindern und selbst bei Erwachsenen läszt sich, so oft ein heftiges und nicht zurückgehaltenes Weinen eintritt, eine Neigung zur Zusammenziehung dieser selben Muskeln beobachten; doch wird dieselbe häufig gehemmt, um das Sehen nicht zu stören.

Sir Ch. Bell erklärt[12] diese Handlung in der folgenden Weise: „Während eines jeden heftigen Respirationsactes, mag es beim herz„lichen Lachen oder beim Weinen, Niesen oder Husten sein, wird der „Augapfel durch die Fasern des Ringmuskels fest zusammengedrückt, „und dies ist eine Einrichtung, um das Gefäszsystem des Innern des „Auges zu unterstützen und es vor einem rückläufigen Anstosze, „welcher dem Blute in derselben Zeit in den Venen mitgetheilt wird, „zu hüten. Wenn wir den Brustkasten zusammenziehen und die Luft „austreiben, so tritt in den Venen des Halses und des Kopfes eine „Verlangsamung des Blutes ein; und in den kraftvolleren Acten der „Ausstoszung dehnt das Blut nicht blosz die Gefäsze aus, sondern wird „sogar in die kleineren Zweige zurückgetrieben. Wäre das Auge zu „solchen Zeiten nicht gehörig zusammengedrückt und würde dem Stosze „kein Widerstand geleistet, so könnte den zarten Geweben im Innern „des Auges ein nicht wieder gut zu machender Schaden zugefügt „werden." Er bemerkt ferner, „wenn wir die Augenlider eines Kindes „von einander ziehen, um das Auge zu untersuchen, während es schreit „und vor Leidenschaft um sich schlägt, so wird die Bindehaut plötz„lich mit Blut gefüllt und die Augenlider umgewendet, weil dem Ge-

[12] The Anatomy of Expression. 1844, p. 106; s. auch seinen Aufsatz in den Philosophical Transactions, 1822, p. 284, ebenda 1823, p. 166 und 289. Vergl. auch The Nervous System of the Human Body. 3. edit. 1836, p. 175.

„fäszsystem des Auges nun die natürliche Stütze und das Mittel ge-
„nommen wird, sich gegen den plötzlichen Zuflusz von Blut zu be-
„wahren."

Es werden die Muskeln rings um das Auge nicht blosz, wie Sir Ch. Bell angibt und ich selbst häufig beobachtet habe, während des Schreiens, lauten Lachens, Hustens und Niesens heftig zusammengezogen, sondern auch während mehrerer anderer analoger Handlungen. Schnaubt sich ein Mensch heftig durch die Nase, so zieht er dieselben Muskeln zusammen. Ich bat einen meiner Knaben, so laut als er möglicherweise konnte, zu schreien und sobald er begann, zog er seine Kreismuskeln fest zusammen. Ich beobachtete dies wiederholt und als ich ihn frug, warum er jedesmal seine Augen so fest geschlossen hätte, bemerkte ich, dasz er sich der Thatsache nicht bewuszt war; er hatte instinctiv oder unbewuszt so gehandelt.

Um die Zusammenziehung dieser Muskeln zu veranlassen, ist es nicht nöthig, dasz wirklich Luft aus der Brust ausgetrieben wird. Es genügt schon, die Muskeln der Brust und des Bauches mit groszer Kraft zusammenzuziehen, während wegen des Verschlusses der Stimmritze keine Luft austreten kann. Bei heftigem Erbrechen oder Würgen wird das Zwergfell dadurch veranlaszt herabzutreten, dasz der Brustkasten mit Luft gefüllt wird. Es wird dann durch den Verschlusz der Stimmritze ebenso wie durch „die Zusammenziehung seiner „eigenen Fasern"[13] in dieser Lage gehalten. Die Bauchmuskeln ziehen sich nun heftig über dem Magen zusammen; die eigenen Muskeln dieses contrahiren sich gleichfalls, und der Inhalt wird dann hierdurch ausgeworfen. Während jeden Versuchs zum Erbrechen „wird der Kopf „bedeutend mit Blut erfüllt, so dasz das Gesicht roth und geschwollen „wird und die groszen Venen des Gesichts und der Schläfe sichtbar „erweitert werden." Wie ich aus Beobachtung weisz, werden zu derselben Zeit die Muskeln rund um das Auge stark zusammengezogen. Dies ist gleicherweise der Fall, wenn die Bauchmuskeln mit ungewöhnlicher Kraft beim Austreiben des Inhalts des Darmcanals nach abwärts wirken.

Die gröszte Anstrengung der Muskeln des Körpers führt, wenn nicht auch diejenigen des Brustkastens zur Austreibung oder zum

---

[13] s. Dr. Brinton's Schilderung des Actes des Erbrechens in: Todd's Cyclopaedia of Anatomy and Physiology. Vol. V. Supplement. 1859, p. 318.

Zusammendrücken der in den Lungen enthaltenen Luft in heftige Thätigkeit versetzt werden, nicht zu der Zusammenziehung der Muskeln rings um das Auge. Ich habe meine Söhne beobachtet, wenn sie bei Turnübungen grosze Kraft aufwandten, so wenn sie wiederholt ihren nur an den Armen hängenden Körper emporzogen und schwere Gewichte vom Boden aufhoben. Aber es trat hier kaum eine Spur einer Zusammenziehung an den Muskeln rund um das Auge ein.

Da die Zusammenziehung dieser Muskeln zum Schutze der Augen während heftiger Exspirationen, wie wir später sehen werden, indirect ein Fundamentalzug bei mehreren unserer bedeutungsvollsten Ausdrucksformen ist, so war ich auszerordentlich begierig, zu ermitteln, in wie weit Sir Ch. Bell's Ansicht bestätigt werden konnte. Prof. Donders in Utrecht[14], bekannt als eine der höchsten Autoritäten in Europa über das Sehen und den Bau des Auges, hat mit gröszter Freundlichkeit diese Untersuchung für mich mit Hülfe der vielen ingeniösen Apparate der modernen Wissenschaft unternommen und die Resultate publicirt[15]. Er weist nach, dasz während heftiger Exspirationen die äuszeren, die in und die hinter dem Augapfel gelegenen Gefäsze sämmtlich in zweierlei Weise afficirt werden, nämlich durch den vermehrten Druck des Blutes in den Arterien und dadurch, dasz der Rücklauf des Blutes durch die Venen gehindert wird. Es ist daher sicher, dasz sowohl die Arterien als die Venen des Auges während heftiger Exspirationen mehr oder weniger ausgedehnt werden. Die detaillirten Beweise sind in Prof. Donders' Abhandlung nachzusehen. Die Wirkungen auf die Venen des Kopfes sehen wir in ihrem Hervorragen und an der purpurnen Farbe des Gesichts eines Menschen, welcher häufig hustet, weil er halb erstickt ist. Ich will noch nach derselben Autorität erwähnen, dasz das ganze Auge entschieden wäh-

---

[14] Ich bin Mr. Bowman sehr dafür verbunden, dasz er mich mit Prof. Donders bekannt gemacht hat und dasz er diesen groszen Physiologen hat dazu bestimmen helfen, die Untersuchung des vorliegenden Gegenstandes vorzunehmen. Auch bin ich Mr. Bowman dafür groszen Dank schuldig, dasz er selbst mir mit der gröszten Freundlichkeit Aufschlusz über viele Punkte gegeben hat.

[15] Diese Abhandlung erschien zuerst in dem „Nederlandsch Archief voor Genees- en Natuurkunde". Deel. 5. 1870. Sie ist von Dr. W. D. Moore in's Englische übersetzt worden unter dem Titel: „On the Action of the Eyelids in determination of Blood from expiratory effort", in: Archives of Medicine, edited by Dr. L. S. Beale, Vol. V. 1870, p. 20.

rend jeder heftigen Exspiration etwas nach vorn rückt. Dies ist eine Folge der Erweiterung der hinter dem Augapfel gelegenen Gefäsze und hätte sich nach dem sehr innigen Zusammenhange des Auges und Gehirns erwarten lassen. Man weisz ja, dasz das Gehirn, wenn ein Theil des Schädels entfernt worden ist, mit jedem Athemzuge sich hebt und senkt. Dasselbe kann man auch an den noch nicht geschlossenen Nähten kindlicher Köpfe beobachten. Ich vermuthe aber, dasz dies auch die Ursache ist, weshalb die Augen eines erdrosselten Menschen aus ihren Höhlen herauszutreten scheinen.

In Bezug auf den Schutz des Auges während heftiger exspiratorischer Anstrengungen durch den Druck der Augenlider kommt Prof. DONDERS nach seinen mannigfaltigen Beobachtungen zu dem Schlusse, dasz diese Handlung mit Sicherheit die Erweiterung der Gefäsze beschränkt oder ganz beseitigt[16]. Er fügt hinzu, dasz wir in solchen Zeiten nicht selten die Hand unwillkürlich auf die Augenlider legen sehen, gewissermaszen um hierdurch den Augapfel noch besser zu schützen und zu behüten.

Trotz dem allen kann für jetzt noch keine grosze Reihe von Belegen beigebracht werden, um nachzuweisen, dasz das Auge wirklich Schaden leidet, wenn ihm während heftiger Exspiration eine Unterstützung fehlt. Doch finden sich einige. Es ist „eine Thatsache, „dasz gewaltsame exspiratorische Anstrengungen bei heftigem Husten „oder Erbrechen und besonders beim Niesen zuweilen Veranlassung „zu Zerreiszungen der kleinen (äuszern) Gefäsze des Auges geben[17]." In Bezug auf die innern Gefäsze hat in neuerer Zeit Dr. GUNNING

---

[16] Professor Donders bemerkt (am letztangeführten Orte, p. 28): „Nach „Verletzungen des Auges, nach Operationen und in einigen Formen innerer Entzündungen legen wir groszen Werth auf die gleichmäszige Unterstützung der geschlossenen Augenlider und vermehren dieselbe noch in vielen Fällen durch eine „Binde. In beiden Fällen suchen wir sorgfältig groszen exspiratorischen Druck „zu vermeiden, dessen Nachtheil so bekannt ist." Mr. Bowman theilt mir mit, dasz er in Fällen von excessiver Lichtscheu, welche die skrophulöse Augenentzündung der Kinder begleitet, wo das Licht so schmerzhaft wirkt, dasz es während Wochen oder Monaten durch den gewaltsamsten Schlusz der Augenlider abgehalten wird, beim Öffnen der Lider häufig durch die Blässe der Augen überrascht worden ist, — nicht eine unnatürliche Blässe, sondern eine Abwesenheit jener Röthe, welche sich hätte erwarten lassen, wenn die Oberfläche etwas entzündet wäre, was ja dann gewöhnlich der Fall ist; und diese Blässe ist er geneigt, als Folge des gewaltsamen Schlusses der Augenlider zu betrachten.

[17] Donders, a. a. O., p. 36.

einen Fall von Exophthalmos als Folge eines Keuchhustens beschrieben, welcher seiner Meinung nach von der Zerreiszung der tieferliegenden Gefäsze abhieng; und auch andere analoge Fälle sind beschrieben worden. Aber schon das blosze Gefühl des Unbehaglichen würde wahrscheinlich hinreichen, zu der associirten Gewohnheit, den Augapfel durch Zusammenziehung der umgebenden Muskeln zu schützen, hinzuführen. Selbst die Erwartung oder die Möglichkeit einer Schädigung würde wahrscheinlich hierzu genügen, in derselben Weise wie ein zu nahe vor dem Auge hin- und herbewegter Gegenstand ein unwillkürliches Blinken mit dem Augenlide veranlaszt. Wir können daher aus Sir Ch. Bell's Beobachtungen und besonders aus den noch sorgfältigern Untersuchungen des Prof. Donders sicher folgern, dasz das feste Schlieszen der Augenlider während des Schreiens der Kinder eine Handlung von tiefer Bedeutung und von wirklichem Nutzen ist.

Wir haben bereits gesehen, dasz die Zusammenziehung der Kreismuskeln das Aufwärtsziehen der Oberlippe herbeiführt und folglich, wenn der Mund nicht weit offen gehalten wird, das Herabziehen der Mundwinkel durch die Zusammenziehung der niederdrückenden Muskeln. Auch die Bildung der Nasenlippenfalte auf dem Backen tritt in Folge des Aufwärtsziehens der Oberlippe ein. So sind die sämmtlichen hauptsächlichen ausdrucksvollen Bewegungen des Gesichts während des Weinens offenbar das Resultat einer Zusammenziehung der Muskeln rings um das Auge. Wir werden auch finden, dasz das Vergieszen der Thränen von der Zusammenziehung dieser selben Muskeln abhängt oder mindestens in irgend welcher Verbindung mit derselben steht.

In einigen der vorstehend angeführten Fälle und besonders beim Niesen und Husten ist es möglich, dasz die Zusammenziehung der Kreismuskeln noch auszerdem dazu dienen dürfte, das Auge vor einem zu heftigen Stoszen oder Erzittern zu schützen. Ich vermuthe dies deshalb, weil Hunde und Katzen, wenn sie harte Knochen zerbeiszen, immer ihre Augenlider schlieszen und dies wenigstens zuweilen beim Niesen thun. Doch thun es Hunde nicht, wenn sie laut bellen. Mr. Sutton beobachtete für mich sorgfältig einen jungen Orang und Chimpansen und fand, dasz beide immer ihre Augen beim Niesen und Husten, aber nicht beim heftigen Schreien schlossen. Ich gab einem Affen der neuweltlichen Abtheilung, nämlich einem *Cebus*, eine kleine Prise Schnupftabak: und als er nieste, schlosz er seine Augen. Als er aber bei einer späteren Gelegenheit lautes Geschrei ausstiesz, schlosz er dieselben nicht.

Ursache der Absonderung der Thränen. — Es ist eine bedeutungsvolle Thatsache, welche bei jeder Theorie der Thränenabsonderung in Folge einer Affection der Seele betrachtet werden musz, dasz, so oft die Muskeln rings um das Auge heftig und unwillkürlich zusammengezogen werden, um die Blutgefäsze zusammenzudrücken und hierdurch die Augen zu schützen, Thränen abgesondert werden und häufig in hinreichender Menge, dasz sie über die Backen herabrollen. Dies tritt auch unter den entgegengesetztesten Gemüthserregungen, aber auch wenn durchaus keine Erregung vorhanden ist, ein. Die einzige Ausnahme, und dies sogar nur eine theilweise, von der allgemeinen Existenz einer Beziehung zwischen der unwillkürlichen und heftigen Zusammenziehung dieser Muskeln und der Thränenabsonderung ist der Fall bei sehr kleinen Kindern, welche, während sie mit fest zugeschlossenen Augenlidern heftig schreien, gewöhnlich nicht weinen, bis sie das Alter von zwei bis drei oder vier Monaten erreicht haben. Ihre Augen werden indesz schon in einem viel frühern Alter mit Thränen unterlaufen. Wie bereits bemerkt worden ist, möchte es scheinen, als kämen die Thränendrüsen aus Mangel an Übung oder aus irgend einer andern Ursache in einer sehr frühen Lebensperiode nicht zu einer völligen functionellen Thätigkeit. Bei Kindern in einem etwas vorgeschritteneren Alter ist das Aufschreien oder das Winseln in Folge irgend einer Kümmernis so regelmäszig von dem Thränenvergieszen begleitet, dasz Weinen und Schreien fast gleichbedeutende Ausdrücke geworden sind [18].

Unter der Einwirkung der entgegengesetzten Gemüthsbewegung groszer Freude oder groszer Heiterkeit tritt, so lange das Lachen mäszig ist, kaum irgend welche Zusammenziehung der Muskeln rings um das Auge ein, so dasz also auch kein Stirnrunzeln eintritt. Wenn aber lautschallendes Gelächter ausgestoszen wird mit schnellen und heftigen krampfhaften Exspirationen, dann strömen die Thränen das Gesicht herab. Ich habe mehr als einmal das Gesicht einer Person

---

[18] [d. h. im Englischen to weep und to cry.] Mr. Hensleigh Wedgwood (Diction. of English Etymology, Vol. I. 1859, p. 410) sagt: „das Zeitwort to weep kommt von dem Angelsächsischen wop, dessen ursprüngliche Bedeutung einfach Aufschreien ist."

nach einem Paroxysmus heftigen Lachens beobachtet und konnte bemerken, dasz die Ringmuskeln und die, welche nach der Oberlippe laufen, noch immer theilweise zusammengezogen waren, was dann in Verbindung mit den von Thränen noch feuchten Wangen der oberen Hälfte des Gesichts einen Ausdruck gab, der von dem eines Kindes, welches noch immer vor Kummer schluchzt, nicht zu unterscheiden war. Die Thatsache, dasz während heftigen Lachens Thränen das Gesicht herabströmen, ist eine allen Menschenrassen gemeinsam zukommende, wie wir in einem späteren Capitel sehen werden.

Bei heftigem Husten, besonders wenn eine Person halb erstickt ist, wird das Gesicht purpurn, die Venen erweitert, die Kreismuskeln stark zusammengezogen und Thränen rinnen die Wangen hinab. Selbst nach einem Anfalle gewöhnlichen Hustens hat beinahe jeder sich die Augen zu wischen. Bei heftigem Erbrechen oder Würgen werden, wie ich selbst erfahren und an Andern gesehen habe, die kreisförmigen Muskeln stark zusammengezogen, und zuweilen fliesen Thränen reichlich die Backen herab. Es ist die Vermuthung gegen mich ausgesprochen worden, dasz dies eine Folge davon sein könnte, dasz der scharfe reizende Stoff in die Nasenhöhle gebracht wird und nun durch Reflexthätigkeit die Absonderung der Thränen verursacht. In Folge dessen bat ich einen meiner Rathgeber, einen Arzt, auf die Wirkungen des Würgens zu achten, wenn nichts aus dem Magen ausgeworfen würde. In Folge eines merkwürdigen Zufalls litt er selbst am nächsten Morgen an einem Würganfalle und beobachtete drei Tage später eine Dame während eines ähnlichen Anfalls. Er ist ganz sicher, dasz in keinem der beiden Fälle ein Atom von Substanz aus dem Magen geworfen wurde, und doch wurden die Kreismuskeln stark zusammengezogen und Thränen reichlich vergossen. Ich kann auch ganz positiv für die energische Zusammenziehung dieser selben Muskeln rings um das Auge und die dazu tretende reichliche Thränenabsonderung sprechen, wenn die Bauchmuskeln mit ungewöhnlicher Gewalt in der Richtung nach abwärts auf den Darmcanal wirken.

Das Gähnen fängt mit einer tiefen Inspiration an, der ein langes und gewaltsames Ausathmen folgt. Zu gleicher Zeit werden beinahe alle Muskeln des Körpers mit Einschlusz derer rings um das Auge heftig zusammengezogen. Häufig werden während dieses Actes Thränen abgesondert, und ich habe sie selbst über die Backen herablaufen sehen.

Ich habe häufig beobachtet, dasz, wenn Personen irgend einen Punkt, der sie unerträglich juckt, kratzen, sie gewaltsam ihre Augenlider schlieszen. Ich glaube aber nicht, dasz sie hier einen tiefen Athemzug thun und dann mit Gewalt ausathmen. Auch habe ich niemals beobachtet, dasz hierbei die Augen sich mit Thränen füllen; doch bin ich nicht vorbereitet, zu behaupten, dasz dies niemals eintritt. Das gewaltsame Schlieszen der Augenlider ist vielleicht nur ein Theil jener allgemeinen Thätigkeit, durch welche beinahe alle Muskeln des Körpers zu derselben Zeit steif gemacht werden. Es ist vollständig verschieden von dem sanften Schlieszen der Augen, welches, wie GRATIOLET [19] bemerkt, häufig das Riechen eines entzückenden Geruchs oder das Schmecken eines deliciösen Bissens begleitet, und welches wahrscheinlich darin seine Ursache hat, dasz man wünscht, jeden andern störenden Eindruck durch die Augen auszuschlieszen.

Prof. DONDERS schreibt mir das Folgende: „Ich habe einige Fälle „einer sehr merkwürdigen Affection beobachtet, wo nach einem leich„ten Reiben (attouchement), z. B. nach dem Reiben eines Rockes, „welches weder eine Wunde noch eine Contusion veranlaszte, krampf„hafte Zusammenziehung der Kreismuskeln mit einem profusen Thränen„ergusse eintraten, welche ungefähr eine Stunde anhielten. Später, „zuweilen nach einer Zwischenzeit von mehreren Wochen traten noch„mals heftige Krämpfe derselben Muskeln ein in Begleitung von „Thränenabsonderung und verbunden mit primärer oder secundärer „Röthung des Auges." Mr. BOWMAN theilt mir mit, dasz er gelegentlich ganz analoge Fälle beobachtet hat und dasz in einigen derselben keine Röthung oder Entzündung der Augen eingetreten ist.

Ich war begierig, zu ermitteln, ob bei irgend einem der niedern Thiere eine ähnliche Beziehung zwischen der Zusammenziehung der Kreismuskeln während heftigen Ausathmens und der Absonderung von Thränen bestände. Es gibt aber sehr wenige Thiere, welche diese Muskeln in einer lang andauernden Art zusammenziehen oder welche Thränen vergieszen. Der *Macacus maurus,* welcher früher in dem zoologischen Garten so reichlich weinte, würde einen schönen Fall zur Beobachtung dargeboten haben. Die beiden Affen aber, welche sich jetzt dort befinden und von denen man annimmt, dasz sie zu derselben Species gehören, weinen nicht. Nichtsdestoweniger hat sie

---

[19] De la Physiognomie, 1865, p. 217.

Mr. Bartlett und ich selbst, während sie laut schrieen, sorgfältig beobachtet. Sie schienen diese Muskeln zusammenzuziehen. Sie bewegten sich aber so schnell in ihren Käfigen herum, dasz es schwer war, sie mit Sicherheit zu beobachten. Soviel ich im Stande gewesen bin, zu ermitteln, zieht kein anderer Affe seine Kreismuskeln beim Schreien zusammen.

Man weisz, dasz der indische Elephant zuweilen weint. Sir E. Tennent sagt, wo er diejenigen beschreibt, die er in Ceylon gefangen und gebunden gesehen hat: einige „lagen bewegungslos auf „der Erde mit keinen andern Zeichen von Leiden als den Thränen, „welche ihre Augen füllten und beständig herabflossen." Wo er von einem andern Elephanten spricht, sagt er: „als er überwältigt und „festgemacht worden war, war sein Kummer äuszerst ergreifend. Seine „Heftigkeit wich der grösten Niedergeschlagenheit. Er lag auf der „Erde, stiesz durchdringendes Geschrei aus, während ihm Thränen „seine Backen herabträufelten[20]." Der Wärter der indischen Elephanten im zoologischen Garten behauptet positiv, dasz er mehrmals Thränen das Gesicht eines alten Weibchens herabrollen gesehen habe, als es über die Entfernung eines Jungen unglücklich war. Ich war daher im äuszersten Grade begierig, zu ermitteln (um nämlich die Gültigkeit jener regelmäszigen Beziehung zwischen der Zusammenziehung

---

[20] ‚Ceylon', 3. edit. Vol. II. 1859, p. 364, 376. Ich habe mich wegen weiterer Aufschlüsse über das Weinen des Elephanten an Mr. Thwaites in Ceylon gewendet und in Folge dessen einen Brief von Mr. Glennie erhalten, welcher mit noch Andern freundlichst eine Heerde frisch eingefangener Elephanten beobachtete. Diese schrieen, wenn sie gereizt wurden, heftig; es ist aber merkwürdig, dasz sie bei diesem Schreien niemals die Muskeln rund um das Auge zusammenzogen. Auch vergossen sie keine Thränen, wie auch die eingebornen Jäger behaupteten, niemals Elephanten weinen gesehen zu haben. Nichtsdestoweniger scheint es mir doch unmöglich zu sein, Sir E. Tennent's bestimmte Detailangaben über ihr Weinen zu bezweifeln, da dieselben auch noch von der positiven Behauptung des Wärters im zoologischen Garten unterstützt werden. Sicher ist, dasz die beiden Elephanten im Garten, als sie laut zu trompeten anfiengen, ihre ringförmigen Muskeln zusammenzogen. Ich kann diese einander widersprechenden Angaben nur dadurch mit einander versöhnen, dasz ich annehme, die frisch eingefangenen Elephanten in Ceylon wünschten, weil sie erschreckt oder wüthend waren, ihre Verfolger zu beobachten und zogen folglich ihre Augenringmuskeln nicht zusammen, damit ihr Sehen nicht gehindert werde. Diejenigen, welche Sir E. Tennent weinen gesehen hat, waren völlig niedergeschlagen und hatten den Widerstand in Verzweiflung aufgegeben. Die Elephanten, welche im zoologischen Garten auf das Commandowort trompeteten, waren natürlich weder beunruhigt, noch in Wuth gerathen.

der Kreismuskeln und dem Vergieszen von Thränen bei Menschen noch weiter zu erhärten), ob Elephanten, wenn sie laut schreien oder „trompeten", diese Muskeln zusammenziehen. Auf Mr. BARTLETT's Wunsch liesz der Wärter den alten und den jungen Elephanten trompeten, und wir sahen wiederholt bei beiden Thieren, dasz gerade, wenn das Trompeten begann, die Ringmuskeln, besonders die untern, deutlich zusammengezogen wurden. Bei einer spätern Gelegenheit liesz der Wärter den alten Elephanten noch lauter trompeten und ausnahmslos wurden sowohl die obern als untern Kreismuskeln heftig zusammengezogen und zwar diesmal in gleichmäszigem Grade. Es ist eine eigenthümliche Thatsache, dasz der africanische Elephant (welcher freilich so verschieden von der indischen Art ist, dasz er von manchen Naturforschern in eine besondere Untergattung gebracht wird), als er bei zwei Gelegenheiten zum lauten Trompeten gebracht wurde, keine Spur einer Zusammenziehung der Kreismuskeln darbot.

Nach den verschiedenen im Vorstehenden mitgetheilten, sich auf den Menschen beziehenden Fällen läszt sich, wie ich glaube, nicht zweifeln, dasz die Zusammenziehung der Muskeln rings um das Auge während des heftigen Ausathmens oder wenn die ausgedehnte Brust gewaltsam zusammengedrückt wird, in einer gewissen Art innig mit der Absonderung von Thränen im Zusammenhange steht. Dies bestätigt sich unter sehr von einander verschiedenen Gemüthserregungen und auch unabhängig von irgend welcher Erregung. Natürlich soll das nicht heiszen, dasz Thränen ohne die Zusammenziehung dieser Muskeln nicht abgesondert werden können. Denn es ist ja notorisch, dasz sie häufig reichlich vergossen werden, wenn die Augenlider nicht geschlossen und wenn die Augenbrauen nicht gefurcht sind. Die Zusammenziehung musz sowohl unwillkürlich als lang anhaltend sein, wie während eines Erstickungsanfalls, oder energisch, wie während des Niesens. Das blosze unwillkürliche Blinken mit den Augenlidern bringt, wenn es auch häufig wiederholt wird, doch keine Thränen in die Augen. Auch reicht die willkürliche und lang anhaltende Zusammenziehung der verschiedenen umgebenden Muskeln hierzu nicht aus. Da die Thränendrüsen von Kindern leicht zu reizen sind, überredete ich meine eignen und mehrere andere Kinder verschiedenen Alters, diese Muskeln wiederholt mit äuszerster Kraft zusammenzuziehen und dies fortzusetzen, so lange sie es nur möglicherweise thun könnten. Dies brachte aber kaum irgend welche Wirkung hervor.

Zuweilen fand sich wohl ein wenig Feuchtigkeit in den Augen, aber nicht mehr als scheinbar durch das Ausdrücken der bereits abgesonderten Thränen innerhalb der Drüsen erklärt werden konnte.

Die Natur der Beziehung zwischen den unwillkürlichen und energischen Zusammenziehungen der Muskeln rings um das Auge und der Absonderung von Thränen kann nicht positiv bestimmt werden. Es mag aber vermuthungsweise eine wahrscheinliche Ansicht hier vorgebracht werden. Die primäre Function der Thränenabsonderung ist, in Verbindung mit etwas Schleim die Oberfläche des Auges schlüpfrig zu erhalten, und eine secundäre Aufgabe ist, wie Manche glauben, die Nasenhöhlen feucht zu erhalten, so dasz die eingeathmete Luft feucht werde[21], gleichzeitig aber auch, um das Vermögen zu riechen zu begünstigen. Eine andere und mindestens gleichmäszig wichtige Function der Thränen ist aber, Staubtheilchen oder andere sehr kleine Gegenstände, welche in das Auge gelangt sein könnten, wegzuschaffen. Dasz dies von groszer Bedeutung ist, wird aus den Fällen klar, in welchen die Hornhaut durch Entzündung undurchsichtig geworden ist, in Folge davon, dasz die Staubtheilchen nicht entfernt werden konnten, weil das Auge und das Augenlid unbeweglich geworden waren[22]. Die Absonderung von Thränen in Folge der Reizung irgend eines fremden Körpers im Auge ist eine Reflexthätigkeit; — d. h. der fremde Körper reizt einen peripherischen Nerven, welcher gewissen empfindenden Nervenzellen einen Eindruck überliefert; diese wiederum theilen einen Eindruck andern Nervenzellen und diese endlich der Thränendrüse mit. Der diesen Drüsen überlieferte Reiz verursacht, wie wir guten Grund zur Annahme haben, eine Erschlaffung der muskulösen Wandungen der kleineren Arterien. Diese gestatten einer gröszern Menge von Blut, das Drüsengewebe zu durchziehen und dies wieder führt eine reichlichere Secretion von Thränen herbei. Wenn die kleinen Arterien des Gesichts mit Einschlusz derer der Netzhaut unter hiervon sehr verschiedenen Umständen erschlafft werden, nämlich während eines heftigen Erröthens, so werden zuweilen die Thränendrüsen in einer ähnlichen Art afficirt; denn die Augen füllen sich dann mit Thränen.

---

[21] Bergeon, citirt in dem Journal of Anatomy and Physiology. Nov. 1871, p. 235.

[22] s. z. B. einen von Sir Ch. Bell mitgetheilten Fall in den Philosophical Transactions, 1823, p. 177.

Es ist schwer, eine Vermuthung darüber aufzustellen, auf welche Weise viele Reflexthätigkeiten entstanden sind. Aber in Bezug auf den vorliegenden Fall der Affection der Thränendrüsen durch Reizung der Oberfläche des Auges dürfte es der Bemerkung werth sein, dasz, sobald irgend eine uranfängliche Thierform in ihrer Lebensweise halb auf das Leben auf dem Lande angewiesen und nun dem ausgesetzt wurde, Staubtheilchen in ihre Augen zu bekommen, diese, wenn sie nicht weggewaschen wurden, eine bedeutende Reizung verursacht haben werden; und nach dem Principe der Ausstrahlung von Nervenkraft an benachbarte Nervenzellen werden die Thränendrüsen zur Absonderung gereizt worden sein. Da dies oft wiedergekehrt sein wird und Nervenkraft leicht gewohnten Bahnen entlang ausstrahlt, so wird zuletzt eine geringe Reizung genügen, eine reichliche Thränenabsonderung zu verursachen.

Sobald durch dieses oder irgend ein anderes Mittel eine Reflexthätigkeit dieser Art hergestellt und leicht gemacht worden ist, werden andere auf die Oberfläche des Auges angewandte Reizmittel, so z. B. ein kalter Wind, langsame entzündliche Reizung oder ein Schlag auf das Augenlid eine reichliche Absonderung von Thränen verursachen, wie es ja bekanntlich der Fall ist. Die Drüsen werden auch durch die Reizung benachbarter Theile zur Thätigkeit gereizt. So werden, wenn die Nasenhöhlen durch stechende Dämpfe gereizt werden, wenn auch die Augenlider fest geschlossen gehalten werden, doch Thränen reichlich abgesondert, und dies tritt auch ein in Folge eines Schlages auf die Nase z. B. mit einem Boxerhandschuh. Ein stechender Peitschenschlag auf das Gesicht ruft, wie ich gesehen habe, dieselbe Wirkung hervor. In diesen letztern Fällen ist die Absonderung von Thränen nur ein zufällig begleitendes Resultat und von keinem directen Nutzen. Da alle diese Theile des Gesichts mit Einschlusz der Thränendrüsen mit Zweigen desselben Nerven versehen werden, nämlich des fünften Paares, so ist es in einem gewissen Grade zu verstehen, warum die Wirkungen der Reizung irgend eines Zweiges auf die Nervenzellen oder Wurzeln der andern Zweige sich verbreiten.

Die inneren Theile des Auges wirken gleichfalls unter gewissen Bedingungen in einer reflectorischen Weise auf die Thränendrüsen. Mr. Bowman hat mir freundlichst die folgende Angabe mitgetheilt. Der Gegenstand ist aber ein sehr verwickelter, da alle Theile des Auges in so inniger Beziehung zu einander stehen und für verschiedene Reize so empfindlich sind. Ein starkes auf die Netzhaut treffendes Licht hat, wenn letztere sich in normalem Zustande befindet, nur wenig Neigung, Thränenabsonderung zu verursachen. Aber bei ungesunden Kindern, welche kleine, lange offenbleibende Geschwüre auf der Hornhaut haben, wird die Netzhaut gegen Licht excessiv empfindlich und selbst die Einwirkung des gewöhnlichen Tageslichts verursacht gewaltsamen und lange dauernden Verschlusz der Lider, ebenso wie einen profusen Thränenergusz. Wenn Personen, welche mit dem Gebrauche convexer Gläser beginnen sollten, gewohnheitsgemäsz die abnehmende Accomodationsfähigkeit überanstrengen, so folgt häufig eine ungehörige Thränenabsonderung und die Netzhaut wird sehr leicht für Licht krankhaft empfindlich. Im Allgemeinen sind krankhafte Affectionen der Oberfläche des Auges und der Ciliar-Gebilde, welche beim Acte der Accomodation betheiligt sind, geneigt, von excessiver Thränenabsonderung begleitet zu werden. Die Härte des Augapfels, wenn sie nicht bis zur Entzündung sich steigert, aber doch einen Mangel des Gleichgewichts zwischen den Flüssigkeiten einschlieszt, welche von den im Augapfel gelegenen Gefäszen ergossen und wieder aufgesogen werden, wird gewöhnlich nicht von irgend welcher Thränenabsonderung begleitet. Schlägt das Gleichgewicht nach der andern Seite über und wird das Auge zu weich, so ist eine gröszere Neigung zur Thränenabsonderung vorhanden. Endlich gibt es zahlreiche krankhafte Zustände und Structurveränderungen der Augen, ja selbst fürchterliche Entzündungen, welche von nur geringer oder gar keiner Thränenabsonderung begleitet sein können.

Es verdient auch Erwähnung, da es sich indirect auf unsern Gegenstand bezieht, dasz das Auge und die umgebenden Theile einer auszerordentlichen Zahl reflectirter und associirter Bewegungen, Empfindungen und Thätigkeiten, auszer denen, die sich auf die Thränendrüsen beziehen, ausgesetzt sind. Wenn ein helles Licht die Netzhaut des einen Auges allein trifft, so zieht sich die Regenbogenhaut zusammen, aber auch die Regenbogenhaut des andern Auges bewegt sich nach einem meszbaren Zeitintervall. Die Regenbogenhaut bewegt sich gleichfalls bei der Accomodation auf nahes oder entferntes Sehen und wenn man die beiden Augen convergiren läszt[23]. Jedermann

---

[23] s. über diese verschiedenen Punkte Prof. Donders: On the Anomalies of Accomodation and Refraction of the Eye. 1864, p. 573.

weisz, wie unwiderstehlich die Augenbrauen unter dem Einflusse eines intensiv hellen Lichtes herabgezogen werden. Die Augenlider blinken auch unwillkürlich, wenn ein Gegenstand in der Nähe der Augen bewegt oder ein Laut plötzlich gehört wird. Die bekannte Thatsache, dasz ein helles Licht manche Personen veranlaszt, zu niesen, ist selbst noch merkwürdiger. Denn hier strahlt Nervenkraft aus gewissen Nervenzellen in Verbindung mit der Netzhaut nach den empfindenden Nervenzellen der Nase hin, welches ein Kitzeln in dieser hervorruft, und von diesen geht die Bewegung der Nervenkraft weiter auf diejenigen Zellen, welche die verschiedenen respiratorischen Muskeln (die Ringmuskeln eingeschlossen) beherrschen, die dann die Luft in einer so eigenthümlichen Weise austreiben, dasz sie allein durch die Nasenlöcher hervorbricht.

Um aber auf unsern Gegenstand zurückzukommen: Warum werden während eines Schreianfalls oder anderer heftiger exspiratorischer Anstrengungen Thränen abgesondert? Da ein unbedeutender Schlag auf die Augenlider eine reichliche Thränenabsonderung veranlaszt, so ist es mindestens möglich, dasz die krampfhaften Zusammenziehungen der Augenlider durch heftiges Drücken auf den Augapfel in einer ähnlichen Weise etwas Absonderung verursachen. Dies erscheint möglich, obschon die willkürliche Zusammenziehung derselben Muskeln keine solche Wirkung hervorbringt. Wir wissen, dasz ein Mensch nicht willkürlich mit nahezu der gleichen Kraft niesen oder husten kann, als wenn er es automatisch thut; und dasselbe gilt für die Zusammenziehung der ringförmigen Muskeln. Sir Ch. Bell machte an diesen letzteren Versuche und fand, dasz beim plötzlichen und gewaltsamen Schlieszen der Augenlider im Dunkeln Lichtfunken gesehen werden wie die, welche durch ein Schlagen der Augenlider mit den Fingern hervorgerufen werden. „Aber beim Niesen ist das Zusammendrücken „sowohl rapider als auch gewaltsamer und auch die Funken sind „glänzender. Dasz diese Funken eine Folge der Zusammenziehung „der Augenlider sind, ist klar, weil, wenn diese während des Actes „des Niesens offen gehalten werden, keine Lichtempfindung erfahren „wird."

In den eigenthümlichen von Prof. Donders und Mr. Bowman angeführten Fällen haben wir gesehen, dasz einige Wochen, nachdem die Augen unbedeutend beschädigt worden waren, krankhafte Zusammenziehungen der Augenlider erfolgten, und diese waren von einem profusen Thränenergusse begleitet. Bei dem Acte des Gähnens sind die Thränen allem Anscheine nach nur Folgen der krampfhaften Zusammenziehung der Muskeln rings um das Auge. Trotz dieser letztern Fälle scheint es aber doch kaum glaublich zu sein, dasz der Druck der Augenlider auf die Oberfläche des Auges, — (wenn er auch krampfhaft und daher mit viel bedeutenderer Gewalt ausgeführt wird als willkürlich gethan werden kann), — hinreichend sein solle, durch Reflexthätigkeit die Absonderung der Thränen in den vielen Fällen zu verursachen, in welche diese während heftiger exspiratorischer Anstrengung eintritt.

Es kann aber in Verbindung mit dem allen noch eine andere Ursache in's Spiel kommen. Wir haben gesehen, dasz die innern Theile des Auges unter gewissen Bedingungen in einer reflectorischen Art und Weise auf die Thränendrüsen wirken. Wir wissen, dasz während heftiger exspiratorischer Anstrengungen der Druck des arteriellen Blutes innerhalb der Augengefäsze vergröszert wird und dasz der Rückflusz des venösen Blutes verhindert ist. Es scheint daher nicht unwahrscheinlich zu sein, dasz die Ausdehnung der Augengefäsze, welche hiedurch veranlaszt wird, durch Reflexion auf die Thränendrüsen wirken könnte, wodurch die Wirkungen, welche eine Folge des krampfhaften Druckes der Augenlider auf die Oberfläche des Auges sind, vergröszert würden.

Überlegt man sich, inwieweit diese Ansicht wahrscheinlich ist, so musz man im Auge behalten, dasz die Augen kleiner Kinder durch zahllose Generationen in dieser doppelten Art und Weise, so oft sie geschrieen haben, beeinfluszt worden sind. Und nach dem Principe, dasz Nervenkraft leicht gewohnten Canälen entlang ausströmt, wird selbst ein mäsziger Druck des Augapfels und eine mäszige Ausdehnung der Augengefäsze endlich durch Gewohnheit dahin gelangen, auf die Drüsen zu wirken. Wir haben einen analogen Fall darin, dasz die Kreismuskeln beinahe immer in einem geringen Grade selbst während eines unbedeutenden Weinanfalls zusammengezogen werden, wo keine Ausdehnung der Gefäsze und keine unangenehme Empfindung innerhalb der Augen erregt worden sein kann.

Wenn überdies complicirte Handlungen oder Bewegungen lange Zeit in strenger Association mit einander ausgeführt und diese aus irgend einer Ursache zuerst willkürlich und später gewohnheitsgemäsz unterbrochen worden sind, dann wird, wenn die gehörigen erregenden

Bedingungen eintreten, irgend ein Theil der Handlung oder der Bewegung, welche am wenigsten unter der Controle des Willens steht, häufig noch immer unwillkürlich vollzogen werden. Die Absonderung aus einer Drüse ist merkwürdig frei von dem Einflusse des Willens. Wenn daher mit dem fortschreitenden Alter des Individuums oder mit der fortschreitenden Cultur der Rasse die Gewohnheit des Aufweinens oder Schreiens unterdrückt wird und folglich auch keine Ausdehnung der Blutgefäsze des Auges eintritt, so kann es nichtsdestoweniger ganz gut sich ereignen, dasz Thränen noch immer abgesondert werden.

Wir können, wie vor Kurzem erst bemerkt wurde, die Muskeln rings um das Auge bei einer Person, welche eine traurige Geschichte liest, zwinkern oder in einem so unbedeutenden Grade zittern sehen, dasz es kaum nachzuweisen ist. In diesem Falle ist kein Aufschrei und keine Ausdehnung der Blutgefäsze eingetreten und doch senden in Folge der Gewohnheit gewisse Nervenzellen einen geringen Betrag von Nervenkraft nach den Zellen hin, welche die Muskeln rings um's Auge beherrschen. Diese wiederum überliefern etwas davon an die Zellen, welche die Thränendrüsen beeinflussen; denn häufig werden die Augen zu gleicher Zeit eben mit Thränen angefeuchtet. Wenn das Zittern der Muskeln rund um das Auge und die Absonderung von Thränen vollständig aufgehalten worden ist, so ist es nichtsdestoweniger beinahe sicher, dasz eine gewisse Neigung doch noch immer vorhanden gewesen ist, Nervenkraft in diesen selben Richtungen ausstrahlen zu lassen; und da die Thränendrüsen merkwürdig frei von der Controle des Willens sind, so werden sie in auszerordentlichem Grade dem ausgesetzt sein, noch immer in Thätigkeit zu treten und uns dadurch, trotzdem keine äuszern Zeichen sichtbar werden, doch die traurigen Gedanken zu offenbaren, welche durch die Seele der Person ziehen.

Als eine weitere Erläuterung der hier entwickelten Ansichten kann ich noch bemerken, dasz, wenn während einer frühen Lebensperiode, wo Gewohnheiten aller Arten sich leicht festsetzen, unsere Kinder daran gewöhnt worden wären, im Gefühle des Vergnügens lautes schallendes Gelächter auszustoszen (während welches die Gefäsze der Augen ausgedehnt werden) und zwar eben so häufig und so anhaltend, wie sie der Gewohnheit der Schreianfälle nachgegeben haben, wenn sie sich unglücklich fühlen, sie wahrscheinlicherweise im spätern Leben Thränen so reichlich und so regelmäszig in dem einen Gemüthszustande abgesondert haben würden wie in dem andern. Leichtes Lachen oder ein Lächeln oder selbst ein vergnüglicher Gedanke würden hingereicht haben, eine mäszige Thränenabsonderung zu verursachen. Es besteht allerdings eine offenbare Neigung in dieser Richtung, wie in einem späteren Capitel gezeigt werden wird, wo wir die zarteren Gefühle besprechen. Bei den Sandwich-Insulanern werden der Angabe FREYCINET's zufolge [24] Thränen als ein Zeichen des Glückes angesehen. Wir würden aber doch noch bessere Beweise hierüber verlangen, als das Zeugnis eines vorübergehenden Reisenden. Wenn ferner Kinder unserer Rasse während vieler Generationen und jedes derselben während mehrerer Jahre beinahe täglich von lang anhaltenden Erstickungszufällen zu leiden gehabt hätten, während welcher die Gefäsze des Auges ausgedehnt und Thränen reichlich abgesondert worden wären, dann ist es wahrscheinlich, — denn so grosz ist die Kraft der associirten Gewohnheit, — dasz während des späteren Lebens der blosze Gedanke an eine Erstickung ohne irgend welche trübe Stimmung des Geistes hingereicht haben würde, Thränen in unsere Augen zu bringen.

Um dieses Capitel zusammenzufassen: Das Weinen ist wahrscheinlich das Resultat irgend einer bestimmten Reihe von Ereignissen, wie etwa der folgenden. Wenn Kinder Nahrung verlangen oder in irgend welcher Weise leiden, so schreien sie laut auf gleich den Jungen der meisten andern Thiere, zum Theil als ein Rufen nach ihren Eltern um Hülfe, zum Theil in Folge davon, dasz jede grosze Anstrengung erleichternd wirkt. Lang anhaltendes Schreien führt unvermeidlich zur Überfüllung der Blutgefäsze des Auges, und diese wird zuerst bewuszterweise und endlich gewohnheitsgemäsz zur Zusammenziehung der Muskeln rings um das Auge geführt haben, um dasselbe zu schützen. In derselben Zeit wird der krampfhafte Druck auf die Oberfläche des Auges und die Ausdehnung der Gefäsze innerhalb derselben, ohne mit Nothwendigkeit eine bewuszte Empfindung herbeizuführen, durch Reflexthätigkeit die Thränendrüsen afficirt haben. Endlich ist es durch die drei Principien, nämlich das Princip, dasz Nervenkraft leicht gewohnten Canälen entlang ausströmt, das Princip der Association, welches in seiner Wirkungsweise sehr weit verbreitet ist, und dasz gewisse Handlungen mehr unter der Controle des Willens stehen als andere, — dahin gekommen, dasz ein Leiden leicht die Absonderung von Thränen

---

[24] citirt von Sir J. Lubbock, Prehistoric Times, 1865, p. 458.

veranlaszt, ohne mit Nothwendigkeit von irgend einer andern Thätigkeit begleitet zu sein.

Obschon wir in Übereinstimmung mit dieser Ansicht das Weinen als ein zufälliges Resultat betrachten müssen, so zwecklos als die Absonderung von Thränen in Folge eines Schlags auf das Äuszere des Auges oder als ein Niesen in Folge der Affection der Netzhaut durch ein helles Licht, so bietet dies doch keine Schwierigkeit dafür dar, einzusehen, dasz die Absonderung der Thränen zur Erleichterung des Leidens dient. Und in dem Masze, als das Weinen heftiger und hysterischer ist, umsomehr wird die Erleichterung gröszer sein, — nach demselben Principe, nach welchem das Winden des ganzen Körpers, das Knirschen mit den Zähnen und die Äuszerung durchdringender Aufschreie, — nach welchem dies Alles in der Seelenangst der Schmerzen Erleichterung gibt.

Siebentes Capitel.

Gedrücktsein, Sorge, Kummer, Niedergeschlagenheit, Verzweiflung.

Allgemeine Wirkung des Kummers auf den Körper. — Schräge Stellung der Augenbrauen im Leiden. — Über die Ursache der schrägen Stellung der Augenbrauen. — Über das Herabdrücken der Mundwinkel.

Wenn der Geist unter einem heftigen Anfalle von Gram gelitten hat und die Ursache hält noch immer an, so verfallen wir in einen Zustand der Niedergeschlagenheit; oder wir können uns auch im äuszersten Grade verloren und niedergedrückt fühlen. Lange anhaltender körperlicher Schmerz führt, wenn er nicht geradezu äuszerste Seelenangst veranlaszt, allgemein zu demselben Seelenzustande. Wenn wir in der Erwartung eines Leidens sind, so sind wir in Angst; wenn wir keine Hoffnung auf Erlösung haben, so verzweifeln wir.

Personen, welche an excessivem Kummer oder Gram leiden, suchen sich häufig durch heftige und beinahe wahnsinnige Bewegungen Erleichterung zu verschaffen, wie in einem früheren Capitel beschrieben wurde; wird aber ihr Leiden in etwas gemildert, dauert es aber noch fort, so haben sie keinen Wunsch mehr nach Thätigkeit, sondern bleiben bewegungslos und passiv oder schwanken gelegentlich hin und her. Die Circulation wird träge, das Gesicht bleich; die Muskeln werden schlaff, die Augenlider matt; der Kopf hängt auf die zusammengezogene Brust herab; die Lippen, Wangen und der Unterkiefer sinken alle unter ihrem eigenen Gewichte herab. Es sind daher die ganzen Gesichtszüge verlängert, und von einer Person, welche eine schlimme Nachricht hört, sagt man, dasz sie ein langes Gesicht mache. Eine Gesellschaft Eingeborner im Feuerlande versuchte uns zu erklären, dasz ihr Freund, der Capitän eines Segelschiffes, niedergeschlagen sei;

und zwar thaten sie dies dadurch, dasz sie ihre Backen mit beiden Händen herabzogen, um ihr Gesicht so lang als möglich erscheinen zu machen. Mr. Bunnet theilt mir mit, dasz die Eingebornen von Australien, wenn sie niedergeschlagen sind, den Mund hängen lassen. Nach lange anhaltendem Leiden werden die Augen matt und verlieren den Ausdruck; auch werden sie häufig leicht mit Thränen unterlaufen. Die Augenbrauen werden nicht selten schräg gestellt, was eine Folge davon ist, dasz ihre innern Enden in die Höhe gezogen werden. Dies ruft eigenthümlich geformte Furchen auf der Stirn hervor, welche von denen eines einfachen Stirnrunzelns sehr verschieden sind; doch kann in einigen Fällen allein ein Stirnrunzeln vorhanden sein. Die Mundwinkel werden abwärts gezogen; und dies wird so ganz allgemein als ein Zeichen einer gedrückten Stimmung erkannt, dasz es beinahe sprichwörtlich geworden ist.

Das Athmen wird langsam und schwach und wird häufig von tiefem Seufzen unterbrochen. Wie Gratiolet bemerkt, vergessen wir, sobald nur unsere Aufmerksamkeit lange auf einen Gegenstand gerichtet ist, zu athmen und erleichtern uns dann durch eine tiefe Inspiration; die Seufzer einer in Trauer befangenen Person sind aber als Folge der langsamen Respiration und trägen Circulation auszerordentlich characteristisch[1]. Wenn der Kummer einer Person in diesem Zustande gelegentlich wiederkehrt und sich zu einem Paroxysmus verschärft, dann ergreifen Krämpfe die Respirationsmuskeln, und sie fühlt, als wenn irgend Etwas, der sogenannte globus hystericus, in ihrer Kehle aufstiege. Diese krampfhaften Bewegungen sind offenbar mit dem Schluchzen der Kinder verwandt und sind Überbleibsel jener heftigeren Krämpfe, welche eintreten, wenn man von einer Person sagt, dasz sie vor excessivem Kummer ersticke[2].

Schräge Stellung der Augenbrauen. — Allein zwei Punkte der oben gegebenen Beschreibung erfordern weitere Erläuterung, und

---

[1] Die obigen descriptiven Bemerkungen sind zum Theil meinen eigenen Beobachtungen entnommen, hauptsächlich aber Gratiolet (De la Physionomie, p. 53, 337; über das Seufzen, p. 232), welcher den ganzen Gegenstand sehr gut erörtert hat; s. auch Huschke, Mimices et Physiognomices Fragmentum physiologicum, 1821, p. 21. Über das matte Ansehen der Augen s. Dr. Piderit, Mimik und Physiognomik, 1867, S. 65.

[2] Über die Wirkung des Kummers auf die Respirationsorgane s. besonders noch Sir Ch. Bell, Anatomy of Expression, 3. edit. 1844, p. 151.

zwar sind dieselben sehr merkwürdig: nämlich das in die Höhe Ziehen der innern Enden der Augenbrauen und das Herabziehen der Mundwinkel. Was die Augenbrauen betrifft, so kann man wohl gelegentlich sehen, dasz sie bei Personen, welche an tiefer Niedergeschlagenheit leiden oder voller Sorgen sind, eine schräge Stellung annehmen; so habe ich z. B. diese Bewegung bei einer Mutter gesehen, welche von ihrem kranken Sohne sprach; zuweilen auch wird sie durch völlig unbedeutende oder momentan vorübergehende Ursachen wirklicher oder vorgeblicher Trübsal veranlaszt. Die Augenbrauen nehmen diese Stellung dadurch an, dasz die Zusammenziehung gewisser Muskeln (nämlich der kreisförmigen, der Augenbrauenrunzler und des Pyramidenmuskels der Nase, welche zusammen die Augenlider herabzuziehen und zusammenzuziehen streben) durch die kraftvollere Zusammenziehung der centralen Bündel des Stirnmuskels zum Theil gehemmt wird. Diese letzteren Bündel erheben durch ihre Zusammenziehung allein die innern Enden der Augenbrauen; und da die Augenbrauenrunzler in derselben Zeit die Augenbrauen zusammenziehen, so werden ihre innern Enden in eine grosze Falte oder einen Klumpen zusammengelegt. Diese Falte ist in der Erscheinung der Augenbrauen, wenn sie schräg gestellt sind, in hohem Grade characteristisch, wie in den Figuren 2 und 5 auf Tafel II. zu sehen ist. Die Augenbrauen erscheinen gleichzeitig etwas rauh in Folge des Umstandes, dasz die Haare vorstehend gemacht sind. Dr. J. Crichton Browne hat auch häufig bei melancholischen Patienten, welche ihre Augenbrauen beständig in einer schrägen Stellung halten, „eine eigenthümliche spitze Wölbung des obern „Augenlides" beobachtet. Eine Spur hiervon ist bei der Vergleichung des rechten und linken Augenlides des jungen Mannes in der Photographie (Fig. 2, Taf. II.) zu bemerken; denn er war nicht im Stande, gleichmäszig auf beide Augenlider zu wirken. Dies zeigt sich auch an der Ungleichheit der Furchen auf den beiden Seiten seiner Stirn. Dieses spitze Wölben der Augenlider hängt, wie ich glaube, davon ab, dasz nur die innern Enden der Augenbrauen in die Höhe gezogen werden; denn wird die ganze Augenbraue in die Höhe gehoben und gebogen, so folgt das obere Augenlid in einem geringen Grade derselben Bewegung.

Das am allermeisten auffallende Resultat der einander entgegengesetzten Zusammenziehung der oben erwähnten Muskeln wird aber durch die eigenthümlichen sich auf der Stirn bildenden Furchen dargeboten. Man kann diese Muskeln, wenn sie so in Verbindung, aber in entgegengesetzter Richtung in Thätigkeit treten, der Kürze wegen die „Gram-Muskeln" nennen. Wenn eine Person ihre Augenbrauen durch Zusammenziehung des ganzen Stirnmuskels erhebt, so erstrecken sich quere Falten über die ganze Breite der Stirn; in dem vorliegenden Falle werden aber nur die mittleren Bündel zusammen gezogen; in Folge dessen bilden sich quere Furchen allein über dem mittleren Theile der Stirn. Die Haut über dem äuszeren Theile der Augenbrauen wird gleichzeitig durch die Zusammenziehung der äuszern Partien der Kreismuskeln nach abwärts gezogen und geglättet. Es werden auch die Augenbrauen durch die gleichzeitige Zusammenziehung der Augenbrauenrunzler einander genähert[3]; und diese letztere Handlung bringt senkrechte Furchen hervor, welche den äuszern und herabgezognen Theil der Stirnhaut von dem mittleren und in die Höhe gehobenen scheiden. Die Verbindung dieser senkrechten Furchen mit den mittleren und queren Furchen (s. Fig. 2 und 3) erzeugt auf der

---

[3] Bei den vorstehenden Bemerkungen über die Art und Weise, wie die Augenbrauen schräg gestellt werden, bin ich der, wie es scheint, ganz allgemeinen Ansicht aller der Anatomen gefolgt, deren Werke ich über die Thätigkeit der oben genannten Muskeln zu Rathe gezogen oder mit denen ich mich unterhalten habe. Ich werde daher im ganzen Verlaufe dieses Werkes eine ähnliche Ansicht von der Wirkung des corrugator supercilii, orbicularis, pyramidalis nasi und der Stirnmuskeln festhalten. Dr. Duchenne indessen glaubt, — und jede Folgerung, zu welcher er gelangt, verdient ernstliche Erwägung, — dasz es der von ihm sourcilier genannte Augenbrauenrunzler sei, welcher den innern Winkel der Augenbrauen erhebe und ein Antagonist des oberen und inneren Theils sowohl des Kreismuskels als auch des pyramidalis nasi sei (s. Mécanisme de la Physion. Humaine, 1862, folio, Art. V. Text, und Figuren 19 bis 29; Octavausgabe 1862, p. 43, Text). Er gibt indessen zu, dasz der Corrugator die Augenbrauen zusammenziehe und dadurch senkrechte Furchen über der Nasenwurzel oder ein Stirnrunzeln verursache. Er glaubt ferner, dasz nach den äuszern zwei Drittheilen der Augenbrauen zu der Augenbrauenrunzler in Verbindung mit dem oberen Theile der Kreismuskeln wirke; wobei hier beide in Antagonismus zum Stirnmuskel stehen. Wenn ich mich nach Henle's Abbildung (Holzschnitt, Fig. 3. S. 23) richte, so bin ich nicht im Stande einzusehen, wie der Corrugator in der von Duchenne geschilderten Art wirken kann. S. auch über diesen Gegenstand Prof. Donders' Bemerkungen in den: „Archives of Medicine" Vol. V. 1870, p. 34. Mr. J. Wood, welcher so bekannt wegen seiner sorgfältigen Studien über die Muskeln des menschlichen Körpers ist, sagt mir, er glaube, die Schilderung, die ich von der Wirkung des Augenbrauenrunzlers gegeben habe, sei correct. Es ist dies aber kein Punkt von irgend welcher Bedeutung in Bezug auf die Ausdrucksform, welche durch die Stellung der Augenbrauen hervorgebracht wird, noch von irgend welcher Bedeutung in Bezug auf die Theorie ihres Ursprungs.

Stirn eine Zeichnung, welche man mit der Figur eines Hufeisens verglichen hat; streng genommen bilden aber diese Furchen die drei Seiten eines Vierecks. An der Stirn erwachsener oder nahezu erwachsener Personen sind dieselben häufig ganz deutlich, wenn die Augenbrauen in der geschilderten Weise schräg gestellt werden; bei kleinen Kindern aber sind sie in Folge des Umstandes, dasz sich ihre Haut nicht leicht faltet, nur selten zu sehen oder es lassen sich blosze Spuren derselben nachweisen.

Diese eigenthümlichen Furchen sind am besten in Figur 3 Tafel II. auf der Stirn einer jungen Dame dargestellt, welche in einem ganz ungewöhnlichen Grade das Vermögen besitzt, willkürlich auf die erforderlichen Muskeln einzuwirken. Da dieselbe, während sie photographirt wurde, ganz von dem Versuche absorbirt war, so war ihr Gesichtsausdruck durchaus nicht der des Kummers; ich habe daher allein die Abbildung der Stirn gegeben. Fig. 1 auf derselben Tafel, nach DUCHENNE's Werk[+] copirt, stellt in einem verkleinerten Maszstabe das Gesicht in seinem natürlichen Zustande von einem jungen Manne dar, der ein guter Schauspieler ist. In Fig. 2 ist er abgebildet, wenn er Kummer ausdrückt; wie aber schon vorher bemerkt wurde, sind hier die beiden Augenbrauen nicht in gleichmäsziger Art beeinfluszt worden. Dasz der Gesichtsausdruck ein richtiger ist, kann man aus der Thatsache schlieszen, dasz von fünfzehn Personen, denen die Originalphotographie gezeigt wurde, ohne irgend einen Schlüssel zu dem, was mit dem Vorlegen des Bildes beabsichtigt wurde, vierzehn sofort antworteten: „verzweifelnder Kummer", „leidendes Erdulden", „Melancholie" u. s. w. Die Geschichte der Fig. 5 ist einigermaszen merkwürdig. Ich sah die Photographie in dem Schaufenster eines Ladens und brachte sie zu Mr. REJLANDER, um ausfindig zu machen, von wem sie gemacht worden sei, wobei ich gegen ihn bemerkte, wie pathetisch der Ausdruck sei. Er antwortete: „Ich habe sie gemacht, und der Ausdruck konnte „wohl schon pathetisch sein, denn ein paar Minuten später brach der „Junge in Weinen aus." Er zeigte mir dann eine Photographie des-

---

[+] Ich bin Dr. Duchenne sehr für die Erlaubnis verbunden, diese beiden Photographien (Fig. 1 und 2) durch den Procesz der Heliotypie aus seinem Foliowerke reproduciren zu lassen. Viele der vorstehenden Bemerkungen über das Falten der Haut, wenn die Augenbrauen schräg gestellt werden, sind seiner ausgezeichneten Erörterung über diesen Gegenstand entnommen.

selben Knaben in einem gemüthlichen Gemüthszustande, welche ich habe reproduciren lassen (Fig. 4). In Fig. 6 kann man eine Spur von schräger Stellung an den Augenbrauen entdecken; diese Figur ist aber, ebenso wie Fig. 7, hier mitgetheilt worden, um das Herabziehen der Mundwinkel zu zeigen, auf welchen Gegenstand ich sofort zurückkommen werde.

Es können nur wenig Personen ohne einige Übung willkürlich auf ihre „Gram-Muskeln" wirken; nach wiederholten Versuchen gelang es indesz einer beträchtlichen Anzahl, während Andere es niemals können. Der Grad der schrägen Stellung der Augenbrauen, mag dieselbe willkürlich oder unbewuszterweise angenommen worden sein, ist bei verschiedenen Personen sehr verschieden. Bei einigen, welche allem Anscheine nach ungewöhnlich starke Pyramidenmuskeln haben, hebt die Zusammenziehung der mittleren Bündel des Stirnmuskels, obschon sie energisch sein mag, wie sich durch die viereckigen Furchen an der Stirn zeigt, die innern Enden der Augenbrauen nicht in die Höhe, sondern verhindert es nur, dasz sie so tief herabgesenkt werden, als es sonst der Fall gewesen sein würde. So weit ich zu beobachten im Stande gewesen bin, werden die Gram-Muskeln viel häufiger von Kindern und Frauen als von Männern in Thätigkeit gesetzt. Nur selten, wenigstens bei erwachsenen Personen, wirkt körperlicher Schmerz auf sie ein, vielmehr beinahe ausschlieszlich Seelenangst. Zwei Personen, welche es nach einiger Übung erlangten, ihre Gram-Muskeln wirken zu lassen, fanden, als sie sich im Spiegel betrachteten, dasz sie, wenn sie ihre Augenbrauen schräg stellten, gleichzeitig unabsichtlich ihre Mundwinkel herabzogen: und dies ist häufig der Fall, wenn der Ausdruck natürlich angenommen wird.

Das Vermögen, die Gram-Muskeln gehörig in Thätigkeit zu bringen, scheint wie beinahe jede andere menschliche Fähigkeit erblich zu sein. Eine Dame, welche zu einer Familie gehörte, die dadurch berühmt war, dasz sie eine auszerordentliche Anzahl groszer Schauspieler und Schauspielerinnen hervorgebracht hat, und welche selbst den hier besprochenen Ausdruck „mit merkwürdiger Präcision" wiedergeben kann, erzählte dem Dr. CRICHTON BROWNE, dasz ihre ganze Familie diese Fähigkeit in einem merkwürdigen Grade besessen habe. Wie ich gleichfalls von Dr. BROWNE höre, soll sich dieselbe erbliche Neigung bis auf den letzten Nachkommen der Familie erstreckt haben, welcher zu dem Roman „Red Gauntlet" von Sir WALTER SCOTT Veranlassung gegeben hat; der Held wird hier aber beschrieben, als zöge er seine Stirn bei einer jeden starken Gemüthserregung in eine hufeisenförmige Figur zusammen. Ich habe auch eine junge Frau gesehen, deren Stirn beinahe gewohnheitsgemäsz in dieser Weise zusammengezogen zu sein schien, unabhängig von irgend einer während der Zeit gefühlten Erregung.

Die Gram-Muskeln werden nicht sehr häufig in's Spiel gebracht; da ferner ihre Thätigkeit oft nur momentan ist, so entzieht sie sich leicht der Beobachtung. Obgleich die Ausdrucksform, wenn sie zur Beobachtung kommt, ganz allgemein und augenblicklich als die des Kummers oder der Sorgen erkannt wird, so ist doch nicht eine Person unter einem Tausend, wenn sie den Gegenstand nicht eingehend studirt hat, im Stande, genau anzugeben, was für eine Veränderung an dem Gesichte des Leidenden vorgeht. Wahrscheinlich liegt hierin der Grund dafür, dasz diese Ausdrucksform, soviel ich bemerkt habe, in keinem Werke der Dichtung, auch nicht einmal beiläufig, erwähnt wird, mit Ausnahme des „Red Gauntlet" und einem einzigen andern Romane; es gehört aber die Verfasserin des letzten, wie mir gesagt worden ist, zu der oben erwähnten berühmten Familie von Schauspielern, so dasz ihre Aufmerksamkeit vielleicht speciell auf diesen Gegenstand hingelenkt worden ist.

Die alten griechischen Bildhauer waren mit dieser Ausdrucksform wohl bekannt, wie es an den Statuen des Laokoon und des Schleifers zu sehen ist; wie aber DUCHENNE bemerkt, verlängerten sie die queren Furchen auf der Stirn über deren ganze Breite und begiengen damit einen groszen anatomischen Fehler; auch ist dies bei einigen modernen Statuen gleicherweise der Fall. Jene wunderbar sorgfältigen Beobachter haben indessen wahrscheinlicherweise eher mit Absicht die Wahrheit zum Zwecke der Schönheit geopfert, als dasz sie einen Fehler gemacht hätten; denn rechtwinklige Furchen auf der Stirn würden am Marmor keinen groszartigen Anblick dargeboten haben. So viel ich ausfindig machen kann, wird diese Ausdrucksform in ihrem vollständig entwickelten Zustande nicht oft von den alten Meistern auf Gemälden dargestellt, ohne Zweifel aus derselben Ursache. Doch theilt mir eine Dame, welche mit dieser Ausdrucksform vollkommen vertraut ist, mit, dasz sie in FRA ANGELICO's Abnahme vom Kreuz in Florenz ganz deutlich von einer der Personen rechter Hand dargeboten wird; ich selbst könnte noch einige wenige andere Beispiele hinzufügen.

Dr. CRICHTON BROWNE widmete auf meine Bitte dieser Ausdrucksform bei den zahlreichen in der West-Riding-Irrenanstalt unter seiner Behandlung stehenden geisteskranken Patienten eingehende Aufmerksamkeit; auch kennt er DUCHENNE's Photographie von der Thätigkeit der Gram-Muskeln sehr gut. Er theilt mir mit, dasz die letztern bei Fällen von Melancholie und speciell von Hypochondrie beständig in energischer Thätigkeit gesehen werden können; und die von ihrer fortwährenden Zusammenziehung abhängigen, bleibend vorhandenen Linien oder Furchen sind für die Physiognomie der zu diesen beiden Classen gehörenden Geisteskranken characteristisch. Dr. BROWNE beobachtete in meinem Interesse eine beträchtliche Zeit hindurch sorgfältig drei Fälle von Hypochondrie, bei denen diese Gram-Muskeln beständig zusammengezogen waren. Einer dieser Fälle betraf eine 51 Jahre alte Wittwe, welche sich einbildete, alle ihre Eingeweide verloren und in Folge dessen einen leeren Körper zu haben. Sie hatte einen Ausdruck groszer Trübsal und schlug ihre halbgeschlossenen Hände stundenlang rhythmisch zusammen. Die Gram-Muskeln waren permanent zusammengezogen und die obern Augenlider waren gewölbt. Dieser Zustand hielt Monate lang an; dann wurde sie hergestellt und ihr Gesicht nahm nun seinen natürlichen Ausdruck wieder an. Ein zweiter Fall bot nahezu dieselben Eigenthümlichkeiten dar; doch waren hier auszerdem noch die Mundwinkel herabgezogen.

Auch Mr. PATRICK NICOL hat mit groszer Freundlichkeit für mich mehrere Fälle in der Sussex-Irrenanstalt beobachtet und mir in Bezug auf drei derselben ausführliche Einzelnheiten mitgetheilt; diese brauchen jedoch hier nicht angeführt zu werden. Aus seinen Beobachtungen an melancholischen Patienten schliesst Mr. NICOL, dasz die innern Enden der Augenbrauen beinahe immer mehr oder weniger in die Höhe gezogen sind, wobei die Falten auf der Stirn mehr oder weniger deutlich markirt werden. In einem Falle, bei einer jungen Frau, war zu beobachten, dasz diese Falten in beständigem Spiele oder beständiger Bewegung begriffen waren. In einigen Fällen sind die Mundwinkel herabgezogen, häufig aber nur in einem unbedeutenden Grade. Ein gewisses Masz von Verschiedenheit in dem Ausdrucke der verschiedenen melancholischen Patienten konnte beinahe immer beobachtet werden. Allgemein hängen die Augenlider matt herab; die Haut in der Nähe ihrer äuszern Winkel und unter ihnen ist gefurcht. Die Nasenlippenfalte, welche von den Nasenflügeln zu den Mundwinkeln herab läuft und welche bei weinerlichen Kindern so auffallend ist, ist häufig bei diesen Patienten deutlich ausgesprochen.

Obgleich bei geisteskranken Personen die Gram-Muskeln häufig in beständiger Thätigkeit sind, so werden sie doch in gewöhnlichen Fällen zuweilen unbewuszt durch lächerlich unbedeutende Veranlassungen in momentane Thätigkeit gebracht. Ein Herr machte einer jungen Dame als Belohnung ein widersinnig kleines Geschenk; sie gab vor, beleidigt zu sein, und als sie ihm Vorwürfe machte, nahmen ihre Augenbrauen eine äuszerst schräge Stellung an, wobei die Stirn die gehörigen Falten bekam. Eine andere junge Dame und ein junger Mann, beide in ausgelassener Laune, sprachen eifrigst mit auszerordentlicher Geschwindigkeit auf einander los; dabei bemerkte ich, dasz, so oft die junge Dame besiegt wurde und ihre Worte nicht schnell genug hervorbringen konnte, ihre Augenbrauen schräg nach oben gezogen wurden, wobei sich dann rechtwinklige Furchen auf ihrer Stirn bildeten. Gewissermaszen hiszte sie in dieser Weise jedesmal die Nothflagge; sie that dies ungefähr ein halbes Dutzend Mal im Laufe weniger Minuten. Ich machte weiter keine Bemerkung über die Sache; bei einer andern Gelegenheit aber bat ich sie, ihre Gram-Muskeln in Thätigkeit zu setzen; ein anderes junges Mädchen, welches dabei war und dies willkürlich thun konnte, zeigte ihr, was dadurch beabsichtigt werde. Sie versuchte es nun wiederholt, doch mislang es ihr vollständig. Und dennoch war eine so unbedeutende Veranlassung zur Trauer, wie das Gefühl nicht im Stande zu sein schnell genug zu sprechen, hinreichend, diese Muskeln immer und immer wieder in energische Thätigkeit zu versetzen.

Der durch die Zusammenziehung der Gram-Muskeln hervorgerufene Ausdruck des Grams oder Kummers ist durchaus nicht auf Europäer beschränkt, scheint vielmehr allen Menschenrassen gemeinsam zuzukommen. Ich habe wenigstens glaubwürdige Schilderungen erhalten in Bezug auf das Vorkommen desselben bei den Hindus, den Dhangars (einem der ursprünglichen Bergstämme von Indien, folglich zu einer ganz andern Rasse gehörig als die Hindus), den Malayen, Negern und Australiern. Was die letztern betrifft, so beantworteten zwei Beobachter meine Fragen bejahend, gehen aber in keine Einzelnheiten ein. Doch fügt Mr. TAPLIN meinen beschreibenden Bemerkungen die Worte hinzu: „dies ist genau zutreffend". Was die Neger anlangt, so beobachtete die Dame, welche FRA ANGELICO's Gemälde gegen mich erwähnte, einen Neger, welcher ein Boot auf dem Nil an einem Taue zog; als er auf ein Hindernis stiess, sah sie, wie seine Gram-Muskeln in heftige Thätigkeit versetzt und auf der Mitte der Stirn scharf ausgesprochene Falten gebildet wurden. Mr. GEACH beobachtete einen Malayen in Malacca, dessen Mundwinkel stark herabgezogen waren, dessen Augenbrauen schräg standen und bei welchem kurze tiefe Gruben auf der Stirn vorhanden waren. Dieser Ausdruck währte nur eine kurze Zeit; Mr. GEACH bemerkt dazu: „es war ein sehr fremd„artiger Ausdruck, dem sehr ähnlich, welchen eine Person darbietet, „die über irgend einen schweren Verlust eben in Weinen ausbrechen „will."

Die Eingebornen von Indien sind, wie Mr. H. ERSKINE gefunden hat, mit dieser Ausdrucksform ganz gut bekannt; Mr. J. SCOTT, vom botanischen Garten in Calcutta, hat mir mit groszer Freundlichkeit eine ausführliche Beschreibung zweier Fälle geschickt. Er beobachtete eine Zeit lang, während er selbst nicht gesehen wurde, ein junges Dhangar-Weib von Nagpore, die Frau eines der Gärtner, welche ihr kleines im Sterben begriffenes Kind pflegte; dabei sah er deutlich, wie die Augenbrauen an den innern Enden in die Höhe gezogen waren, die Augenlider matt herabhiengen, die Stirn in der Mitte gefurcht und der Mund leicht geöffnet war mit stark herabgedrückten Mundwinkeln. Er trat dann hinter einer Wand von Pflanzen vor und redete die arme Frau an; sie fuhr zusammen, brach in eine Fluth bitterer Thränen aus und beschwor ihn, ihr Kind zu heilen. Der zweite Fall betraf einen Hindustani-Mann, welcher in Folge von Armuth und Krankheit gezwungen war, seine Lieblingsziege zu verkaufen. Nachdem er das Geld erhalten hatte, blickte er wiederholt auf das Geld in seiner Hand und dann auf die Ziege, als sei er noch in Zweifel, ob er es nicht zurückgeben solle. Er gieng dann zur Ziege, welche fertig aufgebunden war, um fortgeführt zu werden; das Thier erhob sich und leckte ihm die Hände. Seine Augen schwankten unstät von der einen zur andern Seite; sein „Mund war theil„weise geschlossen, die Mundwinkel sehr entschieden herabgedrückt". Endlich schien sich doch der Arme dazu zu entscheiden, dasz er sich von seiner Ziege trennen müsse; und nun wurden, wie Mr. SCOTT sah, die Augenbrauen leicht schräg gestellt mit der characteristischen Faltung oder Schwellung an den innern Enden, es waren aber keine Falten auf der Stirn vorhanden. Der Mann stand eine Minute lang so da; dann brach er nach einem tiefen Seufzer in Thränen aus, hob seine beiden Hände auf, segnete die Ziege, drehte sich herum und gieng davon, ohne sich noch einmal umzusehen.

Über die Ursache der schrägen Stellung der Augenbrauen im Leiden. — Mehrere Jahre lang schien mir keine Ausdrucksform so verwirrend zu sein wie diejenige, die wir hier betrachten. Was könnte die Ursache sein, dasz sich bei Kummer oder bei Sorgen allein die mittleren Bündel des Stirnmuskels in Verbindung mit denen rings um das Auge zusammenziehen? Es scheint hier eine complicirte Bewegung vorzuliegen zu dem alleinigen Zweck, Gram oder Kummer auszudrücken; und doch ist dies ein verhältnismäszig seltener Ausdruck, der auch häufig übersehen wird. Ich glaube, die Erklärung ist nicht so schwierig, wie es auf den ersten Blick erscheint. Dr. DUCHENNE theilt eine Photographie des vorhin erwähnten jungen Mannes mit, als er nach aufwärts auf eine stark erleuchtete Fläche sah, dabei zogen sich seine Gram-Muskeln unwillkürlich in einer übertriebenen Art zusammen. Ich hatte diese Photographie vollständig vergessen, als ich an einem sehr hellen Tage, die Sonne hinter mir, während ich ausritt, einem Mädchen begegnete, dessen Augenbrauen, wie sie zu mir heraufsah, auszerordentlich schräg gestellt wurden mit den eigenthümlichen Furchen auf der Stirn. Dieselbe Bewegung habe ich dann unter ähnlichen Umständen bei mehreren späteren Gelegenheiten beobachtet. Bei meiner Rückkehr nach Hause liesz ich drei meiner Kinder, ohne ihnen eine Andeutung meines Zweckes zu geben, so lange und so aufmerksam, wie sie nur konnten, nach dem Gipfel eines hohen, gegen den äuszerst glänzenden Himmel stehenden Baumes hinsehen. Bei allen dreien wurden die kreisförmigen Muskeln, die Augenbrauenrunzler und die Pyramidenmuskeln energisch durch Reflexthätigkeit in Folge der Reizung der Netzhaut zusammengezogen, damit ihre Augen vor dem hellen Lichte geschützt würden. Sie versuchten aber ihr Äuszerstes, aufwärts zu sehen, und nun liesz sich ein merkwürdiger von krampfhaften Zuckungen begleiteter Kampf zwischen den ganzen Stirnmuskeln oder nur seinem mittleren Theile und den verschiedenen Muskeln, welche dazu dienen, die Augenbrauen herabzuziehen und die Augenlider zu schlieszen, beobachten. Die unwillkürliche Zusammenziehung der Pyramidenmuskeln verursachte eine quere und tiefe Runzelung auf dem Basaltheile ihrer Nasen. Bei einem der drei Kinder wurden die ganzen Augenbrauen momentan erhoben und gesenkt, und zwar durch die abwechselnde Zusammenziehung des ganzen Stirnmuskels und der die Augen umgebenden Muskeln, so dasz die ganze Breite der Stirn abwechselnd gefurcht und wieder geglättet wurde. Bei den zwei andern Kindern wurde die Stirn nur in der Mitte gefurcht, wodurch sich rechtwinklige Falten bildeten; die Augenbrauen wurden schräg gestellt, ihre innern Enden faltig geschwollen, — bei dem einen Kinde zeigte sich dies in einem unbedeutenden Grade, bei dem andern in einer scharf markirten Weise. Diese Verschiedenheit in der schrägen Stellung der Augenbrauen hieng dem Anscheine nach von einer Verschiedenheit in ihrer allgemeinen Beweglichkeit und von der Kraft der Pyramidenmuskeln ab. In diesen beiden Fällen wirkten die Muskeln unter dem Einflusse eines starken Lichtes auf die Augenbrauen und die Stirn in genau derselben Weise und mit jeder characteristischen Einzelnheit, wie unter dem Einflusse des Kummers oder der Sorgen.

DUCHENNE gibt an, dasz der Pyramidenmuskel der Nase weniger unter der Controle des Willens steht als die andern Muskeln rings um das Auge. Er bemerkt, dasz der junge Mensch, welcher so gut auf seine Gram-Muskeln, ebenso wie auf die meisten seiner übrigen Gesichtsmuskeln wirken konnte, seine Pyramidenmuskeln nicht zusammenziehen konnte[5]. Es ist indessen ohne Zweifel diese Fähigkeit bei verschiedenen Personen verschieden. Der Pyramidenmuskel dient dazu, die Haut der Stirn zwischen den Augenbrauen, gleichzeitig mit deren innern Enden, herabzuziehen. Die mittlern Bündel des Stirnmuskels sind die Antagonisten des Pyramidenmuskels; und wenn die Thätigkeit des letztern besonders gehemmt wird, so müssen die mittlern Bündel jenes zusammengezogen werden. Wenn daher bei Personen mit kräftigen Pyramidenmuskeln unter dem Einflusse eines hellen Lichts ein unbewusztes Streben eintritt, das Herabsenken der Augenbrauen zu verhindern, so müssen die mittlern Bündel des Stirnmuskels in Thätigkeit gesetzt werden; und wenn deren Zusammenziehung hinreichend stark ist, die Pyramidenmuskeln zu überwältigen, so werden sie zusammen mit der Contraction der Augenbrauenrunzler und der kreisförmigen Muskeln in der eben geschilderten Weise auf die Augenbrauen und die Stirn wirken.

---

[5] Mécanisme de la Physion. Humaine. Album, p. 15.

Wenn Kinder schreien oder in Weinen ausbrechen, so ziehen sie, wie wir wissen, die Kreismuskeln, die Augenbrauenrunzler und die Pyramidenmuskeln zusammen, ursprünglich zum Zwecke, ihre Augen zusammenzudrücken und sie hierdurch vor einer Blutüberfüllung zu schützen, später dann aus Gewohnheit. Ich erwartete daher bei Kindern zu finden, dasz, wenn sie versuchten entweder den Ausbruch des im Anzuge begriffenen Weinens zu verhindern oder das Weinen zu unterdrücken, sie die Zusammenziehung der obengenannten Muskeln in derselben Weise hemmen würden, wie wenn sie nach aufwärts in helles Licht sehen, dasz folglich häufig die mittlern Bündel des Stirnmuskels in Thätigkeit kommen würden. Demzufolge begann ich selbst, Kinder zu solchen Zeiten zu beobachten, und bat Andere, darunter mehrere Ärzte, dasselbe zu thun. Es ist nothwendig, sorgfältig zu beobachten, da die eigenthümlich entgegengesetzte Wirkung dieser Muskeln bei Kindern nicht nahezu so deutlich ist wie bei Erwachsenen, weil bei ihnen die Stirn nicht so leicht gefaltet wird. Ich erkannte aber bald, dasz bei derartigen Gelegenheiten die Gram-Muskeln sehr häufig in sehr entschiedene Thätigkeit kamen. Es würde überflüssig sein, hier sämmtliche Fälle anzuführen, welche beobachtet wurden; ich will nur einige wenige einzeln mittheilen. Ein kleines, anderthalb Jahr altes Mädchen wurde von mehreren andern Kindern gequält; ehe es in Thränen ausbrach, wurden die Augenbrauen ganz entschieden schräg gestellt. Bei einem etwas ältern Mädchen wurde dieselbe schräge Stellung beobachtet, wobei die innern Enden der Augenbrauen deutlich faltig anschwollen; gleichzeitig wurden auch die Mundwinkel nach abwärts gezogen. Sobald es in Thränen ausbrach, änderten sich sämmtliche Gesichtszüge und die besondere Ausdrucksform verschwand. Nachdem ferner ein kleiner Junge geimpft worden war, was ihn zu heftigem Schreien und Weinen gebracht hatte, gab ihm der Arzt eine zu diesem Zwecke mitgebrachte Apfelsine, was dem Kinde ungemeines Vergnügen machte; als es zu weinen aufhörte, wurden alle die characteristischen Bewegungen beobachtet, mit Einschlusz der Bildung der rechtwinkligen Falten auf der Mitte der Stirn. Endlich begegnete ich auf der Strasze einem kleinen, drei oder vier Jahre alten Mädchen, welches von einem Hunde erschreckt worden war; als ich sie frug, was ihr begegnet sei, hörte sie auf zu weinen und im Augenblicke wurden ihre Augen in einem auszerordentlichen Grade schräg gestellt.

Wir haben daher hier, wie ich nicht zweifeln kann, den Schlüssel zur Lösung des Problems, warum sich unter dem Einflusse des Kummers die mittlern Bündel des Stirnmuskels und die Muskeln rings um das Auge in Opposition zu einander zusammenziehen, — mag ihre Zusammenziehung eine länger anhaltende sein, wie bei den melancholischen Geisteskranken, oder momentan vorübergehen, wie in Folge irgend einer unbedeutenden Ursache der Trübsal. Wir haben alle als Kinder wiederholt unsere ringförmigen Muskeln, Augenbrauenrunzler und Pyramidenmuskeln zusammengezogen, um während des Schreiens unsere Augen zu schützen; unsere Vorfahren haben viele Generationen hindurch vor uns dasselbe gethan; und obgleich wir wohl mit fortschreitenden Jahren leicht das Ausstoszen von Schmerzensschreien verhindern können, wenn wir uns in Noth fühlen, so können wir doch der langen Gewohnheit wegen nicht immer eine leichte Zusammenziehung der eben genannten Muskeln verhindern; wir bemerken in der That weder deren Zusammenziehung bei uns selbst, noch versuchen wir, sie aufzuhalten, wenn sie nur unbedeutend ist. Die Pyramidenmuskeln scheinen aber weniger unter der Controle des Willens zu sein, als die andern damit in Beziehung stehenden Muskeln; und wenn sie ordentlich entwickelt sind, kann ihre Zusammenziehung nur durch die antagonistische Zusammenziehung der mittlern Bündel des Stirnmuskels gehemmt werden. Das Resultat, welches nothwendigerweise daraus folgt, dasz diese Bündel energisch zusammengezogen werden, ist das Ziehen der Augenbrauen schräg nach innen und oben, das Zusammenfalten ihrer innern Enden und die Bildung rechtwinkliger Furchen auf der Mitte der Stirn. Da Kinder und Frauen viel reichlicher weinen als Männer und da erwachsene Personen beiderlei Geschlechts nur selten weinen, ausgenommen bei geistiger Trübsal, so können wir einsehen, warum man die Gram-Muskeln, wie es meiner Meinung nach der Fall ist, viel häufiger bei Kindern und Frauen in Thätigkeit sieht als bei Männern, und bei erwachsenen Personen beiderlei Geschlechts nur in Fällen geistiger Trübsal. In einigen der vorhin angeführten Fälle, so in dem des armen Dhangar-Weibes und des Hindustani-Mannes, folgte der Thätigkeit der Gram-Muskeln sehr schnell ein bitteres Weinen. In allen Fällen von Noth, mag dieselbe grosz oder klein sein, strebt unser Gehirn in Folge langer Gewohnheit danach, gewissen Muskeln einen Befehl zum Zusammenziehen zu senden, als wären wir noch immer Kinder im Begriffe laut aufzuschreien; diesem Befehle aber sind wir durch die wunderbare Gewalt des Willens und durch die Gewohnheit theilweise entgegenzuwirken im Stande, obschon dies unbewuszt geschieht, so weit es die Mittel des Gegenwirkens betrifft.

Über das Herabdrücken der Mundwinkel. — Diese Handlung wird durch die Depressores anguli oris ausgeführt (s. K. in Fig. 1 und 2, S. 22). Die Fasern gehen nach abwärts auseinander, während das obere convergirende Ende rund um die Mundwinkel und an der Oberlippe ein wenig innerhalb der Lippenwinkel[6] befestigt ist. Einige der Fasern scheinen Antagonisten des groszen Jochbeinmuskels zu sein, andere die Antagonisten der verschiedenen, zum äuszern Theil der Oberlippe gehenden Muskeln. Die Zusammenziehung dieser Muskeln zieht die Mundwinkel, mit Einschlusz des äuszern Theils der Oberlippe und selbst, in einem geringen Grade, der Nasenflügel nach unten und auszen. Ist der Mund geschlossen und wirkt nun dieser Muskel, so bildet die Commissur oder die Verbindungslinie der beiden Lippen eine gekrümmte Linie mit der Concavität nach unten[7] und die Lippen selbst, besonders die Unterlippe, werden meist ein wenig vorgestreckt. Der Mund in diesem Zustande ist recht gut in den beiden Photographien von Mr. REJLANDER dargestellt (Taf. II, Fig. 6 und 7). Der obere Knabe (Fig. 6) hatte gerade zu weinen aufgehört, nachdem er von einem andern Knaben einen Schlag in's Gesicht bekommen hatte, und es war gerade der richtige Moment ergriffen worden, ihn zu photographiren.

Der Ausdruck für Gedrücktsein, Kummer oder Niedergeschlagenheit, wie er sich als Folge der Zusammenziehung dieses Muskels darstellt, ist von einem Jeden bemerkt worden, der über den Gegenstand geschrieben hat. Wenn man sagt, dasz eine Person „den Mund hängen läszt", so ist dieser Ausdruck mit dem synonym, dasz er gedrückter Stimmung ist. Das Herabziehen der Mundwinkel kann, wie bereits nach der Autorität des Dr. CRICHTON BROWNE und des Mr. NICOL gesagt worden ist, oft bei den melancholischen Irren gesehen werden und war sehr gut in einigen, mir von dem erstern der genannten

---

[6] Henle, Handbuch der Anatomie des Menschen. Bd. 1. 1858. S. 148. Fig. 68 und 69.

[7] s. die Schilderung der Wirkung dieses Muskels bei Duchenne, Mécanisme de la Physionomie Humaine. Album (1862) VIII., p. 34.

Herren gesandten Photographien von Patienten mit starker Neigung zum Selbstmord ausgesprochen. Bei Menschen, die zu verschiedenen Rassen gehören, ist es beobachtet worden, namentlich bei Hindus, bei den dunklen Bergstämmen von Indien, bei Malayen und, wie mir Mr. HAGENAUER mittheilt, bei den Eingebornen von Australien.

Wenn Kinder schreien, so ziehen sie die Muskeln rund um die Augen fest zusammen und dies zieht die Oberlippe in die Höhe; da sie dabei ihren Mund weit offen halten müssen, so werden auch die Niederzieher-Muskeln, welche zu den Mundwinkeln gehen, in starke Thätigkeit gesetzt. Dies verursacht allgemein, aber nicht ausnahmslos eine winklige Biegung in der Unterlippe an beiden Seiten in der Nähe der Mundwinkel. Das Resultat davon, dasz auf die Ober- und Unterlippe in dieser Weise eingewirkt wird, ist, dasz der Mund eine viereckige Gestalt annimmt. Die Zusammenziehung der Niederzieher-Muskeln ist am besten bei kleinen Kindern zu sehen, wenn sie nicht heftig schreien und besonders gerade, ehe sie beginnen oder wenn sie aufhören zu schreien. Ihr kleines Gesicht nimmt dann einen äuszerst bemitleidenswerthen Ausdruck an, wie ich beständig bei meinen eigenen Kindern beobachtete, wenn sie im Alter von ungefähr sechs Wochen und zwei oder drei Monaten waren. Zuweilen wird, wenn sie gegen einen Weinanfall ankämpfen, der Mund in einer so übertriebenen Weise gekrümmt, dasz er hufeisenförmig wird und dann wird der Ausdruck des Elends zu einer lächerlichen Carricatur.

Die Erklärung der Zusammenziehung dieses Muskels unter dem Einflusse des Gedrücktseins oder der Niedergeschlagenheit folgt allem Anscheine nach aus demselben allgemeinen Principe wie die der schrägen Stellung der Augenbrauen. Dr. DUCHENNE theilt mir mit, dasz er aus seinen nun während vieler Jahre fortgesetzten Beobachtungen zu dem Schlusse kommt, dasz dies einer der Gesichtsmuskeln ist, welcher am wenigsten unter der Controle des Willens steht. Diese Thatsache dürfte in der That schon aus dem gefolgert werden, was so eben über Kinder gesagt wurde, die zweifelhaft zu weinen anfangen oder es versuchen, mit Weinen aufzuhören; denn dann beherrschen sie allgemein sämmtliche andere Gesichtsmuskeln wirksamer als die Niederdrücker der Mundwinkel. Zwei ausgezeichnete Beobachter, welche sich keine Theorie über die Sache gemacht hatten, einer derselben ein Arzt, beobachtete sorgfältig für mich einige ältere Kinder und Frauen, wie dieselben unter etwas entgegenwirkenden Kämpfen sich allmählich dem Punkte näherten, in Thränen auszubrechen; beide Beobachter waren darüber sicher, dasz die Niederzieher-Muskeln eher in Thätigkeit zu treten begannen, als irgend einer der andern Muskeln. Da nun die Niederzieher wiederholt viele Generationen hindurch während der frühen Kindheit in heftige Thätigkeit versetzt worden sind, so wird Nervenkraft nach dem Princip lange associirter Gewohnheit streben, nach denselben Muskeln ebenso wie nach den andern Gesichtsmuskeln hinzuströmen, sobald im spätern Leben selbst ein leichtes Gefühl der Trübsal empfunden wird. Da aber die Niederzieher etwas weniger unter der Controle des Willens stehen als die meisten andern Muskeln, so können wir erwarten, dasz sie sich häufig in leichtem Grade zusammenziehen werden, während die andern unthätig bleiben. Es ist merkwürdig, eine wie geringe Herabdrückung der Mundwinkel dem Gesicht einen Ausdruck von Gedrücktsein oder Niedergeschlagenheit gibt, so dasz eine äuszerst unbedeutende Zusammenziehung dieser Muskeln hinreichend ist, diesen Seelenzustand zu verrathen.

Ich will hier eine unbedeutende Beobachtung erwähnen, da sie dazu dient, den vorliegenden Gegenstand zusammen zu fassen. Eine alte Dame mit gemüthlichem, aber in Gedanken vertieftem Ausdruck sasz mir in einem Eisenbahnwagen nahezu gegenüber. Während ich nach ihr hinsah, bemerkte ich, dasz ihre Depressores anguli oris sehr unbedeutend, aber doch entschieden zusammen gezogen wurden; da aber ihr Gesicht so glatt und mild wie immer blieb, so dachte ich nur darüber nach, wie bedeutungslos diese Zusammenziehung war und wie leicht man getäuscht werden könnte. Der Gedanke war kaum in mir aufgestiegen, als ich sah, wie sich die Augen der Dame plötzlich so mit Thränen füllten, dasz sie beinahe überflossen; dabei sank ihr ganzes Gesicht in sich zusammen. Nun konnte darüber kein Zweifel bestehen, dasz irgend eine schmerzliche Erinnerung, vielleicht an ein längst verlorenes Kind, ihr durch die Seele zog. Sobald ihr Sensorium in dieser Art afficirt wurde, überlieferten gewisse Nervenzellen aus langer Gewohnheit augenblicklich einen Befehl an alle Respirationsmuskeln und an die Muskeln rings um den Mund, sich auf einen Anfall von Weinen bereit zu machen. Diesem Befehl wurde aber durch den Willen, oder vielmehr durch eine später erlangte Gewohnheit das Gegengewicht gehalten; sämmtliche Muskeln gehorchten diesem Einflusse, mit Ausnahme der Depressores anguli oris, welche in geringem Grade sich zusammenzogen. Der Mund wurde nicht einmal geöffnet, die Respiration war nicht beschleunigt, und kein Muskel wurde afficirt, ausgenommen diejenigen, welche die Mundwinkel herabdrücken.

Sobald der Mund dieser Dame, ihrerseits ganz unwillkürlich und unbewuszt, begann, die für einen Anfall von Weinen gehörige Form anzunehmen, konnten wir beinahe sicher sein, dasz etwas Nervenkraft durch die lange gewohnten Canäle zu den verschiedenen Respirationsmuskeln, ebenso wie zu den Muskeln rings um das Auge und zu dem vasomotorischen Centrum, welches den Blutzuflusz zu den Thränendrüsen beherrscht, überliefert werden würde. Für die letztere Thatsache haben wir in der That einen deutlichen Beweis in der Erscheinung, dasz ihre Augen leicht mit Thränen gefüllt wurden; wir können dies auch verstehen, da die Thränendrüsen weniger unter der Controle des Willens stehen als die Gesichtsmuskeln. Ohne Zweifel bestand zu derselben Zeit eine gewisse Neigung in den Muskeln rings um das Auge sich zusammenzuziehen, gewissermaszen, um sie vor dem Überfülltwerden mit Blut zu schützen; diese Zusammenziehung wurde aber vollständig überwältigt und ihre Augenbrauen blieben ungefurcht. Wären die Pyramidenmuskeln, die Augenbrauenrunzler und die Kreismuskeln der Augen so wenig dem Willen gehorsam gewesen, wie sie es bei vielen Personen sind, so wären sie in geringem Grade beeinfluszt worden; dann würden sich auch die mittlern Bündel des Stirnmuskels in Antagonismus zusammengezogen haben und ihre Augenbrauen würden schräg gestellt worden sein mit rechtwinkligen Furchen auf der Stirn. Ihr Gesicht würde dann noch deutlicher, als es that, den Zustand der Niedergeschlagenheit oder vielmehr des Kummers ausgedrückt haben.

Durch Vergegenwärtigung solcher Schritte wie der vorstehend geschilderten können wir einsehen, woher es kommt, dasz, sobald irgend ein melancholischer Gedanke durch das Gehirn zieht, eine eben wahrnehmbare Herabziehung der Mundwinkel oder ein leichtes Erheben der innern Enden der Augenbrauen eintritt, oder dasz selbst beide Bewegungen combinirt werden, und unmittelbar darauf ein leichtes Erfüllen der Augen mit Thränen erfolgt. Ein Zug von Nervenkraft wird mehreren gewohnten Canälen entlang fortgeleitet und ruft auf jedem Punkte, wo der Wille nicht durch lange Gewohnheit bedeutende Gewalt des Eingreifens erlangt hat, eine Wirkung hervor. Die oben erwähnten Thätigkeiten können als rudimentäre Spuren der

Schreianfälle betrachtet werden, welche während der frühesten Kindheit so häufig und so anhaltend sind. In diesem Falle, wie in vielen andern, sind allerdings die Vermittlungsglieder wunderbar, welche bei der Erzeugung der verschiedenen Ausdrucksformen im menschlichen Gesicht Ursache und Wirkung mit einander verbinden; sie erklären uns die Bedeutung gewisser Bewegungen, welche wir unwillkürlich und unbewusst ausführen, so oft gewisse vorübergehende Erregungen durch unsere Seele ziehen.

Achtes Capitel.

Freude, Ausgelassenheit, Liebe, zärtliche Gefühle, fromme Ergebung und Andacht.

Das Lachen ursprünglich der Ausdruck der Freude. — Lächerliche Ideen. — Bewegungen des Gesichts während des Lachens. — Natur des dabei hervorgebrachten Lautes. — Die Absonderung von Thränen während hellen Gelächters. — Abstufung vom lauten Lachen zum leichten Lächeln. — Ausgelassenheit. — Der Ausdruck der Liebe. — Zarte Gefühle. — Andacht.

Wenn die Freude intensiv ist, so führt sie zu verschiedenen zwecklosen Bewegungen, zum Herumtanzen, in die Hände-Schlagen, Stampfen etc. und zu lautem Lachen. Das Lachen scheint ursprünglich der Ausdruck bloszer Freude oder reinen Glücks zu sein. Wir sehen dies deutlich bei Kindern, wenn sie spielen und dabei beinahe unaufhörlich lachen. Wenn junge Leute, die schon aus der Kindheit heraus sind, recht ausgelassen sind, so hört man von ihnen immer viel sinnloses Lachen. Das Lachen der Götter wird von Homer beschrieben als „der „Ausbruch ihrer himmlischen Freude nach ihren täglichen Banketten". Ein Mensch lächelt — und wie wir sehen werden, geht Lächeln allmählich in Lachen über — wenn er einem alten Freunde auf der Strasze begegnet, ebenso wie bei jedem unbedeutenden Vergnügen: so wenn er ein schönes Parfüm riecht[1]. Laura Bridgman konnte wegen ihrer Blindheit und Taubheit keinen Ausdruck durch Nachahmung irgendwie erlernt haben, und doch „lachte sie und schlug mit den „Händen zusammen, und die Farbe auf ihren Wangen erhöhte sich", wenn ein Brief von einem geliebten Freunde ihr durch Geberdensprache

---

[1] Herbert Spencer, Essays Scientific etc. 1858, p. 360.

mitgetheilt wurde. Bei andern Gelegenheiten hat man gesehen, wie sie vor Freude auf den Boden stampfte ².

Auch blödsinnige und geistesschwache Personen bieten einen guten Beweis dafür dar, dasz Lachen oder Lächeln ursprünglich reines Glück oder blosze Freude ausdrückte. Dr. CRICHTON BROWNE, dem ich wie bei so vielen andern Gelegenheiten auch hier für die Resultate seiner groszen Erfahrung verbunden bin, theilt mir mit, dasz bei Idioten das Lachen die vorherrschendste und häufigste aller gemüthlichen Ausdrucksformen ist. Viele Blödsinnige sind mürrisch, leidenschaftlich, unruhig, in einem schmerzlichen Seelenzustande oder im äuszersten Grade stumpf, und diese lachen niemals. Andere lachen häufig in einer vollständig sinnlosen Art und Weise. So beklagte sich ein blödsinniger Knabe, der nicht fähig war zu sprechen, bei Dr. BROWNE mit Hülfe von Zeichen, dasz ein anderer Knabe in der Anstalt ihm eine Ohrfeige gegeben habe, und dies wurde „von Ausbrüchen von „Gelächter begleitet, sein Gesicht war dabei mit dem hellsten Lächeln „überdeckt". Es gibt noch eine andere grosze Classe von Blödsinnigen, welche beständig freudig erregt und mild sind und fortwährend lachen oder lächeln³. Ihr Ausdruck bietet häufig ein stereotypes Lächeln dar; sobald Nahrung vor sie hingestellt wird, oder wenn sie geliebkost werden, oder wenn man ihnen helle Farben zeigt, oder wenn sie Musik hören, vermehrt sich ihre Freudigkeit und dann grinsen, kichern und lachen sie. Einige von ihnen lachen mehr als gewöhnlich, wenn sie umhergehen oder irgend eine Muskelanstrengung versuchen. Die freudige Erregtheit der meisten dieser Blödsinnigen kann unmöglich, wie Dr. BROWNE bemerkt, mit irgend einer bestimmten Idee associirt sein. Sie empfinden einfach Vergnügen und drücken dies durch Lachen oder Lächeln aus. Bei im Ganzen hochgradig geistesschwachen Personen scheint persönliche Eitelkeit die häufigste Ursache des Lachens zu sein und nächst dieser das Vergnügen, was sie bei der zustimmenden Anerkennung dieses Betragens empfinden.

Bei erwachsenen Personen wird das Lachen durch Ursachen erregt, welche von denen beträchtlich verschieden sind, welche während der Kindheit hinreichen. Diese Bemerkung ist aber kaum auf das Lächeln anwendbar. Das Lachen ist in dieser Beziehung dem Weinen

---

² F. Lieber, über die Stimmlaute der Laura Bridgman, in: Smithsonian Contributions, Vol. II. 1851, p. 6.

³ s. auch Mr. Marshall, in: Philosoph. Transactions. 1864, p 526.

analog, welches bei Erwachsenen beinahe ganz auf geistige Trübsal beschränkt ist, während es bei Kindern durch körperliche Schmerzen oder irgend welche Leiden ebensowohl erregt wird wie durch Furcht oder Wuth. Viele merkwürdige Erörterungen sind über die Ursache des Lachens bei erwachsenen Personen geschrieben worden. Der Gegenstand ist äuszerst complicirt. Irgend etwas nicht Zusammengehöriges oder Unerklärliches, das Erstaunen Erregende oder auch ein gewisses Gefühl der Überlegenheit beim Lachenden, der dabei in einer glücklichen Geistesstimmung sich befinden musz, scheint die häufigste Ursache zu sein [4]. Die Umstände dürfen nicht momentaner Natur sein: kein Armer wird lachen oder lächeln, wenn er plötzlich hört, dasz ihm ein groszes Vermögen vererbt worden ist. Wenn der Geist durch freudige Empfindungen stark erregt wird und es tritt irgend ein unerwartetes Ereignis oder ein unerwarteter Gedanke ein, dann wird, wie Mr. HERBERT SPENCER bemerkt [5], „eine bedeutende Menge nervöser „Energie plötzlich in ihrem Abflusse gehemmt, anstatt dasz ihr ge„stattet würde, sich in der Erzeugung einer äquivalenten Menge von „neuen Gedanken und Erregungen, welche im Entstehen begriffen waren, „auszubreiten." .... „Der Überschusz musz sich in irgend einer „andern Richtung Luft machen. Es erfolgt daher ein Ausflusz durch „die motorischen Nerven auf verschiedene Classen von Muskeln, und „hierdurch werden die halb convulsivischen Thätigkeiten erzeugt, die „wir Lachen nennen." Eine sich auf diesen Punkt beziehende Beobachtung hat einer meiner Correspondenten während der letzten Belagerung von Paris gemacht, nämlich, dasz die deutschen Soldaten nach starker Erregung in Folge des Umstands, dasz sie äuszerster Gefahr ausgesetzt gewesen waren, besonders geneigt waren, bei dem geringsten Scherze in lautes Lachen auszubrechen. So wird ferner, wenn kleine Kinder gerade anfangen wollen zu weinen, ein unerwartetes Ereignis zuweilen ihr Weinen in Lachen verwandeln, welches allem Anscheine nach gleichzeitig gut dazu dient, ihre überschüssige nervöse Energie zu verbrauchen.

Man sagt zuweilen, dasz die Einbildung durch eine lächerliche

---

[4] Mr. Bain gibt in seinem Buche: The Emotions and the Will, 1865, p. 247, eine lange und interessante Erörterung über das Lächerliche. Das oben angeführte Citat über das Lachen der Götter ist diesem Werke entnommen. s. auch Maudeville, The Fable of the Bees, Vol. II, p. 168.

[5] The Physiology of Laughter. Essays, Second Series, 1863, p. 114.

Idee gekitzelt werde, und dies sogenannte Kitzeln des Geistes ist dem Kitzeln des Körpers merkwürdig analog. Jedermann weisz, wie unmäszig Kinder lachen und wie ihr ganzer Körper convulsivisch bewegt wird, wenn sie gekitzelt werden. Die anthropomorphen Affen stoszen, wie wir gesehen haben, gleichfalls einen wiederholten Laut aus, der unserm Lachen entspricht, wenn sie, besonders in den Achselhöhlen, gekitzelt werden. Ich berührte mit einem Stückchen Papier die Fuszsohle eines meiner Kinder, als es nur sieben Tage alt war; der Fusz wurde plötzlich weggeschnellt und die Zehen in verschiedenen Richtungen gekrümmt wie bei einem ältern Kinde. Derartige Bewegungen sind ebenso wie das Lachen, nachdem man gekitzelt wurde, offenbar Reflexthätigkeiten, und dies zeigt sich gleichfalls darin, dasz die kleinen, nicht gestreiften Muskeln, welche dazu dienen, die einzelnen Haare an dem Körper aufzurichten, sich in der Nähe einer gekitzelten Oberhautstelle zusammenziehen[6]. Doch kann man das Lachen in Folge einer lächerlichen Idee, wenn es auch unwillkürlich eintritt, doch nicht im strengen Sinne eine Reflexthätigkeit nennen. In diesem Falle und bei dem Lachen in Folge eines Kitzelns musz sich die Seele in einem vergnüglichen Zustande befinden. Wenn ein kleines Kind von einem Fremden gekitzelt würde, so würde es vor Furcht schreien. Die Berührung musz leicht sein, und eine Idee oder ein Ereignis darf, wenn es lächerlich sein soll, nicht von groszer Bedeutung sein. Die Theile des Körpers, welche am leichtesten gekitzelt werden, sind diejenigen, welche nicht gewöhnlich berührt werden, so die Achselhöhlen oder zwischen den Zehen, oder Theile (so z. B. die Fuszsohle), welche beständig von einer breiten Fläche berührt werden. Doch bietet die Oberfläche, auf welcher wir sitzen, hier eine merkwürdige Ausnahme von der Regel dar. Der Angabe GRATIOLET's zufolge[7] sind gewisse Nerven für das Kitzeln viel empfindlicher als andere. Nach der Thatsache, dasz ein Kind sich kaum selbst kitzeln kann oder wenigstens in einem viel geringern Grade, als wenn es von einer andern Person gekitzelt wird, scheint es, dasz der genaue Punkt, welcher berührt werden soll, nicht bekannt sein darf, und so scheint auch in Bezug auf den Geist irgend etwas Unerwartetes — eine neue oder nicht zusammenstimmende Idee, welche in einen gewohnheits-

---

[6] J. Lister, in: Quarterly Journal of Microscopical Science, 1853, Vol. I, p. 266.

[7] De la Physionomie, p. 186.

gemäszen Gedankenzug hineinbricht — ein starkes Element des Lächerlichen darzubieten.

Der Laut des Lachens wird dadurch hervorgerufen, dasz einer tiefen Inspiration kurze, unterbrochene, krampfhafte Zusammenziehungen des Brustkastens und besonders des Zwerchfells folgen[8]. Wir hören daher, dasz man sich „beim Lachen beide Seiten hält". In Folge des Erschütterns des Körpers nickt der Kopf bald da, bald dorthin. Häufig zittert die Unterkinnlade auf und nieder, wie es auch bei einigen Arten von Pavianen der Fall ist, wenn sie viel Vergnügen empfinden.

Während des Lachens wird der Mund mehr oder weniger weit geöffnet, die Mundwinkel stark nach hinten ebenso wie ein wenig nach oben, und die Oberlippe etwas in die Höhe gezogen. Das Zurückziehen der Mundwinkel sieht man am besten bei dem mäszigen Lachen und besonders in einem breiten Lächeln — die letztere Bezeichnung bezieht sich darauf, dasz der Mund weit geöffnet wird. In beistehenden Figuren 1—3 der Tafel III. sind verschiedene Grade mäszigen Lachens und des Lächelns photographirt worden. Die Abbildung des kleinen Mädchens mit dem Hute rührt von Dr. WALLICH her, und der Ausdruck war ein ächter; die andern beiden sind von Mr. REJLANDER. Dr. DUCHENNE betont wiederholt[9], dasz unter der Erregung der Freude der Mund ausschlieszlich durch die groszen Jochbeinmuskeln, welche dazu dienen, die Mundwinkel rück- und aufwärts zu ziehen, beeinfluszt wird; aber nach der Art und Weise zu urtheilen, in welcher die obern Zähne immer während des Lachens und des breiten Lächelns exponirt werden, ebenso wie nach meinen eignen Empfindungen kann ich nicht daran zweifeln, dasz einige der zur Oberlippe laufenden Muskeln gleichfalls in mäszige Thätigkeit versetzt werden. Die untern und obern Kreismuskeln des Auges werden zu derselben Zeit mehr oder weniger contrahirt, und es besteht, wie in dem Capitel über das Weinen erklärt worden ist, ein inniger Zusammenhang zwischen den kreisförmigen, besonders den untern, und einigen der zur Oberlippe laufenden Muskeln. HENLE bemerkt hierüber[10], dasz wenn ein Mensch

---

[8] Sir Ch. Bell (Anat. of Expression, p. 147) macht einige Bemerkungen über die Bewegungen des Zwerchfelles während des Lachens.

[9] Mécanisme de la Physionomie Humaine. Album. Légende VI.

[10] Handbuch der systematischen Anatomie des Menschen. 1858, Bd. 1. S. 144. s. den Holzschnitt, Fig. 2 H auf S. 22.

das eine Auge fest schlieszt, er nicht vermeiden kann, die Oberlippe derselben Seite zurückzuziehen. Wenn man umgekehrt seinen Finger auf sein unteres Augenlid legt und dann seine obern Schneidezähne soweit als möglich sichtbar macht, so wird man fühlen, dasz in dem Masze, als die Oberlippe stark nach aufwärts gezogen wird, die Muskeln des untern Augenlides sich zusammenziehen. In HENLE's Abbildung, die in dem Holzschnitte Fig. 2 wiedergegeben ist, kann man sehen, dasz der Musculus malaris (H), welcher zur Oberlippe hinläuft, einen beinahe integrirenden Theil des untern Theils des kreisförmigen Muskels bildet.

Dr. DUCHENNE hat eine grosze Photographie eines alten Mannes (verkleinert auf Tafel III. Fig. 4) in seinem gewöhnlichen passiven Zustande und eine andere von demselben Manne (Fig. 5) natürlich lächelnd, mitgetheilt. Die letztere wurde von Jedem, dem sie gezeigt wurde, als naturwahr wieder erkannt. Er hat auch als Beispiel eines unnatürlichen oder falschen Lächelns eine andere Photographie (Fig. 6) desselben alten Mannes gegeben, wo die Mundwinkel durch Galvanisiren der groszen Jochbeinmuskeln stark zurückgezogen sind. Dasz der Ausdruck hier nicht natürlich ist, ist offenbar. Ich zeigte diese Photographie vierundzwanzig Personen, von denen drei nicht im Geringsten sagen konnten, was damit gemeint war, während die andern, trotzdem sie wahrnahmen, dasz der Ausdruck etwas von der Natur eines Lächelns an sich hatte, in so unbestimmten Worten meine Frage beantworteten, wie „ein schlechter Witz", ein „Versuch zum Lachen", „grinsendes Lachen", „halb erstauntes Lachen" u. s. w. Dr. DUCHENNE schreibt das Falsche in dem Ausdrucke durchaus dem zu, dasz die Kreismuskeln der untern Augenlider nicht hinreichend zusammengezogen sind; denn er legt bei dem Ausdrucke der Freude mit Recht groszes Gewicht auf deren Zusammenziehung. Ohne Zweifel liegt in dieser Ansicht viel Wahres, indesz, wie es mir scheinen möchte, nicht die ganze Wahrheit. Die Zusammenziehung des untern Theils der Kreismuskeln wird immer, wie wir gesehen haben, von dem Aufwärtsziehen der Oberlippe begleitet. Wäre in Fig. 6 auf die Oberlippe in dieser Weise in einem geringern Grade eingewirkt worden, so würde ihre Krümmung weniger steif, auch die Nasenlippenfalte unbedeutend verschieden und der ganze Ausdruck, wie ich glaube, natürlicher geworden sein, ganz unabhängig von der deutlichen Wirkung der stärkern Zusammenziehung der untern Augenlider. Überdies ist der Augenbrauenrunzler in Fig. 6 zu sehr zusammengezogen und verursacht ein Stirnrunzeln, während dieser Muskel niemals unter dem Einflusse der Freude thätig ist, ausgenommen während eines stark ausgesprochenen oder heftigen Lachens.

Durch das Rückwärts- und Aufwärtsziehen der Mundwinkel in Folge der Zusammenziehung der groszen Jochbeinmuskeln und durch das Erheben der Oberlippe werden die Wangen nach oben gezogen. Es bilden sich hierdurch Falten unter den Augen und bei alten Leuten auch an ihren äuszern Winkeln und diese sind für Lachen oder Lächeln in hohem Grade characteristisch. Ein Jeder kann fühlen und sehen, wenn er seine eignen Empfindungen aufmerksam beobachten und sich in einem Spiegel betrachten will, dasz in dem Masze, wie ein leichtes Lächeln in ein starkes oder selbst in ein Lachen übergeht und wie ferner die Oberlippe nach oben gezogen wird und die untern Hälften der Kreismuskeln sich zusammenziehen, auch die Falten an den untern Augenlidern und die unterhalb der Augen bedeutend verstärkt oder vergröszert werden. Wie ich wiederholt beobachtet habe, werden zu derselben Zeit die Augenbrauen unbedeutend herabgezogen, was ein Beweis dafür ist, dasz die obern so gut wie die untern Ringmuskeln wenigstens in einem gewissen Grade sich zusammenziehen, trotzdem dies, soweit unsere Empfindungen dabei in Betracht kommen, unbemerkt eintritt. Wenn man die ursprüngliche Photographie des alten Mannes, mit dem Gesichte in seinem gewöhnlichen behaglichen Zustande (Fig. 4) mit der Fig. 5 vergleicht, in welcher er natürlich lächelt, so kann man sehen, dasz in der letztern die Augenbrauen ein wenig gesenkt sind. Ich vermuthe, dasz dies eine Folge davon ist, dasz die obern Kreismuskeln durch die Gewalt lang associirter Gewohnheit dazu getrieben werden, in einer gewissen Ausdehnung in Übereinstimmung mit den untern Ringmuskeln thätig zu werden, welche selbst in Verbindung mit dem Nachaufwärtsziehen der Oberlippe zusammengezogen werden.

Die Neigung in den Jochbeinmuskeln, sich unter vergnüglichen Gemüthserregungen zusammenzuziehen, zeigte sich in einer merkwürdigen mir von Dr. Browne mitgetheilten Thatsache bei Patienten, welche an der für Geisteskranke characteristischen allgemeinen Lähmung leiden[11].

---

[11] s. auch Bemerkungen hierüber von Dr. J. Crichton Browne in: Journal of Mental Science, Apr. 1871, p. 149.

„In dieser Krankheit herrscht beinahe unveränderlich ein Optimismus
„— Täuschung in Bezug auf Wohlstand, Rang, Grösze — unsinnige
„Freude, Wohlwollen und Verschwendung, während ihr frühestes kör-
„perliches Symptom ein Zittern an den Mundwinkeln und an den
„äuszern Augenwinkeln ist. Dies ist eine allgemein anerkannte That-
„sache. Beständiges zitterndes Erregtsein der untern Augenbrauen-
„und groszen Jochbeinmuskeln ist für die frühern Zustände der all-
„gemeinen Lähmung pathognomonisch. Das Gesicht hat einen zu-
„friedenen und wohlwollenden Ausdruck. In dem Masze, wie die
„Krankheit fortschreitet, werden andere Muskeln mit ergriffen; bis
„aber vollständige Blödsinnigkeit erreicht ist, ist der vorherrschende
„Ausdruck der eines schwachen Wohlwollens."

Wie beim Lachen und dem breiten Lächeln die Wangen und die Oberlippe bedeutend emporgehoben sind, so scheint die Nase verkürzt zu sein und die Haut auf dem Nasenrücken wird fein in queren Linien gefurcht mit andern schrägen Längslinien auf den Seiten. Gewöhnlich werden die mittlern obern Schneidezähne exponirt. Eine scharf ausgesprochene Nasenlippenfalte wird gebildet, welche von dem Flügel eines jeden Nasenlochs zum Mundwinkel herabläuft. Häufig ist diese Falte bei alten Personen doppelt.

Ein helles und glänzendes Auge ist für einen vergnügten oder amüsirten Seelenzustand ebenso characteristisch wie die Zurückziehung der Mundwinkel und Oberlippe mit den dadurch hervorgerufenen Falten. Selbst die Augen mikrocephaler Idioten, welche so tief gesunken sind, dasz sie niemals sprechen lernen, glänzen unbedeutend auf, wenn sie eine Freude empfinden[12]. Bei dem extremen Lachen sind die Augen zu sehr mit Thränen unterlaufen, als dasz sie glänzen könnten; aber die während mäszigen Lachens oder Lächelns aus den Drüsen ausgedrückte Feuchtigkeit dürfte den Glanz der Augen noch erhöhen helfen, obschon dies von einer durchaus untergeordneten Bedeutung sein musz, da sie in der Trauer matt werden, trotzdem sie dann häufig feucht sind. Ihr Erglänzen scheint hauptsächlich Folge ihres Gespanntseins zu sein[13], was wieder von der Zusammenziehung der Kreismuskeln und von dem Drucke der in die Höhe gehobenen Wangen abhängt. Der Angabe des Dr. PIDERIT zufolge, welcher diesen Punkt ausführ-

---

[12] C. Vogt, Mémoire sur les Microcéphales. 1867, p. 21.
[13] Sir Ch. Bell, Anatomy of Expression, p. 133.

licher als irgend ein anderer Schriftsteller erörtert hat[14], dürfte aber diese Spannung der Augen in hohem Grade dem Umstande zugeschrieben werden, dasz die Augäpfel mit Blut und andern Flüssigkeiten in Folge der Beschleunigung des Kreislaufs, die von der Erregung der Freude abhängt, erfüllt werden. Er weist auf den Contrast in dem Erscheinen der Augen bei einem hektischen Patienten mit rapider Circulation und den Augen eines an Cholera leidenden Menschen hin, bei dem beinahe alle Flüssigkeit des Körpers entfernt worden ist. Jede Ursache, welche die Circulation herabsetzt, macht die Augen stumpfer. Ich erinnere mich, einen Mann gesehen zu haben, der durch langdauernde und schwere Anstrengung während eines sehr heiszen Tages im äuszersten Grade ermattet war. Jemand, der dabei stand, verglich seine Augen mit denen eines gekochten Kabeljaus.

Doch kehren wir zu den Lauten zurück, welche während des Lachens hervorgebracht werden. Wir können in einer unbestimmten Art und Weise einsehen, wie es kommt, dasz das Ausstoszen von Lauten irgend welcher Art naturgemäsz mit einem vergnüglichen Seelenzustande associirt wird; denn durch einen groszen Theil des Thierreichs hindurch werden vocale oder instrumentale Laute entweder als ein Ruf oder als Reizmittel für das eine Geschlecht vom andern angewendet. Es werden solche auch als Ausdrucksmittel gebraucht beim fröhlichen Zusammenkommen der Eltern mit den Jungen und der aneinander hängenden Glieder einer und derselben socialen Gemeinschaft. Warum aber die Laute, welche der Mensch ausstöszt, wenn er vergnügt ist, den eigenthümlichen wiederholten Character des Lachens haben, wissen wir nicht. Nichtsdestoweniger können wir einsehen, dasz sie naturgemäsz so verschieden wie möglich von dem Aufschreien oder dem Weinen im Unglück sein werden; und wie bei dem Hervorbringen des letzteren die Exspirationen verlängert und zusammenhängend sind, während die Inspirationen kurz und unterbrochen sind, so könnte man vielleicht bei den Lauten, welche vor Freude ausgestoszen werden, erwarten, dasz die Exspirationen kurz und unterbrochen sind, während die Inspirationen verlängert sind; und so ist es auch der Fall.

Es ist ein gleicherweise dunkler Punkt, warum die Mundwinkel zurückgezogen und die Oberlippe während des gewöhnlichen Lachens

---

[14] Mimik und Physiognomik, 1867, S. 63—67.

erhoben wird. Der Mund darf nicht bis zum äuszersten Grade geöffnet werden; denn wenn dies während eines Paroxysmus excessiven Lachens eintritt, so wird kaum irgend welcher Laut geäuszert, oder er verändert seinen Ton und scheint tief aus der Kehle zu kommen. Die Respirationsmuskeln und selbst die der Gliedmaszen gerathen in derselben Zeit in rapide schwingende Bewegungen. Die Unterkinnlade nimmt häufig an dieser Bewegung Theil und dies dürfte dazu dienen, es zu verhindern, dasz der Mund weit geöffnet wird. Da aber ein voller ausgiebiger Laut ausgestoszen werden soll, so musz die Mundöffnung grosz sein; und es geschieht vielleicht, um dies zu erreichen, dasz die Mundwinkel zurückgezogen werden und die Oberlippe erhoben wird. Obgleich wir kaum weder die Form des Mundes während des Lachens, welche zur Faltenbildung unterhalb der Augen führt, noch den eigenthümlichen wiederholten Laut des Lachens, noch das Zittern der Kinnlade erklären können, so können wir nichtsdestoweniger schlieszen, dasz alle diese Wirkungen Folgen einer gemeinsamen Ursache sind. Denn sie sind alle für einen vergnügten Seelenzustand bei verschiedenen Arten von Affen characteristisch und ausdrucksvoll.

Es läszt sich ein abgestufte Reihe verfolgen von heftigem zu mäszigem Lachen, zu einem breiten Lächeln, zu einem sanften Lächeln und zum Ausdrucke blosz vergnügter Stimmung. Während des excessiven Lachens wird der ganze Körper häufig nach rückwärts geworfen und schüttelt sich oder wird beinahe convulsivisch bewegt; die Respiration ist bedeutend gestört; der Kopf und das Gesicht werden mit Blut überfüllt, die Venen ausgedehnt und die Kreismuskeln werden krampfhaft zusammengezogen, um die Augen zu schützen. Es werden reichlich Thränen abgesondert. Es ist daher, wie früher bemerkt wurde, kaum möglich, irgend eine Verschiedenheit zwischen dem von Thränen feuchten Gesichte einer Person nach einem Paroxysmus excessiven Lachens und nach einem Anfalle bitteren Weinens nachzuweisen[15]. Es ist wahrscheinlich Folge der groszen Ähnlichkeit der durch diese so weit von einander verschiedenen Gemüthserregungen verursachten krampfhaften Bewegungen, dasz hysterische Patienten

---

[15] Sir J. Reynolds bemerkt (Discourses XII, p. 100): „Es ist merkwürdig „zu beobachten, — es ist aber sicher richtig, — dasz die Extreme entgegengesetzter „Leidenschaften mit sehr wenig Abänderung durch eine und dieselbe Thätigkeit „ausgedrückt werden." Er führt als Beispiele die wahnsinnige Freude einer Bacchantin und den Kummer einer Maria Magdalena an.

abwechselnd mit Heftigkeit weinen und lachen und dasz kleine Kinder zuweilen plötzlich von dem einen in den andern Zustand übergehen. Mr. SWINHOE bemerkt, dasz er oft gesehen hat, wie Chinesen, wenn sie an tiefem Kummer leiden, plötzlich in hysterische Lachanfälle ausbrechen.

Ich war begierig zu erfahren, ob Thränen während excessiven Lachens von den meisten Menschenrassen reichlich vergossen würden, und ich höre von meinen Correspondenten, dasz dies der Fall ist. Ein Fall wurde bei den Hindus beobachtet, und diese sagen selbst, dasz es häufig vorkommt. Dasselbe gilt von den Chinesen. Die Frauen eines wilden Stammes von Malayen auf der Halbinsel von Malacca vergieszen zuweilen Thränen, wenn sie herzlich lachen; doch kommt dies selten vor. Bei den Dyaks von Borneo musz es häufig der Fall sein, wenigstens bei den Frauen; denn ich höre von dem Rajah C. BROOKE, dasz es bei ihnen eine sehr gewöhnliche Redensart ist zu sagen, „wir weinten beinahe vor Lachen". Die Eingebornen von Australien drücken ihre Gemüthserregungen sehr entschieden aus; mein Correspondent beschreibt sie als vor Freude umherspringend und mit ihren Händen schlagend und auch als häufig brüllend vor Lachen. Nicht weniger als vier Beobachter haben bei solchen Gelegenheiten ihre Augen sich reichlich mit Wasser füllen sehen und in einem Falle liefen die Thränen ihre Backen herab. Mr. BULMER, ein Missionair in einem entfernten Theile von Victoria, bemerkt, „dasz sie ein sehr „scharfes Gefühl für das Lächerliche haben; sie sind ausgezeichnete „Mimiker, und wenn einer von ihnen im Stande ist, die Eigenthüm- „lichkeiten irgend eines abwesenden Gliedes des Stammes nachzuahmen, „so ist es sehr häufig, Alle im Feldlager convulsivisch lachen zu hören." Bei Europäern erregt kaum irgend etwas das Lachen so leicht als Nachahmung, und es ist im Ganzen merkwürdig, dieselbe Thatsache bei den Wilden von Australien wiederzufinden, welche eine von den distinctesten Rassen der Welt darstellen.

In Süd-Africa füllen sich bei zwei Kafferstämmen, besonders bei den Weibern, die Augen häufig während des Lachens mit Thränen. GAIKA, der Bruder des Häuptlings SANDILLI, beantwortete meine Frage über diesen Punkt mit den Worten: „Ja, es ist ihr gewöhnlicher Gebrauch." Sir ANDREW SMITH hat gesehen, wie das bemalte Gesicht eines Hottentotten-Weibes nach einem Lachanfalle mit Thränen übergossen war. Bei den Abyssiniern in Nord-Africa werden Thränen

unter denselben Umständen abgesondert. Endlich ist dieselbe Thatsache auch in Nord-America bei einem merkwürdig wilden und isolir-
ten Stamme, aber hauptsächlich bei den Weibern beobachtet worden.
Bei einem andern Stamme ist sie nur bei einer einzelnen Gelegenheit
gesehen worden.

Wie vorhin bemerkt wurde, geht excessives Lachen gradweise in
mäsziges Lachen über. In diesem letztern Falle werden die Muskeln
rund um das Auge viel weniger zusammengezogen; auch findet sich
wenig oder gar kein Stirnrunzeln. Zwischen einem leisen Lachen und
einem breiten Lächeln ist kaum irgend welcher Unterschied, ausgenommen, dasz beim Lächeln kein wiederholter Laut ausgestoszen wird,
obschon eine einzelne ziemlich starke Exspiration oder ein leises Geräusch — ein Rudiment eines Lachens — häufig beim Beginn eines
Lächelns zu hören ist. Bei einem mäszig lächelnden Gesichte kann
die Zusammenziehung der obern Kreismuskeln gerade noch an einem
leichten Senken der Augenbrauen bemerkt werden. Die Zusammenziehung der untern kreisförmigen und Augenlidmuskeln ist viel deutlicher und zeigt sich durch das Furchen der untern Augenlider und
der Haut unter ihnen in Verbindung mit einem leichten Hinaufziehen
der Oberlippe. Aus dem breitesten Lächeln kommen wir durch die
feinsten Abstufungen in das sanfteste. In diesem letztern Falle werden die Gesichtszüge in einem viel geringern Grade bewegt, auch viel
langsamer, und der Mund wird geschlossen gehalten. Auch ist die
Krümmung der Nasenlippenfurche unbedeutend verschieden in beiden
Fällen. Wir sehen hieraus, dasz keine scharfe Trennungslinie zwischen
der Bewegung der Gesichtszüge während des heftigsten Lachens und
eines sehr leichten Lächelns gezogen werden kann[16].

Man kann daher sagen, dasz ein Lächeln der erste Zustand in
der Entwickelung eines Lachens ist. Man kann sich aber auch eine
verschiedene und wahrscheinlichere Vermuthung bilden, nämlich dasz
die Gewohnheit, laute wiederholte Töne aus einem Gefühle des Vergnügens auszustoszen, zuerst zur Zurückziehung der Mundwinkel und
der Oberlippe und zur Zusammenziehung der kreisförmigen Muskeln
führte, und dasz nun durch Association und lang fortgesetzte Gewohnheit dieselben Muskeln in unbedeutende Thätigkeit versetzt werden,
sobald durch irgend eine Ursache in uns ein Gefühl erregt wird,

---

[16] Dr. Piderit ist zu demselben Schlusse gekommen. a. a. O. S. 99.

welches, wenn es stark wäre, zum Lachen geführt haben würde. Das Resultat ist dann ein Lächeln.

Mögen wir das Lachen als die vollständige Entwickelung eines Lächelns, oder wie es wahrscheinlicher ist, ein leises Lächeln als die letzte Spur einer durch viele Generationen fest eingewurzelten Gewohnheit zu lachen, sobald wir vergnügt gestimmt sind, betrachten, wir können bei unsern Kindern den allmählichen Übergang des einen in's andere verfolgen. Es ist Denen, welchen die Pflege kleiner Kinder anvertraut ist, wohl bekannt, dasz es schwer ist, sich zu vergewissern, wann gewisse Bewegungen um ihren Mund herum wirklich ausdrucksvoll sind, d. h. wann sie wirklich lächeln. Ich habe daher mit Sorgfalt meine eigenen Kinder beobachtet. Eines derselben lächelte im Alter von fünfundvierzig Tagen, während es gleichzeitig in einem glücklichen Gemüthszustande war; d. h. hier wurden die Mundwinkel zurückgezogen und die Augen wurden gleichzeitig entschieden strahlend. Ich beobachtete dasselbe am folgenden Tage, aber am dritten Tage war das Kind nicht ganz wohl, und da fand sich keine Spur des Lächelns, und gerade dies letztere macht es wahrscheinlich, dasz die früheren Zeichen eines Lächelns wirkliche waren. Acht Tage später und während der nächst darauf folgenden Woche war es merkwürdig, wie seine Augen erglänzten, sobald es lächelte, und seine Nase wurde in derselben Zeit quer gefurcht. Dies wurde nun von einem kleinen blökenden Geräusche begleitet, welches vielleicht ein Lachen darstellen sollte. Im Alter von 113 Tagen nahm dieses kleine Geräusch, welches immer während der Exspiration gemacht wurde, einen unbedeutend verschiedenen Character an und wurde mehr abgesetzt oder unterbrochen wie beim Schluchzen, und dies war sicherlich beginnendes Lachen. Die Veränderung im Tone schien mir zu der Zeit mit der gröszern seitlichen Ausdehnung des Mundes zusammenzuhängen in dem Masze, wie das Lächeln breiter wurde.

Bei einem zweiten Kinde wurde das erste wirkliche Lächeln ungefähr in demselben Alter beobachtet, nämlich bei fünfundvierzig Tagen, und bei einem dritten Kinde in einem etwas früheren Alter. Als das zweite Kind fünfundsechzig Tage alt war, lächelte es viel breiter und deutlicher als das zuerst erwähnte in demselben Alter es that und stiesz selbst in diesem frühen Alter ein Geräusch aus, was dem Lachen sehr ähnlich war. In diesem allmählichen Erlangen der Gewohnheit des Lachens bei Kindern haben wir einen Fall vor

Tab. IV

1

2

uns, welcher in einem gewissen Grade mit dem des Weinens analog ist. Da bei den gewöhnlichen Bewegungen des Körpers, wie beim Gehen, Übung nothwendig ist, so scheint dies auch beim Lachen und Weinen der Fall zu sein. Auf der andern Seite ist die Kunst zu schreien, weil sie Kindern von Nutzen ist, von den frühesten Tagen an ganz gut entwickelt worden.

Ausgelassenheit, Heiterkeit. — Ist ein Mensch ausgelassener Stimmung, so bietet er, wenn er auch nicht wirklich lächelt, doch gewöhnlich eine gewisse Neigung dar, seine Mundwinkel zurückzuziehen. In Folge der Erregung des Vergnügens wird die Circulation schneller; die Augen sind glänzend und die Farbe des Gesichts erhöht sich. Das durch den vermehrten Blutzuflusz gereizte Gehirn wirkt auf die geistigen Fähigkeiten zurück; es ziehen lebendige Ideen schneller durch die Seele und die Affecte werden wärmer. Ich habe einmal gehört, wie ein Kind, das nur wenig unter vier Jahren alt war, gefragt wurde, was es heisze, in guter Stimmung zu sein; darauf antwortete es, „das heiszt lachen, schwatzen und küssen". Es dürfte schwierig sein, eine richtigere und practischere Definition zu geben. Ein Mensch in diesem Zustande hält seinen Körper aufrecht, seinen Kopf erhoben und seine Augen offen. Es liegt keine Ermattung in den Gesichtszügen und keine Zusammenziehung der Augenbrauen wird sichtbar. Im Gegentheil strebt der Stirnmuskel, wie MOREAU bemerkt [17], sich leicht zusammenzuziehen, und dies glättet die Augenbrauen, entfernt jede Spur eines Stirnrunzelns, wölbt die Augenbrauen ein wenig und hebt die Augenlider. Die lateinische Redensart „exporrigere frontem" — die Augenbrauen glätten — heiszt daher heiter oder lustig sein. Der ganze Ausdruck eines Menschen in guter Laune ist das genaue Gegentheil von dem eines an Kummer Leidenden. Nach Sir CH. BELL werden „in allen aufheiternden Gemüths„bewegungen die Augenbrauen, Augenlider, die Nasenlöcher und die „Mundwinkel erhoben. In den niederdrückenden Leidenschaften tritt „das Umgekehrte ein." Unter dem Einflusse der letzteren werden die Augenbrauen schwer, die Augenlider, die Wangen, der ganze Kopf erscheint matt, die Augen sind stumpf, das ganze Gesicht schlaff und

---

[17] La Physionomie, par G. Lavater, Ausgabe von 1820. Vol. IV, p. 224. s. auch Sir Ch. Bell, Anatomy of Expression, p. 172, wegen des weiter unten angeführten Citats.

das Athmen langsam. In der Freude wird das Gesicht breiter, im Kummer wird es länger. Ob das Princip des Gegensatzes hier bei der Hervorbringung dieser entgegengesetzten Ausdrucksweisen in Unterstützung der directen Ursachen, welche speciell erwähnt worden und hinreichend deutlich sind, mit in's Spiel gekommen ist, will ich nicht zu sagen wagen.

Bei allen Menschenrassen scheint der Ausdruck guter Laune derselbe zu sein und wird leicht erkannt. Die Personen, welche mir aus den verschiedenen Theilen der alten und neuen Welt Mittheilungen gesandt haben, beantworten meine Fragen über diesen Punkt bejahend und geben noch einige Einzelnheiten in Bezug auf die Hindus, Malayen und Neu-Seeländer. Das Glänzen der Augen bei den Australiern ist vier Beobachtern aufgefallen. Dieselbe Thatsache ist bei den Hindus, den Neu-Seeländern und den Dyaks von Borneo bemerkt worden.

Wilde drücken zuweilen ihre Befriedigung nicht blosz durch Lächeln aus, sondern auch durch Geberden, welche von dem Vergnügen des Essens hergeleitet werden. So citirt Mr. WEDGWOOD [18] eine Angabe PETHERICK's, dasz die Neger am obern Nil ein allgemeines Reiben ihres Bauches begannen, wenn er seine Perlen auspackte. Und LEICHHARDT sagt, dasz die Australier mit ihrem Munde schmatzten und schnalzten, als sie seine Pferde und Ochsen und ganz besonders als sie seine Känguruh-Hunde sahen. Wenn die Grönländer „etwas „mit Vergnügen bestätigen, so saugen sie mit einem bestimmten Laute „Luft ein" [19] und dies dürfte eine Nachahmung des Actes des Verschluckens würziger Speise sein.

Das Lachen wird durch die feste Zusammenziehung der Kreismuskeln des Mundes unterdrückt, welche den groszen Jochbeinmuskel und andere Muskeln daran hindern, die Lippen nach rückwärts und aufwärts zu ziehen. Es wird auch zuweilen die Unterlippe von den Zähnen festgehalten, und dies gibt dem Gesichte einen schalkhaften Ausdruck, wie es bei der blinden und tauben LAURA BRIDGMAN beobachtet wurde [20]. Der grosze Jochbeinmuskel ist zuweilen in seinem Verlaufe variabel. Ich habe eine junge Frau gesehen, bei welcher die Herabdrücker der Mundwinkel bei dem Unterdrücken eines Lächelns

---

[18] A Dictionary of English Etymology, 2. edit. 1872. Introduction, p. XLIV.
[19] Crantz, citirt von Tylor, Primitive Culture, Vol. I, 1871, p. 169.
[20] F. Lieber, Smithsonian Contributions, Vol. II, 1851, p. 7.

in starke Thätigkeit versetzt wurden. Dies gab ihr indesz durchaus nicht einen melancholischen Ausdruck des Gesichts wegen des Glanzes ihrer Augen.

Das Lachen wird häufig in einer gezwungenen Weise dazu angewendet, irgend einen andern Seelenzustand, selbst Zorn, zu verbergen oder zu maskiren. Wir sehen oft Personen lachen, um ihre Scham oder Schüchternheit zu verbergen. Wenn eine Person ihren Mund zusammenkneift, als wollte sie die Möglichkeit eines Lächelns verhüten, trotzdem nichts vorhanden ist, ein solches zu reizen, oder nichts, was den freien Genusz desselben verhindern könnte, so erhält das Gesicht einen affectirten, feierlichen oder pedantischen Ausdruck. Aber von solchen hybriden Ausdrucksformen braucht hier nichts weiter gesagt zu werden. Bei dem Verlachen wird ein wirkliches oder vorgegebenes Lächeln oder ein Lachen häufig mit dem Ausdrucke, welcher der Verachtung eigenthümlich ist, verschmolzen, und dies kann in zorniges Verachten oder Spott übergehen. In solchen Fällen ist die Bedeutung des Lachens oder des Lächelns die, der verletzenden Person zu zeigen, dasz sie nur Erheiterung erregt.

Liebe, zärtliche Empfindungen u. s. w. — Obschon die Gemüthserregung der Liebe, z. B. der einer Mutter für ihre Kinder, eine der stärksten ist, deren die Seele fähig ist, so kann doch kaum gesagt werden, dasz sie irgend ein eigenthümliches oder besonderes Mittel des Ausdrucks habe, und dies ist daraus verständlich, dasz sie nicht gewohnheitsgemäsz zu irgend einer speciellen Thätigkeitsrichtung geführt hat. Da ohne Zweifel Zuneigung eine Vergnügen erregende Empfindung ist, so verursacht sie allgemein ein leichtes Lächeln und etwas Erglänzen der Augen. Ganz allgemein wird eine starke Begierde empfunden, die geliebte Person zu berühren, und Liebe wird durch dieses Mittel deutlicher als durch irgend ein anderes ausgedrückt[21]. Wir verlangen daher darnach, diejenigen in unsere Arme zu schlieszen, welche wir zärtlich lieben. Wahrscheinlich verdanken wir diese Begierde vererbter Gewohnheit in Association mit dem Warten und Pflegen unserer Kinder und mit den gegenseitigen Liebkosungen Liebender.

[21] Mr. Bain bemerkt (Mental and Moral Science, 1868, p. 239): „Zärtlichkeit ist eine auf verschiedene Weise erregte, Vergnügen gewährende Gemüthsbewegung, welche dazu drängt, die menschlichen Wesen in eine gegenseitige Umarmung zu ziehen."

Bei den niedern Thieren sehen wir dasselbe Princip thätig, dasz sich Vergnügen aus der Berührung in Association mit Liebe herleitet. Hunde und Katzen finden offenbar groszes Vergnügen daran, sich an ihren Herrn oder Herrinnen zu reiben und von ihnen gerieben oder geklopft zu werden. Wie mir die Wärter im zoologischen Garten sagten, finden viele Arten von Affen ein Entzücken darin, einander zu hätscheln oder von andern gehätschelt zu werden, auch von Personen, zu welchen sie Anhänglichkeit fühlen. Mr. BARTLETT hat mir das Benehmen zweier Chimpansen, im Ganzen älterer Thiere als diejenigen, die gewöhnlich nach Europa importirt werden, beschrieben, als sie zuerst zusammengebracht wurden. Sie saszen einander gegenüber, berührten einander mit ihren weit vorgestreckten Lippen, und der eine legte seine Hand auf die Schulter des andern. Dann schlossen sie sich gegenseitig in ihre Arme ein. Später standen sie auf, ein jeder mit einem Arm auf der Schulter des andern, hoben ihren Kopf in die Höhe, öffneten ihren Mund und schrien vor Entzücken.

Wir Europäer sind an das Küssen als ein Zeichen der Zuneigung so gewöhnt, dasz man es für der Menschheit angeboren halten könnte. Dies ist indessen nicht der Fall. STEELE irrte sich, als er sagte, „die Natur war ihr Urheber und es begann mit der ersten Braut-„werbung". JEMMY BUTTON, der Feuerländer, sagte mir, dasz diese Gewohnheit in seinem Vaterlande unbekannt sei. Sie ist gleichfalls unbekannt bei den Neu-Seeländern, den Eingebornen von Tahiti, den Papuas, den Australiern, den Somalis von Africa und den Eskimos[22]. Es ist aber insoweit eingeboren oder natürlich, als es allem Anscheine nach von dem Vergnügen abhängt, mit einer geliebten Person in nahe Berührung zu kommen. In verschiedenen Theilen der Welt wird es durch das Reiben der Nasen aneinander ersetzt, so bei den Neu-Seeländern und Lappländern, oder durch das Reiben oder Klopfen der Arme, der Brust oder des Bauches, oder, dasz der eine sein eigenes Gesicht mit den Händen oder Füszen des andern streichelt. Vielleicht dürfte die Gewohnheit, als ein Zeichen der Zuneigung auf verschiedene Theile des Körpers zu blasen, von demselben Grundsatze abhängen[23].

---

[22] Sir J. Lubbock gibt in Prehistoric Times, 2. edit., 1869, p. 552, ausführliche Schriftbelege für diese Angaben. Das Citat aus Steele ist diesem Werke entnommen.

[23] s. eine ausführliche Schilderung mit Verweisungen bei E. B. Tylor, Researches into the Early History of Mankind. 2. edit, 1870, p. 51.

Die Empfindungen, welche man zärtlich nennt, sind schwer zu analysiren; sie scheinen aus Zuneigung, Freude und besonders aus Sympathie zusammengesetzt zu sein. Diese Empfindungen sind an sich von einer Vergnügen erregenden Natur, ausgenommen wenn das Mitleid zu tief ist oder Entsetzen erregt wird, wie bei der Nachricht, dasz ein Mensch oder Thier gequält worden ist. Von unserem vorliegenden Gesichtspunkte aus sind sie deshalb merkwürdig, als sie so leicht die Absonderung von Thränen hervorrufen. So mancher Vater und Sohn hat beim Wiedersehen nach einer langen Trennung geweint, besonders wenn die Begegnung unerwartet war. Ohne Zweifel hat die äuszerste Freude an sich die Neigung, auf die Thränendrüsen einzuwirken. Aber bei solchen Veranlassungen, wie der eben erwähnten, werden auch unbestimmte Gedanken an den Kummer, welcher empfunden worden wäre, wenn sich der Vater und Sohn niemals getroffen hätten, wahrscheinlich durch die Seele gezogen sein, und Kummer führt naturgemäsz zur Absonderung von Thränen. So heiszt es bei der Rückkehr des Ulysses:

„Aber der Jüngling
„Schlang um den herrlichen Vater sich schmerzvoll Thränen vergieszend.
„Beiden regte sich jetzo des Grams wehmüthige Sehnsucht.

*   *   *

„Also nun zum Erbarmen vergossen sie Thränen der Wehmuth.
„Ja den Klagenden wäre das Licht der Sonne gesunken,
„Hätte Telemachos nicht alsbald zum Vater geredet."

Odyssee, Übers. von J. H. Voss. XVI. Ges. V. 213 flgde.

Ferner heiszt es von der Penelope, als sie endlich ihren Gatten wiedererkannte:

„Ihr aber erzitterten Herz und Kniee,
„Da sie die Zeichen erkannt, die genau ihr verkündet Odysseus.
„Weinend lief sie hinan und schlang sich mit offenen Armen
„Ihrem Gemahl um den Hals, und das Haupt ihm küssend begann sie."

ebenda XXIII. Ges. V. 205—208.

Die lebhafte Rückerinnerung an unsere frühere Heimat oder an längst vergangene glückliche Zeiten verursacht sehr leicht die Füllung unserer Augen mit Thränen. Aber auch hier tritt sehr naturgemäsz der Gedanke ein, dasz diese Zeiten niemals wiederkehren werden. In derartigen Fällen können wir sagen, dasz wir mit uns selbst in unserm jetzigen Zustande sympathisiren im Vergleich mit unserm frühern

Zustande. Sympathie mit dem Unglück Anderer, selbst mit dem rein imaginären Unglück der Heldin in einem traurigen Romane, für die wir keine Zuneigung weiter empfinden, reizt sehr leicht zu Thränen. Dasselbe thut die Sympathie mit dem Gefühle anderer, wie z. B. mit dem Glücke eines Liebhabers, der in einer gut erzählten Novelle nach vielen harten Erfahrungen endlich an das Ziel seiner Wünsche kommt.

Sympathie scheint eine besondere oder bestimmte Gemüthserregung darzustellen; sie ist besonders geneigt, die Thränendrüsen zu reizen. Dies gilt sowohl für den Fall, dasz wir Sympathie empfinden, als für den, wo wir sie empfangen. Jedermann musz erfahren haben, wie leicht Kinder in Weinen ausbrechen, wenn wir sie für irgend eine kleine Verletzung bemitleiden. Wie mir Dr. CRICHTON BROWNE mittheilt, reicht bei den melancholischen Geisteskranken häufig ein freundliches Wort hin, sie in nicht zu stillendes Weinen zu versetzen. Sobald wir unser Mitleid mit dem Kummer eines Freundes ausdrücken, kommen häufig Thränen in unsere eigenen Augen. Das Gefühl der Sympathie wird gewöhnlich durch die Annahme erklärt, dasz wenn wir von dem Leiden eines Andern hören oder dasselbe sehen, die Idee des Leidens in unserer eigenen Seele so lebhaft wachgerufen wird, dasz wir selbst leiden. Diese Erklärung ist aber kaum genügend, denn sie gibt keinen Aufschlusz über die innige Verbindung zwischen Sympathie und Zuneigung. Wir sympathisiren ohne Zweifel viel tiefer mit einer geliebten als mit einer gleichgültigen Person, und die Sympathie der einen gewährt uns viel mehr Erleichterung als die der andern. Aber doch können wir ganz sicher auch mit denjenigen sympathisiren, für die wir keine Zuneigung empfinden.

Warum ein Leiden, wenn es wirklich von uns erfahren wird, Weinen erregt, ist in einem frühern Capitel erörtert worden. In Bezug auf die Freude ist deren natürlicher und allgemeiner Ausdruck das Lachen, und bei allen Menschenrassen führt das laute Lachen viel häufiger zur Absonderung von Thränen, als es irgend eine andere Ursache mit Ausnahme des Unglücks thut. Das Füllen der Augen mit Thränen, welche ohne Zweifel bei groszer Freude eintritt, wenn auch kein Lachen es begleitet, kann, wie es mir scheint, nach denselben Grundsätzen durch Gewohnheit und Association erklärt werden, wie das Vergieszen von Thränen aus Kummer, wenn kein Aufschrei dabei ausgestoszen wird. Trotzdem ist es nicht wenig merkwürdig, dasz

Sympathie mit der Noth Anderer reichlicher Thränen erregt als unsere eigene Trübsal. Und dies ist sicherlich der Fall. Bei dem Leiden eines geliebten Freundes hat so mancher Mann Thränen vergossen, aus dessen Augen keines seiner eigenen Leiden eine Thräne auspressen würde. Es ist noch merkwürdiger, dasz Sympathie mit dem Glücke oder der glücklichen Lage derjenigen, welche wir zärtlich lieben, zu demselben Resultate führt, während ein ähnliches von uns selbst empfundenes Glück unsere Augen trocken läszt. Wir müssen indessen im Auge behalten, dasz die lang andauernde Gewohnheit der Zurückhaltung, welche in Bezug auf das Hemmen des reichlichen Thränenflusses in Folge körperlicher Schmerzen so wirkungsvoll ist, zu der Verhütung eines mäszigen Ergusses von Thränen aus Sympathie mit dem Leiden oder dem Unglücke Anderer nicht in's Spiel gebracht worden ist.

Die Musik hat eine wunderbare Kraft, wie ich an einem andern Orte zu zeigen versucht habe[24], in einer unbestimmten und vagen Art und Weise die starken Gemüthserregungen in uns wieder wach zu rufen, welche vor längst vergangenen Zeiten gefühlt wurden, wo, wie es wahrscheinlich ist, unsere frühen Urerzeuger einander mit Hülfe durch ihre Stimme erzeugter Töne umwarben. Und da mehrere unserer stärksten Gemüthserregungen — Kummer, grosze Freude, Liebe, Sympathie — zur reichlichen Absonderung von Thränen führen, so ist es nicht überraschend, dasz die Musik gleichfalls geneigt ist, unsere Augen mit Thränen zu füllen, besonders wenn wir bereits durch irgend eine der zarteren Empfindungen erweicht sind. Musik bringt auch häufig noch eine andere eigenthümliche Wirkung hervor. Wir wissen, dasz jede starke Empfindung, Gemüthsbewegung oder Erregung — wie äuszerster Schmerz, Wuth, Schrecken, Freude oder die Leidenschaft der Liebe — sämmtlich eine besondere Neigung haben, die Muskeln erzittern zu machen; und der eigenthümliche Zug oder leichte Schauer, welcher bei vielen Personen den Rücken und die Gliedmaszen hinabfährt, wenn sie durch Musik mächtig ergriffen werden, scheint in demselben Verhältnisse zu dem eben erwähnten Erzittern des Körpers zu stehen, in dem eine leichte Thränenabsonderung in Folge der Macht der Musik zu dem Weinen aus irgend einer starken und wirklichen Gemüthsbewegung steht.

---

[24] Die Abstammung des Menschen. 3. Aufl., Bd. II. S. 315.

Fromme Ergebung. — Da Ergebung in einem gewissen Grade mit Zuneigung verwandt, obschon sie, hauptsächlich aus Ehrfurcht bestehend, häufig mit Furcht verbunden ist, so mag der Ausdruck dieses Seelenzustandes hier kurz erwähnt werden. Bei einigen sowohl früher als jetzt noch existirenden Secten sind Religion und Liebe in befremdender Weise combinirt worden, und es ist selbst behauptet worden, so traurig die Thatsache an sich sein mag, dasz der heilige Kusz der Liebe nur wenig von dem verschieden sei, welchen der Mann der Frau oder eine Frau dem Manne gibt[25]. Ergebung oder Andacht wird hauptsächlich dadurch ausgedrückt, dasz das Gesicht nach dem Himmel gekehrt ist mit nach oben gerollten Augäpfeln. Sir Ch. Bell bemerkt, dasz bei dem Herannahen des Schlafes oder eines Ohnmachtsanfalles oder des Todes die Pupille nach oben und innen gezogen wird; er glaubt nun, dasz „wenn wir uns in Andachtsempfindungen ergehen „und äuszere Eindrücke nicht beachtet werden, die Augen dann durch „eine weder gelehrte noch erworbene Thätigkeit nach oben gewandt „werden" und dasz dies Folge einer und derselben Ursache ist, wie in den eben erwähnten Fällen[26]. Dasz die Augen während des Schlafes nach oben gerollt werden, ist, wie ich von Prof. Donders höre, richtig. Bei neugebornen Kindern gibt diese Bewegung der Augäpfel, während sie an der Brust ihrer Mutter saugen, ihnen häufig einen absurden Ausdruck ecstatischen Entzückens, und hier läszt sich deutlich wahrnehmen, dasz gegen die naturgemäsze, während des Schlafes angenommene Stellung angekämpft wird. Aber Sir Ch. Bell's Erklärung der Thatsache, welche auf der Annahme beruht, dasz gewisse Muskeln mehr unter der Controle des Willens stehen als andere, ist, wie ich von Prof. Donders höre, incorrect. Da die Augen häufig im Gebete nach oben gewendet werden, ohne dasz der Geist so sehr in Gedanken absorbirt wäre, dasz er der Bewusztlosigkeit des Schlafes sich annähert, so ist die Bewegung wahrscheinlich eine conventionelle — das Resultat des gewöhnlichen Glaubens, dasz der Himmel, die Quelle der göttlichen Gewalt, zu der wir beten, über uns gelegen ist.

Eine demüthigende knieende Stellung mit erhobenen und in einander gelegten Händen scheint uns in Folge langer Gewohnheit eine

---

[25] Dr. Maudsley hat eine Erörterung hierüber in seinem Buche: Body and Mind, 1870. p. 85.

[26] The Anatomy of Expression, p. 103, and Philosoph. Transactions, 1823, p. 182.

der frommen Ergebung so wohl entsprechende Geberde zu sein, dasz man meinen könne, sie sei angeboren. Doch habe ich keinen einzigen Beweis hierfür von den verschiedenen auszereuropäischen Menschenrassen erhalten. Während der classischen Periode der römischen Geschichte war es nicht gebräuchlich, wie ich von einem ausgezeichneten Kenner des classischen Alterthums höre, dasz die Hände in dieser Weise während des Gebets vereinigt wurden. Mr. HENSLEIGH WEDGWOOD hat allem Anscheine nach die richtige Erklärung gegeben[27], obschon in ihr ausgedrückt wird, dasz die Stellung eine der sclavischen Unterwürfigkeit ist. „Wenn der Betende kniet und seine Hände „erhoben hält mit aneinander gelegten Handflächen, so stellt er einen „Gefangenen dar, welcher die Vollständigkeit seiner Unterwerfung da„durch beweist, dasz er seine Hände dem Sieger zum Binden darbietet. „Es ist die bildliche Darstellung des lateinischen dare manus, um „die Unterwürfigkeit zu bezeichnen." Es ist daher nicht wahrscheinlich, dasz sowohl das Aufwenden der Augen als auch das Ineinanderlegen der geöffneten Hände unter dem Einflusse andächtiger Empfindungen angeborne oder wahrhaft ausdrucksvolle Handlungen sind und dies hätte man auch kaum erwarten können. Denn es ist sehr zweifelhaft, ob Empfindungen, welche wir jetzt als andachtsvolle auffassen, die Herzen von Menschen bewegten, als sie in vergangenen Zeiten noch in einem uncivilisirten Zustande verharrten.

[27] The Origin of Language, 1866, p. 146. Mr. Tylor (Early History of Mankind. 2. edit. 1870, p. 48) gibt einen complicirteren Ursprung für die Stellung der Hände während des Gebetes an.

Neuntes Capitel.

Überlegung. — Nachdenken. — Üble Laune. — Schmollen. — Entschlossenheit.

Der Act des Stirnrunzelns. — Überlegung mit einer Anstrengung oder mit der Wahrnehmung von etwas Schwierigem oder Unangenehmem. — Vertieftes Nachdenken. — Üble Laune. — Mürrisches Wesen. — Hartnäckigkeit. — Schmollen und Verziehen des Mundes. — Bestimmtheit oder Entschiedenheit. — Das feste Schlieszen des Mundes.

Die Augenbrauenrunzler bringen durch ihre Zusammenziehung die Augenbrauen etwas herab und nähern dieselben einander, wobei sie auf der Stirn senkrechte Falten, d. h. ein Stirnrunzeln hervorbringen. Sir Ch. Bell, welcher irrthümlicherweise der Ansicht war, dasz der Augenbrauenrunzler ein dem Menschen eigenthümlicher Muskel sei, bezeichnet ihn als „den merkwürdigsten Muskel des mensch„lichen Gesichts. Er verknüpft die Augenbrauen mit einer energi„schen Anstrengung, was auf eine unerklärliche, aber doch unwider„stehliche Weise die Idee des Geistes hervorruft." An einer andern Stelle sagt er ferner: „Wenn die Augenbrauen zusammengezogen wer„den, so wird Energie des Geistes sichtbar; dabei vermischt sich die „Idee des Gedankens und der Seelenbewegung mit der der wilden und „brutalen Wuth des reinen Thieres"[1]. In diesen Bemerkungen liegt

---

[1] Anatomy of Expression, p. 137, 139. Es ist nicht überraschend, dasz sich die Augenbrauenrunzler beim Menschen viel stärker entwickelt haben, als bei den menschenähnlichen Affen; denn sie werden von ihm unter verschiedenen Umständen in beständige Thätigkeit versetzt und werden auch durch die vererbten Wirkungen des Gebrauchs gestärkt und modificirt worden sein. Wir haben gesehen, was für eine bedeutungsvolle Rolle sie in Verbindung mit den Kreismuskeln des Auges spielen, um die Augen vor dem Überfülltwerden mit Blut während heftiger exspiratorischer Bewegungen zu schützen. Wenn die Augen so schnell und so ge-

sehr viel Wahres, aber kaum die ganze Wahrheit. Dr. DUCHENNE hat den Augenbrauenrunzler den Muskel der Überlegung genannt[2], aber es kann dieser Name ohne einige Einschränkung nicht als völlig correct betrachtet werden.

Es kann ein Mensch in das tiefste Nachdenken versunken sein; seine Augenbrauen bleiben doch glatt, bis er im Zuge seines Nachdenkens auf irgend ein Hindernis stöszt oder bis er durch irgend eine Störung unterbrochen wird, dann zieht ein Stirnrunzeln wie ein Schatten über sein Gesicht. Ein halbverhungerter Mensch kann intensiv darüber nachdenken, wie er sich Nahrung verschaffen könnte; wahrscheinlich wird er aber kein Stirnrunzeln zeigen, bis er entweder im Gedanken oder bei einer Handlung auf irgend welche Schwierigkeit stöszt, oder wenn er die endlich erlangte Nahrung ekelhaft findet. Ich habe bemerkt, dasz beinahe ein Jeder augenblicklich die Stirn runzelt, wenn er in dem, was er iszt, einen fremdartigen oder schlechten Geschmack wahrnimmt. Ich bat mehrere Personen, ohne ihnen meine Absicht zu erklären, aufmerksam auf ein leises klopfendes Geräusch hinzuhören, dessen Natur und Quelle sie sämmtlich vollkommen kannten; nicht eine von ihnen runzelte die Stirn. Als aber Jemand sich zu uns gesellte, der nicht begreifen konnte, was wir alle im tiefsten Stillschweigen thäten, und dann gebeten wurde, aufzuhorchen, runzelte er die Stirn stark, wenn schon nicht aus übler Laune, und sagte, er könne nicht im Mindesten verstehen, was wir Alle wollten. Dr. PIDERIT[3], welcher Bemerkungen ähnlichen Inhalts veröffentlicht hat, fügt noch hinzu, dasz Stotterer gewöhnlich beim Sprechen die Stirn runzeln und dasz ein Mensch selbst beim Ausführen einer so geringfügigen Handlung wie dem Anziehen eines Stiefels die Stirn runzelt, wenn er ihn zu eng findet. Manche Personen runzeln die

---

waltsam wie möglich geschlossen werden, um sie vor einem Schlage zu retten, so ziehen sich die Augenbrauenrunzler zusammen. Bei Wilden oder andern Menschen, deren Kopf unbedeckt getragen wird, werden die Augenbrauen beständig gesenkt und zusammengezogen, um als ein Schirm gegen das zu starke Licht zu dienen; und dies wird zum Theil durch die Augenbrauenrunzler ausgeführt. Diese Bewegung würde dem Menschen noch specieller von Nutzen gewesen sein, wenn seine frühen Urerzeuger den Kopf aufrecht getragen hätten. Endlich glaubt Prof. Donders (Archives of Medicine, ed. by L. S. Beale, Vol. V, 1870, p. 34), dasz die Augenbrauenrunzler in Thätigkeit gesetzt werden, um das Hervortreten des Augapfels bei der Accomodation des Sehens für die gröszte Nähe zu verursachen.

[2] Mécanisme de la Physionomie Humaine, Album, Legende III.

[3] Mimik und Physiognomik. S. 46.

Stirn so gewohnheitsgemäsz, dasz die einfache Anstrengung des Sprechens beinahe immer ihre Augenbrauen veranlaszt, sich zusammenzuziehen.

Menschen aller Rassen runzeln die Stirn, wenn sie in ihren Gedanken auf irgend welche Weise verworren werden, wie ich aus den Antworten schliesze, die ich auf meine Fragen erhalten habe; ich habe indessen dieselben schlecht formulirt, da ich dabei das vertiefte Nachdenken mit perplexer Überlegung verwechselt habe. Nichtsdestoweniger ist es doch klar, dasz die Australier, Hindus und Kaffern von Süd-Africa die Stirn runzeln, wenn sie in Verlegenheit gerathen. DOBRITZHOFER bemerkt, dasz die Guaranis von Süd-America bei gleicher Gelegenheit ebenfalls ihre Augenbrauen zusammenziehen[4].

Nach diesen Betrachtungen können wir schlieszen, dasz das Stirnrunzeln nicht der Ausdruck der einfachen Überlegung, wie tief eingehend dasselbe auch sein mag, oder der, wenn auch noch so intensiven Aufmerksamkeit ist, sondern der Ausdruck für irgend eine Schwierigkeit oder etwas Unangenehmes, was während eines Gedankenzuges oder bei einer Handlung erfahren wird. Tiefe Überlegung kann indessen selten lange fortgesetzt werden, ohne auf irgend eine Schwierigkeit zu stoszen, so dasz sie allgemein von einem Stirnrunzeln begleitet sein wird. Daher kommt es, dasz das Stirnrunzeln dem Gesicht gewöhnlich, wie Sir CH. BELL bemerkt, den Ausdruck intellectueller Energie gibt. Damit aber diese Wirkung hervorgebracht werde, müssen die Augen klar und fest sein, oder nach abwärts gerichtet werden, wie es häufig beim tiefen Denken vorkommt. Das Gesicht musz nicht auf andere Weise gestört sein, wie es bei einem übelgelaunten oder mürrischen Menschen der Fall ist, oder bei einem, welcher die Wirkungen lange anhaltenden Leidens zeigt mit matten Augen und schlaff herabhängenden Kinnladen, oder welcher einen schlechten Geschmack in einer Speise wahrnimmt, oder der es schwierig findet, irgend eine unbedeutende Handlung, wie das Einfädeln einer Nadel, auszuführen. In diesen Fällen kann man häufig ein Stirnrunzeln eintreten sehen, es wird aber hier von irgend einer andern Ausdrucksform begleitet sein, welche es vollständig verhindert, dasz das Gesicht den Anblick intellectueller Energie oder tiefen Denkens darbietet.

---

[4] History of the Abipones. Engl. Übers. Vol. II, p. 59, citirt von Lubbock, Origin of Civilisation, 1870, p. 355.

Wir können nun untersuchen, woher es kommt, dasz ein Stirnrunzeln die Empfindung von irgend etwas Schwierigem oder Unangenehmem entweder in einem Gedankenzuge oder in einer Handlung ausdrücken soll. In derselben Weise wie es Naturforscher empfehlenswerth finden, die embryonale Entwickelung eines Organes zu verfolgen, um seinen Bau vollständig zu verstehen, ist es auch in Bezug auf die Bewegungen des Gesichtsausdrucks gerathen, so nahe als möglich denselben Plan zu verfolgen. Die früheste und beinahe einzige Ausdrucksform, welche während der ersten Tage der Kindheit zu sehen ist, dann aber häufig dargeboten wird, ist die im Acte des Schreiens gezeigte; und das Schreien wird sowohl zuerst als noch einige Zeit später durch jede ängstigende oder unangenehme Empfindung oder Gemüthsbewegung erregt, durch Hunger, Schmerz, Zorn, Eifersucht, Furcht u. s. w. In solchen Zeiten werden die Muskeln rings um das Auge heftig zusammengezogen, und dies erklärt, wie ich glaube, in hohem Masze den Act des Stirnrunzelns während der übrigen Zeit unseres Lebens. Ich habe wiederholt meine eignen Kinder von einem Alter unter einer Woche bis zu dem von zwei oder drei Monaten beobachtet und gefunden, dasz wenn ein Schreianfall allmählich herankam, das erste Zeichen davon die Zusammenziehung der Augenbrauenrunzler war, welche ein leichtes Stirnrunzeln verursachte und welcher sehr bald die Zusammenziehung der andern Muskeln rings um das Auge folgte. Wenn ein kleines Kind sich ungemüthlich fühlt oder unwohl ist, so kann man kleine Stirnrunzelungen — wie ich in meinem Tagebuche notirt habe, — beständig wie Schatten über ihr Gesicht ziehen sehen; diesen folgen allgemein, aber nicht immer, früher oder später Schreianfälle. Ich beobachtete z. B. ein kleines, zwischen sieben und acht Wochen altes Kind, als es Milch saugte, welche kalt und ihm daher unangenehm war; während der ganzen Zeit behielt es ein leichtes Stirnrunzeln bei. Dies entwickelte sich nie zu einem wirklichen Anfall von Weinen, doch liesz sich gelegentlich jede Stufe des dichten Herannahens eines solchen beobachten.

Da kleine Kinder zahllose Generationen hindurch der Gewohnheit, beim Anfange jeden Anfalls von Weinen oder Schreien die Augenbrauen zusammenzuziehen, gefolgt sind, so ist dieselbe mit dem langsam eintretenden Gefühle von irgend etwas Ängstigendem oder Unangenehmem fest associirt worden. Sie ist daher leicht geneigt unter ähnlichen Umständen auch während des reifen Alters beibehalten zu werden, obschon sie dann niemals zu einem Weinanfall weiterentwickelt wird. Schreien oder Weinen wird schon in einer frühen Lebensperiode willkürlich zurückzudrängen begonnen, während das Stirnrunzeln kaum jemals auf irgend einer Altersstufe unterdrückt wird. Es ist vielleicht der Bemerkung werth, dasz bei zum Weinen sehr geneigten Kindern alles das, was ihren Geist verwirrt und was die meisten andern Kinder nur zum Stirnrunzeln bringen würde, leicht ein Weinen hervorruft. So führt auch bei gewissen Classen von Geisteskranken jede Anstrengung des Geistes, wie leicht sie auch sein mag, welche bei einem gewohnheitsgemäsz die Stirn runzelnden Menschen ein leichtes Stirnrunzeln verursachen würde, zum nicht zurückzudrängenden Weinen. Darin, dasz die Gewohnheit die Augenbrauen bei der ersten Wahrnehmung von irgend etwas Ängstigendem zusammenzuziehen, obschon sie während der Kindheit erworben wurde, für den übrigen Theil unseres Lebens beibehalten wird, liegt nicht mehr Überraschendes als darin, dasz viele andere in einem frühen Alter erworbene associirte Gewohnheiten sowohl vom Menschen als den niedern Thieren dauernd beibehalten werden. So behalten z. B. völlig erwachsene Katzen häufig die Gewohnheit bei, wenn sie sich warm und gemüthlich fühlen, abwechselnd ihre Vorderpfoten mit ausgespreizten Zehen vorzustrecken, welche Gewohnheit sie zu einem bestimmten Zwecke ausübten als sie an ihren Müttern saugten.

Eine andere und verschiedene Ursache hat wahrscheinlich die Gewohnheit die Stirne zu runzeln, so oft der Geist sich intensiv mit einem Gegenstande beschäftigt und auf irgend eine Schwierigkeit stöszt, noch verstärkt. Das Sehen ist der bedeutungsvollste von allen Sinnen, und während der Urzeiten musz die gespannteste Aufmerksamkeit unaufhörlich auf entfernte Gegenstände gerichtet worden sein, um Beute zu erlangen und Gefahren zu vermeiden. Ich erinnere mich, als ich in Theilen von Süd-America reiste, welche wegen der Anwesenheit von Indianern gefährlich waren, darüber frappirt gewesen zu sein, wie unaufhörlich und doch allem Anscheine nach unbewuszt die halb wilden Gauchos den ganzen Horizont aufmerksam prüften. Wenn nun Jemand ohne irgend wie den Kopf bedeckt zu haben (wie es doch ursprünglich beim Menschen der Fall gewesen sein musz) sich bis zum Äuszersten anstrengt, in hellem Tageslicht und besonders wenn der Himmel glänzt, einen entfernten Gegenstand zu unterscheiden, so zieht er beinahe ausnahmslos seine Augenbrauen zusammen, um den Eintritt von zuviel Licht in seine Augen zu verhüten; die untern Augenlider, die Backen und die Oberlippe werden zu gleicher Zeit emporgehoben, so dasz die Öffnung der Augen verkleinert wird. Ich habe absichtlich mehrere Personen, junge und alte, gebeten, unter den oben erwähnten Umständen nach entfernten Gegenständen zu sehen, wobei ich sie glauben machte, dasz ich nur die Stärke ihres Gesichtssinnes zu prüfen wünschte; und sie alle benahmen sich in der eben beschriebenen Art und Weise. Einige von ihnen hielten auch ihre flachen offenen Hände über die Augen, um den Überschusz von Licht abzuhalten. Nachdem GRATIOLET einige Bemerkungen nahezu derselben Art gemacht hat[5], sagt er: „ce sont là des attitudes de vision difficile." Er kommt zu dem Schlusse, dasz sich die Muskeln rings um das Auge zum Theil zu dem Zwecke zusammenziehen, zu vieles Licht auszuschlieszen (was mir die bedeutungsvollere Absicht zu sein scheint), zum Theil um alle Strahlen von der Netzhaut abzuhalten, ausgenommen diejenigen, welche direct von dem Gegenstande herkommen, welcher erforscht wird. Mr. BOWMAN, welchen ich über diesen Punkt um Rath frug, meint, dasz die Zusammenziehung der das Auge umgebenden Mukeln auszerdem noch „zum Theil dazu dienen dürfte, die consensuellen Bewegungen der „beiden Augen dadurch zu sichern, dasz ihnen ein festerer Stützpunkt „gegeben wird, während die Augäpfel durch die Thätigkeit ihrer „eigenen Muskeln für das binoculare Sehen eingestellt werden."

Da die Anstrengung, bei hellem Lichte mit Aufmerksamkeit einen entfernten Gegenstand zu betrachten, sowohl schwierig als ermüdend ist, und da diese Anstrengung durch zahllose Generationen hindurch gewohnheitsgemäsz von der Zusammenziehung der Augenbrauen begleitet worden ist, so wird die Gewohnheit des Stirnrunzelns hiedurch bedeutend verstärkt worden sein, obschon sie ursprünglich während der ersten Kindheit aus einer davon völlig unabhängigen Ursache ausgeübt wurde, nämlich als erster Schritt zum Schutze der Augen beim Schreien. Soweit der Seelenzustand dabei in Betracht kommt, besteht allerdings eine grosze Analogie zwischen dem aufmerksamen Prüfen eines entfernten Gegenstandes und dem Verfolgen eines

---

[5] De la Physionomie, p. 15, 144, 146. Mr. Herbert Spencer erklärt das Stirnrunzeln ausschlieszlich durch die Gewohnheit, die Augenbrauen zur Bildung eines Schirms für die Augen in einem hellen Lichte zusammenzuziehen. s. Principles of Psychology, 2. edit., 1872, p. 546.

schwierigen Gedankenzuges oder auch der Ausführung irgend einer kleinen und mühsamen mechanischen Arbeit. Die Annahme, dasz die Gewohnheit des Stirnrunzelns beibehalten wird, wenn auch durchaus gar keine Nöthigung vorliegt, zu viel Licht abzuhalten, erhält durch die früher erwähnten Fälle Unterstützung, bei denen die Augenbrauen oder Augenlider unter gewissen Umständen in einer zwecklosen Art und Weise in Thätigkeit geriethen, weil sie früher unter analogen Verhältnissen zu einem nützlichen Zwecke ähnlich benutzt wurden. So schlieszen wir z. B. willkürlich unsere Augen, wenn wir einen Gegenstand nicht zu sehen wünschen, und wir sind sehr geneigt sie zu schlieszen, wenn wir einen Vorschlag verwerfen, als wenn wir ihn dann nicht sehen könnten oder wollten, oder auch aus gleichem Grunde, wenn wir an etwas Schauerliches denken. Wir erheben unsere Augenbrauen, wenn wir schnell Alles rings um uns her zu sehen wünschen, und dasselbe thun wir häufig, wenn wir ernsthaft wünschen, uns an irgend etwas zu erinnern, gewissermaszen um zu versuchen es zu sehen.

Versunkensein, Nachdenken. — Wenn eine Person in Gedanken verloren und ihr Geist abwesend ist, oder, wie es zuweilen gesagt wird, „wenn sie in Gedanken hinbrütet", so runzelt sie ihre Stirn nicht, aber die Augen erscheinen leer. Die untern Augenlider werden meist in die Höhe gezogen und gefaltet, in derselben Weise wie wenn eine kurzsichtige Person einen entfernten Gegenstand zu erkennen versucht; gleichzeitig werden auch die obern Augenkreismuskeln leicht zusammengezogen. Das Falten der untern Augenlider unter solchen Umständen ist bei einigen Wilden beobachtet worden, so von Mr. Dyson Lacy bei den Australiern von Queensland und mehrere Male von Mr. Geach bei den Malayen des Innern von Malacca. Was die Bedeutung oder die Ursache dieser Handlung sein mag, kann für jetzt nicht erklärt werden; es liegt uns aber hier ein anderes Beispiel einer Bewegung rund um die Augen herum in Beziehung auf den Seelenzustand vor.

Der leere Ausdruck der Augen ist sehr eigenthümlich und zeigt sofort an, wenn ein Mensch vollständig in seinen Gedanken verloren ist. Professor Donders hat mit seiner gewöhnlichen Freundlichkeit diesen Gegenstand meinetwegen untersucht. Er hat Andere in diesem Zustand beobachtet und ist selbst wieder von Professor Engelmann beobachtet worden. Die Augen werden dann nicht auf irgend einen

Gegenstand fixirt, also nicht, wie ich mir vorgestellt hatte, auf einen entfernten Gegenstand. Die Sehachsen der beiden Augen werden sogar häufig in geringem Grade divergent; wird der Kopf senkrecht gehalten, und ist die Gesichtsebene horizontal, so steigt die Divergenz im Maximum bis zu einem Winkel von 2^0. Dies wurde ermittelt durch Beobachtung des gekreuzten Doppelbildes eines entfernten Gegenstandes. Wenn sich der Kopf nach vorn neigt, wie es häufig bei einem in Gedanken absorbirten Menschen vorkommt, in Folge nämlich der allgemeinen Erschlaffung seiner Muskeln, dann werden, wenn die Gesichtsebene noch immer horizontal bleibt, die Augen nothwendigerweise ein wenig aufwärts gedreht, und dann beträgt die Divergenz 3^0 oder $3^0 5'$; werden die Augen noch weiter nach oben gewendet, dann steigt sie bis auf 6^0 oder 7^0. Professor DONDERS schreibt diese Divergenz der beinahe vollständigen Erschlaffung gewisser Augenmuskeln zu, welche leicht in Folge des Versunkenseins des Geistes eintritt[6]. Der thätige Zustand der Muskeln der Augen führt zur Convergenz derselben; Professor DONDERS bemerkt hierbei noch, als die Divergenz der Augen während einer Zeit vollständigen Versunkenseins erläuternd, dasz, wenn ein Auge erblindet, es beinahe immer nach Verlauf einer kurzen Zeit sich nach auszen wendet; seine Muskeln werden nämlich nun nicht mehr dazu benutzt, den Augapfel behufs des binocularen Sehens nach innen zu bewegen.

Verlegenes Überlegen wird häufig von gewissen Bewegungen oder Geberden begleitet. In solchen Momenten erheben wir gewöhnlich unsere Hände an die Stirn, den Mund oder das Kinn; soweit ich es beobachtet habe, thun wir es aber nicht, wenn wir vollständig im Nachdenken versunken sind und wenn keine Schwierigkeit uns entgegentritt. PLAUTUS beschreibt in einem seiner Stücke[7] einen verlegenen Menschen und sagt: „Seht ihn an, er hat sein Kinn auf den Pfeiler „seiner Hand gestützt." Selbst eine so kleinliche und allem Anscheine nach bedeutungslose Geberde, wie das Erheben der Hand nach dem Gesichte, ist bei einigen Wilden beobachtet worden. Mr. J. MANSEL WEALE hat es bei den Kaffern in Süd-Africa gesehen; und der einge-

---

[6] Gratiolet bemerkt (De la Physionomie, p. 35): „Quand l'attention est fixée sur quelque image intérieure, l'oeil regarde dans le vide et s'associe automatiquement à la contemplation de l'esprit." Diese Ansicht verdient aber kaum eine Erklärung genannt zu werden.

[7] Miles Gloriosus, Act. II. Sc. 2.

borene Häuptling GAIKA fügt hinzu, dasz die Leute „manchmal an ihrem Barte zupfen." Mr. WASHINGTON MATTHEWS, welcher einige der wildesten Indianerstämme in den westlichen Gegenden der Vereinigten Staaten beobachtet hat, bemerkt, dasz er gesehen habe, wie dieselben, wenn sie ihre Gedanken concentriren, „ihre Hände, gewöhn-„lich den Daumen und Zeigfinger, mit irgend einem Theile des Ge-„sichts, meistens mit der Oberlippe, in Berührung bringen." Wir können wohl einsehen, warum man die Stirn drückt oder reibt, da tiefes Nachdenken das Gehirn ermüdet; warum man aber die Hand nach dem Mund oder dem Gesicht erhebt, ist durchaus nicht klar.

Üble Laune. — Wir haben gesehen, dasz das Stirnrunzeln der natürliche Ausdruck irgend einer empfundenen Schwierigkeit oder von irgend etwas Unangenehmem ist, was sich entweder in Gedanken oder bei einer Handlung darbietet; und wessen Geist häufig und leicht in dieser Weise afficirt wird, der wird sehr leicht übel gelaunt oder in unbedeutendem Grade zornig oder reizbar werden und wird dies gewöhnlich durch ein Stirnrunzeln zeigen. Aber ein in Folge des Stirnrunzelns verstimmt erscheinender Ausdruck kann ausgeglichen werden, wenn der Mund, weil er gewohnheitsgemäsz in ein Lächeln gezogen wird, freundlich erscheint und die Augen hell und fröhlich sind. Dasselbe tritt ein, wenn das Auge klar und sicher blickt und das Aussehen eines ernsten Überlegens vorhanden ist. Stirnrunzeln mit etwas herabgezogenen Mundwinkeln, welches letztere ein Zeichen des Kummers ist, gibt das Ansehen eines mürrischen Gereiztseins. Wenn ein Kind während es weint stark die Stirn runzelt (siehe Tafel IV, Fig. 2)[8], aber nicht in der gewöhnlichen Art stark die Kreismuskeln zusammenzieht, dann bietet sich ein scharf ausgesprochener Ausdruck des Zornes oder selbst der Wuth, in Verbindung mit dem des Unglücks dar.

Wenn die ganzen, zum Stirnrunzeln gebrachten Augenbrauen durch die Zusammenziehung der Pyramidenmuskeln der Nase stark nach unten gezogen werden, was quere Furchen oder Falten quer über die Basis der Nase hervorruft, wird der Ausdruck der des mürrischen Wesens. DUCHENNE glaubt, dasz die Zusammenziehung dieses Muskels ohne jedes Stirnrunzeln die Erscheinung der äuszersten und aggressiven

[8] Die Originalphotographie des Herrn Kindermann ist viel ausdrucksvoller als diese Copie, da sie die Runzelung an den Augenbrauen viel deutlicher zeigt.

Härte veranlaszt⁹. Ich zweifle aber sehr, ob dies ein wahrer oder natürlicher Ausdruck ist. Ich habe die DUCHENNE'sche Photographie eines jungen Mannes, bei welchem dieser Muskel mittelst des Galvanismus in starke Contraction versetzt worden war, elf Personen, darunter einigen Künstlern, gezeigt und keiner konnte sich eine Idee davon machen, was beabsichtigt wurde, ausgenommen ein Mädchen, welches ganz richtig antwortete: „mürrische Zurückhaltung." Als ich, wohl wissend was damit beabsichtigt war, zum ersten Male diese Photographie betrachtete, fügte meine Einbildungskraft wie ich glaube das, was noch nothwendig war, nämlich die Runzelung der Augenbrauen, hinzu; in Folge hievon schien mir dann der Ausdruck richtig und zwar äuszerst mürrisch zu sein.

Ein fest geschlossener Mund gibt in Verbindung mit herabgezogenen und gerunzelten Augenbrauen dem Ausdrucke Entschiedenheit oder kann ihn auch zu dem der Halsstarrigkeit und Verdrieszlichkeit machen. Woher es kommt, dasz der fest geschlossene Mund dem Gesichte den Ausdruck der Entschiedenheit gibt, wird sofort erörtert werden. Ein Ausdruck mürrischer Hartnäckigkeit ist von meinen Correspondenten deutlich bei den Eingeborenen von sechs verschiedenen Gegenden Australiens erkannt worden. Dasselbe ist auch bei den Malayen, Chinesen, Kaffern, Abyssiniern und der Angabe des Dr. ROTHROCK zufolge in einem auffallenden Grade bei den wilden Indianern von Nord-America und nach Mr. D. FORBES bei den Aymaras von Bolivien erkannt worden. Ich habe ihn auch bei den Araucanern des südlichen Chile beobachtet. Mr. DYSON LACY bemerkt, dasz die Eingeborenen von Australien, wenn sie sich in diesem Seelenzustand befinden, zuweilen ihre Arme über die Brust kreuzen, eine Stellung, die man häufig bei uns sehen kann. Eine feste Entschiedenheit, zuweilen sich bis zur Hartnäckigkeit steigernd, wird auch zuweilen dadurch ausgedrückt, dasz beide Schultern heraufgezogen werden; die Bedeutung dieser Geberde wird im folgenden Capitel erklärt werden.

Bei kleinen Kindern zeigt sich das Schmollen durch Hervorstrecken oder Verziehen des Mundes; wie es zuweilen genannt wird: „sie machen ein Schnäuzchen"¹⁰. Wenn die Mundwinkel stark herab

---

⁹ Mécanisme de la Physionomie Humaine, Album, Legende IV, Fig. 16—18.

¹⁰ [Das provincielle „einen Flunsch machen" entspricht dem englischen „to pout" am meisten. C.] Hensleigh Wedgwood, On the Origin of Language, 1866, p. 78.

gedrückt werden, so wird die Unterlippe ein wenig umgewandt und vorgestreckt und dies wird gleichfalls „Verziehen des Mundes" genannt. Aber das hier besprochene Mundverziehen besteht in einem Vorstrecken beider Lippen in einer röhrigen Form, zuweilen in einem solchen Grade, dasz sie bis zur Nasenspitze reichen, wenn die Nase kurz ist. Das Verziehen des Mundes wird gewöhnlich von Stirnrunzeln, zuweilen von Äuszerung eines Lautes, wie ‚buh' oder ‚wuh' begleitet. Diese Ausdrucksform ist deshalb merkwürdig, als sie, so weit mir bekannt ist, beinahe die einzige ist, welche viel deutlicher während der Kindheit als während des erwachsenen Alters dargeboten wird. Indessen ist eine gewisse Neigung zum Vorstrecken der Lippen unter dem Einflusse groszer Wuth bei den Erwachsenen aller Rassen vorhanden. Manche Kinder strecken den Mund vor, wenn sie schüchtern sind, und dann kann man kaum sagen, dasz sie schmollen.

Nach den Erkundigungen, welche ich bei mehreren groszen Familien angestellt habe, scheint das Vorstrecken des Mundes bei europäischen Kindern nicht sehr allgemein zu sein; doch kommt es auf der ganzen Erde vor und musz bei den wilden Rassen sowohl allgemein als auch scharf ausgesprochen sein, da es die Aufmerksamkeit vieler Beobachter gefesselt hat. Es ist in acht verschiedenen Bezirken in Australien bemerkt worden, und einer der Herren, die mir Aufschlüsse verschafften, bemerkt, wie bedeutend dann die Lippen der Kinder vorgestreckt werden. Zwei Beobachter haben das Mundverziehen bei Kindern der Hindus gesehen, drei bei denen der Kaffern und Fingos in Süd-Africa und bei den Hottentotten, und zwei bei den Kindern der wilden Indianer von Nord-America. Verziehen des Mundes ist auch bei den Chinesen, Abyssiniern, Malayen von Malacca, den Dyaks von Borneo und häufig bei den Neu-Seeländern beobachtet worden. Mr. MANSEL WEALE theilt mir mit, dasz er nicht blosz bei den Kindern der Kaffern, sondern auch bei den Erwachsenen beiderlei Geschlechts gesehen habe, wie sie, wenn sie mürrisch sind, ihre Lippen bedeutend vorstrecken, und Mr. STACK hat dasselbe in Neu-Seeland zuweilen bei den Männern und sehr häufig bei den Frauen beobachtet. Eine Spur derselben Ausdrucksform läszt sich gelegentlich selbst bei erwachsenen Europäern entdecken.

Wir sehen hieraus, dasz das Vorstrecken der Lippen besonders bei kleinen Kindern über den gröszten Theil der Erde für das mürrische Schmollen characteristisch ist. Diese Bewegung ist dem Anscheine nach ein Resultat davon, dasz eine ursprüngliche Gewohnheit hauptsächlich während der Kindheit beibehalten worden ist oder dasz gelegentlich zu ihr zurückgegriffen wird. Junge Orangs und Chimpansen strecken ihre Lippen bis zu einem auszerordentlichen Grade vor, (wie in einem früheren Capitel beschrieben wurde), wenn sie unzufrieden, etwas erzürnt oder mürrisch sind, auch wenn sie überrascht, ein wenig erschreckt werden und selbst wenn sie in unbedeutendem Grade vergnügt werden. Der Mund wird hier wie es scheint zu dem Zwecke vorgestreckt, um die den verschiedenen Seelenzuständen eigenthümlichen Laute hervorzubringen; wie ich beim Chimpansen beobachtete, ist die Form des Mundes etwas verschieden, wenn der Ausruf des Vergnügens und wenn der des Zorns ausgestoszen wird. Sobald diese Thiere in Wuth gerathen, ändert sich die Form des Mundes vollständig und die Zähne werden dann gezeigt. Wenn der erwachsene Orang verwundet wird, so gibt er, wie man erzählt, „einen eigenthümlichen Schrei von sich, der zuerst aus hohen Tönen „besteht, sich aber zuletzt in ein leises Brummen vertieft. Während „er die hohen Töne ausstöszt, streckt er seine Lippen trichterförmig „vor, beim Brummen in den tiefen Tönen hält er seinen Mund weit „offen"[11]. Beim Gorilla ist die Unterlippe, wie angegeben wird, groszer Verlängerung fähig. Wenn dann nun unsere halbmenschlichen Urerzeuger ihre Lippen, wenn sie verdrieszlich oder etwas erzürnt waren, in derselben Weise vorstreckten, wie es die jetzt lebenden menschenähnlichen Affen thun, so ist es keine anomale, aber doch merkwürdige Thatsache, dasz unsere Kinder in ähnlichen Affecten eine Spur derselben Ausdrucksform und eine geringe Neigung, einen Laut auszustoszen, darbieten. Denn es ist bei Thieren durchaus nicht ungewöhnlich, dasz sie Charactere, welche ursprünglich ihre erwachsenen Urerzeuger besaszen und welche noch immer von bestimmten Arten, ihren nächsten Verwandten, besessen werden, während der Jugend mehr oder weniger vollkommen beibehalten und später verlieren.

Es ist auch keine anomale Thatsache, dasz die Kinder der Wilden eine stärkere Neigung zum Vorstrecken der Lippen, wenn sie mürrisch schmollen, darbieten, als die Kinder civilisirter Europäer; denn das

---

[11] Sal. Müller, citirt von Huxley, Zeugnisse für die Stellung des Menschen, S. 44 (Übersetzung).

Wesen der Wildheit scheint in der Beibehaltung eines ursprünglichen Zustandes zu bestehen, und dies gilt gelegentlich sogar für körperliche Eigenthümlichkeiten [12]. Man könnte dieser Ansicht von dem Ursprunge des Mundverziehens den Umstand entgegenhalten, dasz die menschenähnlichen Affen ihre Lippen auch dann vorstrecken, wenn sie erstaunt und selbst wenn sie etwas vergnügt gestimmt sind, während bei uns der Ausdruck allgemein auf einen mürrischen Seelenzustand beschränkt ist. Wir werden aber in einem späteren Capitel sehen, dasz die Überraschung bei verschiedenen Menschenrassen zuweilen zu einem geringen Vorstrecken der Lippen führt, obschon groszes Überraschen oder Erstaunen gewöhnlicher dadurch gezeigt wird, dasz der Mund weit geöffnet wird. Ebenso ziehen wir ja, wenn wir lächeln oder lachen, unsere Mundwinkel zurück und haben daher jede Neigung die Lippe vorzustrecken, wenn wir vergnügt gestimmt sind, verloren, wenn wirklich unsere frühen Urerzeuger das Vergnügen in dieser Weise ausdrückten.

Eine kleine von schmollenden Kindern gemachte Geberde mag hier noch erwähnt werden, nämlich das Zucken oder das Erheben der einen Schulter. Dies hat wie ich glaube eine verschiedene Bedeutung von dem Hochhalten beider Schultern. Ein eigensinniges Kind, welches auf dem Knie seiner Mutter sitzt, hebt die ihr nähere Schulter empor, bewegt sie dann schnell weg, um gewissermaszen einer Liebkosung auszuweichen und stöszt dann mit ihr rückwärts, als wollte es einen Beleidiger fortstoszen. Ich habe ein Kind in ziemlicher Entfernung von irgend jemand Anderem stehen und seine Empfindungen deutlich dadurch ausdrücken sehen, dasz es die eine Schulter erhob, ihr dann eine geringe Bewegung nach rückwärts gab, und dann den ganzen Körper herumdrehte.

Bestimmtheit und Entschiedenheit. — Das feste Schlieszen des Mundes dient dazu, dem Gesicht einen Ausdruck der Entschiedenheit oder Bestimmtheit zu geben. Kein entschlossener Mensch hat wahrscheinlich jemals einen gewöhnlich weit offenstehenden Mund gehabt. Es wird daher auch eine kleine und schwache Unterkinnlade, welche anzudeuten scheint, dasz der Mund nicht für gewöhnlich und

---

[12] Ich habe mehrere Beispiele hievon in meiner „Abstammung des Menschen", Bd. 1, Cap. 4 gegeben.

fest geschlossen wird, allgemein für ein characteristisches Zeichen einer Schwäche des Characters gehalten. Eine länger anhaltende Anstrengung, sei es des Körpers oder des Geistes, setzt einen vorhergehenden Entschlusz voraus; und wenn gezeigt werden kann, dasz der Mund vor und während einer bedeutenden und andauernden Anstrengung des Muskelsystems allgemein mit Festigkeit geschlossen wird, dann wird auch nach dem Princip der Association der Mund beinahe sicher geschlossen werden, sobald irgend ein entschiedener Entschlusz gefasst wird. Nun haben mehrere Beobachter bemerkt, wie ein Mensch beim Beginn irgend einer heftigen Muskelanstrengung ausnahmslos zuerst seine Lungen mit Luft ausdehnt und sie dann durch kraftvolle Zusammenziehung seiner Brustmuskeln zusammendrückt; um dies aber zu bewirken, musz der Mund fest geschlossen werden.

Für diese Handlungsweise hat man verschiedene Ursachen angegeben. Sir Ch. Bell behauptet[13], dasz zu solchen Zeiten die Brust mit Luft ausgedehnt und im Zustande der Ausdehnung erhalten wird, um den am Brustkasten befestigten Muskeln einen festen Stützpunkt zu geben. Er bemerkt dann: wenn zwei Menschen auf Tod und Leben mit einander ringen, so herrscht ein fürchterliches Stillschweigen, welches nur durch das harte, halb erstickte Athmen unterbrochen wird. Es herrscht Schweigen, weil das Austreiben von Luft beim Ausstoszen irgend eines Lautes den Stützpunkt für die Muskeln der Arme erschlaffen würde. Wird ein Aufschrei gehört, — angenommen der Kampf fände im Dunkeln statt, — so wissen wir sofort, dasz einer von beiden den Kampf verzweifelnd aufgegeben hat.

Gratiolet nimmt an[14], dasz, wenn ein Mensch mit einem andern bis aufs Äuszerste zu kämpfen oder eine schwere Last zu unterstützen oder lange Zeit hindurch eine und dieselbe gezwungene Stellung beizubehalten hat, er nothwendigerweise zuerst tief einathmen und dann mit dem Athemholen aufhören müsse; er glaubt aber, dasz Sir Ch. Bell's Erklärung irrig ist. Er behauptet, dasz aufgehobene Respiration den Kreislauf des Blutes verlangsame, worüber, wie ich meine, kein Zweifel besteht; er führt auch einige merkwürdige Beweise aus dem Baue der niederen Thiere an, welche auf der einen Seite zeigen,

---

[13] Anatomy of Expression, p. 190.
[14] De la Physionomie, p. 118—121.

dasz für eine länger andauernde Muskelanstrengung eine verlangsamte Circulation und auf der anderen Seite für schnelle Bewegungen eine beschleunigte Circulation nothwendig ist. Wir schlieszen dieser Ansicht zufolge, wenn wir irgend eine bedeutende Anstrengung beginnen, unsern Mund und unterbrechen das Athmen, um die Circulation des Blutes zu verlangsamen. GRATIOLET faszt den Gegenstand mit den Worten zusammen: „C'est là la théorie de l'effort continu"; in wie weit aber diese Theorie von andern Physiologen angenommen wird, weisz ich nicht.

Dr. PIDERIT erklärt [15] das feste Schlieszen des Mundes während heftiger Anstrengung der Muskeln aus dem Princip, dasz sich der Einflusz des Willens auch auf andere Muskeln ausbreitet als auf die, welche bei Ausführung irgend einer besonderen Anstrengung nothwendig in Thätigkeit gesetzt werden; und es sei natürlich, dasz die Respirationsmuskeln und die des Mundes, welche so beständig gebraucht werden, ganz besonders leicht in dieser Weise beeinfluszt werden. Mir scheint es wahrscheinlich, dasz in dieser Ansicht wohl etwas Wahres liegt; denn wir pressen gern während heftiger Anstrengungen die Zähne aufeinander und dies ist so lange die Muskeln der Brust stark zusammengezogen sind nicht nothwendig, um die Exspiration zu verhindern.

Wenn endlich Jemand irgend eine delicate und schwierige Operation auszuführen hat, welche kein Aufbieten irgend bedeutender Kraft erfordert, so schliesst er doch nichtsdestoweniger seinen Mund und hört eine Zeit lang zu athmen auf; er thut dies aber, damit die Bewegungen seiner Brust nicht diejenigen seiner Arme stören sollen. Wenn z. B. eine Person versucht, eine Nadel einzufädeln, so kann man sehen, wie sie ihre Lippen zusammendrückt und entweder aufhört zu athmen oder so ruhig als möglich athmet. So war es auch, wie früher angegeben wurde, mit einem jungen und kranken Chimpanse, während er sich damit unterhielt, die Fliegen mit seinen Knöcheln zu tödten, wie sie an den Fensterscheiben auf- und niedersummten. Eine Handlung, wie geringfügig sie auch sein mag, wenn sie nur schwierig auszuführen ist, setzt einen gewissen Grad einer vorausgehenden entschlossenen Sammlung voraus.

Darin scheint nichts Unwahrscheinliches zu liegen, dasz die eben

---

[15] Mimik und Physiognomik, S. 79.

genannten Ursachen in verschiedenen Graden entweder verbunden oder einzeln bei verschiedenen Veranlassungen in's Spiel gekommen sind. Das Resultat wird eine sicher entwickelte, jetzt vielleicht vererbte Gewohnheit sein, beim Beginn oder während einer jeden heftigen und lange anhaltenden Anstrengung oder jeder delicaten Operation fest den Mund zu schlieszen. Durch das Princip der Association wird auch eine starke Neigung zu dieser selben Gewohnheit eintreten, sobald sich der Geist zu irgend einer besondern Handlung oder Art des Benehmens entschlossen hat, selbst ehe irgend eine körperliche Anstrengung aufgewendet wurde oder wenn gar keine solche nothwendig war. Das gewohnheitsgemäsze und feste Schlieszen des Mundes würde danach dazu gekommen sein, Entschiedenheit des Characters zu zeigen: und Entschiedenheit geht leicht in Hartnäckigkeit über.

Zehntes Capitel.

Hasz und Zorn.

Hasz. — Wuth. — Wirkungen derselben auf den Körper. — Entblöszung der Zähne. — Wuth bei Geisteskranken. — Zorn und Indignation. — Wie dieselben von verschiedenen Menschenrassen ausgedrückt werden. — Hohn und herausfordernder Trotz. — Das Entblöszen des Eckzahns auf einer Seite des Gesichts.

Wenn wir von einem Menschen irgend eine absichtliche Beleidigung erlitten haben, oder sie erleiden zu sollen erwarten, oder wenn er uns in irgend welcher Weise anstöszig ist, so haben wir ihn nicht gern, und diese Abneigung verschärft sich leicht zu Hasz. Wenn derartige Empfindungen nur in einem mäszigen Grade gefühlt werden, so werden sie durch keine Bewegung des Körpers oder der Gesichtszüge deutlich ausgedrückt mit Ausnahme vielleicht einer gewissen Würde des Benehmens oder durch etwas üble Laune. Es können indessen nur wenig Individuen lange über eine verhaszte Person nachdenken, ohne Indignation oder Wuth zu empfinden und Zeichen derselben darzubieten. Ist aber die anstöszige Person vollkommen ohne Bedeutung, so empfinden wir einfach Geringschätzung oder Verachtung. Ist dieselbe auf der andern Seite allmächtig, dann geht der Hasz in äuszerste Angst über, so z. B. wenn ein Sclave an einen grausamen Herrn oder ein Wilder an eine blutdürstige bösartige Gottheit denkt [1]. Die meisten unserer Gemüthsbewegungen sind so innig mit ihren Ausdrucksformen verbunden, dasz sie kaum existiren, wenn der Körper passiv bleibt, — es hängt nämlich die Natur der Ausdrucksform zum hauptsächlichsten Theile von der Natur der Handlungen ab, welche unter diesen besondern Seelenzuständen gewohnheitsgemäsz ausgeführt

---

[1] s. einige Bemerkungen hierüber in Mr. Bain's Buch: The Emotions and the Will. 2. ed. 1865, p. 127.

worden sind. Es kann z. B. ein Mensch wissen, dasz sein Leben in der äuszersten Gefahr schwebt und kann heftig wünschen, es zu retten, und doch, wie es Ludwig XVI. that, als er von einer wüthenden Volksmenge umgeben wurde, sagen: „Fürchte ich mich? Fühlt meinen Puls!" So kann auch ein Mensch einen andern intensiv hassen. So lange aber sein Körperbau noch nicht afficirt ist, kann man nicht von ihm sagen, dasz er wüthend sei.

Wuth. — Ich habe bereits Gelegenheit gehabt, von dieser Gemüthsbewegung im dritten Capitel zu handeln, als ich den directen Einflusz des gereizten Sensoriums auf den Körper in Verbindung mit den Wirkungen gewohnheitsgemäsz associirter Handlungen erörterte. Wuth stellt sich in den verschiedenartigsten Weisen dar. Immer ist das Herz und die Circulation afficirt; das Gesicht wird roth oder purpurn, wobei die Venen an der Stirn und am Halse ausgedehnt werden. Das Erröthen der Haut ist bei den kupferfarbigen Indianern von Süd-America[2] und selbst, wie man sagt, an den weiszen Narben, den Rückständen alter Wunden, bei Negern beobachtet worden[3]. Auch Affen werden roth aus Leidenschaft. Bei einem meiner eignen Kinder beobachtete ich, als es noch nicht vier Monate alt war, wiederholt, dasz das erste Symptom eines sich nähernden leidenschaftlichen Anfalls das Einströmen des Blutes in seine nackte Kopfhaut war. Auf der andern Seite wird die Thätigkeit des Herzens zuweilen durch grosze Wuth so stark gehemmt, dasz das Gesicht bleich oder livid wird[4], und nicht wenige an einer Herzkrankheit leidende Menschen sind unter dieser mächtigen Gemüthserregung todt niedergefallen.

Das Athemholen ist gleicherweise afficirt. Die Brust hebt sich schwer und die erweiterten Nasenlöcher zittern[5]. So schreibt Ten-

---

[2] Rengger, Naturgeschichte der Säugethiere von Paraguay, 1830, S. 3.

[3] Sir Ch. Bell, Anatomy of Expression, p. 96. Andererseits spricht Dr. Burgess (Physiology of Blushing, 1839, p. 31) von dem Rothwerden einer Narbe bei einer Negerin, als sei dies der Natur nach ein Erröthen vor Scham gewesen.

[4] Moreau und Gratiolet haben die Farben des Gesichts unter dem Einflusse intensiver Leidenschaft erörtert; s. die Ausgabe von 1820 von Lavater, Vol. IV, p. 282 und 300, und Gratiolet, De la Physionomie, p. 345.

[5] Sir Ch. Bell, Anatomy of Expression, p. 94, 107, hat diesen Gegenstand ausführlich erörtert. Moreau bemerkt (in der Ausgabe von 1820 von Lavater's Physiognomik, Vol. IV, p. 237), und citirt Portal zur Bestätigung, dasz asthmatische Patienten in Folge der gewohnheitsgemäszen Zusammenziehung der die Nasenflügel erhebenden Muskeln permanent erweiterte Nasenlöcher erhalten. Die Erklärung, welche Dr. Piderit (Mimik und Physiognomik, S. 82) von der Er-

NYSON: „Scharfe Athemzüge des Zorns bliesen ihre zauberisch-schönen „Nasenlöcher auf." Es sind daher derartige Ausdrücke entstanden wie „Rache schnauben" und „vor Zorn glühen"⁶.

Das gereizte Gehirn gibt den Muskeln Kraft und gleichzeitig dem Willen Energie. Der Körper wird gewöhnlich aufrecht gehalten, bereit zur augenblicklichen Handlung, zuweilen aber auch nach vorn gebeugt gegen die anstöszige Person hin, wobei die Gliedmaszen mehr oder weniger steif sind. Der Mund wird gewöhnlich mit Festigkeit geschlossen, um den festen Entschlusz auszudrücken, und die Zähne werden fest aufeinander geschlossen oder sie knirschen. Derartige Geberden wie das Erheben der Arme mit geballten Fäusten, als wollte man den Beleidiger schlagen, sind sehr häufig. Wenig Menschen in groszer Leidenschaft und wenn sie Jemand sagen, dasz er fortgehen solle, können dem Triebe widerstehen, derartige Geberden zu machen, als beabsichtigten sie, den andern zu schlagen oder heftig hinwegzutreiben. Die Begierde, zu schlagen, wird in der That häufig so unerträglich stark, dasz unbelebte Gegenstände geschlagen oder auf den Boden geschleudert werden; die Geberden werden aber häufig vollständig zwecklos oder wahnsinnig. Junge Kinder wälzen sich, wenn sie in heftiger Wuth sind, auf dem Boden, auf dem Rücken oder Bauche liegend, schreien, stoszen, kratzen oder beiszen Alles, was nur in ihr Bereich kommt. Dasselbe ist, wie ich von Mr. SCOTT höre, bei Hindu-Kindern der Fall und, wie wir gesehen haben, auch bei den Jungen der anthropomorphen Affen.

Das Muskelsystem wird aber auch häufig in einer vollständig verschiedenen Art afficirt. Denn eine häufige Folge äuszerster Wuth ist das Zittern. Die gelähmten Lippen weigern sich dann, dem Willen zu gehorchen „und die Stimme erstickt in der Kehle"⁷, oder sie wird

---

weiterung der Nasenlöcher gibt, um nämlich ein freies Athemholen zu gestatten, während der Mund geschlossen ist und die Zähne fest zusammengebissen sind, scheint auch nicht nahezu so correct zu sein, wie die von Ch. Bell gegebene, welcher dieselbe der Sympathie (d. h. gewohnheitsgemäszen Mitthätigkeit) aller Respirationsmuskeln zuschreibt. Man kann sehen, wie sich die Nasenlöcher eines zornigen Menschen erweitern, obschon sein Mund offen ist.

⁶ Mr. Wedgwood, On the Origin of Language, 1866, p. 76. Er bemerkt auch, dasz der Laut des harten Athmens „durch die Sylben puff, huff, whiff „dargestellt wird, wonach dann ein huff ein Anfall übler Laune ist [im Eng-„lischen]".

⁷ Sir Ch. Bell (Anatomy of Expression, p. 95) gibt einige ausgezeichnete Bemerkungen über den Ausdruck der Wuth.

laut, harsch und unharmonisch. Wird dabei viel und sehr schnell gesprochen, so schäumt der Mund. Das Haar sträubt sich zuweilen; ich werde aber auf diesen Gegenstand in einem andern Capitel zurückkommen, wenn ich die gemischten Gemüthserregungen der Wuth und der äuszersten Furcht behandeln werde. In den meisten Fällen ist ein stark markirtes Stirnrunzeln wahrnehmbar; denn dies ist regelmäszig eine Folge des Gefühls, dasz irgend etwas nicht gefällt oder schwer zu beseitigen ist in Verbindung mit einer Concentration des Geistes. Zuweilen aber bleiben die Augenbrauen, anstatt bedeutend zusammengezogen und gesenkt zu werden, glatt, und die starrenden Augen werden weit offen gehalten. Die Augen sind immer glänzend oder können, wie HOMER es ausdrückt, feurig strahlen. Sie sind zuweilen mit Blut unterlaufen und man sagt: sie ragen aus ihren Höhlen hervor — ohne Zweifel das Resultat davon, dasz der Kopf mit Blut überfüllt ist, wie sich aus der Ausdehnung der Venen ergibt. Der Angabe GRATIOLET's zufolge[8] sind die Pupillen immer in der Wuth zusammengezogen, und ich höre von Dr. CRICHTON BROWNE, dasz dies in den wüthenden Delirien der Hirnhautentzündung der Fall ist; die Bewegungen der Regenbogenhaut unter dem Einflusse der verschiedenen Gemüthsbewegungen ist aber ein sehr dunkler Gegenstand.

SHAKESPEARE faszt die hauptsächlichsten characteristischen Zeichen wie folgt zusammen:

> „Im Frieden kann so wohl nichts einen Mann
> Als Demuth und bescheidne Sitte kleiden;
> Doch bläst des Krieges Wetter euch in's Ohr,
> Dann ahmt dem Tiger nach in seinem Thun;
> Spannt eure Sehnen, ruft das Blut herbei!
> Entstellt die liebliche Natur mit Wuth!
> Dann leiht dem Auge einen Schreckensblick;
> Nun knirscht die Zähne, schwellt die Nüstern auf,
> Den Athem hemmt, spannt alle Lebensgeister
> Zur vollen Höh' — auf, Englische von Adel!
>
> Heinrich V., Act 3, Scene 1.

Die Lippen werden zuweilen während der Wuth in einer Art und Weise vorgestreckt, deren Bedeutung ich nicht verstehe, wenn es nicht von unserer Abstammung von irgend einem affenartigen Thiere herrührt. Beispiele hierfür sind nicht blosz bei Europäern beobachtet worden, sondern auch bei Australiern und Hindus. Indessen werden

---

[8] De la Physionomie, 1865, p. 346.

die Lippen viel häufiger zurückgezogen, wodurch die grinsenden und aufeinander gebissenen Zähne gezeigt werden. Dies ist beinahe von Jedem bemerkt worden, welcher über den Ausdruck geschrieben hat[9]. Die Erscheinung ist die, als würden die Zähne entblösst, um zum Ergreifen oder zum Zerreissen eines Feindes bereit zu sein, wenn auch gar keine Absicht, in dieser Weise zu handeln, vorhanden sein mag. Mr. Dyson Lacy hat diesen grinsenden Ausdruck bei den Australiern beobachtet, wenn sie sich zanken, und dasselbe hat Gaika bei den Kaffern von Süd-Africa gesehen. Wo Dickens[10] von einem verruchten Mörder spricht, der soeben gefangen worden war und von einer wüthenden Volksmenge umgeben wurde, schildert er das Volk als „einer „hinter dem andern aufspringend, die Zähne fletschend und sich wie „wilde Thiere benehmend". Jedermann, der viel mit kleinen Kindern zu thun gehabt, musz gesehen haben, wie natürlich es bei ihnen ist, wenn sie in Leidenschaft sind, zu beiszen. Es scheint bei ihnen so instinctiv zu sein wie bei jungen Krokodilen, welche mit ihren kleinen Kinnladen schnappen, sobald sie aus dem Ei ausgekrochen sind.

Ein grinsender Ausdruck und das Aufwerfen der Lippen scheint zuweilen zusammen zu gehen. Ein sorgfältiger Beobachter sagt, dasz er viele Beispiele von intensivem Hasz (welcher kaum von einer mehr oder weniger unterdrückten Wuth unterschieden werden kann) bei Orientalen und einmal bei einer alten englischen Frau gesehen habe. In allen diesen Fällen „war ein Grinsen, nicht blosz ein mürrisches „Dareinsehen, vorhanden, die Lippen verlängerten sich, die Wangen „rückten gewissermaszen herunter, die Augen wurden halb geschlossen, „während die Augenbrauen vollkommen ruhig blieben"[11].

---

[9] Sir Ch. Bell, Anatomy of Expression, p. 177. Gratiolet sagt (De la Physionomie, p. 369): „les dents se découvrent et imitent symboliquement l'action „de déchirer et de mordre." Wenn Gratiolet, anstatt den unbestimmten Ausdruck symboliquement zu gebrauchen, gesagt hätte, dasz diese Bewegung ein Überbleibsel einer während der Urzeiten erlangten Gewohnheit wäre, als unsere halbmenschlichen Urerzeuger mit ihren Zähnen mit einander kämpften, wie Gorillas und Orangs heutigen Tages, so würde er verständlicher gewesen sein. Dr. Piderit (Mimik und Physiognomik, S. 82) spricht auch von dem Zurückziehen der Oberlippe während der Wuth. In einem Stiche nach einem von Hogarth's wunderbaren Bildern wird die Leidenschaft in der deutlichsten Art und Weise durch die offen starrenden Augen, die gerunzelte Stirn und die exponirten grinsenden Zähne dargestellt.

[10] Oliver Twist, Vol. III. p. 245.
[11] The Spectator, July 11, 1868, p. 819.

Dieses Zurückziehen der Lippen und Entblöszen der Zähne während der Paroxysmen der Wuth, als sollte der Beleidiger gebissen werden, ist in Anbetracht dessen, wie selten die Zähne vom Menschen beim Kämpfen gebraucht werden, so merkwürdig, dasz ich mich bei Dr. CRICHTON BROWNE erkundigte, ob diese Gewohnheit bei den Geisteskranken, deren Leidenschaften nicht gezügelt werden, gewöhnlich sei. Er theilt mir mit, dasz er es wiederholt sowohl bei Geisteskranken als Blödsinnigen beobachtet habe, und gibt mir noch die folgenden Erläuterungen — :

Kurz zuvor, ehe er meinen Brief empfieng, war er Zeuge eines nicht zu beherrschenden Ausbruchs von Zorn und eingebildeter Eifersucht bei einer geisteskranken Dame. Zuerst überhäufte sie ihren Mann mit Vorwürfen, und während sie dies that, schäumte sie am Munde. Zunächst näherte sie sich dann ihrem Manne dicht mit zusammengedrückten Lippen und einem giftig aussehenden Stirnrunzeln. Dann zog sie ihre Lippen zurück, besonders die Winkel der Oberlippe und zeigte ihre Zähne, wobei sie gleichzeitig einen heftigen Streich nach ihm ausführte. Ein zweiter Fall betraf einen alten Soldaten, welcher, wenn er aufgefordert wird, sich den Regeln der Anstalt zu fügen, seiner Unzufriedenheit, die schlieszlich in Wuth ausgeht, Luft macht. Er beginnt gewöhnlich damit, dasz er Dr. BROWNE frägt, ob er sich nicht schäme, ihn in einer solchen Art und Weise zu behandeln. Dann schwört und flucht er, schreitet auf und ab, wirft seine Arme wild umher und bedroht Jeden, der in seine Nähe kommt. Endlich wenn seine Aufregung auf den Höhepunkt kommt, fährt er mit einer eigenthümlichen seitwärtigen Bewegung auf Dr. BROWNE los, schüttelt seine geballte Faust vor ihm und droht ihm mit dem Untergange. Dann kann man sehen, wie seine Oberlippe erhoben wird, besonders an den Winkeln, so dasz seine groszen Eckzähne sichtbar werden. Er stöszt seine Flüche durch seine aufeinander gepreszten Zähne durch und sein ganzer Ausdruck nimmt den Character äuszerster Wildheit an. Eine ähnliche Beschreibung findet auch auf einen andern Mann Anwendung mit Ausnahme, dasz dieser gewöhnlich mit dem Munde schäumt und spuckt, tanzt und in einer fremdartigen rapiden Art und Weise umher springt, wobei er seine Verwünschungen in einer schrillen Fistelstimme ausstöszt.

Dr. BROWNE theilt mir auch einen Fall von einem epileptischen Blödsinnigen mit, welcher unabhängiger Bewegungen unfähig ist und den ganzen Tag mit einigem Spielzeug zubringt. Sein Temperament ist indessen mürrisch und wird leicht zur Heftigkeit aufgeregt. Wenn irgend Jemand seine Spielsachen berührt, so hebt er seinen Kopf langsam aus seiner gewöhnlich herabhängenden Stellung und fixirt seine Augen auf den Beleidiger mit einem trägen, aber doch zornigen mürrischen Blicke. Wird die ärgernde Veranlassung wiederholt, so zieht er seine dicken Lippen zurück, entblöszt eine vorstehende Reihe häszlicher Zähne (unter denen die groszen Eckzähne besonders bemerkbar sind) und führt dann einen schnellen heftigen Schlag mit seiner offenen Hand nach der beleidigenden Person aus. Die Schnelligkeit dieses Griffes ist, wie Dr. BROWNE bemerkt, bei einem gewöhnlich so torpiden Wesen merkwürdig, da dieser Mensch ungefähr fünfzehn Secunden braucht, wenn er durch irgend ein Geräusch aufmerksam gemacht wird, seinen Kopf von einer Seite zur andern zu drehen. Wenn ihm in diesem wüthenden Zustande ein Taschentuch, ein Buch oder irgend ein anderer Gegenstand in seine Hände gegeben wird, so zieht er ihn nach seinem Munde und beiszt ihn. Auch Mr. NICOL hat mir zwei Fälle geisteskranker Personen beschrieben, deren Lippen während der Wuthanfälle zurückgezogen wurden.

Dr. MAUDSLEY frägt, nachdem er verschiedene fremdartige thierähnliche Züge bei Blödsinnigen einzeln geschildert hat, ob dies nicht eine Folge des Wiedererscheinens primitiver Instincte sei — „ein „schwaches Echo aus einer weit zurückliegenden Vergangenheit, Zeugen „einer Verwandtschsft, welche der Mensch beinahe verwachsen hat." So wie jedes menschliche Gehirn im Laufe seiner Entwickelung dieselben Zustände durchläuft, wie diejenigen, welche bei den niedern Wirbelthierclassen auftreten, und da das Gehirn eines Blödsinnigen sich in einem gehemmten Entwicklungszustande befindet, so können wir, fügt er hinzu, vermuthen, dasz es „seine ursprünglichen Func„tionen offenbaren wird, aber keine von den höhern Functionen". Dr. MAUDSLEY meint, dasz dieselbe Ansicht auch auf das Gehirn in seinem degenerirten Zustande bei manchen geisteskranken Patienten ausgedehnt werden dürfe, und fragt: „Woher kommt das wilde Flet„schen, die Neigung zur Zerstörung, die obscöne Sprache, das wilde „Heulen, die anstöszigen Gewohnheiten, welche manche geisteskranke „Patienten darbieten? Warum sollte ein menschliches, seiner Vernunft „beraubtes Wesen jemals im Character so thierisch werden, wie es „bei manchen der Fall ist, wenn es nicht in seinem Innern diese thierische Natur besäsze?" ¹² Allem Anscheine nach musz diese Frage bejahend beantwortet werden.

Zorn und Indignation. — Diese beiden Seelenzustände weichen von der Wuth nur dem Grade nach ab, und es besteht auch kein scharf ausgesprochener Unterschied in ihren characteristischen Zeichen. Im Zustande mäszigen Zornes ist die Thätigkeit des Herzens ein wenig vermehrt, die Farbe ist erhöht und die Augen werden glänzend. Auch die Respiration ist ein wenig beschleunigt, und da sämmtliche dieser Function dienende Muskeln in Association handeln, so werden die Nasenflügel etwas erhoben, um der Luft einen freien Einzug zu gestatten, und dies ist ein äuszerst characteristisches Zeichen für die Indignation. Der Mund wird gewöhnlich zusammengedrückt und beinahe immer findet sich ein Stirnrunzeln an den Augenbrauen. Anstatt der wahnsinnigen Geberde der äuszersten Wuth wirft sich ein indignirter Mensch unbewuszt in eine Stellung, bereit zum Angriffe oder zum Niederschlagen seines Gegners, den er vielleicht vom Kopf bis zu den Füszen mit trotziger Herausforderung abmiszt. Er trägt seinen Kopf aufrecht, seine Brust ordentlich gehoben und die Füsze fest auf den Boden gestellt. Er hält seine Arme in verschiedenen Stellungen, einen oder beide Ellenbogen eingestemmt oder mit den Armen starr an den beiden Seiten herabhängend. Bei Europäern werden die Fäuste gewöhnlich geballt ¹³. Die Abbildungen Fig. 1 und 2 auf Tafel VI. sind ziemlich gute Darstellungen von Leuten, die Indignation simuliren. Es kann ja auch ein Jeder in einem Spiegel sehen, wenn er sich lebhaft einbildet, dasz er insultirt worden ist und in einem zornigen Tone seiner Stimme eine Erklärung verlangt. Er wird sich dann plötzlich und unbewuszt in irgend eine derartige Stellung werfen.

Wuth, Zorn und Indignation werden in nahezu derselben Art und Weise über die ganze Erde ausgedrückt. Die folgenden Beschreibungen dürften der Mittheilung werth sein, da sie Zeugnis hiervon

---

¹² Body and Mind, 1870, p. 51—53.
¹³ Le Brun bemerkt in seinen bekannten „Conférences sur l'Expression" (La Physionomie par Lavater, edit. 1820, Vol. IX, p. 268), dasz Zorn durch das Ballen der Fäuste dargestellt wird. s. in demselben Sinne Huschke, Mimices et Physiognomices Fragmentum Physiologicum, 1821, p. 20. Auch Sir Ch. Bell, Anatomy of Expression, p. 219.

ablegen und da sie einige der vorstehenden Bemerkungen erläutern. Eine Ausnahme besteht indesz in Bezug auf das Ballen der Fäuste, welches hauptsächlich auf Menschen beschränkt zu sein scheint, die mit ihren Fäusten kämpfen. Bei den Australiern hat nur einer meiner Correspondenten die Fäuste ballen gesehen. Alle stimmen darin überein, dasz der Körper aufrecht gehalten wird, und mit zwei Ausnahmen geben sie sämmtlich an, dasz die Augenbrauen schwer zusammengezogen werden. Einige von ihnen deuten den fest zusammengedrückten Mund an, die ausgehnten Nasenlöcher und die blitzenden Augen. Der Angabe des Mr. Taplin zufolge wird Wuth bei den Australiern dadurch ausgedrückt, dasz die Lippen vorgestreckt und die Augen weit geöffnet werden, und, wenn Frauen in Wuth sind, dasz sie umhertanzen und Staub in die Luft werfen. Ein anderer Beobachter erzählt von den Eingebornen, dasz, wenn sie in Wuth gerathen, sie ihre Arme wild umherwerfen.

Ähnliche Berichte, ausgenommen über das Ballen der Fäuste, habe ich in Beziehung auf die Malayen der Halbinsel Malacca, die Abyssinier und die Eingebornen von Süd-Africa erhalten. Dasselbe gilt für die Dakota-Indianer von Nord-America; nach Mr. Matthews halten sie dann ihren Kopf aufrecht, runzeln ihre Stirn und gehen oft mit lang ausgezogenen Schritten davon. Mr. Bridges gibt an, dasz die Feuerländer, wenn sie in Wuth gerathen, häufig auf den Boden stampfen, zerstreut umherlaufen, manchmal weinen und blasz werden. Mr. Stack beobachtete einen Neu-Seeländer Mann, der sich mit einer Frau zankte, und machte in seinem Tagebuche die folgende Bemerkung: „Augen erweitert, Körper heftig nach rückwärts und vor„wärts geworfen, Kopf vorwärts geneigt, Fäuste geballt, bald hinter „den Kopf rückwärts geworfen, bald einander vor das Gesicht ge„halten." Mr. Swinhoe sagt, dasz meine Beschreibung mit dem übereinstimmt, was er bei den Chinesen gesehen hat, ausgenommen, dasz ein zorniger Mann allgemein seinen Körper nach seinem Gegner hinneigt, auf ihn hinzeigt und eine Fluth von Schimpfen über ihn ergieszt.

Was endlich die Eingebornen von Indien betrifft, so hat mir Mr. J. Scott eine ausführliche Beschreibung ihrer Geberden und Ausdrucksweisen, wenn sie in Wuth sind, geschickt. Zwei Bengalesen, welche niedrigen Kasten angehörten, zankten sich um ein Darlehen. Zuerst waren sie ruhig, wurden aber bald wüthend und ergossen nun die stärksten Schimpfreden über ihre gegenseitigen Verwandten und Urahnen für viele Generationen zurück. Ihre Geberden waren von denen der Europäer sehr verschieden; denn obschon ihre Brustkasten ausgedehnt und ihre Schultern straff gehalten wurden, so blieben ihre Arme doch steif herabhängend, wobei die Ellenbogen nach innen gewendet und die Hände abwechselnd fest geschlossen und geöffnet wurden. Ihre Schultern wurden häufig hoch in die Höhe gehoben und dann wieder gesenkt. Sie blickten von unten unter ihren gesenkten und stark gerunzelten Brauen wild aufeinander und ihre vorgestreckten Lippen wurden fest geschlossen. Sie näherten sich einander mit vorgestrecktem Kopfe und Halse und stieszen, kratzten und faszten einander. Dieses Vorstrecken des Kopfes und Körpers scheint bei den in Wuth Gerathenen eine sehr häufige Geberde zu sein. Ich habe es bei heruntergekommenen englischen Frauen bemerkt, wenn sie sich heftig auf den Straszen zankten. In derartigen Fällen läszt sich annehmen, dasz keine der beiden Parteien erwartet, von der andern einen Streich zu empfangen.

Ein Bengalese, der in dem botanischen Garten beschäftigt war, wurde in Gegenwart Mr. Scott's von dem eingebornen Aufseher beschuldigt, eine werthvolle Pflanze gestohlen zu haben. Er hörte schweigend und verächtlich der Anschuldigung zu. Seine Stellung war aufrecht, die Brust ausgedehnt, der Mund geschlossen, die Lippen vorgestreckt, die Augen fest und mit durchdringendem Blicke. Er behauptete dann mit herausforderndem Trotze seine Unschuld mit aufgehobenen und geballten Händen, wobei sein Kopf nach vorn gestreckt, die Augen weit geöffnet und die Augenbrauen erhoben wurden. Mr. Scott hat auch zwei Mechis in Sikhim beobachtet, die über ihren Lohnantheil sich zankten. Sie geriethen sehr bald in eine wüthende Leidenschaft, und dann wurden ihre Körper weniger aufrecht, die Köpfe nach vorn gestreckt. Sie machten einander Grimassen, die Schultern wurden erhoben, die Arme an den Ellenbogen steif nach innen gebogen und die Hände krampfhaft geschlossen, aber nicht eigentlich geballt. Sie näherten und entfernten sich beständig von einander, erhoben häufig ihre Arme, als wenn sie sich schlagen wollten; aber ihre Hände waren offen und kein Streich wurde ausgeführt. Mr. Scott hat ähnliche Beobachtungen auch an den Lepchas gemacht, welche er oft sich zanken gesehen hat, und bemerkt, dasz sie ihre Arme steif und beinahe ihrem Körper parallel hielten, wobei die Hände etwas nach hinten gestreckt und zum Theil geschlossen, aber nicht eigentlich geballt wurden.

Hohn, herausfordernder Trotz; Entblösen des Eckzahns auf einer Seite. — Der Ausdruck, den ich jetzt zu beschreiben beabsichtige, weicht nur wenig von dem ab, den ich bereits beschrieben habe, wo die Lippen zurückgezogen und die grinsenden Zähne exponirt werden. Der Unterschied besteht allein darin, dasz die Oberlippe in einer derartigen Weise zurückgezogen wird, dasz der Eckzahn allein auf einer Seite des Gesichts gezeigt wird; das Gesicht selbst ist allgemein etwas aufgestülpt und halb von der den Anstosz erregenden Person abgewendet. Die andern Zeichen der Wuth sind nicht nothwendigerweise vorhanden. Dieser Ausdruck kann gelegentlich an einer Person beobachtet werden, welche einer andern Hohn bietet oder sie trotzend herausfordert, obschon kein wirklicher Zorn dabei ist, so z. B. wenn irgend Jemand scherzhafterweise irgend eines Fehlers bezichtigt wird und antwortet: „Ich biete der Beschuldigung Trotz." Die Ausdrucksform ist keine gewöhnliche; doch habe ich gesehen, wie eine Dame dieselbe mit vollkommener Deutlichkeit darbot, welche von einer andern Person gehänselt wurde. Schon im Jahre 1746 hat sie PARSONS unter Beifügung eines Kupferstiches geschildert, der den einen unbedeckten Eckzahn der einen Seite zeigt[14]. Mr. REJLANDER frug mich, ohne dasz ich irgend welche Andeutung in Bezug auf den Gegenstand gegeben hatte, ob ich jemals diese Ausdrucksform beobachtet hätte, und sagte mir, dasz sie ihm sehr aufgefallen sei. Er hat für mich eine Dame photographirt (Tafel IV, Fig. 1), welche zuweilen unabsichtlich den Eckzahn der einen Seite zeigt und welche dies mit ungewöhnlicher Deutlichkeit willkürlich thun kann.

Der Ausdruck eines halb scherzhaften Hohns geht allmälich in den groszer Wildheit über, wenn in Verbindung mit stark gerunzelten Augenbrauen und wildem Blicke der Eckzahn exponirt wird. Ein bengalischer Knabe wurde in Gegenwart Mr. SCOTT's irgend einer Unthat bezichtigt. Der Delinquent wagte nicht, seinem Ärger in Worten Luft zu machen; aber er zeigte sich deutlich in seinem Gesichte, zuweilen in einem trotzigen Stirnrunzeln, zuweilen „in einem durchaus hündischen Fletschen". Wenn sich dies darbot, „wurde der Winkel

---

[14] Transactions Philosoph. Soc., Appendix, 1746, p. 65.

„der Lippe über dem Augenzahne, welcher zufällig in diesem Falle „sehr grosz und vorragend war, nach der Seite des Anklägers gehoben, während ein starkes Stirnrunzeln noch in den Brauen zurückblieb". Sir Ch. Bell gibt an [15], dasz der Schauspieler Cooke den entschiedensten Hasz ausdrücken konnte, „wenn er bei einem schrägen „Blicke seiner Augen den äuszern Theil der Oberlippe in die Höhe „zog und einen scharfen Eckzahn zeigte."

Das Entblöszen des Eckzahns ist das Resultat einer doppelten Bewegung. Die Ecke oder der Winkel des Mundes wird ein wenig zurückgezogen und zu gleicher Zeit zieht ein Muskel, welcher parallel und nahe der Nase verläuft, den äuszern Theil der Oberlippe hinauf und entblöszt den Eckzahn auf dieser Seite des Gesichts. Die Zusammenziehung dieses Muskels ruft eine deutliche Furche auf der Wange hervor und erzeugt starke Falten unter dem Auge, besonders an seinem innern Winkel. Die Handlung ist dieselbe wie die eines fletschenden Hundes, und wenn ein Hund sich zum Kämpfen anschickt, so zieht er oft die Lippe auf einer Seite allein in die Höhe, nämlich auf der seinem Gegner zugewendeten. Das englische Wort sneer (höhnen) ist factisch dasselbe wie snarl (fletschen), welches ursprünglich snar hiesz. Das l ist nur „ein Element, welches die Fortdauer „der Handlung bezeichnet"[16].

Ich vermuthe, dasz wir eine Spur dieser selben Ausdrucksform in dem sehen, was wir ein höhnisches oder sardonisches Lächeln nennen. Die Lippen werden dann verbunden oder beinahe verbunden gehalten, aber ein Winkel des Mundes wird auf der Seite nach der verhöhnten Person hin zurückgezogen, und dieses Zurückziehen des Mundwinkels bildet einen Theil des wirklichen Verhöhnens. Obgleich manche Personen mehr auf der einen Seite des Gesichts als auf der andern lächeln, so ist es doch nicht leicht einzusehen, warum im Falle einer Verhöhnung das Lächeln, wenn es ein wirkliches ist, so gewöhnlich auf eine Seite beschränkt sein sollte. Ich habe bei diesen Gelegenheiten auch ein leichtes Zucken in dem Muskel bemerkt, welcher den äuszern Theil der Oberlippe aufwärts zieht, und wäre

---

[15] Anatomy of Expression, p. 136. Sir Ch. Bell nennt die Muskeln, welche die Eckzähne entblöszen, „die Fletschmuskeln".

[16] Hensleigh Wedgwood, Dictionary of English Etymology. Vol. III. 1865. p. 240, 243.

diese Bewegung vollständig ausgeführt worden, so würde sie den Eckzahn entblöszt und ein leichtes Verhöhnen hervorgebracht haben.

Mr. BULMER, ein australischer Missionair in einem entfernten Theile von Gipp's-Land, sagt in Beantwortung meiner Fragen über das Entblöszen des Eckzahns auf der einen Seite: „Ich finde, dasz „die Eingebornen bei dem einander Anfletschen mit geschlossenen „Zähnen sprechen, wobei die Oberlippe nach einer Seite aufgezogen „ist und das Gesicht einen allgemeinen zornigen Ausdruck annimmt. „Sie sehen aber die angeredete Person direct an." Drei andere Beobachter in Australien, einer in Abyssinien und einer in China beantworten meine Fragen über diesen Gegenstand bejahend. Da aber der Ausdruck ein seltener ist und sie in keine Einzelnheiten eingehen, so nehme ich Anstand, mich ganz auf sie zu verlassen. Es ist indessen durchaus nicht unwahrscheinlich, dasz dieser thierähnliche Ausdruck bei Wilden häufiger ist als bei civilisirten Rassen. Mr. GEACH ist ein Beobachter, dem ich völliges Vertrauen schenken kann, und er hat diese Ausdrucksform bei einer Gelegenheit an einem Malayen im Innern von Malacca beobachtet. Mr. S. O. GLENIE antwortet: „Wir haben diese Ausdrucksweise bei den Eingebornen von Ceylon „beobachtet, aber nicht häufig." Endlich hat in Nord-America Dr. ROTHROCK dieselbe bei einigen wilden Indianern und häufig bei einem Stamme, der an die Atnahs anstöszt, gesehen.

Obgleich die Oberlippe sicherlich zuweilen beim Verhöhnen oder herausfordernden Trotz allein auf einer Seite erhoben wird, so weisz ich doch nicht, ob dies immer der Fall ist; denn das Gesicht ist gewöhnlich halb abgewendet und der Ausdruck häufig nur momentan. Da die Bewegung nur auf eine Seite beschränkt ist, so könnte möglicherweise sie keinen wesentlichen Theil der Ausdrucksform bilden, sondern davon abhängen, dasz die gehörigen Muskeln unfähig einer Bewegung sind, ausgenommen auf einer Seite. Ich bat vier Personen, es zu versuchen, willkürlich in dieser Weise ihre Muskeln in Thätigkeit zu bringen; zwei konnten den Eckzahn nur auf der linken Seite, eine nur auf der rechten Seite und die vierte weder auf der einen, noch auf der andern entblöszen. Nichtsdestoweniger ist es durchaus nicht gewisz, ob dieselben Personen, wenn sie irgend Jemand im Ernst herausgefordert und Trotz geboten hätten, nicht unbewuszt ihren Eckzahn auf der Seite entblöszt haben würden, welche Seite es auch sei, die dem Beleidiger zugekehrt war. Denn wir haben gesehen, dasz manche Personen nicht willkürlich ihre Augenbrauen schräg stellen können und doch augenblicklich in dieser Weise handeln, wenn sie durch eine wirkliche, wenn auch äuszerst geringfügige Ursache von Trübsal ergriffen werden. Das Vermögen, willkürlich den Eckzahn auf einer Seite des Gesichts zu entblöszen, ist daher häufig gänzlich verloren worden, und dies deutet an, dasz es eine selten benutzte und beinahe abortive Handlung ist. Es ist in der That eine überraschende Thatsache, dasz der Mensch diese Fähigkeit oder irgend welche Neigung zu ihrer eigentlichen Verwendung überhaupt noch zeigt. Denn Mr. SUTTON hat bei unsern nächsten Verwandten, nämlich den Affen, in dem zoologischen Garten niemals eine fletschende Bewegung bemerkt, und er ist positiv sicher darüber, dasz die Paviane, trotzdem sie mit groszen Eckzähnen versehen sind, dies niemals thun, sondern wenn sie wild sind und sich zum Angriff bereit machen, alle ihre Zähne entblöszen. Ob die erwachsenen anthropomorphen Affen, wo beim Männchen die Eckzähne viel gröszer sind als bei dem Weibchen, wenn sie sich zum Kampfe vorbereiten, ihre Zähne entblöszen, ist nicht bekannt.

Die hier betrachtete Ausdrucksweise, mag es der Ausdruck eines scherzhaften Hohns oder eines wilden Fletschens sein, ist eine der merkwürdigsten, welche bei dem Menschen vorkommt. Sie enthüllt seine thierische Abstammung; denn Niemand, selbst wenn er in einem tödtlichen Kampfe mit einem Feinde sich auf dem Boden wälzt und versucht, ihn zu beiszen, würde versuchen, seine Eckzähne mehr zu brauchen als seine andern Zähne. Wir dürfen wohl nach unserer Verwandtschaft mit den anthropomorphen Affen glauben, dasz unsere männlichen halbmenschlichen Urerzeuger grosze Eckzähne besaszen, und noch jetzt werden gelegentlich Kinder geboren, bei denen sie sich von ungewöhnlich bedeutender Grösze entwickeln mit Zwischenräumen in den einander gegenüberstehenden Kinnladen zu ihrer Aufnahme [17]. Wir können ferner vermuthen, trotzdem wir keine Unterstützung durch Analogien haben, dasz unsere halbmenschlichen Urerzeuger ihre Zähne entblöszten, wenn sie sich zum Kampfe bereiteten, da wir es immer noch thun, wenn wir wild werden, oder wenn wir einfach irgend Jemanden verhöhnen oder ihm herausfordernden Trotz bieten, ohne irgend welche Absicht, mit unsern Zähnen wirklich Angriffe zu machen.

[17] Die Abstammung des Menschen, 3. Aufl., Bd. I, S. 51.

Elftes Capitel.

Geringschätzung. — Verachtung. — Abscheu. — Schuld. — Stolz u. s. w. — Hülflosigkeit. — Geduld. — Bejahung und Verneinung.

Verachtung, Spott und Geringschätzung verschieden ausgedrückt. — Höhnisches Lächeln. — Geberden, welche Verachtung ausdrücken. — Abscheu. — Schuld. List, Stolz u. s. w. — Hülflosigkeit oder Unvermögen. — Geduld. — Hartnäckigkeit. — Zucken der Schultern, bei den meisten Menschenrassen vorkommend. — Zeichen der Bejahung und Verneinung.

Spott und Geringschätzung kann kaum von Verachtung unterschieden werden, ausgenommen, dasz sie einen im Ganzen genommen zornigeren Seelenzustand voraussetzen. Sie können auch nicht deutlich von den Empfindungen unterschieden werden, welche im letzten Capitel unter der Bezeichnung des Hohnes und des herausfordernden Trotzes erörtert wurden. Abscheu ist eine ihrer Natur nach im Ganzen verschiedenere Empfindung und bezieht sich auf etwas Widerstrebendes, ursprünglich in Bezug auf den Geschmackssinn, wie es entweder factisch wahrgenommen oder lebhaft eingebildet wird, und an zweiter Stelle auf irgend Etwas, was eine ähnliche Empfindung verursacht und zwar durch den Sinn des Geruchs oder Gefühls oder selbst des Gesichts. Nichtsdestoweniger ist äuszerste Verachtung oder wie sie zuweilen genannt wird, widrige Verachtung kaum von Abscheu verschieden. Diese verschiedenen Zustände der Seele sind daher nahe mit einander verwandt und jeder von ihnen kann auf viele verschiedene Weise dargestellt werden. Einige Schriftsteller haben hauptsächlich die eine Ausdrucksweise hervorgehoben, andere wieder eine davon verschiedene. Aus diesen Umständen hat Mr. Lemoine gefolgert¹, dasz ihre Beschreibungen nicht zuverlässig sind. Wir werden aber sofort sehen, dasz es sehr natürlich ist, dasz die Empfindungen, welche wir hier zu betrachten haben, auf viele verschiedenartige Weise ausgedrückt werden, insofern verschiedene gewohnheitsgemäsze Handlungen gleichmäszig gut, durch das Princip der Association nämlich, zum Ausdrucke derselben dienen.

Spott und Geringschätzung können ebenso wie Hohn und herausfordernder Trotz durch ein unbedeutendes Entblöszen des Eckzahns auf einer Seite des Gesichts dargestellt werden, und diese Bewegung scheint allmählich in eine andere überzugehen, die einem Lächeln auszerordentlich ähnlich ist. Oder das Lächeln oder das Lachen kann ein wirkliches sein, wenn auch ein höhnisches, und dies setzt voraus, dasz der Beleidiger so bedeutungslos ist, dasz er nur Erheiterung erregt; die Erheiterung ist aber meist nur eine vorgebliche. GAIKA bemerkt in seinen Antworten auf meine Fragen, dasz von seinen Landsleuten, den Kaffern, Verachtung gewöhnlich durch ein Lächeln gezeigt wird; und der Rajah BROOKE macht dieselbe Bemerkung in Bezug auf die Dyaks von Borneo. Da das Lachen ursprünglich der Ausdruck einfacher Freude ist, so lachen, wie ich glaube, kleine Kinder niemals aus Hohn.

Das theilweise Schlieszen der Augenlider, wie DUCHENNE hervorhebt², oder das Wegwenden der Augen oder auch des ganzen Körpers sind gleichfalls äuszerst ausdrucksvoll für Geringschätzung. Diese Handlungen scheinen erklären zu sollen, dasz die verachtete Person nicht werth ist, angesehen zu werden oder unangenehm anzusehen ist. Die beistehende Photographie (Tafel V, Fig. 1) von Mr. REJLANDER zeigt diese Form der Geringschätzung. Sie stellt eine junge Dame dar, von der man sich vorstellen kann, dasz sie die Photographie eines verachteten Liebhabers zerreiszt.

Die gewöhnlichste Methode, Verachtung auszudrücken, ist die durch gewisse Bewegungen um die Nase und um den Mund. Aber die letzteren Bewegungen zeigen, wenn sie scharf ausgesprochen sind, Abscheu an. Die Nase kann leicht in die Höhe gewendet sein, was allem Anscheine nach Folge des Aufwerfens der Oberlippe ist, oder

---

¹ De la Physionomie et de la Parole, 1865, p. 85.
² Physionomie Humaine, Album, Légende VIII, p. 35. Gratiolet spricht auch (De la Physionomie, 1865, p. 52) von dem Wegwenden der Augen und des Kopfes.

die Bewegung kann in ein bloszes Falten der Nase abgekürzt sein. Die Nase ist häufig unbedeutend zusammengezogen, so dasz der Gang zum Theil geschlossen wird[3], und dies ist häufig von einem unbedeutenden Schnaufen oder einer Exspiration begleitet. Alle diese Thätigkeiten sind dieselben wie diejenigen, welche wir anwenden, wenn wir einen widrigen Geruch wahrnehmen, welchen wir von uns abzuhalten oder auszutreiben suchen. In äuszersten Fällen strecken wir, wie Dr. PIDERIT bemerkt[4], beide Lippen vor und erheben sie oder auch nur die Oberlippe allein, gewissermaszen um die Nasenlöcher wie mit einer Klappe zu schlieszen, wobei natürlich die Nase nach oben gewendet wird. Wir scheinen hierdurch der verachteten Person sagen zu wollen, dasz sie widerwärtig riecht[5], in nahe derselben Art und Weise, wie wir ihr durch unsere halbgeschlossenen Augenlider oder durch das Wegwenden unseres Gesichts ausdrücken, dasz sie nicht werth ist, angesehen zu werden. Man darf indessen nicht etwa annehmen, dasz derartige Ideen wirklich durch die Seele ziehen, wenn wir unsere Verachtung ausdrücken. Da wir aber, so oft wir nur einen unangenehmen Geruch oder einen unangenehmen Anblick wahrgenommen haben, Bewegungen dieser Art ausgeführt haben, so sind sie gewohnheitsgemäsz oder fixirt worden und werden nun unter jedem analogen Seelenzustande angewendet.

Verschiedene merkwürdige kleine Geberden deuten gleicherweise Verachtung an, z. B. mit den Fingern „ein Schnippchen schlagen."

---

[3] Dr. W. Ogle weist in einem interessanten Aufsatze über den Geruchssinn (Medico-chirurgical Transactions, Vol. LIII, p. 268) darauf hin, dasz wir, wenn wir etwas sorgfältig riechen wollen, statt eine tiefe Inspiration durch die Nase zu machen, die Luft durch eine Reihe kurzer schneller schnüffelnder Bewegungen einziehen. Wenn „die Nasenlöcher während dieses Processes beobachtet werden, so „wird man sehen, dasz sie sich, weit davon entfernt erweitert zu werden, bei jedem „Schnüffeln factisch zusammenziehen. Die Zusammenziehung umfaszt nicht die „ganze vordere Öffnung, sondern nur den hintern Theil." Er erklärt dann die Ursache dieser Bewegung. Wenn wir auf der andern Seite irgend einen Geruch auszuschlieszen wünschen, so betrifft, wie ich vermuthe, die Zusammenziehung nur den vordern Theil der Nasenlöcher.

[4] „Mimik und Physiognomik", 1867, S. 84, 93. Gratiolet (a. a. O. p. 155) hat nahezu dieselbe Ansicht wie Dr. Piderit in Betreff des Ausdrucks der Verachtung und des Abscheus.

[5] Hohn setzt eine starke Form von Verachtung voraus; und eine der Wurzeln des englischen Wortes „scorn" bedeutet nach Mr. Wegdwood (Dictionary of English Etymology, Vol. III, p. 125) Koth oder Schmutz. Eine Person, welche verhöhnt wird, wird wie Schmutz behandelt.

Dies ist, wie Mr. Tylor bemerkt[6] „nicht sehr leicht zu verstehen, „sowie wir es allgemein sehen. Wenn wir aber bemerken, dasz die„selben Zeichen, wenn sie vollständig ruhig gemacht werden, wie „wenn irgend ein kleiner Gegenstand zwischen dem Zeigefinger und „Daumen weggerollt wird, oder wenn ein solcher mit dem Daumen„nagel und Zeigefinger weggeschnippt wird, gewöhnliche und ganz „gut verstandene Geberden der Taubstummen sind, welche irgend „etwas Geringes, Unbedeutendes, Verächtliches bezeichnen, so scheint „es, als wenn wir hier eine vollkommen natürliche Handlungsweise „übertrieben und conventionell in einer Weise mit einer Bedeutung „versehen hätten, dasz ihre ursprüngliche Meinung ganz verloren ge„gangen ist. Eine merkwürdige Erwähnung dieser Geberde findet sich „bei Strabo." Mr. Washington Matthews theilt mir mit, dasz bei den Dakota-Indianern von Nord-America Verachtung nicht blosz durch Bewegungen des Gesichts so wie die oben beschriebenen ausgedrückt wird, sondern auch „conventionell dadurch, dasz die Hand geschlossen „und in die Nähe der Brust gehalten wird, dasz dann der Vorderarm „plötzlich ausgestreckt, die Hand geöffnet und die Finger von einander „gespreizt werden. Wenn die Person, auf deren Kosten das Zeichen „gemacht wird, anwesend ist, so wird die Hand nach ihr hin und der „Kopf zuweilen von ihr weggewendet." Dieses plötzliche Ausstrecken und Öffnen der Hand deutet vielleicht das Fallenlassen oder Wegwerfen eines werthlosen Gegenstandes an.

Der Ausdruck „Abscheu oder Widerwillen" in seiner einfachsten Bedeutung bezeichnet etwas dem Geschmacke Widerwärtiges. Es ist merkwürdig, wie leicht diese Empfindung durch irgend Etwas in der äuszern Erscheinung, in dem Geruche oder der Natur unserer Nahrung Ungewöhnliches erregt wird. Im Feuerlande berührte ein Eingeborener etwas kaltes präservirtes Fleisch, welches ich in unserem Bivouak asz, mit seinen Fingern und zeigte deutlich den äuszersten Abscheu über dessen Weichheit, während ich auf der anderen Seite den äuszersten Abscheu davor empfand, dasz meine Speise von einem nackten Wilden berührt worden sei, wenn schon seine Hände nicht schmutzig zu sein schienen. Etwas Suppe in den Bart eines Menschen geschmiert, erscheint widerlich, trotzdem dasz natürlich nichts Widerliches in der Suppe selbst ist. Ich vermuthe, dasz dies aus der sehr

---

[6] Early History of Mankind, 2. edit., 1870. p. 45.

starken Association der beiden Eindrücke in unserer Seele, nämlich des Anblicks der Nahrung, wie sie auch sonst beschaffen sein mag. und der Idee des Essens derselben, folgt.

Da die Empfindung des Abscheus ursprünglich in Verbindung mit dem Acte des Essens oder Schmeckens entsteht, so ist es natürlich, dasz die Ausdrucksformen für denselben hauptsächlich in Bewegungen rund um den Mund bestehen. Da aber Abscheu gleichzeitig auch Ärger verursacht, so wird er gewöhnlich von einem Stirnrunzeln begleitet und häufig auch durch Geberden, als wollte man den widerwärtigen Gegenstand fortstoszen oder sich gegen denselben verwahren. In den beiden Photographien (Figur 2 und 3 auf Tafel V.) hat Mr. Rejlander diesen Ausdruck mit ziemlichem Erfolge dargestellt. Was das Gesicht betrifft, so wird mäsziger Abscheu auf verschiedenem Wege dargestellt: dadurch dasz der Mund weit geöffnet wird, als wollte man einen widrigen Bissen herausfallen lassen, durch Spucken, durch Blasen, aus den vorgestreckten Lippen heraus, oder durch einen Laut als reinigte man sich die Kehle; derartige Gutturale werden geschrieben: „ach" oder „uch" und ihre Äuszerung wird zuweilen von einem Schauder begleitet, wobei die Arme dicht an die Seite gepreszt und die Schultern in derselben Weise erhoben werden, als wenn Entsetzen gefühlt würde [7]. Äuszerster Abscheu wird durch Bewegungen rings um den Mund ausgedrückt, welche mit denen identisch sind, die für den Act des Erbrechens vorbereitend sind. Der Mund wird weit geöffnet, die Oberlippe stark zurückgezogen, welches die Seiten der Nase in starke Falten bringt, und die Unterlippe vorgestreckt und so viel als möglich umgewendet. Diese letztere Bewegung erfordert die Zusammenziehung der Muskeln, welche die Mundwinkel herunterziehen [8].

Es ist merkwürdig, wie leicht und augenblicklich entweder bloszes Würgen oder wirkliches Erbrechen bei manchen Personen durch die blosze Idee herbeigeführt wird, an irgend einer ungewöhnlichen Nahrung theilgenommen zu haben, wie an einem Thiere, welches gewöhn-

---

[7] s. hierüber Mr. Hensleigh Wedgwood's Einleitung zu dem Dictionary of English Etymology. 2. edit., 1872, p. XXXVII.

[8] Duchenne glaubt, dasz bei dem Umstülpen der Unterlippe die Winkel von den Depressores anguli oris herabgezogen werden. Henle (Handbuch d. system. Anatomie des Menschen, Bd. I. 1858, S. 151) kommt zum Schlusse, dasz dies durch den Musculus quadratus menti bewirkt wird.

lich nicht gegessen wird, trotzdem nichts in einer derartigen Speise vorhanden ist, was den Magen veranlassen könnte, sie wieder auszuwerfen. Erfolgt Erbrechen als eine Reflexthätigkeit aus irgend einer wirklichen Ursache — so in Folge zu reichlicher Nahrung oder verdorbenen Fleisches oder in Folge eines Brechmittels — so erfolgt es nicht augenblicklich, sondern gewöhnlich nach einem beträchtlichen Zeitraume. Um daher das Würgen oder Erbrechen, welches so schnell und leicht durch eine blosze Idee erregt wird, erklären zu können, entsteht die Vermuthung, dasz unsere Urerzeuger früher die Fähigkeit gehabt haben müssen (ähnlich wie die, welche die Wiederkäuer und einige andere Thiere besitzen) willkürlich Nahrung, welche ihnen nicht zusteht, oder von welcher sie glauben, dasz sie ihnen nicht bekommt, auswerfen zu können. Und wenn nun auch diese Fähigkeit verloren gegangen ist, soweit der Wille dabei in Betracht kommt, so wird sie doch zu unwillkürlicher Thätigkeit gerufen und zwar durch die Kraft einer früher wohlbefestigten Gewohnheit, sobald der Geist vor der Idee zurückschreckt, irgend eine gewisse Art von Nahrung oder irgend etwas Widerwärtiges überhaupt genossen zu haben. Diese Vermuthung erhält durch die Thatsache, welche mir Mr. Sutton versichert hat, Unterstützung, dasz sich die Affen im zoologischen Garten häufig erbrechen, während sie doch in vollständiger Gesundheit sich finden, was genau so aussieht, als wäre der Act völlig willkürlich. Wir können nun wohl verstehen, dasz ein Mensch im Stande ist, durch die Sprache seinen Kindern und Andern eine Kenntnis der Speisearten mitzutheilen, welche vermieden werden sollen, und dasz er in Folge dessen nur wenig Veranlassung gehabt haben wird, die Fähigkeit des willkürlichen Auswerfens anzuwenden; hierdurch wird dann diese Fähigkeit leicht in Folge von Nichtgebrauch verloren gegangen sein.

Da der Geruchssinn so innig mit dem des Geschmacks in Verbindung steht, so ist es nicht überraschend, dasz ein äuszerst schlechter Geruch bei manchen Personen Würgen oder Erbrechen eben so leicht erregen kann, als der Gedanke an eine widerwärtige Speise es thut, und dasz als eine weitere Folge davon ein mäsziger widerwärtiger Geruch die verschiedenen für den Abscheu ausdrucksvollen Bewegungen verursachen kann. Die Neigung in Folge eines fauligen Geruchs zu würgen wird in einer merkwürdigen Weise unmittelbar durch einen gewissen Grad von Gewohnheit verstärkt, dagegen sehr bald durch ein längeres Bekanntsein mit der Ursache des Widerwärtigen und durch willkürliches Bekämpfen verloren. So wollte ich z. B. das Skelet eines Vogels reinigen, welches nicht hinreichend macerirt war; der Geruch davon brachte meinem Diener und mir selbst (wir hatten Beide nicht viel Erfahrung in derartigen Arbeiten) so heftige Würganfälle herbei, dasz wir gezwungen waren, es aufzugeben. Während der vorausgehenden Tage hatte ich einige andere Skelete untersucht, welche unbedeutend rochen und doch afficirte mich der Geruch nicht im Allergeringsten. Dagegen brachten mich diese selben Skelete später für mehrere Tage, sobald ich dieselben in die Hände nahm, zum Würgen.

Aus den Antworten, welche ich von meinen Correspondenten erhalten habe, geht hervor, dasz die verschiedenen Bewegungen, welche jetzt als Verachtung und Abscheu ausdrückend beschrieben worden sind, durch einen groszen Theil der Welt hindurch vorkommen. So antwortet mir z. B. Dr. ROTHROCK mit einer entschiedenen Bejahung in Bezug auf gewisse wilde Indianerstämme von Nord-America. CRANTZ sagt, dasz wenn ein Grönländer irgend etwas mit Verachtung oder Entsetzen verneint, er seine Nase aufwirft und einen leisen Laut durch sie ausstöszt[9]. Mr. SCOTT hat mir eine graphische Beschreibung des Gesichts eines jungen Hindus beim Anblicke von Ricinusöl geschickt, welches derselbe gelegentlich zu nehmen gezwungen war. Auch hat Mr. SCOTT denselben Ausdruck auf dem Gesichte Eingeborener höherer Kasten gesehen, welche sich gewissen verunreinigenden Gegenständen zu sehr genähert hatten. Mr BRIDGES sagt, dasz „die Feuerländer „Verachtung durch Vorstrecken der Lippen und Zischen durch dieselben „und durch Aufwerfen der Nase ausdrücken." Die Neigung, entweder durch die Nase zu schnüffeln oder einen Laut, der sich durch „uch" oder „ach" ausdrücken läszt, auszustoszen, wird von mehreren meiner Correspondenten bemerkt.

Ausspucken scheint beinahe ein ganz allgemeiner Ausdruck der Verachtung oder des Abscheues zu sein und offenbar stellt das Spucken das Ausstoszen von irgend etwas Widerwärtigem aus dem Munde dar. SHAKESPEARE läszt den Herzog von Norfolk sagen: „Ich spei' ihn an, „Nenn ihn verläumderische Memm' und Schurke." [Richard II., Act I., Scene I.]; so ferner Falstaff: „Ich will dir was sagen, Heinz, — wenn

---

[9] Citirt von Tylor. Primitive Culture. Vol. I. 1871. p. 169.

„ich dir eine Lüge sage, so spei' mir in's Gesicht." [Heinrich IV., I. Theil, Act II., Scene IV.] LEICHHARDT bemerkt, dasz die Australier „ihre Rede durch Spucken oder durch Ausstoszen eines Geräusches „wie puh, puh! unterbrechen, allem Anscheine nach als Ausdruck ihres „Abscheus." Capitain BURTON spricht von gewissen Negern als vor „Abscheu auf die Erde spuckend"[10]. Capitain SPEEDY theilt mir mit, dasz dies auch bei den Abyssiniern der Brauch ist. Mr. GEACH sagt, dasz bei den Malayen von Malacca der Ausdruck des Abscheus „dem Spucken aus dem Munde entspricht," und bei den Feuerländern ist nach der Angabe des Mr. BRIDGES „das Anspucken Jemandes das höchste Zeichen der Verachtung."

Ich habe niemals Abscheu deutlicher ausgedrückt gesehen, als auf dem Gesichte eines meiner Kinder im Alter von fünf Monaten, als es zum ersten Male etwas kaltes Wasser, und dann noch einmal einen Monat später, als es ein Stück einer reifen Kirsche in den Mund gesteckt bekam. Es zeigte sich dies dadurch, dasz die Lippen und der ganze Mund eine Form annahmen, welche dem Inhalte gestattete, schnell herauszulaufen oder zu fallen. Gleichzeitig wurde die Zunge vorgestreckt. Diese Bewegungen waren von einem geringen Schauder begleitet. Es war um so komischer, als ich zweifle, ob das Kind wirklich Abscheu oder Widerwillen fühlte. Die Augen und die Stirn drückten groszes Erstaunen und Erwägung aus. Das Vorstrecken der Zunge, um einen widrigen Gegenstand aus dem Munde fallen zu lassen, dürfte es erklären, woher es kommt, dasz das Ausstrecken der Zunge allgemein als ein Zeichen der Verachtung oder des Hasses dient[11].

Wir haben nun gesehen, dasz Hohn, Geringschätzung, Verachtung und Abscheu auf viele verschiedenartige Weise ausgedrückt werden, durch Bewegung des Gesichts und durch verschiedene Geberden, und dasz diese über die ganze Erde dieselben sind. Sie bestehen alle aus Handlungen, welche das Zurückweisen oder Ausstoszen irgend eines wirklichen Gegenstandes ausdrücken, den wir nicht gern haben oder verabscheuen, welcher aber keine anderen starken Gemüthserregungen einer gewissen Art, wie Wuth oder Schrecken, in uns erregt; durch die Gewalt der Gewohnheit und der Association werden dann ähnliche

---

[10] Diese beiden Citate werden von Mr. H. Wedgwood, On the Origin of Language, 1866, p. 75, mitgetheilt.

[11] Mr. Tylor (Early History of Mankind, 2. edit., 1870, p. 52) gibt an, dasz dies der Fall ist; er fügt hinzu: „es ist nicht recht klar, warum dies so sein musz."

Handlungen ausgeführt, so oft irgend welche analoge Empfindungen in unserer Seele entstehen.

Eifersucht, Neid, Geiz, Rache, Argwohn, List, Schlauheit, Schuld, Eitelkeit, Eingebildetsein, Ehrgeiz, Stolz, Demuth u. s. w. — Es ist zweifelhaft, ob die gröszere Zahl der eben erwähnten complicirten Seelenzustände durch irgend welchen feststehenden Ausdruck, der hinreichend deutlich wäre, um beschrieben oder gezeichnet zu werden, verrathen wird. Wenn SHAKESPEARE von dem Neide als „hohläugig" oder „schwarz" oder „blasz" und von der Eifersucht als „dem grünäugigen Ungeheuer" spricht, und wenn SPENSER den Argwohn als „faul, misgünstig und grimmig" beschreibt, so müssen sie diese Schwierigkeit empfunden haben. Nichtsdestoweniger können die erwähnten Empfindungen — wenigstens viele von ihnen — durch die Augen entdeckt werden, z. B. Eingebildetsein. Wir werden aber häufig in einem höheren Grade, als wir vermuthen, durch unsere vorausgehende Kenntnis der Personen oder der Umstände geleitet.

Meine Frage, ob der Ausdruck der Schuld oder der List unter den verschiedenen Menschenrassen wieder erkannt werden kann, beantworten meine Correspondenten beinahe einstimmig bejahend; ich verlasse mich auch auf ihre Antwort, da sie allgemein verneinen, dasz die Eifersucht in dieser Weise erkannt werden kann. In den Fällen, wo Einzelnheiten mitgetheilt werden, wird beinahe immer auf die Augen Bezug genommen. Von einem schuldigen Menschen wird gesagt, dasz er es vermeide, seinen Ankläger anzusehen, oder dasz er ihm nur verstohlene Blicke zuwerfe. Von den Augen wird gesagt, dasz sie „schräg hinschielen" oder dasz sie „von einer Seite zur andern schwanken," oder dasz die Augenlider gesenkt und theilweise „geschlossen" sind. Letztere Bemerkung hat Mr. HAGENAUER in Bezug auf die Australier und GAIKA in Bezug auf die Kaffern gemacht. Die ruhelosen Bewegungen der Augen sind allem Anscheine nach, (wie dann noch erklärt werden wird, wenn wir von dem Erröthen sprechen werden), eine Folge davon, dasz der Schuldige es nicht aushält, den Blick seines Anklägers zu ertragen. Ich will noch hinzufügen, dasz ich bei einigen meiner eigenen Kinder in einem sehr frühen Alter einen Ausdruck der Schuld beobachtet habe ohne einen Schatten von Furcht. In einem Beispiele war der Ausdruck bei einem zwei Jahre und sieben Monate alten Kinde unverkennbar deutlich und führte zur

Entdeckung seiner kleinen Missethat. Er wurde, wie ich in meinen zu der Zeit niedergeschriebenen Bemerkungen notirt habe, durch ein unnatürliches Glänzen der Augen und durch eine merkwürdige, affectirte, unmöglich zu beschreibende Art und Weise dargestellt.

Auch die Schlauheit wird, wie ich glaube, hauptsächlich durch Bewegungen um die Augen dargestellt. Denn diese sind weniger unter der Controle des Willens in Folge der Gewalt lang andauernder Gewohnheit, als die Bewegungen des Körpers. Mr. HERBERT SPENCER [12], bemerkt „wenn ein lebhaftes Verlangen vorhanden ist, etwas auf der einen „Seite des Gesichtsfeldes zu sehen, ohne die Vermuthung aufkommen „zu lassen, dasz man es sieht, so tritt die Neigung ein, die auffallende „Bewegung des Kopfes zu verhindern und die nothwendige Richtung „ausschlieszlich den Augen zu überlassen, welche daher sehr stark „nach der einen Seite hingewendet werden. Wenn folglich die Augen „nach einer Seite gewendet werden, während das Gesicht nicht nach „derselben Seite gedreht wird, so erhalten wir die natürliche Sprache „dessen, was man Schlauheit nennt".

Von allen den obengenannten complicirten Seelenbewegungen ist vielleicht der Stolz die am deutlichsten ausgedrückte. Ein stolzer Mensch drückt sein Gefühl der Überlegenheit über Andere dadurch aus, dasz er seinen Kopf und Körper aufrecht hält. Er ist erhaben („haut" oder hoch) und macht sich selbst so grosz als möglich aussehend, so dasz man metaphorisch von ihm sagt, er sei vor Stolz geschwollen oder ausgestopft. Man sagt zuweilen, dasz ein Pfauhahn oder ein Truthahn, der mit aufgerichteten Federn umherstolzirt, ein Sinnbild des Stolzes sei [13]. Ein arroganter Mensch blickt auf Andere herunter und läszt sich kaum dazu herab, sie mit gesenkten Augenlidern anzusehen, oder er kann auch seine Verachtung durch unbedeutende Bewegungen ausdrücken wie die vorhin beschriebenen um die Nasenlöcher oder die Lippen herum. Der Muskel, welcher die untere Lippe vorzieht, ist daher der Musculus superbus genannt worden. In einigen Photographien von Patienten, die an der Monomanie des Stolzes litten und die mir Dr. CRICHTON BROWNE geschickt hat, wurde

---

[12] Principles of Psychology. 2. edit., 1872. p. 552.

[13] Gratiolet (De la Physionomie, p. 351) macht diese Bemerkungen und theilt auch einige gute Bemerkungen über den Ausdruck des Stolzes mit; s. auch Sir Ch. Bell (Anatomy of Expression, p. 111) über die Thätigkeit des Musculus superbus.

der Kopf und der Körper aufrecht getragen und der Mund fest geschlossen. Diese letztere Thätigkeit, die für die Entschiedenheit ausdrucksvoll ist, ist, wie ich vermuthe, eine Folge davon, dasz der stolze Mensch vollständiges Selbstvertrauen in sich fühlt. Der ganze Ausdruck des Stolzes steht in directem Gegensatze zu dem der Demuth, so dasz hier von dem letzteren Seelenzustande nichts weiter gesagt zu werden braucht.

Hülflosigkeit; Unfähigkeit: Zucken mit den Schultern. — Wenn Jemand auszudrücken wünscht, dasz er etwas nicht thun, oder dasz er nicht verhindern kann, dasz etwas geschehe, so erhebt er oft mit einer schnellen Bewegung beide Schultern. Wenn die ganze Geberde vollkommen ausgeführt wird, so biegt er zu derselben Zeit seine Ellenbogen dicht nach innen, erhebt seine offenen Hände und dreht dieselben nach auswärts mit auseinander gespreizten Fingern. Häufig wird der Kopf etwas nach einer Seite gewendet, die Augenbrauen werden erhoben, was dann wieder Falten quer über die Stirn verursacht. Meistens wird dabei der Mund geöffnet. Ich will hierbei noch erwähnen, um zu zeigen, wie unbewuszt die Gesichtszüge hier beeinfluszt werden, dasz, obschon ich häufig absichtlich mit meinen Schultern gezuckt hatte, um zu beobachten, wie sich meine Arme stellen würden, ich doch durchaus mir dessen nicht bewuszt wurde, dasz meine Augenbrauen gehoben und mein Mund geöffnet wurde, bis ich mich selbst im Spiegel betrachtete; und seit der Zeit habe ich dann dieselben Bewegungen auch auf den Gesichtern anderer Leute bemerkt. In den beistehenden Figuren 3 und 4 auf Tafel VI. hat Mr. REJLANDER mit vielem Erfolg die Geberde des Zuckens mit den Schultern dargestellt.

Engländer sind im Ganzen viel weniger demonstrativ als die Menschen der meisten andern europäischen Nationen es sind, und sie zucken mit ihren Schultern viel weniger häufig und energisch als es Franzosen und Italiener thun. Die Geberde äuszert sich in allen möglichen Graden von der complicirten eben beschriebenen Bewegung bis zu einem momentanen und kaum bemerkbaren Erheben beider Schultern, oder wie ich es bei einer in einem Lehnstuhle sitzenden Dame beobachtet habe, bis zu dem bloszen unbedeutenden Seitwärtswenden der offenen Hände mit ausgespreizten Fingern. Ich habe niemals gesehen, dasz ganz kleine englische Kinder ihre Schultern gezuckt hätten. Doch wurde der folgende Fall sorgfältig von einem Professor der Medicin und ausgezeichneten Beobachter beobachtet und mir von ihm mitgetheilt. Der Vater des in Rede stehenden Herrn war ein Pariser und seine Mutter eine Schottin. Seine Frau ist nach beiden Seiten von britischer Abkunft und mein Berichterstatter glaubt nicht, dasz sie jemals in ihrem Leben mit den Schultern gezuckt hätte. Seine Kinder sind in England erzogen worden, und die Wärterin ist eine Vollblutengländerin, welche man niemals die Schultern hat zucken sehen. Nun wurde beobachtet, dasz seine älteste Tochter im Alter zwischen sechzehn und achtzehn Monaten mit ihren Schultern zuckte, wobei zu der Zeit ihre Mutter ausrief: „Seht die kleine Französin, wie sie mit den Schultern zuckt!" Anfangs that sie dies häufig, zuweilen dabei ihren Kopf ein wenig nach hinten und auf eine Seite werfend. Soweit aber beobachtet wurde, bewegte sie ihre Ellenbogen und Hände nicht in der gewöhnlichen Weise. Die Gewohnheit verlor sich allmählich wieder und jetzt, wo sie etwas über vier Jahre alt ist, sieht man nie, dasz sie sie äuszerte. Vom Vater sagt man dasz er zuweilen seine Schultern zuckte, besonders wenn er mit irgend Jemand disputirte. Es ist aber äuszerst unwahrscheinlich, dasz seine Tochter ihm in einem so frühen Alter nachgeahmt hätte; denn wie mein Berichterstatter bemerkt, kann sie unmöglich häufig diese Geberde bei ihm gesehen haben. Wenn übrigens die Gewohnheit durch Nachahmung erlangt worden wäre, so ist es nicht wahrscheinlich, dasz sie sobald schon wieder freiwillig von diesem Kinde und, wie wir sofort sehen werden, noch von einem zweiten Kinde aufgegeben worden wäre, trotzdem der Vater noch immer mit seiner Familie lebte. Es mag noch hinzugefügt werden, dasz dieses kleine Mädchen ihrem Pariser Groszvater im Gesichte in einem beinahe lächerlichen Grade ähnlich ist. Sie bietet noch eine andere und sehr merkwürdige Ähnlichkeit mit diesem dar, nämlich, dasz sie eine eigenthümliche kleine Angewohnheit hat. Wenn sie ungeduldig irgend etwas zu haben wünscht, so streckt sie ihre kleine Hand aus und reibt geschwind den Daumen gegen den Zeige- und Mittelfinger, und diesen selben kleinen Zug bot unter denselben Umständen ihr Groszvater sehr häufig dar.

Die zweite Tochter desselben Herrn zuckte auch ihre Schultern vor dem Alter von achtzehn Monaten und gab später die Gewohnheit wieder auf. Es ist natürlich möglich, dasz sie ihrer ältern Schwester nachgeahmt haben kann, aber sie fuhr noch mit dieser Bewegung fort, nachdem ihre Schwester die Gewohnheit bereits verloren hatte. Anfangs war sie ihrem Pariser Groszvater in einem mindern Grade ähnlich als ihre Schwester in demselben Alter es war. Jetzt ist sie es aber in einem noch gröszeren Grade. Auch sie übt noch bis heute die eigenthümliche Gewohnheit aus, wenn sie ungeduldig etwas verlangt, ihren Daumen und ihre zwei Vorderfinger aufeinander zu reiben.

In diesem letztern Falle liegt ein gutes Beispiel vor für die in einem frühern Capitel gegebene Thatsache von der Vererbung eines Zuges oder einer Geberde. Denn ich vermuthe doch, dasz Niemand eine so eigenthümliche Gewohnheit wie diese, welche dem Groszvater und zweien seiner Enkelkinder gemeinsam war, die ihn nie gesehen hatten, einem blosz zufälligen Zusammentreffen zuschreiben wird.

Betrachtet man alle diese Verhältnisse in Bezug auf den Umstand, dasz diese Kinder mit ihren Schultern zuckten, so läszt sich kaum bezweifeln, dasz sie diese Gewohnheit von ihren französischen Vorfahren geerbt hatten, trotzdem sie nur ein Viertel französischen Blutes in ihren Adern hatten und trotzdem ihr Groszvater nicht häufig mit seinen Schultern zuckte. Darin, dasz diese Kinder durch Vererbung eine Gewohnheit in früher Kindheit erlangt und dann wieder aufgegeben haben, liegt nichts sehr Ungewöhnliches, wenn auch die Thatsache interessant ist. Denn es ist eine bei vielen Arten von Thieren häufig vorkommende Thatsache, dasz gewisse Charactere eine gewisse Zeit lang von den Jungen beibehalten, dann aber verloren werden.

Da es mir eine Zeit lang in hohem Grade unwahrscheinlich erschien, dasz eine so complicirte Geberde wie das Zucken mit den Schultern in Verbindung mit den dasselbe begleitenden Bewegungen angeboren sein sollte, so war ich begierig, zu ermitteln, ob die blinde und taube Laura Bridgman, welche die Angewohnheit nicht durch Nachahmung erlernt haben kann, sie ausübte. Und ich habe nun durch Dr. Innes von einer Dame, welche noch kürzlich das Kind unter ihrer Pflege hatte, gehört, dasz sie mit ihren Schultern zuckt, ihre Ellenbogen nach innen dreht und ihre Augenbrauen in derselben Weise wie andere Leute und unter ähnlichen Umständen erhebt. Ich war auch begierig, zu erfahren, ob diese Geberde von den verschiedenen Menschenrassen ausgeführt würde, besonders von denen, welche niemals irgend welchen bedeutenden Verkehr mit Europäern gehabt hatten, und wir werden sehen, dasz sie diese Bewegung ausführen.

Es scheint aber, dasz die Geberde zuweilen blosz auf das Erheben oder Zucken der Schultern beschränkt ist, ohne dasz die andern Bewegungen gleichzeitig mit ausgeführt würden.

Mr. Scott hat diese Geberde häufig bei den Bengalesen und Dhangars (die letzteren bilden eine besondere Rasse) gesehen, welche im botanischen Garten in Calcutta beschäftigt werden; so wenn sie z. B. erklärten, dasz sie irgend eine Arbeit, wie das Erheben einer schweren Last, nicht thun könnten. Er befahl einem Bengalesen, auf einen hohen Baum zu klettern. Der Mann sagte aber mit einem Zucken seiner Schultern und einem Seitwärtsschütteln seines Kopfes, er könne es nicht. Mr. Scott wuszte, dasz der Mann faul war, glaubte, er könne es doch und bestand darauf, dasz er es versuche. Sein Gesicht wurde nun bleich, seine Arme hiengen schlaff an den Seiten herunter, sein Mund und seine Augen wurden weit geöffnet, und nun blickte er, den Baum nochmals abmessend scheu von der Seite auf Mr. Scott hin, zuckte mit den Schultern, wendete seine Ellenbogen nach innen, streckte seine offenen Hände aus und erklärte mit einigen schnellen seitlichen Schwenkungen seines Kopfes, er wäre es nicht im Stande. Mr. H. Erskine hat gleichfalls die Eingebornen von Indien mit ihren Schultern zucken sehen; er hat aber nie gesehen, dasz sie die Ellenbogen so weit nach innen drehten, als wir es thun; und während sie mit ihren Schultern zuckten, legten sie zuweilen ihre Hände kreuzweise über die Brust.

Bei den wilden Malayen des Innern von Malacca und bei den Bugis (echte Malayen, obschon sie eine verschiedene Sprache sprechen) hat Mr. Geach häufig diese Geberde gesehen. Ich vermuthe, dasz sie vollständig ausgeführt wird, da Mr. Geach in Beantwortung auf meine Frage, in welcher die Bewegungen der Schultern, Arme, Hände und des Gesichts beschrieben werden, bemerkt, sie werden in einem wunderschönen Style ausgeführt. Ich habe leider einen Auszug aus einer wissenschaftlichen Reise verloren, in welcher das Zucken der Schultern bei einigen Eingebornen (Mikronesiern) des Carolinen-Archipels im stillen Ocean sehr gut beschrieben wurde. Capitain Speedy theilt mir mit, dasz die Abyssinier mit den Schultern zucken, geht aber in keine Einzelnheiten ein. Mr. Asa Gray sah einen arabischen Dragoman in Alexandrien genau so sich bewegen, wie es in meiner Frage beschrieben war, als ein alter Herr, dem derselbe aufwartete, nicht in der gehörigen Richtung gehen wollte, die ihm bezeichnet worden war.

Mr. Washington Matthews sagt in Beziehung auf die wilden Indianerstämme des westlichen Theils der Vereinigten Staaten: „Ich „habe bei einigen wenigen Gelegenheiten gefunden, dasz die Leute ein „unbedeutendes entschuldigendes Zucken zeigten, aber das Übrige jener „bezeichnenden Geberde, welche Sie beschreiben, habe ich nicht ge„sehen." Fritz Müller theilt mir mit, dasz er die Neger in Brasilien mit ihren Schultern habe zucken sehen. Es ist indesz natürlich hier möglich, dasz sie dies durch Nachahmung der Portugiesen gelernt haben. Mrs. Barber hat diese Geberde niemals bei den Kaffern von Süd-Africa gesehen, und Gaika hat, nach seiner Antwort zu urtheilen, nicht einmal verstanden, was mit meiner Beschreibung gemeint war. Mr. Swinhoe ist gleichfalls zweifelhaft in Bezug auf die Chinesen. Er hat aber gesehen, dasz sie unter Umständen, welche uns veranlassen würden, mit den Schultern zu zucken, ihren rechten Ellenbogen an die rechte Seite drückten, ihre Augenbrauen erhoben, ihre Hand mit der Fläche nach der angeredeten Person hinstreckten und sie von rechts nach links schüttelten. Was endlich die Australier betrifft, so beantworten vier meiner Correspondenten die Frage einfach verneinend und einer einfach bejahend. Mr. Bunnett, welcher ausgezeichnete Gelegenheit zur Beobachtung an den Grenzen der Colonie Victoria gehabt hat, antwortet auch mit einem „Ja" und fügt hinzu, dasz die Geberde „in einer bescheideneren und weniger demonstrativen „Art ausgeführt wird, als es bei civilisirten Nationen der Fall ist". Dieser Umstand dürfte es erklären, dasz sie von vier meiner Correspondenten nicht bemerkt worden ist.

Diese Angaben, welche sich auf die Europäer, Hindus, die Bergstämme von Indien, die Malayen, Mikronesier, Abyssinier, Araber, Indier von Nord-America und offenbar auch auf Australier beziehen — und viele dieser Eingebornen haben kaum irgend welchen Verkehr mit Europäern gehabt — sind wohl genügend, um zu beweisen, dasz das Zucken mit den Schultern, in manchen Fällen von den übrigen eigenthümlichen Bewegungen begleitet, eine der Menschheit natürliche Geberde ist.

Dieser Geberde liegt eine nicht beabsichtigte oder unvermeidliche Handlung unsererseits zu Grunde oder eine, welche wir nicht ausführen können, oder auch eine Handlung, die irgend eine andere Person ausführt, welche wir nicht verhindern können. Sie begleitet derartige Redensarten wie: „es war nicht meine Schuld", „es ist mir unmöglich,

„diese Vergünstigung zu gewähren", „er musz seinen eigenen Gang „gehen, ich kann ihn nicht aufhalten". Das Zucken mit den Schultern drückt gleichfalls Geduld oder die Abwesenheit irgend welcher Absicht zu widerstehen aus. Daher werden die Muskeln, welche die Schultern erheben, wie mir ein Künstler mitgetheilt hat, zuweilen die „Geduldmuskeln" genannt. Der Jude SHYLOK sagt:

> „Signor Antonio, viel und oftermals
> Habt ihr auf dem Rialto mich geschmäht
> Um meine Gelder und um meine Zinsen;
> Stets trug ich's mit geduld'gem Achselzucken."
> Kaufmann von Venedig, Act 1, Scene 3.

Sir CH. BELL hat eine lebensgetreue Abbildung eines Mannes gegeben[14], welcher vor irgend einer fürchterlichen Gefahr zurückschreckt und im Begriffe ist, in verlorener Angst aufzuschreien. Er ist dargestellt mit seinen Schultern beinahe bis zu den Ohren erhoben und dies deutet sofort an, dasz kein Gedanke an Widerstand vorhanden ist.

Da das Zucken mit den Schultern allgemein den Sinn hat: „ich „kann dies oder das nicht thun", so drückt es zuweilen durch eine unbedeutende Änderung aus: „ich will es nicht thun". Die Bewegung drückt dann einen festen Entschlusz aus, nicht zu handeln. OLMSTED beschreibt[15] einen Indianer in Texas, welcher stark mit seinen Schultern zuckte, als ihm mitgetheilt wurde, dasz eine Partie Reisende Deutsche wären und nicht Americaner, womit er ausdrücken wollte, dasz er nichts mit ihnen zu thun haben wollte. Bei mürrischen und trotzköpfigen Kindern kann man sehen, wie sie ihre beiden Schultern hoch emporhoben. Diese Bewegung wird aber nicht von andern begleitet, welche allgemein ein echtes Schulterzucken begleiten. Ein ausgezeichneter Beobachter[16] sagt, als er einen jungen Mann beschreibt, welcher entschlossen war, dem Wunsche seines Vaters nicht nachzugeben: „er steckte seine Hände tief in die Tasche und zog die Schul„tern bis an die Ohren in die Höhe; dies war ein deutliches Zeichen „dafür, dasz, mag es recht oder unrecht sein, dieser Fels aus seiner „festen Stellung nur dann fortbewegt würde, sobald es Jack wollte, „und dasz irgend welche Vorstellung über die Sache vollständig ver-

---

[14] Anatomy of Expression, p. 166.
[15] Journey through Texas, p. 352.
[16] Mrs. Oliphant, The Brownlows, p. 206.

„gebens sei. Sobald der Sohn seinen Willen erlangt hatte, brachte
„er seine Schultern in ihre natürliche Lage."

Resignation wird zuweilen dadurch gezeigt, dasz die offenen Hände eine über der andern auf den untern Theil des Körpers gelegt werden. Ich würde diese kleine Geberde nicht einmal einer vorübergehenden Notiz für werth gehalten haben, hätte nicht Dr. W. Ogle gegen mich bemerkt, dasz er sie zwei- oder dreimal bei Patienten beobachtet habe, welche sich unter der Einwirkung des Chloroforms auf Operationen vorbereiteten. Sie zeigten keine grosze Furcht, schienen aber durch diese Stellung der Hände zu erklären, dasz sie sich nun entschlossen hätten und sich in das Unvermeidliche ergeben würden.

Wir können nun untersuchen, warum Menschen in allen Theilen der Welt, wenn sie fühlen (mögen sie nun dieses Gefühl zu zeigen wünschen oder nicht), dasz sie irgend etwas nicht thun können oder nicht thun wollen, oder dasz sie, wenn etwas von einem Andern geschieht, nicht widerstehen wollen, mit ihren Schultern zucken, zu derselben Zeit häufig ihre Ellenbogen nach innen biegen, die offenen Flächen ihrer Hände mit ausgespreizten Fingern zeigen, häufig ihren Kopf ein wenig auf die eine Seite werfen, ihre Augenbrauen erheben und ihren Mund öffnen. Diese Seelenzustände sind entweder einfach passiv oder zeigen die Entschiedenheit, nicht zu handeln, an. Keine der erwähnten Bewegungen sind von dem geringsten Nutzen. Die Erklärung liegt, wie ich nicht zweifeln kann, in dem Principe des unbewuszten Gegensatzes. Dieses Princip scheint hier so deutlich in's Spiel zu kommen wie in dem Falle mit dem Hunde, welcher, wenn er sich böse fühlt, sich in die gehörige Stellung zum Angriffe versetzt und sich seinem Gegner so fürchterlich erscheinend macht als möglich, sobald er sich aber zuneigungsvoll gestimmt fühlt, seinen ganzen Körper in eine direct entgegengesetzte Stellung wirft, obgleich das von keinem directen Nutzen für ihn ist.

Man beachte, wie ein indignirter Mensch, welcher empfindlich ist und sich einem Unrechte nicht unterwerfen will, seinen Kopf aufrecht trägt, seine Schultern zurückwirft und seine Brust ausdehnt. Er ballt häufig seine Fäuste und bringt einen oder beide Arme in die Höhe zum Angriff oder zur Vertheidigung, wobei die Muskeln seiner Gliedmaszen steif sind. Er runzelt die Stirn — d. h. er zieht seine Augenbrauen zusammen und senkt sie — und da er entschlossen ist, schlieszt er seinen Mund. Die Handlungen und die Stellungen eines hülflosen Menschen sind in jedem einzelnen dieser Punkte genau das Umgekehrte. Auf Tafel VI. können wir uns vorstellen, dasz eine der Figuren auf der linken Seite eben gesagt hat: „was wollen Sie damit sagen, dasz Sie mich beleidigen?" und eine der Figuren auf der rechten Seite würde antworten: „ich konnte wahrhaftig nicht „anders!" Der hülflose Mensch zieht unbewuszterweise die Muskeln seiner Stirne zusammen, welche Antagonisten derjenigen sind, welche das Stirnrunzeln bewirken, und hierdurch hebt er seine Augenbrauen in die Höhe. Zu gleicher Zeit erschlafft er die Muskeln um den Mund, so dasz der Unterkiefer herabhängt. Der Gegensatz ist in jeder Einzelnheit vollständig, nicht blosz in der Bewegung der Gesichtszüge, sondern auch in der Stellung der Gliedmaszen und der Haltung des ganzen Körpers, wie in der beistehenden Tafel zu sehen ist. Da der hülflose oder sich entschuldigende Mensch häufig wünscht, seinen Seelenzustand zu zeigen, so handelt er dann in einer auffallenden oder demonstrativen Art und Weise.

In Übereinstimmung mit der Thatsache, dasz das feste Einstemmen der Ellenbogen und das Ballen der Fäuste Geberden sind, welche durchaus nicht bei Menschen aller Rassen allgemein sind, wenn sie sich indignirt fühlen und vorbereitet sind, ihren Feind anzugreifen, so scheint es fast, als würde ein hülfloser oder entschuldigender Seelenzustand in vielen Theilen der Erde einfach durch das Zucken mit den Schultern ausgedrückt, ohne dasz die Ellenbogen nach innen gedreht und die Hände geöffnet würden. Ein Mensch oder ein Kind, welches halsstarrig ist, oder einer, der irgend einem groszen Unglücke gegenüber resignirt ist, hat in beiden Fällen keine Idee, durch active Mittel Widerstand leisten zu wollen, und er drückt diesen Seelenzustand dadurch aus, dasz er einfach seine Schultern erhoben hält; oder er kann auch möglicherweise seine Arme über der Brust zusammenschlagen.

Zeichen der Bejahung oder Billigung und der Verneinung oder Misbilligung: Nicken und Schütteln des Kopfes. — Ich war begierig, zu ermitteln, wie weit die gewöhnlichen Zeichen der Bejahung und Verneinung, wie wir sie gebrauchen, über die Erde verbreitet sind. Es sind in der That diese Zeichen in einem gewissen Grade für unsere Gefühle ausdrucksvoll, da wir ein senkrechtes Nicken der Billigung mit einem Lächeln unsern Kindern gegenüber machen, wenn wir ihr Betragen billigen, und unsern Kopf seitwärts mit einem Stirnrunzeln schütteln, wenn wir dasselbe misbilligen. Bei kleinen Kindern besteht der erste Act der Verneinung in einem Zurückweisen der Nahrung, und ich habe wiederholt bei meinen eignen Kindern bemerkt, dasz sie dies durch ein seitliches Wegziehen ihres Kopfes von der Brust oder von irgend etwas, was ihnen in einem Löffel angeboten wurde, ausdrückten. Bei der Annahme von Nahrung und dem Einnehmen derselben in ihren Mund neigen sie ihren Kopf vorwärts. Seitdem ich diese Beobachtungen machte, ist mir mitgetheilt worden, dasz auf dieselbe Idee auch CHARMA[17] gekommen ist. Es verdient Beachtung, dasz bei dem Annehmen oder Aufnehmen der Nahrung nur eine einzelne Bewegung des Kopfes nach vorwärts gemacht wird, und ein einfaches Nicken schlieszt eine Bejahung ein. Verweigern andererseits Kinder Nahrung, besonders wenn sie ihnen aufgenöthigt werden soll, so bewegen sie ihren Kopf häufig mehrmals von Seite zu Seite, wie wir es thun, wenn wir in der Verneinung unsern Kopf schütteln. Überdies wird im Falle eines Zurückweisens der Kopf nicht selten zurückgeworfen oder der Mund geschlossen, so dasz diese Bewegungen gleichfalls dazu gelangen könnten, als Zeichen einer Verneinung zu dienen. Mr. WEDGWOOD bemerkt über diesen Gegenstand[18], dasz „wenn die Stimme mit geschlossenen Zähnen oder „Lippen zum Tönen gebracht wird, sie den Laut der Buchstaben *n* „oder *m* hervorbringt. Wir könnten daher den Gebrauch der Partikel „*ne*", „um die Verneinung auszudrücken und möglicherweise auch das grie-„chische μή in demselben Sinne hieraus erklären."

Dasz diese Zeichen angeboren oder instinctiv sind, wenigstens bei Angelsachsen, wird dadurch in hohem Grade wahrscheinlich gemacht, dasz die blinde und taube LAURA BRIDGMAN beständig ihr Ja mit dem gewöhnlichen affirmativen Nicken und ihr Nein mit unserm negativen Schütteln des Kopfes begleitete. Hätte nicht Mr. LIEBER das Gegentheil angegeben[19], so würde ich gemeint haben, dasz sie diese Geberde erlangt oder gelernt hätte, besonders in Anbetracht ihres wunderbar feinen Gefühlssinnes und der scharfen Wahrnehmung der Bewegungen Anderer. Bei mikrocephalen Idioten, welche so geistig verkümmert

---

[17] Essai sur le langage, 2. edit., 1846. Ich bin Miss Wedgwood für diese Mittheilung sowie für einen Auszug aus diesem Werke sehr verbunden.

[18] On the origin of Language, 1866, p. 91.

[19] On the vocal sounds of Laura Bridgman: Smithsonian Contributions, Vol. II, 1851, p. 11.

sind, dasz sie niemals zu sprechen lernen, schildert VOGT[20], dasz einer von ihnen, wenn er gefragt wurde, ob er mehr Essen oder Trinken zu haben wünsche, durch ein Neigen oder Schütteln seines Kopfes antwortete. SCHMALZ nimmt in seiner merkwürdigen Abhandlung über die Erziehung der Taubstummen ebenso wie der Kinder, die nur einen Grad höher als die Idioten stehen, an, dasz sie immer beiderlei Zeichen sowohl der Bejahung als Verneinung machen und verstehen können[21].

Wenn wir die verschiedenen Menschenrassen betrachten, so sehen wir nichtsdestoweniger, dasz diese Zeichen nicht so allgemein angewendet werden, als ich es erwartet haben würde. Sie scheinen aber doch zu allgemein zu sein, um durchaus für conventionell oder künstlich gelten zu können. Meine Correspondenten behaupten, dasz beide Zeichen von den Malayen, von den Eingebornen von Ceylon, den Chinesen, den Negern der Küste von Guinea und, der Angabe GAIKA's zufolge, von den Kaffern von Süd-Africa angewendet werden, obschon bei diesem letztern Volke Mr. BARBER niemals ein seitliches Schütteln des Kopfes als Zeichen der Verneinung hat anwenden sehen. In Bezug auf die Australier stimmen sieben Beobachter darin überein, dasz ein Nicken als Bejahungszeichen gegeben wird; fünf sind einstimmig darüber, dasz ein seitliches Schütteln als Verneinung dient und zwar in Begleitung irgend eines Wortes oder ohne ein solches. Aber Mr. DYSON LACY hat dieses letztere Zeichen in Queensland niemals gesehen, und Mr. BULMER sagt, dasz im Gipp's-Land eine Verneinung dadurch ausgedrückt wird, dasz der Kopf ein wenig rückwärts geworfen und die Zunge ausgestreckt wird. Am nördlichen Ende des Continents in der Nähe der Torres-Strasze schütteln die Eingebornen, wenn sie eine Verneinung ausdrücken, „nicht mit dem Kopfe, sondern „halten die rechte Hand in die Höhe und schütteln diese, indem sie „sie zwei oder dreimal halb herum und wieder zurück drehen"[22]. Das Zurückwerfen des Kopfes mit einem Schnalzen der Zunge wird, wie man sagt, als Verneinungszeichen von den Neu-Griechen und Türken gebraucht, während das letztere Volk das Ja durch eine Bewegung ausdrückt, wie die von uns gemachte, wenn wir den Kopf schütteln[23]. Wie mir Capitain SPEEDY mittheilt, drücken die Abyssinier eine Ver-

---

[20] Mémoire sur les Microcéphales, 1867, p. 27.
[21] citirt von Tylor, Early History of Mankind. 2. edit., 1870, p. 38.
[22] Mr. J. B. Jukes, Letters and Extracts etc., 1871, p. 248.
[23] F. Lieber, On the vocal sounds etc., p. 11. Tylor a. a. O. p. 5.

neinung durch ein Werfen des Kopfes nach der rechten Schulter hin aus, wobei gleichzeitig ein leichtes Schnalzen bei geschlossenem Munde gemacht wird. Eine Bejahung wird dadurch ausgedrückt, dasz der Kopf zurückgeworfen und die Augenbrauen für einen Augenblick erhoben werden. Die Tagalen von Luzon im Archipel der Philippinen werfen, wie ich von Dr. Adolph Meyer höre, wenn sie Ja sagen, gleichfalls ihren Kopf zurück. Nach der Angabe des Rajah Brooke drücken die Dyaks von Borneo eine Bejahung durch Erhebung der Augenbrauen und eine Verneinung durch ein leichtes Zusammenziehen derselben in Verbindung mit einem eigenthümlichen Blicke der Augen aus. In Bezug auf die Araber am Nil kamen Professor und Mrs. Asa Gray zu dem Schlusse, dasz ein Nicken als Bejahung selten war, während ein Schütteln des Kopfes als Verneinung niemals gebraucht und nicht einmal von ihnen verstanden wurde. Bei den Eskimos [24] bedeutet ein Nicken „Ja" und ein Blinzeln mit den Augen „Nein". Die Neu-Seeländer erheben „den Kopf und das Kinn an der Stelle „einer nickenden Zustimmung"[25].

In Bezug auf die Hindus kommt Mr. H. Erskine nach Erkundigungen, die er bei erfahrenen Europäern und bei gebildeten Eingebornen angestellt hat, zu dem Schlusse, dasz die Zeichen für die Bejahung und Verneinung abändern. Es wird zwar zuweilen ein Nicken und ein seitliches Schütteln, so wie wir es thun, gebraucht; eine Verneinung wird aber häufiger dadurch ausgedrückt, dasz der Kopf plötzlich nach hinten und ein wenig nach einer Seite geworfen und ein leichtes Schnalzen mit der Zunge ausgestoszen wird. Was die Bedeutung dieses Schnalzens mit der Zunge sein mag, welches bei verschiedenen Völkern beobachtet worden ist, kann ich mir nicht vorstellen. Ein gebildeter Eingeborner sagt, dasz die Bejahung häufig durch ein Werfen des Kopfes nach der linken Seite hin ausgedrückt würde. Ich bat Mr. Scott, besonders auf diesen Punkt zu achten, und nach wiederholten Beobachtungen glaubt er, dasz ein senkrechtes Nicken von den Eingebornen nicht für gewöhnlich als bejahend gebraucht wird, sondern dasz der Kopf zuerst nach rückwärts, entweder nach der linken oder rechten Seite, und dann nur einmal schräg nach vorn geworfen wird. Diese Bewegung würde vielleicht von einem

---

[24] Dr. King, Edinburgh Philos. Journal, 1845, p. 313.
[25] Tylor, Early History of Mankind, 2. edit., 1870, p. 53.

weniger sorgfältigen Beobachter als ein seitliches Schütteln beschrieben worden sein. Er führt auch an, dasz bei der Verneinung der Kopf gewöhnlich nahezu aufrecht gehalten und mehrere Male geschüttelt wird.

Mr. BRIDGES theilt mir mit, dasz die Feuerländer mit ihrem Kopfe senkrecht in der Bejahung nicken und ihn bei der Verneinung seitlich schütteln. Nach der Angabe des Mr. WASHINGTON MATTHEWS ist bei den wilden Indianern von Nord-Africa das Nicken und Schütteln des Kopfes von den Europäern gelernt worden und wird nicht naturgemäsz verwendet. Sie drücken die Bejahung dadurch aus, "dasz sie „mit der Hand (wobei alle Finger mit Ausnahme des Zeigefingers „eingebogen sind) nach abwärts und auswärts vom Körper eine Curve „beschreiben, während die Verneinung durch eine Bewegung der offenen „Hand nach auswärts mit der Handfläche nach innen gekehrt ausge„drückt wird". Andere Beobachter geben an, dasz das Zeichen der Bejahung bei diesen Indianern ein Erheben des Zeigefingers ist, welcher dann gesenkt und nach dem Boden gerichtet wird, oder die Hände werden gerade nach vorn von dem Gesichte aus bewegt. Das Zeichen der Verneinung ist dagegen ein Schütteln des Fingers oder der ganzen Hand von einer Seite zur andern [26]. Diese letztere Bewegung stellt wahrscheinlich in allen Fällen das seitliche Schütteln des Kopfes dar. Die Italiener sollen in gleicher Weise den aufgehobenen Finger von rechts nach links bewegen als Zeichen der Verneinung, wie es in der That auch zuweilen Engländer thun.

Im Ganzen finden wir eine beträchtliche Verschiedenheit in den Zeichen der Bejahung und Verneinung bei den verschiedenen Menschenrassen. Wenn wir in Bezug auf die Verneinung annehmen, dasz das Schütteln des Fingers oder der Hand von einer Seite zur andern ein symbolischer Ausdruck für die seitliche Bewegung des Kopfes ist, und wenn wir ferner annehmen, dasz die plötzliche Bewegung des Kopfes nach hinten eine der häufig von kleinen Kindern ausgeübten Handlungen darstellt, wenn sie Nahrung verweigern, so findet sich eine bedeutende Einförmigkeit über die ganze Erde in den Zeichen der Verneinung, und wir können auch sehen, wie sie entstanden sind. Die am schärfsten ausgesprochenen Ausnahmen werden von den Arabern,

---

[26] Lubbock, The Origin of Civilization, 1870, p. 277. Tylor a. a. O. p. 38. Lieber (a. a. O. p. 11) erwähnt das Zeichen der Verneinung bei Italienern.

Eskimos, einigen australischen Stämmen und den Dyaks dargeboten. Bei den letzteren ist ein Stirnrunzeln das Zeichen der Verneinung, und auch bei uns begleitet ein Stirnrunzeln häufig ein seitliches Schütteln des Kopfes.

In Bezug auf das Nicken als Zeichen der Bejahung sind die Ausnahmen im Ganzen noch zahlreicher, nämlich bei manchen Hindus, bei den Türken, Abyssiniern, Dyaks, Tagalen und Neu-Seeländern. Zuweilen werden die Augenbrauen bei der Bejahung emporgehoben, und da eine Person, wenn sie ihren Kopf nach vorn und unten beugt, natürlich zur Person, welche sie anredet, aufblickt, so wird sie auch leicht ihre Augenbrauen erheben, und dieses Zeichen dürfte in dieser Weise dann als Abkürzungszeichen entstanden sein. Ferner könnte vielleicht bei den Neu-Seeländern das Aufheben des Kinnes und Kopfes in der Bejahung in einer abgekürzten Form die Bewegung des Kopfes nach oben repräsentiren, nachdem derselbe bei dem Nicken vorwärts und rückwärts bewegt worden war.

Zwölftes Capitel.

Ueberraschung. — Erstaunen. — Furcht. — Entsetzen.

Überraschung, Erstaunen. — Erheben der Augenbrauen. — Öffnen des Mundes. — Vorstrecken der Lippen. — Geberden, welche die Überraschung begleiten. — Verwunderung. — Furcht. — Äuszerste Angst. — Aufrichten der Haare. — Zusammenziehung des Platysma myoides — Erweiterung der Pupille. — Entsetzen. — Schlusz

Wird die Aufmerksamkeit plötzlich erregt und ist sie scharf, so geht sie allmählich in Überraschung über, diese wieder in Erstaunen, und dies endlich in bestürztes Entsetzen. Der letztere Seelenzustand ist dem Schrecken nahe verwandt. Aufmerksamkeit wird gezeigt durch leichtes Erheben der Augenbrauen; und in dem Masze als dieser Zustand sich verschärft, werden sie in einem viel höheren Grade erhoben, während die Augen und der Mund weit geöffnet werden. Das Erheben der Augenbrauen ist nothwendig, damit die Augen schnell und weit geöffnet werden können; diese Bewegung bringt quere Falten auf der Stirn hervor. Der Grad, bis zu welchem die Augen und der Mund geöffnet werden, entspricht dem Grade der gefühlten Überraschung; es müssen aber diese Bewegungen coordinirt sein; denn ein weit geöffneter Mund mit nur unbedeutend erhobenen Augenbrauen gibt nur eine bedeutungslose Grimasse, wie Dr. Duchenne in einer seiner Photographie gezeigt hat [1]. Auf der andern Seite kann man häufig sehen, wie eine Person ihre Überraschung durch bloszes Erheben ihrer Augenbrauen zu erkennen gibt.

Dr. Duchenne hat die Photographie eines alten Mannes gegeben, dessen Augenbrauen durch Galvanisirung des Stirnmuskels ordentlich

---

[1] Mécanisme de la Physionomie. Album. 1862, p. 42.

erhoben und gewölbt sind und dessen Mund willkürlich geöffnet wurde. Diese Abbildung drückt Überraschung mit groszer Treue aus. Ich zeigte sie vierundzwanzig Personen, ohne ein Wort der Erklärung zu sagen, und nur eine einzige sah durchaus nicht ein, was damit gemeint war. Eine zweite Person antwortete: Schrecken, was nicht so weit ab falsch ist; indessen fügten einige der Andern den Worten Überraschung oder Erstaunen noch die Bezeichnung hinzu: entsetzlich, kummervoll, schmerzlich oder widerwärtig.

Das weite Offenhalten der Augen und des Mundes ist eine ganz allgemein für die der Überraschung oder des Erstaunens erkannte Ausdrucksform. So sagt SHAKESPEARE: „Ich sah 'nen Schmid mit „seinem Hammer, so, Mit offnem Mund verschlingen den Bericht von „einem Schneider" (König Johann, Act IV., Scene 2); und ferner: „sie „schienen fast, so starrten sie einander an, ihre Augenlider zu zer-„sprengen; es war Sprache in ihrem Verstummen, und Rede selbst in „ihrer Geberde; sie sahen aus, als wenn sie von einer neu entstandenen „oder untergegangenen Welt gehört hätten." (Wintermärchen, Act V., Scene 2).

Meine Correspondenten beantworteten meine Fragen in Bezug auf die verschiedenen Menschenrassen mit einer merkwürdigen Gleichförmigkeit in demselben Sinne; die eben erwähnten Gesichtszüge werden häufig von gewissen, sofort zu beschreibenden Geberden und Lauten begleitet. Zwölf Beobachter in verschiedenen Theilen von Australien stimmen über diesen Punkt überein. Mr. WINWOOD READE hat diese Ausdrucksform bei den Negern der Küste von Guinea beobachtet. Der Häuptling GAIKA und Andere beantworten meine Frage in Betreff der Kaffern von Süd-Africa mit „Ja"; dasselbe thun Andere ganz ausdrücklich in Bezug auf die Abyssinier, Ceylonesen, Chinesen, Feuerländer, verschiedene Volksstämme von Nord-America und die Neu-Seeländer. Bei den letztern zeigt sich, wie Mr. STACK angibt, diese Ausdrucksform bei gewissen Individuen deutlicher als bei andern, obschon sie alle so viel als möglich ihre Gefühle zu verheimlichen suchen. Der Rajah BROOKE sagt, dasz die Dyaks von Borneo, wenn sie erstaunt sind, ihre Augen weit öffnen, ihren Kopf hin und her schwingen und sich ihre Brust schlagen. Mr. SCOTT theilt mir mit, dasz den Arbeitsleuten im botanischen Garten in Calcutta streng verboten ist zu rauchen; sie gehorchen aber häufig diesem Befehle nicht und wenn sie plötzlich auf der That ertappt werden, so öffnen sie

1

2   *3*

zuerst ihre Augen und ihren Mund weit. Dann zucken sie oft leicht mit den Schultern, sobald sie wahrnehmen, dasz die Entdeckung unvermeidlich ist, oder runzeln die Stirn und stampfen vor Ärger auf den Boden. Bald erholen sie sich aber von ihrer Überraschung und nun zeigt sich die unterwürfige Furcht an der Erschlaffung aller ihrer Muskeln; ihr Kopf scheint in die Schultern hineinzusinken; ihre niedergeschlagenen Augen wandern da und dorthin und sie bitten nun um Vergebung.

Der bekannte australische Forscher Mr. STUART hat eine sehr drastische Schilderung[2] des bestürzten Entsetzens in Verbindung mit Furcht bei einem Eingeborenen gegeben, welcher noch niemals zuvor einen Menschen hatte ein Pferd reiten sehen. Mr. STUART näherte sich ihm ungesehen und rief ihn aus einer geringen Entfernung an. „Er drehte sich herum und sah mich. Was er sich einbildete, dasz „ich wäre, weisz ich nicht; ich habe aber niemals ein schöneres Ab„bild von Furcht und Erstaunen gesehen. Er stand da, unfähig ein „Glied zu rühren, an die Stelle gepflockt, den Mund offen, die Augen „starrend... Er blieb bewegungslos, bis unser Schwarzer auf ein paar „Yards von ihm gekommen war: da warf er plötzlich seine Stroh„bündel nieder und sprang so hoch als er nur konnte in ein Mulga„Gebüsch." Er konnte nicht sprechen und antwortete nicht ein Wort auf die Erkundigungen, die der Schwarze an ihn richtete; sondern vom Kopf bis zu den Füszen zitternd, „winkte er uns nur mit der „Hand zu, dasz wir fort sollten."

Dasz die Augenbrauen durch einen angeborenen oder instinctiven Antrieb erhoben werden, läszt sich aus der Thatsache schlieszen, dasz LAURA BRIDGMAN ausnahmslos so handelt, wenn sie erstaunt ist, wie mir die Dame versichert hat, welche sie in der letzten Zeit unter ihrer Pflege hatte. Da Überraschung durch irgend etwas Unerwartetes oder Unbekanntes erregt wird, so wünschen wir natürlich, wenn wir aufgeschreckt werden, die Ursache so schnell als möglich wahrzunehmen; wir öffnen in Folge dessen unsere Augen weit, damit das Gesichtsfeld vergröszert werde und die Augäpfel sich leicht nach allen Richtungen bewegen können. Dies erklärt aber kaum die so bedeutende Erhebung der Augenbrauen und das wilde Starren der weit geöffneten Augen. Die Erklärung liegt wie ich glaube darin, dasz es unmöglich

---

[2] „The Polyglot News Letter." Melbourne, Dec. 1858, p. 2.

ist die Augen mit groszer Schnelligkeit durch das blosze Erheben der obern Augenlider zu öffnen. Um dies zu bewirken, müssen die Augenbrauen energisch in die Höhe gehoben werden. Jeder, welcher es versuchen will, vor einem Spiegel seine Augen so schnell als möglich zu öffnen, wird finden, dasz er so handelt, und das energische Hinaufziehen der Augenbrauen öffnet die Augen so weit, dasz sie starren, da alles Weisze rings um die Regenbogenhaut sichtbar wird. Überdies bietet die Erhebung der Augenbrauen auch einen Vortheil beim Sehen nach oben; denn so lange sie gesenkt sind, hindern sie unser Sehen in dieser Richtung. Sir Ch. Bell gibt einen merkwürdigen kleinen Beweis[3] für die Rolle, welche die Augenbrauen beim Öffnen der Augenlider spielen. Bei einem schwerbetrunkenen Menschen sind alle Muskeln erschlafft; in Folge dessen fallen die Augenlider matt herab, in derselben Weise wie es beim Einschlafen geschieht. Um dieser Neigung entgegenzuwirken, erhebt der Trunkenbold seine Augenbrauen; und dies gibt ihm einen verlegenen dummen Anblick, wie es auf einem der Hogarth'schen Blätter gut dargestellt ist. Ist nun einmal die Gewohnheit, die Augenbrauen zu erheben, um so schnell als möglich Alles rings um uns her übersehen zu können, erlangt worden, so wird diese Bewegung in Folge der Association eintreten, sobald aus irgend einer Ursache, selbst in Folge irgend eines plötzlichen Lautes oder einer Idee, Erstaunen empfunden wird.

Wenn bei erwachsenen Personen die Augenbrauen erhoben werden, so wird die ganze Stirn stark in queren Linien gefaltet; bei Kindern tritt dies aber nur in einem geringen Grade ein. Die Falten laufen in Linien, welche mit jeder Augenbraue concentrisch oder parallel sind, und flieszen zum Theil in der Mitte zusammen. Sie sind für den Ausdruck der Überraschung oder des Erstaunens in hohem Grade characteristisch. Jede Augenbraue wird auch, wie Duchenne bemerkt[4], wenn sie erhoben wird, stärker gewölbt als sie es vorher war.

Die Ursache, warum der Mund geöffnet wird, wenn man Erstaunen empfindet, ist eine in hohem Masze complicirtere Sache; allem Anscheine nach wirken auch mehrere Ursachen zur Einleitung dieser Bewegung zusammen. Man hat häufig die Vermuthung geäuszert[5],

---

[3] The Anatomy of Expression, p. 106.
[4] Mécanisme de la Physionomie Humaine, Album, p. 6.
[5] s. z. B. Dr. Piderit, Mimik und Physiognomik, S. 88, welcher eine gute Erörterung über den Ausdruck der Überraschung gibt.

dasz dadurch der Gehörsinn geschärft werde; ich habe aber Personen beobachtet, welche mit gespannter Aufmerksamkeit auf ein unbedeutendes Geräusch hörten, dessen Natur und Quelle sie ganz gut kannten, und sie öffneten ihren Mund nicht. Eine Zeit lang bildete ich mir daher ein, dasz das Öffnen des Mundes vielleicht dazu helfen könne, die Richtung, von welcher ein Laut ausgeht, zu unterscheiden, und zwar dadurch, dasz man dem Laute noch einen andern Canal für seinen Eintritt ins Ohr, nämlich durch die Eustachische Trompete, darböte. Dr. Ogle[6] aber, welcher so freundlich gewesen ist, die besten neueren Autoritäten über die Functionen der Eustachischen Trompete zu consultiren, theilt mir mit, dasz es beinahe zur Evidenz erwiesen ist, dasz sie, ausgenommen beim Acte des Schlingens, verschlossen bleibt und dasz bei Personen, bei denen die Trompete abnormer Weise offen bleibt, der Gehörsinn durchaus nicht vollkommener ist; er wird dann im Gegentheil dadurch beeinträchtigt, dasz die Athemlaute viel deutlicher werden. Wird eine Uhr in den Mund gehalten, ohne aber dessen Wände irgendwo zu berühren, so wird das Picken derselben viel weniger deutlich gehört, als wenn sie auszen gehalten wird. Bei Personen, bei denen die Eustachische Trompete in Folge einer Krankheit oder eines Katarrhs permanent oder zeitweilig verschlossen ist, ist das Hören beeinträchtigt. Dies dürfte aber durch die Anhäufung von Schleim in der Trompete und die hieraus folgende Abschlieszung der Luft zu erklären sein. Wir können daher schlieszen, dasz unter dem Eindrucke des Erstaunens der Mund nicht deswegen offen gehalten wird, damit die Laute deutlicher gehört werden, trotzdem dasz die meisten tauben Personen ihren Mund offen halten.

Eine jede plötzliche Seelenerregung, mit Einschlusz des Erstaunens, beschleunigt die Herzthätigkeit und mit dieser auch die Respiration. Nun können wir, wie Gratiolet bemerkt[7] und wie es auch mir wohl der Fall zu sein scheint, viel ruhiger durch den offenen Mund als durch die Nase athmen. Wenn wir daher mit gespannter Aufmerksamkeit auf irgend einen Laut zu hören wünschen, so unterbrechen wir entweder das Athemholen oder wir athmen, indem wir unsern Mund öffnen und gleichzeitig unsern Körper bewegungslos halten, so ruhig als möglich. Einer meiner Söhne wurde in der Nacht durch

---

[6] Auch Dr. Murie hat mir, zum Theil der vergleichenden Anatomie entnommene, Aufschlüsse gegeben, welche zu demselben Schlusse führen.

[7] De la Physionomie, 1865, p. 234.

ein Geräusch aufgeweckt, unter Umständen, welche naturgemäsz zu
groszer Behutsamkeit veranlaszten, und nach wenig Minuten bemerkte
er, dasz sein Mund weit offen stand. Er wurde sich dann dessen bewuszt, dasz er ihn deshalb geöffnet hatte, um so ruhig als möglich
zu athmen. Diese Ansicht erhält noch durch die entgegengesetzte,
bei Hunden vorkommende Erscheinung Unterstützung. Wenn ein
Hund nach starker Köperbewegung keucht oder an einem sehr heiszen
Tage ruht, so athmet er laut; wird aber seine Aufmerksamkeit plötzlich erregt, so spitzt er sofort seine Ohren zum Horchen, schliesz
seinen Mund und athmet, wie es ein Hund zu thun im Stande ist,
ruhig durch seine Nase.

Wenn die Aufmerksamkeit eine Zeit lang mit gespanntem Eifer
auf irgend einen Gegenstand, äuszern oder innern, concentrirt wird,
so werden sämmtliche Organe des Körpers vergessen und vernach-
lässigt[8], und da die nervöse Energie eines jeden Individuum der
Quantität nach beschränkt ist, so wird nur wenig irgend einem andern
Köpertheile übermittelt mit Ausnahme dessen, welcher zu der Zeit in
energische Thätigkeit versetzt wird. Viele Muskeln neigen daher zur
Erschlaffung und die Unterkinnlade sinkt durch ihr eigenes Gewicht
herab. Dies dürfte das Herabsinken des Unterkiefers und den offenen
Mund bei einem Menschen erklären, welcher vor Verwunderung be-
stürzt und vielleicht schon wenn er weniger heftig afficirt ist. Wie
ich in meinen Notizen verzeichnet finde, habe ich diese Erscheinung
bei sehr kleinen Kindern bemerkt, wenn sie nur mäszig überrascht
waren.

Es gibt noch eine andere und in hohem Grade wirksame Ursache,
welche dazu führt, dasz der Mund, wenn wir erstaunt sind, und ganz
besonders, wenn wir plötzlich aufgeschrekt werden, geöffnet wird. Wir
können eine ausgiebige und tiefe Inspiration viel leichter durch den
weit geöffneten Mund als durch die Nasenlöcher ausführen. Wenn
wir daher über irgend einen plötzlichen Laut oder Anblick zusammenschrecken, so werden beinahe sämmtliche Muskeln des Körpers unwillkürlich und augenblicklich in heftige Thätigkeit gesetzt, um uns gegen
die Gefahr zu schützen oder um von ihr wegzuspringen, die wir ja
gewohnheitsgemäsz mit allem Unerwarteten associren. Wir bereiten
uns aber zu jeder groszen Anstrengung unbewuszter Weise, wie früher

---

[8] s. über diesen Gegenstand Gratiolet, a. a. O. p. 254.

erklärt wurde, dadurch vor, dasz wir zuerst tief und voll einathmen, und demzufolge öffnen wir unsern Mund. Wenn keine Anstrengung folgt, wir aber noch immer erstaunt bleiben, so hören wir eine Zeit lang zu athmen auf oder athmen so ruhig wie möglich, damit jeder Laut deutlich gehört werden könne. Oder ferner, wenn unsere Aufmerksamkeit lange Zeit und gespannt absorbirt bleibt, so werden alle unsere Muskeln erschlafft und der Unterkiefer, welcher anfangs plötzlich geöffnet wurde, bleibt herabhängen. So treten mehrere Ursachen für eine und dieselbe Handlung zusammen, sobald Überraschung, Erstaunen oder verwunderndes Entsetzen empfunden wird.

Obschon wir nun in diesem Affecte allgemein den Mund öffnen, so werden doch häufig noch die Lippen ein wenig vorgestreckt. Diese Thatsache erinnert uns daran, dasz dieselbe Bewegung, freilich in einem viel stärker ausgesprochenen Grade, vom Chimpanse und Orang ausgeführt wird, wenn sie in Erstaunen gerathen. Da eine starke Exspiration naturgemäsz der tiefen Inspiration folgt, welche das erste Gefühl der aufschreckenden Überraschung begleitet, und da die Lippen häufig vorgestreckt werden, so können allem Anscheine nach hieraus die verschiedenen Laute erklärt werden, welche dann gewöhnlich ausgestoszen werden. Zuweilen wird aber nur eine Exspiration gehört; so rundet LAURA BRIDGMAN, wenn sie in Entsetzen geräth, ihre Lippen und streckt sie vor, öffnet dieselben und athmet stark[9]. Einer der gewöhnlichsten Laute ist ein tiefes „Oh"; und in Folge der von HELMHOLTZ gegebenen Erklärung musz derselbe naturgemäsz erfolgen, wenn der Mund mäszig geöffnet und die Lippen vorgestreckt werden. In einer ruhigen Nacht wurden vom „Beagle" in einer kleinen Bucht an Tahiti einige Raketen abgebrannt, um die Eingebornen zu unterhalten; sowie jede Rakete ausgeschossen worden war, herrschte absolutes Stillschweigen, diesem folgte aber ausnahmslos ein tiefes stöhnendes „Oh", was ringsum in der ganzen Bucht erklang. Mr. WASHINGTON MATTHEWS sagt, dasz die nord-americanischen Indianer das Erstaunen durch ein Stöhnen ausdrücken; der Angabe Mr. WINWOOD READE's zufolge strecken die Neger an der Westküste von Africa ihre Lippen vor und geben einen Laut von sich wie heigh, heigh. Wenn der Mund nicht sehr geöffnet wird, während die Lippen beträchtlich vor-

---

[9] Lieber, On the Vocal Sounds of Laura Bridgmann, Smithsonian Contributions, Vol. II. 1851, p. 7.

gestreckt werden, so wird ein blasendes, zischendes oder pfeifendes Geräusch erzeugt. Mr. R. BROUGH SMYTH theilt mir mit, dasz ein Australier aus dem Innern mit nach dem Theater genommen wurde, um einen Akrobaten zu sehen, der sich schnell überschlug: „er war „in hohem Grade erstaunt, streckte seine Lippen vor und machte mit „dem Munde ein Geräusch, als bliese er ein Zündhölzchen aus." Nach der Mittheilung Mr. BULMER's lassen die Australier, wenn sie überrascht sind, den Ausruf korki hören, „und um diesen hervorzubringen, „wird der Mund so vorgezogen, also sollte gepfiffen werden." Wir Europäer pfeifen häufig als Zeichen der Überraschung; so wird in einem neueren Romane gesagt:[10] „hier drückte der Mann sein Er- „staunen und seine Misbilligung durch lange anhaltendes Pfeifen aus." Mr. J. MANSEL WEALE theilt mir Folgendes mit: als ein Kaffer-Mädchen „den hohen Preis eines Artikels nennen hörte, zog sie ihre „Augenbrauen in die Höhe und pfiff genau so wie es ein Europäer ge- „than haben würde." Mr. WEDGWOOD bemerkt, dasz derartige Laute mit whew (wjuh) niedergeschrieben werden; sie dienen als Ausrufungslaute der Überraschung.

Nach der Angabe von drei andern Beobachtern geben die Australier häufig das Erstaunen durch ein schnalzendes Geräusch zu erkennen. Auch Europäer drücken zuweilen eine leichte Überraschung durch ein unbedeutendes klucksendes Geräusch nahezu derselben Art aus. Wir haben gesehen, dasz wenn wir aufgeschreckt werden, der Mund plötzlich geöffnet wird; und wenn dann die Zunge zufällig dicht an den Gaumen angepreszt ist, wird deren plötzliches Abziehen einen Laut dieser Art hervorrufen, welcher dadurch zu der Bedeutung gelangen könnte, Überraschung auszudrücken.

Wenden wir uns nun zu den Geberden des Körpers. Eine überraschte Person erhebt oft die geöffneten Hände hoch über den Kopf oder mit einer Beugung der Arme nur bis zu gleicher Höhe mit dem Gesicht. Die geöffneten Handflächen sind nach der Person hingekehrt, welche dies Gefühl verursacht, und die ausgestreckten Finger sind gespreizt. Diese Geberde ist von Mr. REJLANDER auf Taf. VII, Fig. 1 dargestellt. Auf dem „Abendmahle" von LEONARDO DA VINCI halten zwei der Apostel ihre Hände halb erhoben und drücken dadurch deutlich ihr Erstaunen aus. Ein zuverlässiger Beobachter erzählte mir,

---

[10] „Wenderholme", Vol. II, p. 91.

dasz er vor Kurzem seine Frau unter den unerwartetsten Umständen angetroffen habe: „sie starrte vor sich hin, öffnete den Mund und „die Augen sehr weit und warf ihre beiden Arme hoch über den „Kopf." Vor mehreren Jahren war ich überrascht, mehrere meiner kleinen Kinder zusammen ernstlich mit irgend Etwas auf dem Boden beschäftigt zu sehen; die Entfernung war aber zu grosz, als dasz ich sie hätte fragen können, was sie vorhätten. Ich hob daher meine offnen Hände mit ausgestreckten Fingern über den Kopf und wurde mir, sobald ich sie ausgeführt hatte, auch der Bewegung bewuszt. Ich wartete dann ohne ein Wort zu sagen, um zu sehen, ob die Kinder die Geberde verstanden hätten; und als sie zu mir heran gelaufen kamen, riefen sie aus: „Wir sahen, dasz Du über uns erstaunt warst." Ich weisz nicht, ob diese Geberde verschiedenen Menschenrassen eigen ist, da ich versäumt habe, über diesen Punkt Erkundigungen anzustellen. Dasz sie angeboren oder natürlich ist, könnte man aus der Thatsache schlieszen, dasz Laura Bridgman, wenn sie in plötzliches Erstaunen geräth, „ihre Arme ausbreitet und ihre Hände mit ausge„streckten Fingern nach oben wendet"[11]; auch ist es in Anbetracht dessen, dasz das Gefühl der Überraschung allgemein nur ein schnell vorübergehendes ist, nicht wahrscheinlich, dasz sie diese Geberde durch ihren scharfen Gefühlssinn erlernt haben sollte.

Huschke beschreibt[12] eine von der eben geschilderten etwas verschiedene, aber damit verwandte Geberde, welche, wie er sagt, Personen darbieten, wenn sie erstaunt werden. Sie halten sich aufrecht, die Gesichtszüge wie vorhin beschrieben, aber die gerade gehaltenen Arme werden nach hinten ausgebreitet, wobei die ausgestreckten Finger von einander gespreizt werden. Ich selbst habe diese Geberde niemals gesehen; doch ist Huschke wahrscheinlich correct; denn einer meiner Freunde frug einen Andern, wie er wohl groszes Erstaunen ausdrücken würde, und sofort warf er sich in die angegebene Stellung.

Wie ich glaube, sind diese Geberden nach dem Grundsatze des Gegensatzes erklärbar. Wir haben gesehen, dasz, wenn Jemand in-

---

[11] Lieber, On the Vocal Sounds etc., a. a. O. p. 7.
[12] Huschke, Mimices et Physiognomices Fragment. physiol. 1821, p. 18. Gratiolet (De la Physion. p. 255) gibt die Abbildung eines Menschen in dieser Stellung, welche indessen nur Furcht in Verbindung mit Erstaunen auszudrücken scheint. Auch Le Brun (Lavater. Vol. IX, p. 299) erwähnt das Öffnen der Hände bei einem erstaunten Menschen.

dignirt ist, er seinen Kopf aufrecht hält, seine Schultern festrückt, die Ellenbogen nach auszen dreht, häufig seine Fäuste ballt und seinen Mund schlieszt, während die Stellung eines hülflosen Menschen in jedem einzelnen dieser Details gerade das Umgekehrte ist. Ein Mensch nun im gewöhnlichen ruhigen Seelenzustande, der nichts thut und an nichts Besonderes denkt, läszt gewöhnlich seine beiden Arme schlaff an der Seite herabhängen, wobei die Hände etwas gebogen und die Finger nahe aneinander gehalten werden. Das plötzliche Erheben der Arme, entweder der ganzen Arme oder der Vorderarme, das flache Öffnen der Hände und das Auseinanderspreizen der Finger — oder auch das Geradehalten der Arme und das Ausstrecken derselben nach hinten mit gespreizten Fingern — sind daher Bewegungen, welche in vollkommenem Gegensatze zu der Haltung stehen, welche unter einem indifferenten Seelenzustande eingenommen wird; sie werden in Folge hiervon von einem erstaunten Menschen unbewuszt ausgeführt. Häufig ist auch der Wunsch vorhanden, Überraschung in einer auffallenden Weise an den Tag zu legen, und die erwähnten Stellungen sind für diesen Zweck sehr passend. Man könnte fragen, warum nur Überraschung und einige wenige andere Seelenzustände durch Bewegungen sich darstellen, welche zu andern im Gegensatz stehen. Dies Princip wird aber bei denjenigen Seelenerregungen nicht in's Spiel gebracht, wie Schrecken, grosze Freude, Leiden oder Wuth, welche naturgemäsz schon zu gewissen Handlungsweisen führen und gewisse Wirkungen auf den Körper ausüben: es sind hier nämlich alle Körpersysteme schon präoccupirt; auch werden diese Gemüthserregungen hierdurch bereits mit der gröszten Deutlichkeit ausgedrückt.

Es gibt noch eine andere kleine Geberde, welche für das Erstaunen ausdrucksvoll ist, für die ich aber keine Erklärung darbieten kann, nämlich das Legen der Hand an den Mund oder an irgend einen andern Theil des Kopfes. Dieselbe ist bei so vielen Menschenrassen beobachtet worden, dasz sie irgend einen natürlichen Ursprung haben musz. Ein wilder Australier wurde in ein ganz mit officiellen Papieren erfülltes Zimmer gebracht; dies überraschte ihn in hohem Grade, er rief aus: cluck, cluck, cluck und brachte den Rücken der Hand gegen seine Lippen. Mrs. Barber sagt, dasz die Kaffern und Fingos ihr Erstaunen durch einen ernsthaften Blick und dadurch ausdrücken, dasz sie die rechte Hand auf den Mund legen, wobei sie das Wort mawo ausrufen, welches „wunderbar" bedeutet. Die Buschmänner legen, wie man sagt[13], ihre rechte Hand an den Hals und biegen den Kopf nach hinten, wenn sie erstaunt sind. Mr. WINWOOD READE hat beobachtet, dasz die Neger der Westküste von Africa, wenn sie überrascht sind, ihre Hände gegen den Mund schlagen und gleichzeitig sagen: „Mein Mund klebt an mir", d. h. an meiner Hand; er hat auch gehört, dasz dies die gewöhnliche Geberde bei derartigen Gelegenheiten ist. Capitain SPEEDY theilt mir mit, dasz bei solchen Veranlassungen die Abyssinier ihre rechte Hand an die Stirn legen, mit der Fläche nach auszen. Endlich führt Mr. WASHINGTON MATTHEWS an, dasz das conventionelle Zeichen für das Erstaunen bei den wilden Stämmen der westlichen Theile der Vereinigten Staaten darin besteht, „die halbgeschlossene Hand über den Mund zu legen; während sie „dies thun, biegen sie häufig den Kopf nach vorn und zuweilen wer„den Worte oder ein leichtes Stöhnen geäuszert". CATLIN[14] macht dieselbe Bemerkung über das Drücken der Hand auf den Mund in Bezug auf die Manda-Indianer und andere Indianerstämme.

Bewunderung. — Hierüber braucht nur wenig gesagt zu werden. Bewunderung besteht allem Anscheine nach aus Überraschung in Begleitung von etwas Vergnügen und einem Gefühle der Zustimmung. Wird sie lebhaft empfunden, so werden die Augen geöffnet und die Augenbrauen erhoben. Das Auge wird strahlend, anstatt ausdruckslos zu bleiben, wie beim einfachen Erstaunen; und der Mund verbreitet sich zu einem Lächeln, statt weit offen zu stehen.

Furcht, Schrecken. — Das Wort „Furcht" (und das englische fear) scheint von dem abgeleitet zu sein, was plötzlich und gefährlich ist[15]; und das Wort terror (lateinisch und englisch, deutsch Schrecken) von dem Zittern der Stimmorgane und des Körpers. Ich gebrauche das Wort „terror" für die äuszerste Furcht; manche Schriftsteller sind aber der Meinung, dasz es auf Fälle beschränkt werden sollte, bei denen ganz besonders die Einbildungskraft in Be-

---

[13] Huschke, a. a. O. p. 18.
[14] North American Indians, 3. edit., 1842. Vol. I, p. 105.
[15] H. Wedgwood, Diction. of English Etymology, Vol. II, 1862, p. 35; s. auch Gratiolet (De la Physionomie, p. 135) über die Quellen solcher Worte, wie terror, horror, rigidus, frigidus etc. [Über Furcht und fear s. dagegen Grimm's Wörterbuch, Bd. 4, Sp. 683, wonach beide die innerlich „aufwühlende" Erregung ausdrücken.]

tracht komme. Der Furcht geht häufig ein Erstaunen voraus; und in so weit ist sie dem letzteren verwandt, dasz beide dazu führen, die Sinne des Gesichts und des Gehörs augenblicklich anzuspannen. In beiden Fällen werden die Augen und der Mund weit geöffnet und die Augenbrauen erhoben. Der zum Fürchten gebrachte Mensch steht anfangs bewegungslos wie eine Statue und athemlos da oder drückt sich nieder, als wollte er instinctiv der Entdeckung entgehen.

Das Herz zieht sich schnell und heftig zusammen, so dasz es gegen die Rippen schlägt oder anstöszt; es ist aber sehr zweifelhaft, ob es dann wirksamer als gewöhnlich arbeitet, so dasz eine gröszere Menge Blutes allen Körpertheilen zugeführt wird; denn die Haut wird augenblicklich bleich, wie bei einer beginnenden Ohnmacht. Dieses Bleichsein der Oberfläche ist indessen wahrscheinlich zum groszen Theile oder ausschlieszlich eine Folge davon, dasz das Nervencentrum, von dem aus die Gefäsznerven beeinfluszt werden, in einer solchen Weise afficirt wird, dasz es die Zusammenziehung der kleinen Arterien der Haut verursacht. Dasz die Haut unter dem Gefühle groszer Furcht bedeutend afficirt wird, sehen wir an der merkwürdigen und unerklärlichen Weise, in welcher die Perspiration sofort aus ihr hervorbricht. Diese Ausscheidung ist um so merkwürdiger, als die Oberfläche der Haut dann kalt ist, woher ja der Ausdruck „kalter Schweisz" rührt, während gewöhnlich die Schweiszdrüsen zur Thätigkeit angeregt werden, wenn die Oberfläche warm ist. Auch die Haare auf der Haut richten sich auf und die oberflächlichen Muskeln zittern. Im Zusammenhange mit der gestörten Thätigkeit des Herzens wird auch das Athmen beschleunigt. Die Speicheldrüsen fungiren unvollkommen, der Mund wird trocken [16] und häufig geöffnet und geschlossen. Ich habe auch bemerkt, dasz bei geringer Furcht eine starke Neigung zum Gähnen eintritt. Eines der am besten ausgesprochenen Symptome ist das Erzittern aller Muskeln des Körpers: dies zeigt sich häufig zuerst an den Lippen. Aus dieser Ursache und wegen der Trockenheit des Mundes wird die Stimme heiser oder unbestimmt, oder kann

---

[16] Mr. Bain (The Emotions and the Will, 1865, p. 54) erklärt in der folgenden Art und Weise den Ursprung des Gebrauchs, „Verbrecher in Indien dem „Gottesgerichte des Bissens von Reis zu unterwerfen. Man läszt den Angeklagten „einen Mund voll Reis einnehmen und denselben nach einer kurzen Zeit auswerfen. Ist der Bissen ganz trocken, dann wird der Mensch für schuldig gehalten, — sein eigenes böses Gewissen wirkt darauf hin, die Speicheldrüsen zu lähmen."

auch gänzlich versagen. „Obstupui, steteruntque comae, et vox faucibus haesit."

Von der unbestimmten Furcht findet sich eine bekannte und groszartige Beschreibung im Buche Hiob: — „Da ich Gesichte betrachtete in der Nacht, wenn der Schlaf auf die Leute fällt, da kam „mich Furcht und Zittern an, und alle meine Gebeine erschracken. „Und da der Geist vor mir übergieng, standen mir die Haare zu Berge „an meinem Leibe; da stand ein Bild vor meinen Augen, und ich „kannte seine Gestalt nicht; es war stille und ich hörte eine Stimme: „Wie mag ein Mensch gerechter sein, denn Gott? Oder ein Mann „reiner sein, denn der ihn gemacht hat?" (Hiob 4, 13—17.)

In dem Masze, wie sich Furcht zu einer Seelenangst des Schreckens (oder äuszerster Furcht) vergröszert, sehen wir, wie bei allen heftigen Gemüthserregungen, verschiedenartige Resultate. Das Herz schlägt stürmisch oder versagt ganz zu fungiren und es tritt Ohnmacht ein; es ist Todtenblässe vorhanden; das Athmen ist beschwerlich; die Nasenflügel sind weit ausgedehnt; „die Lippen schnappen und bewegen sich „convulsivisch, die hohle Wange zittert, die Kehle schluckt und zieht sich zusammen" [17]; die unbedeckten und vortretenden Augäpfel sind auf den Gegenstand des Schreckens fixirt oder sie können auch ruhelos von der einen zur andern Seite rollen, „huc illuc volvens oculos totumque pererrat" [18]. Der Angabe nach werden die Pupillen enorm erweitert. Alle Muskeln des Körpers können steif oder in convulsivische Bewegungen versetzt werden. Die Hände werden abwechselnd geballt und wieder geöffnet, häufig mit einer zuckenden Bewegung. Die Arme können vorgestreckt sein, als wollten sie irgend eine fürchterliche Gefahr abwenden, oder wild über den Kopf geworfen werden. Mr. HAGENAUER hat diese letztere Bewegung bei einem vor Furcht entsetzten Australier gesehen. In andern Fällen tritt eine plötzliche und unbezwingbare Neigung zur kopflosen Flucht ein; und diese ist dann so stark, dasz die tapfersten Soldaten von einem plötzlichen panischen Schrecken ergriffen werden können.

Wenn die Furcht auf den höchsten Gipfel steigt, dann wird der fürchterliche Schrei des Entsetzens gehört. Grosze Schweisztropfen

---

[17] Sir Ch. Bell, Transactions of Royal Soc. 1822, p. 308. „Anatomy of Expression", p. 88 und p. 164—169.

[18] s. Moreau über das Rollen der Augen in der Ausgabe von 1820 des Lavater, Tom IV, p. 263, s. auch Gratiolet, De la Physionomie, p. 17.

stehen auf der Haut. Alle Muskeln des Körpers werden erschlafft. Das äuszerste Gesunkensein aller Kräfte folgt bald und die Geisteskräfte versagen ihre Thätigkeit. Die Eingeweide werden afficirt. Die Schlieszmuskeln hören auf zu wirken und halten den Inhalt der Körperhöhlen nicht länger mehr zurück.

Dr. J. CRICHTON BROWNE hat mir eine so bezeichnende Schilderung intensiver Furcht bei einer wahnsinnigen fünfunddreiszig Jahre alten Frau mitgetheilt, dasz ich es, so traurig die Beschreibung ist, für gut halte, sie hier nicht wegzulassen. Wenn sie einen solchen Anfall bekommt, schreit sie auf: „Dies ist die Hölle!" „Da ist eine „schwarze Frau!" „Ich kann nicht heraus!" — und andere derartige Ausrufungen. Wenn sie in dieser Weise schreit, sind ihre Bewegungen die abwechselnder Anspannung und Zitterns. Einen Augenblick lang schliesst sie ihre Hände fest, hält ihre Arme in einer steifen halbgebeugten Stellung vor sich hin; dann biegt sie plötzlich ihren Körper nach vorn, schwingt sich schnell hin und her, zieht ihre Finger durch die Haare, packt sich am Halse und versucht sich die Kleider abzureiszen. Die Kopfnicker-Muskeln (Musc. sterno-cleido-mastoidei, welche vereint dazu dienen, den Kopf auf die Brust zu beugen) treten auffallend vor, als wären sie geschwollen und die Haut über ihnen ist stark gefaltet. Ihr Haar, welches am Hinterkopf kurz geschnitten und welches glatt ist, so lange sie ruhig ist, steht jetzt aufrecht; das vordere Haar ist durch die Bewegungen ihrer Hände völlig durcheinander gewirrt. Das Gesicht drückt grosze Seelenangst aus. Die Haut ist am Gesicht und Hals abwärts bis zu den Schlüsselbeinen geröthet und die Venen der Stirn und des Halses springen vor wie dicke Stränge. Die Unterlippe hängt herab und ist etwas umgestülpt. Der Mund wird halb offen gehalten, der Unterkiefer springt etwas vor. Die Wangen sind hohl und tief in gekrümmten, von den Nasenflügeln nach den Mundwinkeln hinauflaufenden Zügen gefurcht. Die Nasenlöcher selbst sind erhoben und erweitert. Die Augen sind weit geöffnet und unter ihnen erscheint die Haut geschwollen; die Pupillen sind erweitert. Die Stirn ist quer mit vielen Falten bedeckt und an den innern Enden der Augenbrauen ist sie stark in divergirenden Richtungen gefurcht in Folge der kraftvollen und andauernden Zusammenziehung der Augenbrauenrunzler.

Auch Mr. BELL[19] hat die Seelenangst in äuszerster Furcht und

---

[19] Observations on Italy, 1825, p. 48, citirt in: The Anatomy of Expression, p. 168.

Verzweiflung beschrieben, welche er an einem Mörder beobachtete, der in Turin zum Richtplatze geführt wurde. „Auf jeder Seite im Karren „saszen die dienstthuenden Priester und in der Mitte sasz der Ver-„brecher selbst. Es war unmöglich, den Zustand dieses unglücklichen „Kerls ohne Schrecken mit anzusehen; und doch war es anderseits „unmöglich, (als würde man durch einen fremdartigen Zauber immer „wieder dazu getrieben), den so wilden, so von Schauer erfüllten Gegen-„stand nicht anzublicken. Er schien ungefähr fünfunddreisig Jahre „alt zu sein, war von groszer muskulöser Gestalt; sein Gesicht zeigte „starke und wilde Züge; halb nackt, bleich wie der Tod, in tödtlicher „Angst und Furcht, jedes Glied vor angstvoller Qual angespannt, die „Hände convulsivisch zusammengeballt, mit ausbrechendem Schweisz „und zusammengezogenen Augenbrauen, küszte er beständig die Figur „des Heilandes, welche auf der vor ihm aufgehängten Flagge gemalt „war, aber mit einer solchen Seelenangst der wildesten Verzweiflung, „dasz Nichts, was nur jemals auf der Bühne dargestellt werden könnte, „auch nur den leisesten Begriff davon geben kann".

Ich will nur noch einen andern Fall hinzufügen, der das äuszerste Gesunkensein aller Kräfte im höchsten Grade der Furcht bei einem Menschen erläutert. Ein bösartiger Mörder zweier Personen wurde in ein Hospital gebracht in Folge eines irrigen Eindrucks, dasz er sich selbst vergiftet habe; als er am andern Morgen mit Handschellen versehen und von der Polizei weggeführt wurde, beobachtete ihn Dr. W. Ogle sorgfältig. Seine Blässe war ganz extrem und das Gesunkensein seiner Kräfte so grosz, dasz er kaum im Stande war, sich selbst anzukleiden. Seine Haut transpirirte; seine Augenlider und sein Kopf hiengen so bedeutend herab, dasz es unmöglich war, auch nur einen Blick seiner Augen zu erhaschen. Sein Unterkiefer hieng herab. Es war keine Zusammenziehung irgend eines Gesichtsmuskels zu sehen, und Dr. Ogle ist beinahe sicher, dasz das Haar nicht aufgerichtet war; denn er beobachtete ihn sehr nahe, da es zum Zwecke der Täuschung gefärbt war.

In Bezug auf die Art und Weise, wie die Furcht von den verschiedenen Menschenrassen dargestellt wird, stimmen meine Correspondenten darin überein, dasz die Zeichen bei ihnen dieselben sind wie bei den Europäern. Sie werden von den Hindus und den Eingeborenen von Ceylon in übertriebenem Grade dargeboten. Mr. Geach hat gesehen, wie Malayen vor Furcht entsetzt bleich wurden und zitterten; Mr. BROUGH SMYTH gibt an, dasz ein eingeborener Australier „als er bei einer Gelegenheit in heftige Furcht gerieth, eine Gesichts-„farbe zeigte, welche dem, was wir Blässe nennen, so nahe kam, wie „man es sich bei einem sehr dunkeln Menschen nur vorstellen kann." Mr. DYSON LACY hat gesehen, wie sich äuszerste Furcht bei einem Australier durch ein nervöses Zucken der Hände, Füsze und Lippen, und durch den auf der Haut stehenden Schweisz darstellte. Viele Wilde unterdrücken die Zeichen nicht so stark wie es Europäer thun; häufig zittern sie bedeutend. Der Kaffer GAIKA sagt in einer ziemlich komischen Redeweise: das Schütteln „des Körpers wird häufig er-„fahren und die Augen sind weit offen." Bei Wilden werden die Schlieszmuskeln häufig erschlafft, genau so, wie man es bei stark in Furcht gebrachten Hunden sehen kann und wie ich es bei Affen gesehen habe, die darüber in entsetzlichen Schrecken geriethen, dasz sie gefangen wurden.

Das Aufrichten der Haare. Einige Zeichen der Furcht verdienen noch etwas weitere Betrachtung. Dichter sprechen beständig vom Sträuben der Haare; Brutus sagt zum Geiste Cäsars: „Bist du ein Gott, ein Engel oder Teufel, der starren macht mein Blut, das Haar mir sträubt?" [Julius Cäsar, Act IV., Scene 3.] Cardinal Beaufort ruft nach der Ermordung Gloster's aus: „Kämmt nieder doch sein Haar: seht, seht! es starrt!" [Heinrich VI. 2 Theil, Act III., Scene 3.] Da ich nicht sicher war, ob die Dichter nicht etwa auf den Menschen angewendet hätten, was sie häufig bei Thieren beobachtet hatten, bat ich Dr. CRICHTON BROWNE um Auskunft in Bezug auf ähnliche Erscheinungen bei Geisteskranken. In Antwort hierauf führte er an, dasz er wiederholt gesehen habe, wie sich das Haar unter dem Einflusse plötzlicher und äuszerster Furcht emporgerichtet habe. Es war z. B. nothwendig, bei einer geisteskranken Frau Morphium unter die Haut einzuspritzen; sie fürchtete die Operation auszerordentlich, obschon sie sehr wenig Schmerz verursachte; sie glaubte nämlich, dasz Gift in ihren Körper eingeführt würde und dasz ihre Knochen bald erweicht und ihr Fleisch zu Staub verwandelt würde. Sie wurde todtenbleich, ihre Gliedmaszen wurden durch eine Art tetanischen Krampfes steif und das Haar richtete sich am Vordertheile des Kopfes theilweise in die Höhe.

Dr. BROWNE bemerkt ferner, dasz das borstige Sträuben des

Haares, welches bei Geisteskranken so gewöhnlich ist, nicht immer mit äuszerster Furcht verbunden ist. Es zeigt sich vielleicht am häufigsten bei chronischen Tobsüchtigen, welche in unzusammenhängender Weise rasen und zerstörende Triebe haben; das borstige Sträuben des Haares ist aber am meisten während ihrer Paroxysmen zu beobachten. Die Thatsache, dasz das Haar unter dem Einflusse sowohl der Wuth als der Furcht sich aufrichtet, stimmt vollständig mit dem überein, was wir bei niederen Thieren gesehen haben. Als Beleg hiefür bringt Dr. BROWNE mehrere Fälle bei. So richtet sich bei einem jetzt in der Anstalt befindlichen Manne vor dem Wiedereintritt jedes tobsüchtigen Paroxysmus „das Haar an seiner Stirn in die Höhe wie „die Mähne eines Shetland-Ponys." Er hat mir von zwei Frauen Photographien geschickt, welche in den Zwischenzeiten ihrer Paroxys-

Fig. 19. Nach der Photographie einer geisteskranken Frau, um den Zustand ihres Haares zu zeigen.

men aufgenommen wurden und fügt in Bezug auf die eine dieser beiden Frauen hinzu, „dasz der Zustand ihres Haares ein sicheres „und angemessenes Criterium ihres geistigen Zustandes sei". Eine dieser Photographien habe ich copiren lassen und der Holzschnitt gibt, wenn er aus einer geringen Entfernung betrachtet wird, eine treue Darstellung des Originals mit der Ausnahme, dasz das Haar im Ganzen etwas zu grob und zu stark gekräuselt erscheint. Der auszerordentliche Zustand des Haares bei den Geisteskranken ist nicht blosz Folge des Aufrichtens desselben, sondern auch seiner Trockenheit und Härte, was wiederum davon abhängt, dasz die Hautdrüsen nicht thätig sind.

Dr. BUCKNILL sagt[20], dasz ein Wahnsinniger „wahnsinnig bis in die „Fingerspitze ist"; er hätte noch hinzufügen können: und häufig bis zur Spitze jedes einzelnen Haares.

Dr. BROWNE erwähnt als eine empirische Bestätigung der Beziehung, welche bei Geisteskranken zwischen dem Zustande des Haares und dem der Seele besteht, Folgendes: Die Frau eines Arztes, welche die Pflege einer an acuter Melancholie mit starker Furcht vor dem Tode für sich selbst, ihren Mann und ihre Kinder leidenden Dame übernommen hatte, berichtete ihm am Tage, ehe er meinen Brief erhalten hatte, wörtlich wie folgt: „Ich glaube, Mrs. — wird sich bald „bessern, denn ihr Haar fängt an, glatt zu werden; und ich habe „immer bemerkt, dasz unsere Patienten besser werden, sobald ihr „Haar aufhört, kraus und unbehandelbar zu sein."

Dr. BROWNE schreibt den beständigen rauhen Zustand des Haares bei vielen geisteskranken Patienten zum Theil dem Umstande zu, dasz ihr Geist fortwährend etwas gestört ist und zum Theil den Wirkungen der Gewohnheit, — d. h. dem Umstande, dasz das Haar während der vielen wiederkehrenden Paroxysmen stark aufgerichtet wird. Bei Patienten, bei denen das borstige Sträuben einen extremen Grad erreicht, ist die Krankheit meist dauernd und tödtlich; bei andern aber, wo das Sträuben nur mäszig eintritt, erhält das Haar, sobald sie den gesunden Zustand ihres Geistes wieder erlangen, auch seine Glätte wieder.

In einem frühern Capitel haben wir gesehen, dasz bei Thieren das Haar durch die Zusammenziehung auszerordentlich kleiner, nicht gestreifter und unwillkürlicher Muskeln aufgerichtet wird, welche an jeden einzelnen Haarbalg treten. Mr. J. WOOD hat, wie er mir mittheilt, deutlich durch das Experiment ermittelt, dasz auszer der Wirkung jener Muskeln beim Menschen die Haare auf dem vordern Theile des Kopfes, welche nach vorn niedergelegt sind, und diejenigen am hintern Theile des Kopfes, welche nach hinten herabliegen, durch die Zusammenziehung des Hinterhaupt-Stirnmuskels oder Kopfhautmuskels in entgegengesetzten Richtungen aufgerichtet werden. Es scheint daher dieser Muskel das Aufrichten der Haare am Kopfe des Menschen in derselben Weise zu unterstützen, wie der Panniculus carnosus, oder der grosze Hautmuskel, bei der Aufrichtung der Stacheln am

---

[20] citirt von Dr. Maudsley, Body and Mind, 1870, p. 41.

Rücken einiger der niedern Thiere unterstützend wirkt oder geradezu den gröszten Theil der Bewegung ausführt.

Zusammenziehung des Platysma-myoides-Muskels. — Dieser Muskel breitet sich über die Seiten des Halses aus und erstreckt sich nach abwärts etwas über die Schlüsselbeine und nach aufwärts bis an die untern Theile der Backen. Ein Theil von ihm, der Risorius oder Lachmuskel genannt, ist in dem Holzschnitt Fig. 2 M. (S. 22) dargestellt. Die Zusammenziehung dieses Muskels bewirkt die Bewegung der Mundwinkel und der untern Theile der Wangen nach unten und hinten. Gleichzeitig ruft sie divergirende, längsverlaufende vorspringende Falten an den Seiten des Halses bei jungen Individuen und bei alten magern Personen feine quere Falten hervor. Man sagt zuweilen, dieser Muskel stehe nicht unter der Controle des Willens; aber fast Jedermann setzt ihn in Thätigkeit, wenn ihm gesagt wird, er solle die Mundwinkel mit groszer Kraft nach hinten und unten ziehen. Ich habe indessen von einem Manne gehört, welcher ihn willkürlich nur an einer Seite des Halses zusammenziehen kann.

Sir Ch. Bell[21] und andere haben angegeben, dasz dieser Muskel unter dem Einflusse der Furcht stark zusammengezogen werde; und Duchenne betont seine Bedeutung beim Ausdruck dieser Gemüthsbewegung so stark, dasz er ihn den „Muskel der Furcht" nennt[22]. Er gibt indessen zu, dasz seine Zusammenziehung völlig ausdruckslos ist, wenn sie nicht von weiter Öffnung der Augen und des Mundes begleitet wird. Er hat eine (im umstehenden Holzschnitt copirte und verkleinerte) Photographie des bei früheren Gelegenheiten schon erwähnten alten Mannes gegeben, als dessen Augenbrauen erhoben, der Mund geöffnet und das Platysma zusammengezogen war, und zwar alles dies mittelst des Galvanisirens. Die Originalphotographie wurde vierundzwanzig Personen gezeigt und diese wurden einzeln gefragt, ohne dasz irgend eine Erklärung gegeben worden wäre, welche Ausdrucksform wohl beabsichtigt sei. Zwanzig antworteten augenblicklich: „intensive Furcht" oder „Schauder", drei sagten „Schmerz" und

---

[21] Anatomy of Expression, p. 168.
[22] Mécanisme de la Physionomie Humaine, Album, Légende XI.

eine „äuszerstes Unbehagen". Dr. Duchenne hat noch eine andere Photographie desselben alten Mannes gegeben, mit zusammengezogenem Platysma, geöffnetem Munde und schräg gestellten Augenbrauen, wiederum mit Hülfe des Galvanismus. Der hierdurch bewirkte Ausdruck ist sehr auffallend (s. Taf. VII, Fig. 2); die schräge Stellung der Augenbrauen fügt noch die Erscheinung groszer geistiger Trübsal oder Angst hinzu. Das Original wurde fünfzehn Personen gezeigt;

Fig. 20. Äuszerste Furcht, nach einer Photographie von Dr. Duchenne.

zwölf antworteten äuszerste Furcht oder Schauder und drei Seelenangst oder groszes Leiden. Nach diesen Fällen und nach einer Untersuchung der andern von Dr. Duchenne mitgetheilten Photographien, zusammen mit seinen darüber gemachten Bemerkungen, glaube ich, dasz nur wenig Zweifel darüber bestehen kann, dasz die Zusammenziehung des Platysma bedeutend den Ausdruck der Furcht erhöht. Nichtsdestoweniger sollte doch dieser Muskel kaum der der Furcht genannt werden, denn seine Zusammenziehung ist sicherlich kein nothwendiger Begleiter dieses Seelenzustandes.

Ein Mensch kann nämlich die äuszerste Furcht in der deutlichsten Weise durch todtenähnliche Blässe, durch Tropfen Schweiszes auf der Haut und durch vollkommene Abspannung der Kräfte darbieten, und doch sind alle Muskeln mit Einschlusz des Platysma vollständig erschlafft. Obgleich Dr. BROWNE häufig diesen Muskel bei Geisteskranken zucken und sich zusammenziehen gesehen hat, so ist er doch nicht im Stande gewesen, die Zusammenziehung desselben mit irgend einem bestimmten Seelenzustande in Verbindung zu bringen, trotzdem er sorgfältig Patienten beobachtet hat, die von Furcht bedeutend litten. Andererseits hat Mr. NICOL drei Fälle beobachtet, in denen dieser Muskel unter dem Einflusse der Melancholie, verbunden mit groszer Furcht, mehr oder weniger permanent zusammengezogen zu sein schien; doch waren in einem dieser Fälle verschiedene andere Muskeln am Halse und Kopfe krampfhaften Zusammenziehungen unterworfen.

Dr. W. OGLE beobachtete für mich in einem der Londoner Hospitäler ungefähr zwanzig Patienten, gerade ehe sie behufs einer Operation der Einwirkung des Chloroforms ausgesetzt wurden. Sie zeigten etwas Zittern, aber keine äuszerste Furcht. Nur bei vier Fällen unter diesen war eine Zusammenziehung des Platysma sichtbar, und der Muskel begann nicht eher sich zusammenzuziehen, bis die Patienten anfiengen, zu schreien. Der Muskel schien sich im Momente einer jeden tief eingezogenen Inspiration zusammenzuziehen, so dasz es sehr zweifelhaft ist, ob die Zusammenziehung überhaupt von der Erregung der Furcht abhängig war. In einem fünften Falle war der Patient, welcher nicht chloroformirt worden war, in sehr groszer Furcht, und sein Platysma war gewaltsamer und dauernder zusammengezogen als in den andern Fällen. Aber selbst hier kann man noch zweifeln; denn Dr. OGLE hat gesehen, dasz sich dieser Muskel, welcher hier ungewöhnlich entwickelt zu sein schien, zusammenzog, als der Mann seinen Kopf vom Kissen in die Höhe hob, nachdem die Operation vorüber war.

Da ich mich darüber sehr in Verlegenheit fühlte, warum in irgend einem Falle ein oberflächlicher Muskel am Halse speciell von der Furcht afficirt werden sollte, wandte ich mich an meine vielen freundlichen Correspondenten mit der Bitte um Auskunft über die Zusammenziehung dieses Muskels unter andern Umständen. Es würde überflüssig sein, alle die Antworten hier mitzutheilen, die ich erhalten habe. Sie zeigen, dasz dieser Muskel unter vielen verschiedenen Bedingungen, häufig in einer verschiedenen Art und in einem verschiedenen Grade in Thätigkeit tritt. Er wird in der Wasserscheu heftig zusammengezogen und in einem etwas geringeren Grade bei Kinnbackenkrampf; zuweilen auch in einer ausgesprochenen Weise während der Unempfindlichkeit nach Chloroform. Dr. W. Ogle beobachtete zwei Patienten, welche an einer solchen Schwierigkeit beim Athmen litten, dasz die Luftröhre geöffnet werden muszte; in beiden Fällen war das Platysma stark contrahirt. Einer dieser Männer hörte das Gespräch der ihn umgebenden Ärzte mit an, und als er fähig war, zu sprechen, erklärte er, dasz er sich nicht gefürchtet habe. In einigen andern Fällen äuszerster Schwierigkeit des Athemholens, trotzdem sie keine Tracheotomie nöthig machten, bemerkten Dr. Ogle und Dr. Langstaff keine Zusammenziehung des Platysma.

Mr. J. Wood, welcher, wie aus seinen verschiedenen Veröffentlichungen hervorgeht, die Muskeln des menschlichen Körpers mit so groszer Sorgfalt untersucht hat, hat das Platysma häufig beim Erbrechen, bei Übelkeit und Abscheu oder Widerwillen sich zusammenziehen sehen; auch bei Kindern und Erwachsenen unter dem Einflusse der Wuth, — z. B. bei Irländerinnen, welche mit zornigen Gesticulationen zankten und schrieen. Dies wird möglicherweise eine Folge ihrer hohen und zornigen Stimmen gewesen sein; denn ich kenne eine Dame, welche ausgezeichnet musikalisch ist, und beim Singen gewisser hoher Noten immer ihr Platysma zusammenzieht. Dasselbe thut, wie ich gesehen habe, ein junger Mann beim Angeben gewisser Töne auf der Flöte. Mr. J. Wood theilt mir mit, dasz er das Platysma am besten bei Personen mit dickem Hals und breiten Schultern entwickelt gefunden habe, und dasz bei Familien, in denen sich diese Eigenthümlichkeiten vererben, seine Entwickelung gewöhnlich in Verbindung mit einer bedeutenden Fähigkeit, willkürlich auf den homologen Hinterhaupt-Stirnmuskel einzuwirken, durch welchen die Kopfhaut bewegt werden kann, auftritt.

Keiner der vorstehend angeführten Fälle scheint irgend welches Licht auf die Zusammenziehung des Platysma unter der Erregung der Furcht zu werfen; anders verhält es sich indessen, wie ich meine, mit den folgenden Fällen. Der vorhin erwähnte Herr, welcher willkürlich auf diesen Muskel nur an einer Seite des Halses wirken kann, sagt positiv, dasz derselbe sich an beiden Seiten zusammenziehe, sobald er erschreckt werde. Es sind bereits Belege angeführt worden, welche zeigen, dasz sich dieser Muskel zuweilen, vielleicht um den Mund weit öffnen zu helfen, zusammenzieht, wenn das Athmen in Folge einer Krankheit schwierig wird und während der tiefen Inspirationen der Schreianfälle vor einer Operation. Sobald nun Jemand über irgend einen plötzlichen Anblick oder Laut zusammenschrickt, so holt er augenblicklich tief Athem; hiernach könnte möglicherweise die Zusammenziehung des Platysma mit der Empfindung der Furcht associirt worden sein. Es besteht indessen, wie ich glaube, eine noch wirksamere Beziehung. Die erste Empfindung der Furcht oder die Einbildung irgend etwas Fürchterlichen erregt gewöhnlich ein Schaudern. Ich habe mich selbst dabei überrascht, dasz ich bei einem schmerzvollen Gedanken unwillkürlich ein wenig schauderte und ich nahm dabei deutlich wahr, dasz sich mein Platysma zusammenzog; dasselbe geschieht, wenn ich ein Schaudern nachmache. Ich habe Andere gebeten, dies zu thun; bei Einigen zog sich der Muskel zusammen, bei Andern nicht. Einer meiner Söhne schauderte vor Kälte, als er aus dem Bette aufstand und da er zufällig seine Hand am Halse hatte, fühlte er deutlich, dasz sich dieser Muskel zusammenzog. Er schauderte dann willkürlich zusammen, wie er es bei früheren Gelegenheiten gethan hatte; das Platysma wurde aber dabei nicht afficirt. Mr. J. Wood hat auch mehrere Male beobachtet, wie sich dieser Muskel bei Patienten zusammenzog, welche sich der Untersuchung wegen auszukleiden hatten, und zwar nicht, weil sie sich gefürchtet hätten, sondern weil sie leicht vor Kälte schauderten. Unglücklicherweise bin ich nicht im Stande gewesen zu ermitteln, ob, wenn der ganze Körper wie im Froststadium eines Anfalles von kaltem Fieber geschüttelt wird, das Platysma sich zusammenzieht. Da dasselbe sich aber sicher häufig während eines Schauderns zusammenzieht, und da ein Schaudern häufig die erste Empfindung der Furcht begleitet, so haben wir, meine ich, hierin einen Schlüssel zum Verstehen seiner Thätigkeit im letztern Falle[23].

---

[23] Duchenne hat in der That diese Ansicht (a. a. O. p. 45), da er die Zusammenziehung des Platysma dem Schaudern vor Furcht (frisson de la peur) zuschreibt; an einem andern Orte vergleicht er aber die Thätigkeit mit der, welche das Haar erschreckter Säugethiere sich aufzurichten verursacht: und dies kann kaum als völlig correct betrachtet werden.

Seine Zusammenziehung ist indessen kein unabänderlicher Begleiter der Furcht; denn der Muskel tritt wahrscheinlich niemals unter dem Einflusse äuszersten, ertödtenden Schreckens in Thätigkeit.

Erweiterung der Pupillen. — GRATIOLET hebt wiederholt hervor [24], dasz die Pupillen enorm erweitert werden, sobald äuszerste Furcht empfunden wird. Ich habe keinen Grund, die Genauigkeit dieser Angabe zu bezweifeln, habe aber vergebens nach bestätigenden Belegen gesucht, den einen vorhin mitgetheilten Fall einer geisteskranken Frau ausgenommen, welche an groszer Furcht litt. Wenn Dichter davon sprechen, dasz die Augen stark erweitert worden seien, so vermuthe ich, dasz sie die Augenlider meinen. MUNRO's Angabe [25], dasz bei Papageien die Regenbogenhaut durch die Leidenschaften afficirt wird, unabhängig von der Lichtstärke, scheint sich auf diese Frage zu beziehen. Professor DONDERS theilt mir indessen mit, dasz er bei diesen Vögeln häufig Bewegungen der Pupille gesehen habe, welche sich aber, wie er meint, auf das Vermögen dieser Vögel, das Auge verschiedenen Entfernungen zu accomodiren, beziehen, in nahezu derselben Weise, wie sich unsere eignen Pupillen zusammenziehen, wenn unsere Augen zum Nahe-Sehen convergiren. GRATIOLET bemerkt, dasz die erweiterten Pupillen so erscheinen, als starrten sie in tiefe Finsternis. Ohne Zweifel ist die Furcht bei den Menschen häufig im Dunkeln erregt worden, aber kaum so oft oder so ausschlieszlich, dasz es die Entstehung einer fixirten und associirten Gewohnheit erklären könnte. Angenommen, dasz GRATIOLET's Angabe correct ist, scheint es wahrscheinlicher zu sein, dasz das Gehirn direct durch die gewaltige Erregung der Furcht afficirt wird und auf die Pupillen zurückwirkt; doch theilt mir Prof. DONDERS mit, dasz dies ein äuszerst complicirter Gegenstand ist. Ich will noch hinzufügen, da es möglicherweise Licht auf den Gegenstand wirft, dasz Dr. FYFFE vom Netley-Hospital bei zwei Patienten beobachtet hat, dasz die Pupillen während des Froststadiums eines Fieberanfalls deutlich erweitert waren. Prof. DONDERS hat auch häufig Erweiterung der Pupillen bei beginnenden Ohnmachten gesehen.

---

[24] De la Physionomie, p. 51, 256, 346.
[25] citirt in White's Gradation in Man. p. 57.

Entsetzen. — Der durch diesen Ausdruck bezeichnete Seelenzustand schliesst äuszerste Furcht ein und ist in manchen Fällen beinahe synonym mit ihr. So mancher Mensch schon musz vor der glücklichen Entdeckung des Chloroforms beim Gedanken an eine bevorstehende chirurgische Operation Entsetzen empfunden haben. Wer einen Menschen fürchtet, ebenso wenn er ihn haszt, wird, wie MILTON das Wort braucht, ein Entsetzen vor ihm fühlen. Wir empfinden Entsetzen, wenn wir irgend Jemand, beispielsweise ein Kind, einer augenblicklichen zermalmenden Gefahr ausgesetzt sehen. Beinahe ein Jeder würde dies selbe Gefühl im höchsten Grade an sich erfahren, wenn er Zeuge davon sein sollte, dasz ein Mensch gemartert würde oder gemartert werden sollte. In diesen Fällen ist keine Gefahr für uns selbst vorhanden; aber durch die Kraft der Einbildung und der Sympathie versetzen wir uns selbst in die Lage des Leidenden und empfinden etwas der Furcht Verwandtes.

Sir CH. BELL bemerkt [26], dasz „das Entsetzen voll von Energie „ist; der Körper ist im Zustande äuszerster Anspannung, nicht durch „Furcht entnervt". Es ist daher wahrscheinlich, dasz das Entsetzen allgemein von einer starken Zusammenziehung der Augenbrauen begleitet sein wird. Da aber Furcht eine der darin enthaltenen elementaren Empfindungen ist, so werden die Augen und der Mund geöffnet und die Augenbrauenrunzler diese Bewegung gestatten. DUCHENNE hat eine Photographie [27] (Figur 21) des bereits wiederholt erwähnten alten Mannes gegeben, wo die Augen etwas starrend, die Augenbrauen zum Theil erhoben und gleichzeitig stark zusammengezogen, der Mund geöffnet und das Platysma in Thätigkeit gesetzt war, und zwar auch hier wieder Alles durch Anwendung des Galvanismus. Er ist der Ansicht, dasz die hierdurch hervorgebrachte Ausdrucksform äuszerste Furcht mit entsetzlichem Schmerz oder Qualen anzeigt. Ein gemarterter Mensch wird, so lange ihm seine Leiden gestatten, vor dem Kommenden irgend welche Furcht zu empfinden, wahrscheinlich Entsetzen im allerhöchsten Grade darbieten. Ich habe die Original-Photographie dreiundzwanzig Personen beiderlei Geschlechts und verschiedenen Alters gezeigt; dreizehn antworteten sofort: Entsetzen,

---

[26] Anatomy of Expression, p. 169.
[27] Mécanisme de la Physionomie Humaine. Album. pl. 65, p. 44, 45.

groszer Schmerz, Marter oder Seelenangst; drei antworteten: äuszerstes Erschrecken; so dasz also sechzehn nahezu in Übereinstimmung mit Duchenne's Ansicht antworteten. Sechs sagten indessen: Zorn, ohne Zweifel durch die stark zusammengezogenen Augenbrauen verleitet und den eigenthümlich geöffneten Mund übersehend. Eine Person sagte: Abscheu. Im Ganzen weisen diese Thatsachen darauf hin, dasz wir hier eine ziemlich gute Darstellung des Entsetzens und der Todes-

Fig. 21. Entsetzen und Todesangst, copirt nach einer Photographie von Dr. Duchenne.

angst vor uns haben. Die vorhin angezogene Photographie (Taf. VII, Fig. 2) zeigt gleichfalls Entsetzen; bei dieser weist aber die schiefe Stellung der Augenbrauen grosze geistige Angst nach statt der Energie.

Das Entsetzen wird allgemein von verschiedenen Geberden begleitet, welche bei verschiedenen Individuen verschieden sind. Nach Gemälden zu urtheilen, wird häufig der ganze Körper weggewandt oder fährt zusammen, oder die Arme werden heftig vorgestreckt, als wollten sie irgend einen fürchterlichen Gegenstand fortstoszen. So viel aus der Handlungsart von Personen geschlossen werden kann, welche versuchen, eine lebhaft eingebildete Scene des Entsetzens auszudrücken, ist die häufigste Geberde das Erheben beider Schultern, wobei die gebogenen Arme dicht gegen die Seiten der Brust gedrückt werden. Diese Bewegungen sind nahezu die gleichen mit denen, welche gewöhnlich ausgeführt werden, wenn wir stark frieren; allgemein werden sie von einem Schaudern, ebenso auch von einer tiefen Exspiration oder Inspiration begleitet, je nachdem die Brust zu der Zeit zufällig erweitert oder zusammengezogen ist. Die hierdurch hervorgebrachten Laute werden in Worten wie uh oder ugh ausgedrückt[28]. Es ist indessen nicht recht klar, warum wir, wenn wir frieren oder ein Gefühl des Entsetzens ausdrücken, unsere gebogenen Arme gegen den Körper drücken, unsere Schultern erheben und schaudern.

Schlusz. — Ich habe nun versucht, die verschiedenartigen Ausdrucksweisen der Furcht, in ihren Abstufungen von bloszer Aufmerksamkeit zu einem überraschten Zusammenfahren bis zu äuszerster Furcht und Entsetzen, zu beschreiben. Einige der Zeichen können durch die Principien der Gewohnheit, Association und Vererbung erklärt werden, — so das weite Öffnen des Mundes und der Augen mit aufgehobenen Augenbrauen, so dasz wir so schnell als möglich rund um uns her sehen können und deutlich hören, was für Laute überhaupt nur unsere Ohren erreichen mögen. Denn wir haben uns in dieser Weise gewohnheitsgemäsz vorbereitet, irgend eine Gefahr zu entdecken und ihr zu begegnen. Einige der andern Zeichen der Furcht können gleichfalls, wenigstens zum Theil durch diese drei Principe erklärt werden. Die Menschen haben zahllose Generationen hindurch versucht, ihren Feinden oder Gefahren durch ungestüme Flucht oder durch heftiges Kämpfen mit ihnen zu entgehen; und derartige Anstrengungen werden es verursacht haben, dasz das Herz geschwind schlägt, das Athmen beschleunigt ist, die Brust sich schwer hebt und die Nasenlöcher erweitert werden. Da diese Anstrengungen sich

---

[28] s. Bemerkungen hierüber bei Mr. Wedgwood in der Einleitung zu seinem Dictionary of English Etymology. 2. ed., 1870, p. XXXVII.

häufig bis zur äuszersten Höhe andauernd wiederholt haben, wird äuszerste Kraftlosigkeit, Blässe, Schweisz, Zittern aller Muskeln oder ihre völlige Erschlaffung das endliche Resultat gewesen sein. Und nun sind, sobald die Erregung der Furcht stark empfunden wird, trotzdem sie zu keiner Anstrengung zu führen braucht, die durch die Gewalt der Vererbung und Association angeregten Resultate geneigt, wieder zu erscheinen.

Nichtsdestoweniger sind doch wahrscheinlicherweise viele oder die meisten der eben geschilderten Symptome äuszerster Furcht, so das Klopfen des Herzens, das Zittern der Muskeln, der kalte Schweisz u. s. w., zum groszen Theile directe Folgen der gestörten oder unterbrochenen Übermittelung von Nervenkraft von dem Gehirn-Rückenmarksystem an verschiedene Theile des Körpers, weil der Geist dabei so mächtig afficirt ist. Wir können dies zuversichtlich, unabhängig von Gewohnheit und Association, in solchen Fällen für die Ursache ansehen, wo z. B. die Absonderungen des Darmcanals modificirt werden und die Thätigkeit gewisser Drüsen versagt. In Bezug auf das unwillkürliche Sträuben des Haares haben wir guten Grund zur Annahme, dasz, was die Thiere betrifft, dieser Act, wie er auch ursprünglich entstanden sein mag, in Verbindung mit gewissen willkürlichen Bewegungen dazu dient, dieselben ihren Feinden schrecklich erscheinen zu lassen; und da dieselben unwillkürlichen und willkürlichen Bewegungen von solchen Thieren ausgeführt werden, welche mit dem Menschen nahe verwandt sind, so werden wir zu der Annahme geführt, dasz der Mensch durch Vererbung ein jetzt nutzlos gewordenes Überbleibsel derselben beibehalten hat. Es ist gewisz eine merkwürdige Thatsache, dasz die äuszerst kleinen, nicht quergestreiften Muskeln, durch welche die dünn über den beinahe nackten Körper des Menschen zerstreut stehenden Haare aufgerichtet werden, bis auf den heutigen Tag erhalten worden sind und dasz dieselben sich noch immer unter denselben Gemüthserregungen, nämlich äuszerster Furcht und Wuth zusammenziehen, welche das Aufrichten der Haare bei den niedern Gliedern der Ordnung, zu welcher der Mensch gehört, verursachen.

Dreizehntes Capitel.

Selbstaufmerksamkeit. — Scham. — Schüchternheit. — Bescheidenheit: Erröthen.

Natur des Erröthens. — Vererbung. — Die am meisten afficirten Theile des Körpers. — Erröthen bei verschiedenen Menschenrassen. — Begleitende Geberden. — Zerstreutheit des Geistes. — Ursachen des Erröthens. — Selbstaufmerksamkeit, das Fundamental-Element. — Schüchternheit. — Scham nach Verletzung von Moralgesetzen und conventionellen Regeln. — Bescheidenheit. — Theorie des Erröthens. — Schluszwiederholung.

Das Erröthen ist die eigenthümlichste und menschlichste aller Ausdrucksformen. Affen werden vor Leidenschaft roth; es würde aber eine überwältigende Menge von Beweisen bedürfen, um uns glauben zu machen, dasz irgend ein Thier erröthen könne. Das Rothwerden des Gesichts in Folge aufsteigender Schamröthe (des hier im engern Sinne sogenannten Erröthens) ist Folge der Erschlaffung der muskulösen Wandungen der kleinen Arterien, durch welche die Haargefäsze mit Blut erfüllt werden, und dies hängt wieder davon ab, dasz die betreffenden vasomotorischen Centraltheile afficirt werden. Ohne Zweifel wird, wenn zu gleicher Zeit eine grosze geistige Aufregung herrscht, die allgemeine Circulation mit afficirt sein; es ist aber keine Folge der Thätigkeit des Herzens, dasz das Netzwerk der kleinsten, das Gesicht bedeckenden Gefäsze unter einem Gefühle von Scham mit Blut überfüllt wird. Wir können Lachen durch Kitzeln der Haut, Weinen oder Stirnrunzeln durch einen Schlag, Zittern durch Furcht oder Schmerz verursachen u. s. w.; wir können aber, wie Dr. Burgess bemerkt[1], ein Erröthen durch keine physikalischen Mittel, — d. h.

---

[1] The Physiology or Mechanism of Blushing, 1839, p. 156. Ich werde häufig Veranlassung haben, dieses Buch im vorliegenden Capitel zu citiren.

durch keine Einwirkung auf den Körper verursachen. Es ist der Geist, welcher afficirt sein musz. Das Erröthen ist nicht blosz unwillkürlich; vielmehr erhöht schon der Wunsch es zu unterdrücken, dadurch, dasz er zur Aufmerksamkeit auf sich selbst führt, factisch die Neigung dazu.

Jüngere Individuen erröthen viel leichter und häufiger als alte, aber nicht während der ersten Kindheit[2]; dies ist deshalb merkwürdig, weil wir wissen, dasz kleine Kinder in einem sehr frühen Alter vor Leidenschaft roth werden. Ich habe den authentischen Bericht über zwei kleine Mädchen im Alter von zwischen zwei und drei Jahren erhalten, welche erröhteten, ferner von einem andern empfindlichen, ein Jahr älteren Kinde, welches erröthete, wenn es wegen eines Fehlers getadelt wurde. Viele Kinder erröthen in einem etwas vorgeschritteneren Alter in einer scharf ausgesprochenen Weise. Es scheint, als wären die geistigen Kräfte kleiner Kinder noch nicht hinreichend entwickelt, um ein Erröthen bei ihnen zu gestatten. Daher kommt es auch, dasz Idioten selten erröthen. Dr. CRICHTON BROWNE beobachtete für mich die unter seiner Pflege Befindlichen, sah aber niemals ein rechtes Erröthen, obschon er gesehen hat, dasz ihr Gesicht, allem Anscheine nach aus Freude, wenn ihnen Nahrung vorgesetzt wurde, und aus Zorn roth wurde. Nichtsdestoweniger sind manche, wenn sie nicht im äuszersten Grade erniedrigt sind, im Stande zu erröthen. So hat z. B. Dr. BEHN[3] einen microcephalen Idioten von dreizehn Jahren beschrieben, dessen Augen ein wenig strahlten, wenn er sich freute, oder wenn er erheitert wurde, und welcher erröthete und sich nach der Seite umwandte, als er der ärztlichen Untersuchung wegen entkleidet wurde.

Frauen erröthen viel mehr als Männer. Es ist selten, einen alten Mann, aber nicht nahezu so selten, eine alte Frau erröthen zu sehen. Die Blinden entgehen dem Erröthen nicht. LAURA BRIDGMAN, welche in diesem Zustande und auszerdem noch vollständig taub geboren wurde, erröthet[4]. Mr. R. H. BLAIR, Vorsteher des Worcester-College,

---

[2] Dr. Burgess, a. a. O. p. 56. Auf p. 33 macht er gleichfalls die Bemerkung, dasz Frauen viel reichlicher erröthen als Männer. wie unten angegeben wird.

[3] citirt von C. Vogt, Mémoire sur les Microcéphales, 1867, p. 20. Dr. Burgess zweifelt daran (a. a. O. p. 56), ob Blödsinnige jemals erröthen.

[4] Lieber, On the Vocal Sounds etc. in: Smithsonian Contributions, Vol. II, 1851, p. 6.

gibt an, dasz drei blindgeborene Kinder unter sieben oder acht sich zu der Zeit in der Anstalt befindenden leicht und stark erröthen. Anfangs sind sich die Blinden nicht bewuszt, dasz sie beobachtet werden, und es ist, wie mir Mr. Blair mittheilt, eines der wichtigsten Stücke in ihrer Erziehung, dies Bewustsein ihrem Geiste einzuprägen; der hierdurch erlangte Eindruck dürfte die Neigung zu erröthen durch die Verstärkung der Gewohnheit, die Aufmerksamkeit auf sich selbst zu richten, bedeutend befestigen.

Die Neigung, zu erröthen, wird vererbt. Dr. Burgess theilt den Fall einer Familie mit[5], bestehend aus dem Vater, der Mutter und zehn Kindern, welche sämmtlich ohne Ausnahme bis zu einem äuszerst peinlichen Grade zu erröthen geneigt waren. Die Kinder wuchsen heran, „und einige von ihnen wurden auf Reisen geschickt, um diese „krankhafte Empfindlichkeit zu überwinden; es half aber alles nicht „das Geringste". Selbst Eigenthümlichkeiten beim Erröthen scheinen vererbt zu werden. Als Sir James Paget das Rückgrat eines jungen Mädchens untersuchte, fiel ihm die eigenthümliche Art des Erröthens bei ihr auf; es erschien zuerst ein groszer rother Fleck auf der einen Wange, dann kamen andere Flecken verschiedentlich über das Gesicht und den Hals zerstreut. Er frug dann später die Mutter, ob ihre Tochter immer in dieser eigenthümlichen Weise erröthet wäre, und erhielt zur Antwort: „Ja, sie ist nach mir gerathen." Und nun bemerkte Sir J. Paget, dasz er durch das Stellen dieser Frage die Mutter zu erröthen veranlaszt habe; sie zeigte dabei dieselben Eigenthümlichkeiten wie ihre Tochter.

In den meisten Fällen sind das Gesicht, die Ohren und der Hals die einzigen Theile, welche roth werden; viele Personen fühlen aber, während sie intensiv erröthen, dasz ihr ganzer Körper zu glühen und zu prickeln anfängt; und dies beweist, dasz die ganze Körperoberfläche in irgend einer Art afficirt sein musz. Man sagt zuweilen, dasz das Erröthen an der Stirn beginne, häufiger thut es dies an den Wangen und verbreitet sich später bis auf die Ohren und den Hals[6]. Bei zwei von Dr. Burgess untersuchten Albinos begann das Erröthen mit einem kleinen umschriebenen Flecke auf den Wangen über dem Nervengeflecht der Ohrspeicheldrüse und vergröszerte sich dann kreis-

---

[5] a. a. O. p. 182.
[6] Moreau, Ausgabe des Lavater von 1820, Vol. IV, p. 303.

förmig; zwischen diesem erröthen Kreise und dem Erröthen am Halse bestand eine deutliche Demarcationslinie, obschon beides gleichzeitig eintrat. Die Netzhaut, welche bei den Albinos naturgemäsz roth ist, nahm unabänderlich zu derselben Zeit an Röthe zu[7]. Jedermann musz bemerkt haben, wie leicht nach einmaligem Erröthen frische Nachschübe von Erröthen, wenn der Ausdruck gestattet ist, einander über das Gesicht jagen. Dem Erröthen geht ein eigenthümliches Gefühl in der Haut voraus. Nach Dr. BURGESS folgt dem Erröthen allgemein eine geringe Blässe, welche zeigt, dasz sich die Haargefäsze nach der Erweiterung zusammenziehen. In einigen seltenen Fällen wurde unter Umständen, welche ihrer Natur nach ein Erröthen hätten herbeiführen sollen, Blässe verursacht anstatt Röthe. So erzählte mir eine junge Dame, dasz sie in einer groszen und sehr noblen Gesellschaft mit ihrem Haar so fest am Kopfe eines vorübergehenden Dieners hängen geblieben war, dasz es eine Zeit lang dauerte, ehe sie wieder losgemacht werden konnte. Ihren Empfindungen nach bildete sie sich ein, dasz sie tief purpurn erröthet sei, und doch versicherte sie eine Freundin, dasz sie äuszerst blasz geworden wäre.

Ich war begierig zu erfahren, wie weit sich das Erröthen abwärts am Körper erstreckt. Sir JAMES PAGET, welcher nothwendigerweise häufige Gelegenheit zur Beobachtung in dieser Hinsicht hat, war so freundlich, während zweier oder dreier Jahre meinetwegen diesen Punkt zu beachten. Er findet, dasz sich das Erröthen bei Frauen, welche am Gesicht, an den Ohren und im Nacken intensiv roth werden, gewöhnlich nicht weiter am Körper herunter erstreckt. Man sieht es selten so tief herabreichen, wie bis zu den Schlüsselbeinen und Schulterblättern; er selbst hat niemals einen einzigen Fall gesehen, wo es sich bis über den obern Theil der Brust nach unten erstreckte. Er hat auch bemerkt, dasz das Erröthen zuweilen nach unten nicht allmählich und unmerkbar, sondern mit unregelmäszigen blaszrothen Flecken aufhört. Dr. LANGSTAFF hat gleichfalls in meinem Interesse mehrere Frauen beobachtet, deren Körper nicht im Geringsten roth wurde, während ihr Gesicht vom Erröthen tief purpurn wurde. Bei Geisteskranken, von denen einige auszerordentlich zu erröthen geneigt scheinen, hat Dr. CRICHTON BROWNE mehrere Male das Erröthen bis auf die Schlüsselbeine sich erstrecken sehen und in zwei

---

[7] Burgess, a. a. O. p. 38, über die Blässe nach dem Erröthen, p. 177.

Fällen sogar bis auf den Busen. Er theilt mir den Fall von einer verheiratheten siebenundzwanzig Jahre alten Frau mit, die an Epilepsie litt. Am Morgen nach ihrer Ankunft in der Anstalt besuchte sie Dr. BROWNE zusammen mit seinen Assistenten, während sie im Bette lag. Im Augenblicke, als er sich ihr näherte, erröthete sie tief über ihre Wangen und Schläfe und das Erröthen breitete sich schnell bis zu den Ohren aus. Sie war sehr erregt und zitterte leicht. Dr. BROWNE band nun den Kragen ihres Hemdes auf, um den Zustand ihrer Lungen zu untersuchen und dabei ergosz sich ein glänzendes Erröthen auf ihren Busen, sich in einer bogenförmigen Linie über das obere Drittel jeder Brust und abwärts zwischen die Brüste bis nahe an den schwertförmigen Fortsatz des Brustbeins erstreckend. Es ist dieser Fall deshalb von Interesse, weil sich hiernach das Erröthen nicht eher so weit hinab erstreckte, als bis es dadurch intensiv wurde, dasz ihre Aufmerksamkeit auf diesen Theil ihres Körpers gelenkt wurde. Im weiteren Verlaufe der Untersuchung wurde sie ruhig und das Erröthen verschwand; aber bei mehreren spätern Gelegenheiten traten dieselben Erscheinungen wieder auf.

Die vorstehend erwähnten Fälle zeigen, dasz sich der allgemeinen Regel nach bei englischen Frauen das Erröthen nicht tiefer hinab als bis zum Halse und dem obern Theil der Brust erstreckt. Nichtsdestoweniger theilt mir Sir JAMES PAGET mit, dasz er kürzlich von einem Fall gehört habe, und er könne sich sicher auf die Angabe verlassen, in welchem ein kleines Mädchen, über etwas beleidigt, was ihrer Idee nach ein Act der Unzartheit war, über ihr ganzes Abdomen und die obern Theile ihrer Beine erröthete. Auch MOREAU berichtet[8] nach der Autorität eines berühmten Malers, dasz die Brust, Schultern, Arme und der ganze Körper eines Mädchens, welches sich nach Widerstreben dazu verstanden hatte, als Modell zu dienen, roth wurden, als sie zum ersten Male von ihren Kleidern entblöszt wurde.

Es ist ziemlich merkwürdig, warum in den meisten Fällen das Gesicht, die Ohren und der Hals allein roth werden, während doch häufig die ganze Oberfläche des Körpers prickelt und heisz wird. Dies scheint hauptsächlich davon abzuhängen, dasz das Gesicht und die benachbarten Theile der Haut gewöhnlich der Luft, dem Lichte und den Temperaturveränderungen ausgesetzt gewesen sind, durch welche

---

[8] s. Lavater. Ausgabe von 1820. Vol. IV. p. 303.

Einflüsse die kleinen Arterien nicht blosz die Gewohnheit erlangt haben, sich leicht zu erweitern und zusammenzuziehen, sondern auch im Vergleich mit andern Stellen der Oberfläche ungewöhnlich entwickelt worden zu sein scheinen[9]. Wie Mr. MOREAU und Dr. BURGESS bemerkt haben, ist dies wahrscheinlich Folge derselben Ursache, aus welcher das Gesicht auch unter verschiedenen Umständen so leicht roth wird (wie in einem Fieberanfalle, bei gewöhnlicher Wärme, heftiger Anstrengung, bei Zorn, einem leichten Schlage u. s. w.), auf der andern Seite aber vor Kälte und Furcht leicht blasz, und während der Schwangerschaft misfarben wird. Das Gesicht ist auch ganz eigenthümlich bei Hautkrankheiten, wie bei Pocken, Rose u. s. w. dem Ergriffenwerden ausgesetzt. Diese Ansicht wird auch von der Thatsache unterstützt, dasz Menschen gewisser Rassen, welche gewöhnlich nahezu nackt gehen, häufig über ihre Arme, über die Brust und selbst bis hinab auf ihre Taille erröthen. Eine Dame, welche leicht und stark erröthet, theilte Dr. BROWNE mit, dasz, wenn sie sich beschämt oder aufgeregt fühlt, sie über das Gesicht, den Hals, die Handgelenke und Hände erröthet, — d. h. also über alle unbedeckten Theile der Haut. Nichtsdestoweniger läszt sich doch zweifeln, ob das gewohnheitsgemäsze Ausgesetztsein der Haut, des Gesichts und des Halses und das davon abhängige Vermögen, auf Reize aller Arten zu reagiren, an sich hinreichend ist, die Neigung bei Engländerinnen in diesen Theilen viel bedeutender zu erröthen als an anderen zu erklären. Denn die Hände sind mit Nerven und kleinen Gefäszen hinreichend versorgt und sind der Luft eben so viel ausgesetzt gewesen als das Gesicht oder der Hals, und doch erröthen die Hände selten. Wir werden sofort sehen, wie der Umstand, dasz die Aufmerksamkeit des Geistes viel häufiger und eingehender auf das Gesicht als auf irgend einen andern Theil des Körpers gerichtet gewesen ist, wahrscheinlich eine genügende Erklärung darbietet.

Das Erröthen bei den verschiedenen Menschenrassen. — Die kleinen Gefäsze des Gesichts werden in Folge der Erregung der Scham bei fast allen Menschenrassen mit Blut erfüllt, obschon bei den sehr dunklen Rassen keine deutliche Farbenveränderung wahr-

---

[9] Burgess, a. a. O. p. 114, 122. Moreau im Lavater a. a. O., Vol. IV, p. 263.

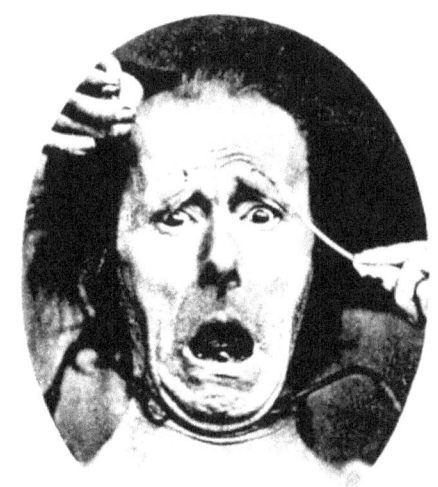

genommen werden kann. Das Erröthen ist bei allen arischen Nationen von Europa deutlich und in gewissem Grade auch bei denen Ost-Indiens. Aber Mr. ERSKINE hat niemals bemerkt, dasz der Hals der Hindus entschieden davon ergriffen würde. Bei den Lepchas des Sikkim hat Mr. SCOTT häufig ein leichtes Erröthen auf den Wangen beobachtet, ferner an der Basis der Ohren und an den Seiten des Halses in Verbindung mit niedergeschlagenen Augen und einem herabgesenkten Kopfe. Dies ist eingetreten, wenn er irgend eine Falschheit bei ihnen entdeckt oder sie der Undankbarkeit beschuldigt hatte. Die blasse eigenthümlich bleiche Gesichtsfarbe dieser Leute macht ein Erröthen bei ihnen deutlicher als bei den meisten der andern Eingebornen von Indien. Bei den letzteren wird Scham, oder es könnte zum Theil auch Furcht sein, der Angabe Mr. SCOTT's zufolge viel deutlicher dadurch ausgedrückt, dasz der Kopf abgewandt oder niedergebeugt wird, wobei die Augen hin und her schwanken oder nur von der Seite blicken, als durch irgend eine Farbenveränderung in der Haut.

Die semitischen Rassen erröthen leicht und stark, wie sich schon aus ihrer allgemeinen Ähnlichkeit mit den Ariern hätte erwarten lassen. So heiszt es von den Juden beim Jeremias (Cap. 6, V. 15): „Wie wohl sie wollen ungeschändet sein und wollen sich nicht schämen (erröthen)".* Mr. ASA GRAY sah einen Araber, der sein Boot auf dem Nile sehr schwerfällig behandelte; und als er von seinen Begleitern ausgelacht wurde, „erröthete er vollständig bis in den Nacken". Lady DUFF GORDON bemerkt, dasz ein junger Araber erröthete, als er in ihre Nähe kam [10].

Mr. SWINHOE hat die Chinesen erröthen sehen, glaubt aber, dasz dies selten ist. Doch haben sie den Ausdruck „vor Scham roth werden". Mr. GEACH theilt mir mit, dasz die in Malacca niedergelassenen Chinesen und die eingebornen Malayen des Innern beide erröthen. Einige von diesen Leuten gehen nahezu nackt; Mr. GEACH war daher vorzüglich auf die Ausdehnung des Erröthens abwärts aufmerksam. Mit Hinweglassung der Fälle, in denen nur das Gesicht erröthend gesehen wurde, beobachtete Mr. GEACH, dasz das Gesicht, die Arme und die Brust eines vierundzwanzig Jahre alten Chinesen vor Scham

---

* Die Luther'sche Übersetzung gibt das im Original stehende „Betroffensein" richtiger wieder als die autorisirte englische Übersetzung.

[10] Letters from Egypt. 1865, p. 66. Lady Gordon irrt sich, wenn sie sagt, Malayen und Mulatten errötheten niemals.

roth wurden, und bei einem andern Chinesen wurde der ganze Körper in ähnlicher Weise afficirt, als er gefragt wurde, warum er seine Arbeit nicht besser gethan hätte. Bei zwei Malayen[11] sah Mr. GEACH, dasz das Gesicht, der Hals, die Brust und die Arme erröthen, und bei einem dritten Malayen (einem Bugis) erstreckte sich das Erröthen bis zur Taille hinab.

Die Polynesier erröthen sehr viel. Mr. STACK hat hunderte von Beispielen bei den Neu-Seeländern gesehen. Der folgende Fall ist der Erwähnung werth, da er sich auf einen alten Mann bezieht, welcher ungewöhnlich dunkelfarbig und zum Theil tättowirt war. Nachdem er sein Land für eine geringe jährliche Rente an einen Engländer verpachtet hatte, ergriff ihn eine starke Leidenschaft, sich einen Gig zu kaufen, was vor Kurzem bei den Maoris Mode geworden war. In Folge dessen wünschte er die ganze Rente für vier Jahre von seinem Pächter voraus zu erhalten und consultirte Mr. STACK, ob er dies thun könne. Der Mann war alt, schwerfällig, arm und zerlumpt, und die Idee, dasz er sich in seinem Wagen zum Ansehenlassen herumfahren könne, erheiterte Mr. STACK so sehr, dasz er nicht umhin konnte, in Lachen auszubrechen, und hierauf „erröthete der alte Mann bis an „seine Haarwurzeln". FORSTER sagt[12], dasz man auf den Wangen der schönsten Frauen in Tahiti „leicht ein sich ausbreitendes Erröthen „unterscheiden könne". Auch die Eingebornen mehrerer der andern Archipelage des stillen Oceans erröthen, wie man gesehen hat.

---

[11] Capt. Osborn sagt (Quedah, p. 199), wo er von einem Malayen spricht, den er wegen seiner Grausamkeit tadelte, er habe sich gefreut, den Mann erröthen zu sehen.

[12] J. R. Forster, Observations during a Voyage round the World. 4° 1778, p. 229. Waitz gibt, Anthropologie der Naturvölker, Theil I, 1859, Seite 149, weitere Belege in Bezug auf andere Inseln des stillen Oceans. Siehe auch Dampier, über das Erröthen der Tunquinesen (Vol. II, p. 40); ich habe aber das Werk nicht eingesehen. Waitz führt Bergmann dafür an, dasz die Kalmucken nicht erröthen; nach dem, was wir in Bezug auf die Chinesen gesehen haben, läszt sich dies indessen bezweifeln. Er citirt auch Roth, welcher leugnet, dasz die Abyssinier des Erröthens fähig wären. Unglücklicherweise hat Captain Speedy, welcher so lange unter den Abyssiniern gelebt hat, meine Anfrage über diesen Punkt nicht beantwortet. Endlich musz ich noch hinzufügen, dasz der Rajah Brooke bei den Dyaks von Borneo niemals das geringste Zeichen eines Erröthens gesehen hat; im Gegentheile geben sie selbst an, dasz sie unter Umständen, welche bei uns ein Erröthen erregen würden, „fühlen, wie das Blut aus dem Gesichte gezogen „werde."

Mr. Washington Matthews hat häufig ein Erröthen auf den Gesichtern der jungen Mädchen gesehen, die zu verschiedenen wilden Indianerstämmen von Nord-America gehörten. Am entgegengesetzten Ende des Continents im Feuerlande erröthen die Eingebornen der Angabe Mr. Bridges' zufolge „sehr, aber vorzüglich mit Rücksicht „auf Frauen; sie erröthen aber sicher auch über ihre eigene persön„liche Erscheinung". Diese letztere Angabe stimmt mit dem überein, dessen ich mich von dem Feuerländer Jemmy Button erinnere, welcher erröthete, als er über die Sorgfalt geneckt wurde, mit welcher er seine Schuhe blank machte und sich auf andere Weise noch schmückte. In Bezug auf die Aymara-Indianer auf dem hochgelegenen Plateau von Bolivien sagt Mr. Forbes[13], dasz es wegen der Farbe ihrer Haut unmöglich ist, ihr Erröthen so deutlich zu sehen, wie bei den weiszen Rassen. „Es läszt sich aber" unter solchen Umständen, welche bei uns ein Erröthen hervorrufen würden, „immer derselbe Ausdruck der „Bescheidenheit oder Verwirrung erkennen, und selbst im Dunkeln „kann man eine Erhöhung der Temperatur der Haut des Gesichtes „fühlen, genau so, wie es bei Europäern vorkommt." Bei den Indianern, welche die warmen gleichförmig feuchten Theile von Süd-America bewohnen, antwortet dem Anscheine nach die Haut der geistigen Erregung nicht so leicht wie bei den Eingebornen der nördlichen und südlichen Theile des Continents, welche lange groszem Klimawechsel ausgesetzt gewesen sind; denn Humboldt citirt, ohne einen Protest dagegen zu erheben, die spöttische Bemerkung des Spaniers: „Wie kann man denen trauen, welche nicht erröthen können?"[14] Wo Spix und Martius von den Ureinwohnern von Brasilien sprechen, führen sie an, dasz man nicht eigentlich sagen könne, sie erröthen; „erst „nach langem Verkehr mit den Weiszen und nachdem sie eine gewisse „Erziehung erhalten hatten, konnten wir bei den Indianern eine Ver„änderung der Farbe wahrnehmen, welche für die Erregungen ihrer „Seele ausdrucksvoll war"[15]. Es ist indesz unglaublich, dasz das Vermögen zu erröthen in dieser Weise entstanden sein könne: die Gewohnheit der Selbstaufmerksamkeit aber, welche eine Folge ihrer Erziehung und ihrer neuen Lebensweise war, dürfte jene eingeborne Neigung zum Erröthen bedeutend verstärkt haben.

---

[13] Transact. of the Ethnolog. Society. Vol. II, 1870, p. 16.
[14] Humboldt, Personal Narrative. Vol. III, p. 229.
[15] citirt von Prichard, Physic. History of Mankind, 4. edit., Vol. I, 1851, p. 271.

Mehrere glaubwürdige Beobachter haben mir versichert, dasz sie auf den Gesichtern der Neger eine Erscheinung bemerkt hätten, welche einem Erröthen ähnlich ist, und zwar unter Umständen, welche ein solches bei uns erregt haben würden, trotzdem die Haut von einer ebenholzschwarzen Färbung war. Manche beschreiben es als ein braunes Erröthen; die Meisten sagen aber, dasz die Schwärze dann noch intensiver wird. Ein vermehrter Zuflusz von Blut in die Haut scheint in einer gewissen Weise deren Schwärze zu erhöhen; so lassen gewisse exanthematische Krankheiten die afficirten Stellen auf der Haut bei dem Neger schwärzer erscheinen, statt dasz sie wie bei uns röther würden [16]. Vielleicht dürfte auch die Haut, weil sie durch die Erfüllung der Haargefäsze gespannter wird, eine etwas verschiedene Farbe reflectiren, als sie vorher that. Dasz die Haargefäsze des Gesichts unter der Gemüthserregung der Scham beim Neger mit Blut erfüllt werden, können wir getrost annehmen, weil eine vollständig als solche characterisirte Albino-Negerin, welche BUFFON beschrieben hat [17], einen leichten purpurnen Anflug auf ihren Wangen zeigte, als sie sich nackend darstellen muszte. Narben der Haut bleiben beim Neger lange Zeit weisz, und Dr. BURGESS, welcher häufig Gelegenheit hatte, eine Narbe dieser Art im Gesichte einer Negerin zu beobachten, hat deutlich gesehen, dasz die Narbe „ausnahmslos roth wurde, sobald „die Negerin plötzlich angeredet oder in irgend einer Weise unbe„deutend beschuldigt wurde" [18]. Man konnte sehen, dasz das Erröthen von der Peripherie der Narbe nach dem Mittelpunkte hin fortschritt, es erreichte aber den letzteren nicht. Mulatten erröthen häufig sehr leicht und stark, wobei ein rother Hauch nach dem andern über ihr Gesicht zieht. Nach diesen Thatsachen läszt sich nicht daran zweifeln, dasz Neger erröthen, obschon die Röthe selbst auf der Haut nicht sichtbar wird.

GAIKA und Mrs. BARBER haben mir beide versichert, dasz die

---

[16] Siehe über diesen Punkt Burgess, a. a. O. p. 32, auch Waitz, Anthropologie der Naturvölker, Th. I, 1859, S. 149. Moreau gibt einen detaillirten Bericht (Lavater, 1820, Tom. IV, p. 302) von dem Erröthen einer Negersklavin von Madagascar, als sie von ihrem Herrn gezwungen wurde, ihren nackten Busen zu zeigen.

[17] citirt von Prichard, Physic. History of Mankind, 4. edit., Vol. I, 1851, p. 225.

[18] Burgess, a. a. O. p. 31. Über das Erröthen von Mulatten, ebenda p. 33. Ich habe in Bezug auf Mulatten ähnliche Schilderungen erhalten.

Kaffern von Süd-Africa niemals erröthen. Dies dürfte aber vielleicht nur heiszen, dasz keine Farbenveränderung zu unterscheiden ist. GAIKA fügt hinzu, dasz unter den Umständen, welche einen Europäer erröthen machen würden, seine Landsleute „sich schämen, den Kopf aufrecht „zu halten."

Vier meiner Correspondenten haben angegeben, dasz die Australier, welche beinahe so schwarz sind wie die Neger, niemals erröthen. Ein fünfter beantwortet meine Frage mit einem Zweifel, wobei er bemerkt, dasz wegen des schmutzigen Zustandes ihrer Haut nur ein sehr starkes Erröthen würde gesehen werden können. Drei Beobachter geben an, dasz die Australier wirklich erröthen[19]; Mr. S. WILSON fügt noch hinzu, dasz dies nur in Folge einer starken Erregung bemerkbar wird und wenn die Haut nicht in Folge langen Ausgesetztseins und eines Mangels an Reinlichkeit zu dunkel ist. Mr. LANG antwortet: „Ich „habe bemerkt, dasz Scham beinahe immer ein Erröthen hervorruft, „welches sich häufig den ganzen Hals herab erstreckt." Scham zeigt sich auch, wie er hinzufügt, dadurch, „dasz die Augen von einer Seite zur „andern gedreht werden". Da Mr. LANG ein Lehrer in einer Eingebornenschule war, so hat er wahrscheinlich hauptsächlich Kinder beobachtet, und wir wissen, dasz sie mehr erröthen als Erwachsene. Mr. G. TAPLIN hat Halbblutmischlinge erröthen gesehen und er sagt, dasz die Ureinwohner ein Wort haben, was Scham ausdrückt. Mr. HAGENAUER, welcher einer von denen ist, welche niemals die Australier erröthen gesehen haben, sagt, dasz „er gesehen habe, wie sie vor Scham „auf die Erde blicken"; und der Missionär Mr. BULMER bemerkt: „Obschon ich nicht im Stande gewesen bin, irgend etwas der Scham „Ähnliches bei den erwachsenen Eingebornen zu entdecken, habe ich „doch bemerkt, dasz die Augen der Kinder, wenn sie verschämt sind, „ein ruheloses wässeriges Ansehen darbieten, als wenn sie nicht wüsz„ten, wo sie hinsehen sollten."

Die bis jetzt mitgetheilten Thatsachen reichen wohl hin, nachzuweisen, dasz das Erröthen, mag nun irgend eine Farbenveränderung dabei vorliegen oder nicht, den meisten und wahrscheinlich allen Menschenrassen gemeinsam zukommt.

---

[19] Auch Barrington sagt, dasz die Australier von Neu-Süd-Wales erröthen, wie Waitz citirt. a. a. O. S. 149.

Bewegungen und Geberden, welche das Erröthen begleiten. — Bei einem scharfen Gefühle der Scham ist auch ein starkes Verlangen nach Verbergen vorhanden[20]. Wir wenden den ganzen Körper und ganz besonders das Gesicht weg, welches wir in irgend einer Art zu verbergen suchen. Eine sich schämende Person kann es kaum ertragen, den Blicken der Anwesenden zu begegnen, so dasz sie beinahe unabänderlich die Augen niederschlägt oder von der Seite in die Höhe sieht. Da allgemein in derselben Zeit auch ein starkes Verlangen vorhanden ist, die Erscheinung der Scham zu vermeiden, so wird ein vergeblicher Versuch gemacht, direct die Person anzusehen, welche dies Gefühl verursacht; und der Gegensatz zwischen diesen beiden entgegengesetzten Neigungen führt zu verschiedenen unruhigen Bewegungen der Augen. Ich habe bemerkt, wie zwei Damen beim Erröthen, was sie auszerordentlich gern thaten, einen dem Anscheine nach äuszerst merkwürdigen Zug sich angewöhnt hatten, nämlich unablässig mit den Augenlidern mit auszerordentlicher Geschwindigkeit zu blinken. Ein intensives Erröthen wird zuweilen von einem leichten Thränenergusse begleitet[21], und ich vermuthe, dasz dies eine Folge davon ist, dasz die Thränendrüsen an dem vermehrten Blutzuflusse theilnehmen, welcher, wie wir wissen, in die Haargefäsze der benachbarten Theile mit Einschlusz der Netzhaut einströmt.

Viele Schriftsteller, sowohl alte als neuere, haben die vorstehend erwähnten Bewegungen bemerkt, und es ist bereits gezeigt worden, dasz die Ureinwohner verschiedener Theile der Erde häufig ihre Scham durch das Abwärts- oder Seitwärtsblicken, oder durch unruhige Bewegung ihrer Augen ausdrücken. ESRA ruft aus, Cap. 9, Vers 6: „Mein Gott, ich schäme mich und scheue mich, meine Augen aufzuheben zu Dir, mein Gott!" Im JESAIAS (Cap. 50, Vers 6) finden wir die Worte: „mein Angesicht verbarg ich nicht vor Scham und Speichel."

---

[20] Mr. Wedgwood sagt (Diction. of English Etymology, Vol. III, 1865, p. 155), dasz das Wort Scham (shame) „wohl in der Idee des Schattens oder „Verborgenseins seinen Ursprung finden und durch das deutsche Schemen, „Schatten, erläutert werden dürfte." Gratiolet (De la Physionomie, p. 357—362) hat eine gute Erörterung der die Scham begleitenden Geberden gegeben; einige dieser Bemerkungen aber erscheinen mir doch ziemlich phantastisch. Siehe auch Burgess (a. a. O. p. 69) über denselben Gegenstand.

[21] Burgess a. a. O. p. 181, 182. Auch Boerhaave (citirt von Gratiolet, a. a. O. p. 361) erwähnt die Neigung zur Thränenabsonderung beim Erröthen. Wie wir gesehen haben, spricht Mr. Bulmer von den „wässrigen Augen" der Kinder der australischen Eingebornen, wenn sie sich schämen.

Seneca bemerkt (Episteln XI, 5), „dasz die römischen Schauspieler „ihre Köpfe hängen lassen, ihre Augen auf den Boden heften und sie „gesenkt erhalten, aber nicht fähig sind, beim Darstellen der Scham „zu erröthen". Nach Macrobius, welcher im fünften Jahrhundert lebte (Saturnalia, VII, 11), „behaupten die Naturphilosophen, dasz die „durch die Scham bewegte Natur das Blut vor ihr wie einen Schleier „ausbreitet, da wir Jemand, der erröthet, auch häufig seine Hände „vor das Gesicht halten sehen". Shakespeare läszt Marcus zu seiner Nichte sagen (Titus Andronicus, Act II, Scene 5): „Ach, wendst Du „jetzt Dein Angesicht weg aus Scham?" Eine Dame theilt mir mit, dasz sie in dem Lock-Hospital ein Mädchen gefunden habe, welches sie früher gekannt habe und welche ein verworfenes Subject geworden sei. Als sie sich dem armen Geschöpfe näherte, verbarg dasselbe sein Gesicht unter den Betttüchern und konnte nicht überredet werden, sich sehen zu lassen. Wir sehen häufig kleine Kinder, wenn sie schüchtern oder verschämt sind, sich wegwenden und noch immer aufrecht stehend ihre Gesichter in den Kleidern der Mutter verbergen; oder sie werfen sich mit dem Gesichte nach unten in den Schosz.

Verwirrung des Geistes. — Bei den meisten Personen verwirren sich, während sie intensiv erröthen, ihre geistigen Fähigkeiten. Dies ist in derartigen gewöhnlichen Ausdrücken anerkannt wie: „sie „wurde von Verlegenheit übergossen". Personen in dieser Gemüthsverfassung verlieren ihre Geistesgegenwart und bringen eigenthümliche unpassende Bemerkungen hervor. Sie sind häufig sehr zerstreut, stottern und machen verkehrte Bewegungen oder fremdartige Grimassen. In gewissen Fällen kann man unwillkürliches Zucken einiger der Gesichtsmuskeln beobachten. Mir hat eine junge Dame, welche ganz excessiv erröthet, mitgetheilt, dasz sie zu solchen Zeiten nicht einmal weisz, was sie sagt. Als die Vermuthung gegen sie ausgesprochen wurde, dasz dies eine Folge ihrer Angst sein dürfte, weil sie sich dessen bewuszt würde, dasz man ihr Erröthen bemerke, antwortete sie, dasz dies nicht der Fall sein könnte, „denn sie habe sich zuweilen „genau so dumm gefühlt, wenn sie über einen Gedanken in ihrem „eigenen Zimmer erröthete."

Ich will ein Beispiel von der auszerordentlichen Störung des Geistes anführen, welcher manche empfindliche Menschen ausgesetzt sind. — Ein Herr, auf den ich mich verlassen kann, versichert mir, dasz er ein Augenzeuge der folgenden Scene gewesen ist: — Es wurde zu Ehren eines auszerordentlich schüchternen Menschen ein kleines Mittagessen gegeben. Als derselbe aufstand, seinen Dank zu sagen, sagte er die Rede her, welche er offenbar auswendig gelernt hatte, indesz im absoluten Stillschweigen und ohne dasz er ein einziges Wort laut ausgesprochen hätte, aber mit groszer Emphase. Als seine Freunde merkten, wie die Sache stand, applaudirten sie laut dem vermeintlichen Ausbruch der Beredsamkeit, sobald seine Geberde eine Pause andeutete, und der Mann entdeckte nicht einmal, dasz er die ganze Zeit vollständig schweigend verharrt hatte. Im Gegentheil bemerkte er später gegen meinen Freund mit vieler Genugthuung, wie er glaube, dasz er seine Sache ganz auszerordentlich gut gemacht habe.

Wenn Jemand sich sehr schämt oder sehr schüchtern ist und instinctiv erröthet, so schlägt sein Herz sehr geschwind und sein Athem wird gestört. Es kann hierbei kaum anders geschehen, als dasz die Circulation des Blutes innerhalb des Gehirns und vielleicht auch die geistigen Kräfte afficirt werden. Es scheint indesz zweifelhaft, nach den noch mächtigeren Einflüssen des Zornes und der Furcht auf die Circulation zu urtheilen, ob wir hierdurch den verlegenen Zustand bei Personen, welche intensiv erröthen, erklären können.

Die richtige Erklärung liegt allem Anscheine nach in der innigen Sympathie, welche zwischen dem capillaren Kreislaufe auf der Oberfläche des Kopfes und des Gesichts und dem des Gehirns besteht. Ich wandte mich an Dr. CRICHTON BROWNE um Aufschlusz und er hat mir verschiedene auf diesen Gegenstand Bezug habende Thatsachen mitgetheilt. Wenn der sympathische Nerv auf einer Seite des Kopfes durchschnitten wird, so werden die Haargefäsze auf dieser Seite erschlafft und mit Blut erfüllt; sie verursachen hierdurch eine Röthung und ein Warmwerden der Haut und gleichzeitig auch ein Steigen der Temperatur innerhalb des Schädels auf derselben Seite. Entzündung der Hornhaut führt eine Überfüllung des Gesichts, der Ohren und der Augen mit Blut herbei. Das erste Stadium bei einem epileptischen Anfalle scheint die Zusammenziehung der Gefäsze des Gehirns zu sein und die erste äuszere Offenbarung ist die auszordentliche Blässe des Gesichts. Kopfrose verursacht gewöhnlich Delirien. Selbst die bei heftigen Kopfschmerzen durch eine starke Einreibung hervorgerufene Erleichterung durch Erhitzen der Haut hängt, wie ich vermuthe, von demselben Grundsatze ab.

Dr. Browne hat bei seinen Patienten häufig die Dämpfe von salpetrigsaurem Amyläther angewendet[22], welcher die eigenthümliche Eigenschaft hat, lebhafte Röthe des Gesichts innerhalb dreiszig bis sechsig Secunden hervorzurufen. Dieses Rothwerden ist dem Erröthen vor Scham in beinahe jeder Einzelnheit ähnlich: Es beginnt an mehreren verschiedenen Punkten im Gesicht und breitet sich aus, bis es die ganze Oberfläche des Kopfes, Halses und der Vorderseite der Brust umfaszt. Aber nur in einem einzigen Falle hat man beobachtet, dasz es sich bis auf den Bauch erstreckte. Die Arterien der Netzhaut werden erweitert, die Augen glänzen, und in einem Falle trat ein leichter Thränenergusz ein. Die Patienten werden anfangs angenehm erregt; wie aber das Rothwerden zunimmt, werden sie verlegen und verstört. Eine Frau, bei welcher die Dämpfe häufig angewendet worden waren, behauptete, dasz, sobald sie warm werde, sie wie „umnebelt" würde. Bei Personen, welche eben beginnen zu erröthen, scheint es, nach ihren glänzenden Augen und ihrem lebendigen Betragen zu urtheilen, als ob ihre Geisteskräfte etwas angeregt würden. Nur wenn das Erröthen excessiv wird, wird der Geist verwirrt. Es möchte daher scheinen, als würden die Haargefäsze des Gesichts sowohl während der Einathmung der Amyläther-Dämpfe als auch während des Erröthens eher afficirt, als der Theil des Gehirns mit ergriffen wird, von dem die Geistesfähigkeiten abhängen.

Wenn umgekehrt das Gehirn an erster Stelle afficirt wird, so wird die Circulation der Haut in einer secundären Art ergriffen. Dr. Browne hat, wie er mir mittheilt, häufig zerstreute rothe Flecken und Zeichnungen an der Brust epileptischer Patienten beobachtet. Wenn in diesen Fällen die Haut an der Brust oder an dem Bauch leicht mit einem Pinsel oder einem andern Gegenstande gerieben oder bei scharf ausgesprochenen Fällen einfach mit dem Finger berührt wird, so wird die berührte Oberflächenstelle in weniger als einer halben Minute mit hellrothen Flecken bedeckt, welche sich eine geringe Entfernung auf beiden Seiten des berührten Punktes hin ausbreiten und mehrere Minuten stehen bleiben. Dies sind die „cerebralen Flecken" Trousseau's. Sie deuten, wie Dr. Browne bemerkt, einen im hohen Grade modificirten Zustand des Gefäszsystems der Haut an.

---

[22] siehe auch Dr. J. Crichton Browne's Abhandlung über diesen Gegenstand in: The West Riding Lunatic Asylum Medical Report, 1871, p. 95—98.

Wenn dann nun, wie nicht bezweifelt werden kann, eine innige Sympathie zwischen der capillaren Circulation in dem Theile des Gehirns, von welchem unsere Geistesfähigkeiten abhängen, und in der Haut des Gesichts besteht, so ist es nicht überraschend, dasz die moralischen Ursachen, welche intensives Erröthen hervorrufen, gleichfalls und zwar unabhängig von ihrem eigentlichen störenden Einflusse eine starke Verwirrung des Geistes verursachen.

Die Natur der Seelenzustände, welche Erröthen herbeiführen. — Es bestehen dieselben aus Schüchternheit, Scham und Bescheidenheit; das wesentlichste Element bei allen ist Aufmerksamkeit auf sich selbst. Viele Gründe können für die Annahme beigebracht werden, dasz ursprünglich diese Selbstbeachtung, welche der persönlichen Erscheinung zugewendet ist, in Bezug auf die Meinung Anderer, die erregende Ursache war. Dieselbe Wirkung wurde dann später, in Folge der Kraft der Association, durch Selbstaufmerksamkeit in Bezug auf die moralische Führung hervorgebracht. Es ist nicht der einfache Act, über unsere eigene Erscheinung nachzudenken, sondern der Gedanke, was Andere von uns denken, welcher ein Erröthen hervorruft. In absoluter Einsamkeit würde die empfindlichste Person vollständig indifferent über ihre Erscheinung sein. Wir empfinden Tadel oder Misbilligung viel schärfer als Billigung; in Folge dessen verursachen geringschätzende oder lächerlich machende Bemerkungen, mögen sie sich auf unsere Erscheinung oder unser Betragen beziehen, viel leichter ein Erröthen als Lob. Unzweifelhaft sind aber Lob und Bewunderung äuszerst wirksam. Ein hübsches Mädchen erröthet, wenn ein Mann sie scharf ansieht, trotzdem sie vollkommen sicher weisz, dasz er sie nicht geringschätzt. Viele Kinder erröthen ebenso wie alte und empfindsame Personen, wenn sie sehr gelobt werden. Später wird die Frage erörtert werden, woher es gekommen ist, dasz das Bewusztsein, Andere schenken unserer persönlichen Erscheinung Aufmerksamkeit, dahin geführt hat, dasz die Haargefäsze, speciell die des Gesichtes, im Augenblicke mit Blut gefüllt werden.

Die Gründe, weshalb ich annehme, dasz die der persönlichen Erscheinung und nicht dem moralischen Betragen zugewendete Aufmerksamkeit das fundamentale Element bei der Erlangung der Gewohnheit des Erröthens gewesen ist, sollen jetzt mitgetheilt werden. Einzeln sind sie unbedeutend, besitzen aber in Verbindung, wie es mir scheint, beträchtliches Gewicht. Es ist notorisch, dasz nichts eine schüchterne Person so stark zum Erröthen bringt, als irgend eine wenn auch noch so unbedeutende Bemerkung über ihre persönliche Erscheinung. Man kann selbst den Anzug einer leicht zum Erröthen geneigten Frau nicht beachten, ohne dadurch zu veranlassen, dasz sich ihr Gesicht purpurn färbt. Bei manchen Personen genügt es, sie scharf anzustarren, um sie, wie COLERIDGE bemerkt, „erröthen zu machen: — Erkläre dies wer kann" [23].

Bei den zwei von Dr. BURGESS [24] beobachteten Albinos verursachte „der geringste Versuch, ihre Eigenthümlichkeiten zu untersuchen, ausnahmlos ein tiefes Erröthen." Frauen sind viel empfindlicher in Bezug auf ihre persönliche Erscheinung als es Männer sind, besonders alte Frauen im Vergleich mit alten Männern. Auch erröthen sie viel leichter. Die jungen Individuen beiderlei Geschlechts sind in Bezug auf denselben Punkt viel empfindlicher als die alten und sie erröthen auch viel leichter als alte. Kinder erröthen in einem sehr frühen Alter nicht, auch zeigen sie die andern Zeichen des Selbstbewusztwerdens nicht, welche allgemein das Erröthen begleiten, und es ist einer ihrer Hauptreize, dasz sie nicht darüber nachdenken, was Andere von ihnen denken. In diesem frühen Alter können sie einen Fremden mit einem festen Blicke und nicht blinkenden Augen wie einen unbelebten Gegenstand anstarren in einer Weise, welche wir ältere Personen nicht nachahmen können.

Es ist für Jedermann klar, dasz junge Männer und Frauen in Bezug auf die gegenseitige Meinung hinsichtlich ihrer persönlichen Erscheinung im hohen Grade empfindlich sind, und sie erröthen unvergleichlich mehr in der Gegenwart des andern Geschlechts als in der ihres eigenen [25]. Ein junger nicht leicht erröthender Mann wird sofort bei irgend einer unbedeutenden lächerlichen Bemerkung eines Mädchens über seine Erscheinung intensiv erröthen, dessen Urtheil über irgend einen wichtigen Gegenstand er vollständig unbeachtet lassen würde. Kein glückliches Paar junger Liebender, welche die

---

[23] Im Laufe einer Erörterung über den sogenannten thierischen Magnetismus, in: Table Talk, Vol. I.

[24] a. a. O. p. 40.

[25] Mr. Bain bemerkt (The Emotions and the Will, 1865, p. 65) über die Schüchternheit der Manieren, dasz dieselbe „bei dem Verkehr der beiden Geschlechter „durch den Einflusz der gegenseitigen Beachtung herbeigeführt werde und zwar „in Folge der beiderseitigen Besorgnis, nicht gut zu einander zu passen."

Bewunderung und die Liebe des andern höher als irgend etwas in der Welt werth halten, hat sich wahrscheinlich je um einander beworben ohne so manches Erröthen. Selbst die Barbaren des Feuerlandes erröthen nach Mr. BRIDGES „hauptsächlich in Bezug auf die Frauen, „aber sicher auch über ihre eigene persönliche Erscheinung."

Von allen Theilen des Körpers wird das Gesicht am meisten betrachtet und angesehen, wie es auch natürlich ist, da es der hauptsächlichste Sitz des Ausdrucks und die Quelle der Stimme darbietet. Es ist auch der hauptsächlichste Sitz der Schönheit und der Häszlichkeit und über die ganze Erde ist es der am meisten geschmückte Theil [26]. Es wird daher das Gesicht während vieler Generationen einer näheren und eingehenderen Selbstbetrachtung unterworfen gewesen sein als irgend ein anderer Theil des Körpers; und in Uebereinstimmung mit dem hier erwähnten Gesetze können wir einsehen, warum es am meisten dem Erröthen unterworfen ist. Obschon der Umstand, dasz die Haargefäsze des Gesichts und der benachbarten Theile den Temperaturveränderungen u. s. w. am meisten ausgesetzt gewesen sind, wahrscheinlich die Fähigkeit derselben sich zu erweitern und zusammen zu ziehen bedeutend erhöht hat, so wird dies doch an sich kaum erklären, warum diese Theile viel mehr als der übrige Körper erröthen; denn es erklärt die Thatsache nicht, das die Hände so selten erröthen. Bei Europäern prickelt der ganze Körper leicht, wenn das Gesicht intensiv erröthet, und bei denjenigen Menschenrassen, welche gewohnheitsgemäsz fast nackt gehen, erstreckt sich das Erröthen über einen viel gröszeren Theil des Körpers als bei uns. Diese Thatsachen sind in einem gewissen Grade verständlich, da die Selbstbeachtung der Urmenschen ebenso wie derjenigen existirenden Rassen, welche noch immer nackt gehen, nicht so ausschlieszlich auf ihr Gesicht beschränkt gewesen sein wird, wie es bei den Völkern der Fall ist, welche jetzt bekleidet einhergehen.

Wir haben gesehen, dasz in allen Theilen der Welt Personen, welche über irgend ein moralisches Vergehen Scham fühlen, geneigt sind, ihr Gesicht abzuwenden, niederzubeugen oder zu verbergen, unabhängig von irgend einem Gedanken über ihre persönliche Erscheinung. Die Absicht kann hier kaum die sein, ihr Erröthen zu ver-

---

[26] siehe für Belege über diesen Punkt: Die Abstammung des Menschen, 3. Aufl. Bd. II, S. 64, 321.

bergen, denn das Gesicht wird dabei unter Umständen abgewendet oder verborgen, welche jeden Wunsch, die Scham zu verbergen, ausschlieszen, so wenn eine Schuld umständlich bekannt und bereut wird. Es ist indesz wahrscheinlich, dasz der Urmensch, ehe er eine grosze moralische Empfindlichkeit erlangt hatte, im hohen Grade in Bezug auf seine persönliche Erscheinung empfindlich gewesen ist, wenigstens in Rücksicht auf das andere Geschlecht, und er wird in Folge dessen bei jeder geringschätzigen Bemerkung über seine Erscheinung Unbehagen empfunden haben. Dies ist eine Form der Scham; und da das Gesicht derjenige Theil des Körpers ist, welcher am meisten angesehen wird, so ist es verständlich, dasz ein Jeder, der über seine persönliche Erscheinung in Scham geräth, den Wunsch haben wird, diesen Theil seines Körpers zu verbergen. Ist die Gewohnheit einmal hiernach erlangt werden, so wird sie natürlich beibehalten worden sein, wenn Scham aus streng moralischen Ursachen empfunden wurde. Es ist nicht leicht in anderer Weise einzusehen, warum unter diesen Umständen ein Verlangen noch vorhanden sein sollte, das Gesicht mehr als irgend einen anderen Theil des Körpers zu verbergen.

Die bei einem Jeden, der sich beschämt fühlt, so allgemeine Angewöhnung, sich wegzuwenden oder seine Augen zu senken, oder dieselben unruhig von einer Seite zur andern zu bewegen, ist wahrscheinlich eine Folge davon, dasz jeder auf die Personen, welche gegenwärtig sind, gerichtete Blick die Überzeugung ihm wieder vor die Seele führt, dasz er intensiv betrachtet wird; und er versucht daher dadurch, dasz er die gegenwärtigen Personen und besonders ihre Augen nicht ansieht, momentan dieser peinlichen Überzeugung zu entgehen.

Schüchternheit. — Dieser merkwürdige Seelenzustand, der häufig auch Blödigkeit oder falsche Scham oder „mauvaise honte" genannt wird, scheint eine der allerwirksamsten unter allen Ursachen des Erröthens zu sein. Es wird allerdings die Schüchternheit hauptsächlich durch die Röthung des Gesichts, durch das Wegwenden oder Niederschlagen der Augen und durch eigenthümliche verkehrte nervöse Bewegungen des Körpers erkannt. So manche Frau erröthet aus dieser Ursache vielleicht hundert oder tausendmal, während sie nur ein einziges Mal deshalb erröthet, dasz sie irgend etwas gethan hat.

was Scham verdient oder worüber sie sich wirklich schämt. Die Schüchternheit scheint von der Empfindlichkeit für die Meinung Anderer, mag dieselbe eine gute oder schlechte sein, abzuhängen und besonders in Bezug auf die äuszere Erscheinung. Fremde wissen nichts von unserem Betragen oder unserem Character und kümmern sich auch nicht darum, aber sie können unsre Erscheinung kritisiren und thun dies auch häufig. Daher sind schüchterne Personen ganz besonders geneigt, in der Gegenwart von Fremden schüchtern zu werden und zu erröthen. Das Bewusztsein, irgend etwas Eigenthümliches oder selbst nur Neues an der Kleidung zu haben, oder irgend ein unbedeutender tadelnswerther Punkt an seiner Person und ganz besonders im Gesicht — Punkte, welche sehr leicht die Aufmerksamkeit Fremder auf sich lenken — macht den einmal schon Schüchternen ganz unerträglich schüchtern. Auf der andern Seite sind wir in denjenigen Fällen, in welchen es sich um unser Betragen und nicht um die persönliche Erscheinung handelt, viel mehr geneigt, in der Gegenwart von Bekannten schüchtern zu werden, deren Urtheil wir in einem gewissen Grade schätzen, als in der von Fremden. Ein Arzt erzählte mir, dasz ein junger Mann, ein wohlhabender Herzog, mit dem er als ärztlicher Begleiter gereist war, wie ein Mädchen erröthete, wenn er ihm sein Honorar bezahlte. Doch würde dieser junge Mann wahrscheinlich nicht erröthet oder schüchtern geworden sein, wenn er einem Kaufmanne seine Rechnung bezahlt hätte. Einige Personen sind indessen so empfindsam, dasz der blosse Act des Sprechens beinahe mit Jedermann hinreichend ist, ihr Selbstbewusztsein zu erregen, und dann ist ein leichtes Erröthen das Resultat.

Misbilligung oder Lächerlichmachen verursacht wegen unserer Empfindlickeit in diesem Punkte Schüchternheit und Erröthen viel leichter als Billigung, obgleich auch die letztere bei einigen Personen auszerordentlich wirksam ist. Der Eingebildete ist selten schüchtern, denn er schätzt sich viel zu hoch, als dasz er Geringschätzung erwarten könnte. Warum ein stolzer Mann häufig schüchtern ist, wie es der Fall zu sein scheint, liegt nicht so auf der Hand, wenn es nicht deshalb wäre, dasz er mit all seinem Selbstvertrauen wirklich viel von der Meinung Anderer hält, obschon in einem geringschätzenden Sinne. Personen, welche äuszerst scheu sind, sind selten in der Gegenwart derjenigen schüchtern, mit denen sie vollständig vertraut sind und von deren guter Meinung und Sympathie sie vollkommen versichert sind, so z. B. ein Mädchen in der Gegenwart ihrer Mutter. Ich habe es versäumt, in meinen gedruckten Fragebogen nachzuforschen, ob Schüchternheit bei den verschiedenen Menschenrassen entdeckt werden kann. Aber ein gebildeter Hindu versicherte Mr. ERSKINE, dasz dieselbe bei seinen Landsleuten zu erkennen sei.

Wie die Ableitung des Wortes in mehreren Sprachen andeutet[27], ist Schüchternheit oder Scheuheit mit Furcht nahe verwandt. Doch ist sie im gewöhnlichen Sinne von Furcht verschieden. Ein schüchterner Mensch fürchtet ohne Zweifel die Beachtung Fremder; man kann aber kaum sagen, dasz er sich vor ihnen fürchtet. Er kann so kühn wie ein Held in der Schlacht sein, und doch hat er in der Gegenwart von Fremden kein Selbstvertrauen in kleinlichen Dingen. Beinahe Jedermann ist auszerordentlich nervös, wenn er zuerst eine öffentliche Versammlung anredet, und die meisten Menschen behalten dies ihr ganzes Leben lang. Dies scheint aber von dem Bewusztsein einer noch bevorstehenden groszen Anstrengung mit deren associirten Wirkungen auf den Körper abzuhängen, und zwar wohl eher hiervon als von Schüchternheit[28], obschon ein furchtsamer oder schüchterner Mensch ohne Zweifel bei derartigen Gelegenheiten unendlich mehr leidet als ein anderer. Bei sehr kleinen Kindern ist es schwierig, zwischen Furcht und Schüchternheit zu unterscheiden. Das letztere Gefühl hat mir aber häufig bei ihnen theilweise den Character der Wildheit eines nicht gezähmten Thieres darzubieten geschienen. Schüchternheit tritt in einem sehr frühen Alter ein. Bei einem meiner eigenen Kinder sah ich, als es zwei Jahre und drei Monate alt war, eine Spur von dem, was sicher Schüchternheit zu sein schien und zwar in Bezug auf mich selbst, nachdem ich nur eine Woche vom Hause abwesend gewesen war. Es zeigte sich dies nicht durch ein Erröthen, sondern dadurch, dasz die Augen wenige Minuten leicht von mir weggewendet wurden. Ich habe bei andern Gelegenheiten bemerkt, dasz Schüchternheit oder Blödigkeit und wirkliche Scham in den Augen kleiner Kinder gezeigt werden, ehe sie die Fähigkeit zu erröthen erlangt haben.

---

[27] Mr. Wedgwood, Diction. English Etymology, Vol. III, 1865, p. 184; dasselbe gilt für das lateinische verecundus.

[28] Mr. Bain (The Emotions and the Will, p. 64) hat die „verlegenen", bei solchen Gelegenheiten empfundenen Gefühle erörtert, ebenso das „Lampenfieber" der der Bühne ungewohnten Schauspieler. Wie es scheint, schreibt Mr. Bain diese Gefühle einfach der Besorgnis oder der Furchtsamkeit zu.

Da Schüchternheit allem Anscheine nach von Selbstbeachtung abhängt, so können wir einsehen, wie Recht diejenigen haben, welche behaupten, dasz das Tadeln der Kinder wegen der Schüchternheit, statt ihnen dadurch irgend welches Gute zu thun, sehr schadet, da es ihre Aufmerksamkeit noch eingehender auf sich selbst richtet. Es ist sehr treffend hervorgehoben worden, dasz „nichts jungen Leuten „mehr schadet als beständig wegen ihrer Gefühle beobachtet zu wer„den, ihre Gesichter untersucht zu sehen und den Grad ihrer Em„pfindsamkeit durch das überwachende Auge des unbarmherzigen Zu„schauers gemessen zu wissen. Unter dem Zwange derartiger Unter„suchungen können sie an nichts denken als daran, dasz sie angesehen „werden, und nichts anderes fühlen als Scham oder Besorgnis"[29].

Moralische Ursachen: Schuld. — In Bezug auf das Erröthen aus streng genommen moralischen Ursachen begegnen wir denselben fundamentalen Grundsätzen wie vorher, nämlich der Rücksicht auf die Meinung Anderer. Es ist nicht das Bewusztsein, welches ein Erröthen hervorruft; denn ein Mensch kann aufrichtig irgend einen unbedeutenden in der Einsamkeit begangenen Fehler bereuen, oder er kann die schärfsten Gewissensbisse wegen eines nicht entdeckten Verbrechens fühlen, und doch wird er nicht erröthen. „Ich erröthe", sagt Dr. BURGESS[30], „in der Gegenwart meiner Ankläger". Es ist nicht das Gefühl der Schuld, sondern der Gedanke, dasz Andere uns für schuldig halten oder wissen, dasz wir schuld haben, was uns das Gesicht roth macht. Ein Mensch kann sich durch und durch beschämt fühlen, dasz er eine kleine Unwahrheit gesagt hat, ohne zu erröthen; aber wenn er auch nur vermuthet, dasz er entdeckt ist, wird er augenblicklich erröthen, besonders wenn er von irgend Jemand entdeckt wird, den er verehrt.

Auf der andern Seite kann ein Mensch überzeugt sein, dasz Gott Zeuge aller seiner Handlungen ist und er kann sich irgend eines Fehlers tief bewuszt fühlen und um Vergebung bitten; aber dies wird niemals ein Erröthen hervorrufen, wie eine Dame meinte, die sehr gern und stark erröthet. Der Unterschied dieser Verschieden-

---

[29] Essays on Practical Education, by Maria and R. L. Edgeworth, new edit., Vol. II, 1822, p. 38. Dr. Burgess (a. a. O. p. 187) hebt dasselbe sehr stark hervor.

[30] a. a. O. p. 50.

heit in der Wirkung zwischen dem Bewusztsein, dasz Gott unsere Handlungen kennt und dasz sie die Menschen kennen, liegt, wie ich vermuthe, darin, dasz die Misbilligung der Menschen über unmoralisches Betragen ihrer Natur nach mit der Geringschätzung unseres persönlichen Erscheinens etwas verwandt ist, so dasz beide durch Association zu ähnlichen Resultaten führen, während die Misbilligung Gottes keine derartige Association hervorruft.

Gar manche Person ist intensiv erröthet, wenn sie irgend eines Verbrechens angeschuldigt wurde, trotzdem sie vollständig unschuldig war. Selbst der Gedanke (wie die eben erwähnte Dame gegen mich bemerkt hat), dasz Andere denken, dasz wir eine unfreundliche oder dumme Bemerkung gemacht haben, ist weitaus genügend ein Erröthen zu verursachen, obschon wir die ganze Zeit hindurch wissen, dasz wir vollständig misverstanden worden sind. Eine Handlung kann verdienstlich oder von einer gleichgültigen Natur sein, aber eine empfindsame Person wird, wenn sie nur vermuthet, dasz Andere eine verschiedene Ansicht hiervon haben, erröthen. Z. B. kann eine Dame für sich allein Geld einem Bettler geben, ohne eine Spur eines Erröthens. Wenn aber Andere noch gegenwärtig sind und sie zweifelt, ob sie es billigen, oder vermuthet, dasz sie glauben, sie würde von dem Wunsche beeinfluszt, sich zu zeigen, so wird sie erröthen. Dasselbe wird der Fall sein, wenn sie sich erbietet, die Noth einer herabgekommenen Frau aus bessern Ständen zu erleichtern, noch besonders einer solchen, die sie früher unter bessern Verhältnissen gekannt hat, da sie dann nicht sicher sein kann, wie ihre Handlungsweise betrachtet werden wird. Aber derartige Fälle gehen in Schüchternheit über.

Verletzungen der Etikette. — Die Regeln der Etikette beziehen sich immer auf unser Betragen in der Gegenwart von Andern oder Andern gegenüber. Sie haben keinen nothwendigen Zusammenhang mit dem moralischen Gefühle und sind oft bedeutungslos. Da sie aber von dem feststehenden Gebrauche der uns gleich Stehenden oder höher Gestellten abhängen, deren Meinung wir hoch in Ansehen halten, so werden sie nichtsdestoweniger beinahe als ebenso bindend betrachtet, wie die Gesetze der Ehre es für einen gebildeten Menschen sind. In Folge dessen wird ein Verletzen der Gesetze der Etikette,

d. h. irgend eine Unhöflichkeit oder gaucherie, irgend eine unpassende Handlung oder unpassende Bemerkung, wenn sie auch ganz zufällig ist, das intensivste Erröthen verursachen, dessen ein Mensch nur fähig ist. Selbst die Rückerinnerung an einen derartigen Act wird nach Verlauf vieler Jahre ein Prickeln auf dem ganzen Körper hervorrufen. Auch ist die Kraft der Sympathie so stark, dasz eine empfindsame Person, wie mir eine Dame versichert hat, zuweilen über offenbare Verletzung der Etikette durch einen vollkommen Fremden erröthen wird, trotzdem die Handlung selbst sie in keiner Weise etwas angeht.

Bescheidenheit. — Diese ist ein weiteres mächtiges Mittel, Schamröthe zu erregen. Doch schliesz das Wort Bescheidenheit sehr verschiedene Seelenzustände in sich. Es umfaszt Demuth, und wir schlieszen auf diese häufig daraus, dasz eine Person über unbedeutendes Lob sich sehr freut und erröthet, oder dasz sie von Lob unangenehm berührt wird, welches ihr nach ihrem eignen niedrigen Maszstabe der Selbstbeurtheilung zu hoch scheint. Das Erröthen hat hier die gewöhnliche Bedeutung der Beachtung der Meinung Anderer. Bescheidenheit [oder Sittsamkeit] bezieht sich aber häufig auf Acte der Unzartheit, und Unzartheit ist eine Sache der Etikette, wie wir deutlich bei den Nationen sehen, welche vollständig oder nahezu nackt gehen. Wer sittsam ist und leicht über Handlungen dieser Natur erröthet, thut es, weil dies Verletzungen einer fest und weise gegründeten Etikette sind. Dies zeigt sich in der That aus der Ableitung des Wortes modestus von modus, ein Masz oder Maszstab unseres Benehmens. Ein Erröthen in Folge dieser Form von Bescheidenheit wird überdies gern intensiv, weil es sich gewöhnlich auf das andere Geschlecht bezieht, und wir haben gesehen, wie in allen Fällen unsere Geneigtheit zu erröthen hierdurch vergröszert wird. Wir wenden den Ausdruck bescheiden, wie es den Anschein hat, auf diejenigen an, welche eine demüthige Meinung von sich selbst haben, und auf diejenigen, welche äuszerst empfindsam in Bezug auf ein unzartes Wort oder eine unzarte That sind, einfach deshalb, weil in beiden Fällen leicht Erröthen erregt wird; denn diese beiden Seelenzustände haben sonst weiter nichts mit einander Gemeinsames. Auch wird Schüchternheit aus dieser selben Ursache häufig irrthümlich für Bescheidenheit gehalten.

Einige Personen werden plötzlich über irgend eine ihnen schnell in den Sinn kommende und unangenehme Erinnerung roth, wie ich selbst beobachtet habe und wie mir von Andern versichert worden ist. Die häufigste Ursache scheint die plötzliche Erinnerung daran zu sein, dasz irgend etwas für eine andere Person nicht gethan ist, was versprochen worden war. In diesem Falle dürfte der Gedanke halb unbewuszt durch die Seele ziehen: „was wird er von mir denken?" Und dann wird das Rothwerden die Natur eines wirklichen Erröthens vor Scham erhalten. Ob aber derartige Erscheinungen des Rothwerdens in den meisten Fällen Folge einer Affection des capillaren Kreislaufs sind, ist sehr zweifelhaft. Denn wir müssen uns daran erinnern, dasz beinahe jede starke Gemüthserregung, so z. B. Zorn oder grosze Freude, auf das Herz wirkt und das Gesicht zu erröthen veranlaszt.

Die Thatsache, dasz Erröthen in absoluter Einsamkeit erregt werden kann, scheint der hier vertretenen Ansicht entgegen zu sein, dasz nämlich die Gewohnheit ursprünglich aus dem Gedanken daran entstanden sei, was Andere von uns denken. Mehrere Damen, welche leicht und stark erröthen, sind in Bezug auf die Einsamkeit einstimmig, und einige von ihnen glauben, dasz sie im Dunkeln erröthet sind. Nach dem, was Mr. FORBES in Bezug auf die Aymaras angegeben hat, und nach meinen eigenen Empfindungen habe ich keinen Zweifel, dasz die letzte Angabe richtig ist. SHAKESPEARE irrte sich daher, als er Julia, welche nicht einmal allein war, zu Romeo sagen liesz (Act II, Scene 2):

> „Du weiszt, die Nacht verschleiert mein Gesicht,
> Sonst färbte Mädchenröthe meine Wangen
> Um das, was du vorhin mich sagen hörtest."

Wenn aber ein Erröthen im Alleinsein erregt wird, so bezieht sich die Ursache beinahe immer auf die Gedanken Anderer über uns, auf Handlungen, die in ihrer Gegenwart ausgeführt oder von ihnen vermuthet wurden; oder wir erröthen ferner, wenn wir uns überlegen, was Andere von uns gedacht haben würden, wenn sie von der Handlung gewuszt hätten. Nichtsdestoweniger glauben ein oder zwei meiner Berichterstatter, dasz sie aus Scham über Handlungen erröthet sind, die in keiner Weise sich auf Andere beziehen. Ist dies der Fall, so müssen wir das Resultat der Gewalt eingewurzelter Gewohnheit und der Association unter einem Seelenzustande zuschreiben, welcher dem sehr analog ist, welcher gewöhnlich ein Erröthen erregt. Auch dürfen wir uns darüber nicht überrascht fühlen, da, wie es die Annahme Mehrerer ist, selbst die Sympathie mit einer andern Person, welche einen offenbaren Bruch der Etikette begeht, wie wir eben gesehen haben, zuweilen ein Erröthen verursacht.

Ich komme denn endlich zum Schlusse, dasz das Erröthen, mag es Folge der Schüchternheit oder Scham wegen eines wirklichen Verbrechens oder der Scham wegen eines Bruchs der Gesetze der Etikette oder Bescheidenheit aus Demuth oder der bei einer Unzartheit sich regenden Sittsamkeit sein, in allen Fällen von demselben Grundsatze abhängt, und dieser Grundsatz ist eine empfindliche Rücksicht für die Meinung und ganz besonders für die Geringschätzung Anderer, ursprünglich in Beziehung auf unsere persönliche Erscheinung, speciell unseres Gesichts, und in zweiter Linie durch die Kraft der Association und der Gewohnheit in Bezug auf die Meinung Anderer über unser Betragen.

Theorie des Erröthens. — Wir haben nun zu betrachten, warum der Gedanke, dasz Andere etwas von uns denken, unsern capillaren Kreislauf afficiren sollte. Sir Ch. Bell hebt hervor [31], dasz das Erröthen eine specielle Einrichtung für den Ausdruck unseres Inneren ist, „wie man daraus schlieszen kann, dasz sich die Farbe nur auf „die Oberfläche des Gesichts, des Halses und der Brust erstreckt, „d. h. die am meisten exponirten Theile. Es ist nicht erlangt; es „besteht von Anfang an". Dr. Burgess glaubt, dasz es vom Schöpfer beabsichtigt war, „damit die Seele souveräne Gewalt habe, auf den „Wangen die verschiedenen innern Erregungen der moralischen Ge„fühle darzustellen", so dasz es für uns selbst als eine Art Hemmnis und für andere als ein Zeichen dient, dasz wir Gesetze verletzen. welche heilig gehalten werden sollten. Gratiolet bemerkt: „Or, comme „il est dans l'ordre de la nature que l'être social le plus intelligent „soit aussi le plus intelligible, cette faculté de rougeur et de pâleur „qui distingue l'homme, est un signe naturel de sa haute perfection."

Dem Glauben, dasz das Erröthen speciell vom Schöpfer beabsichtigt worden sei, steht die allgemeine Theorie der Entwickelung

---

[31] Bell, Anatomy of Expression, p. 95. Burgess, in Bezug auf das weiter unten folgende Citat, a. a. O. p. 49. Gratiolet, De la Physionomie, p. 94.

entgegen, welche jetzt so allgemein angenommen wird. Es gehört aber nicht zu meiner Verpflichtung, hier mich in Argumentationen über die allgemeine Frage einzulassen. Diejenigen, welche an Zwecke glauben, werden es schwierig finden, zu erklären, warum die Schüchternheit die häufigste und wirksamste aller Ursachen des Erröthens ist, da es sowohl die erröthende Person leidend als auch den Zuschauer ungemüthlich macht, ohne dasz es für eine von den beiden von dem geringsten Nutzen ist. Sie werden es auch schwierig finden, zu erklären, warum Neger und andere dunkelgefärbte Rassen erröthen, bei denen eine Farbenveränderung in der Haut kaum oder gar nicht sichtbar ist.

Ohne Zweifel erhöht ein leichtes Erröthen die Schönheit eines Mädchengesichtes, und diejenigen tscherkessischen Frauen, welche im Stande sind zu erröthen, erreichen im Serail des Sultans ausnahmslos einen höhern Preis als weniger empfindliche Frauen[32]. Aber selbst derjenige, welcher ganz fest an die Wirksamkeit geschlechtlicher Zuchtwahl glaubt, wird kaum annehmen, dasz das Erröthen als eine geschlechtliche Zierrath erlangt wurde. Diese Ansicht würde auch dem entgegenstehen, was soeben über das in einer nicht sichtbaren Art eintretende Erröthen dunkelgefärbter Rassen gesagt worden ist.

Die Hypothese, welche mir die wahrscheinlichste zu sein scheint, obschon sie zuerst voreilig erscheinen könnte, ist die, dasz scharf auf irgend einen Theil des Körpers gerichtete Aufmerksamkeit die gewöhnliche und tonische Zusammenziehung der kleineren Arterien dieses Theils zu stören geneigt ist. In Folge hiervon werden diese Gefäsze zu solchen Zeiten mehr oder weniger erschlafft und augenblicklich mit arteriellem Blute erfüllt. Diese Neigung wird in hohem Grade verstärkt worden sein, wenn die Aufmerksamkeit während vieler Generationen häufig auf denselben Theil gewendet worden ist, und zwar dadurch, dasz die Nervenkraft leicht gewohnten Canälen entlang fliesz, und durch die Kraft der Vererbung. So oft wir nur immer glauben, dasz Andere unsere persönliche Erscheinung geringschätzen oder auch nur beachten, wird unsere Aufmerksamkeit lebhaft auf die äuszern und sichtbaren Theile unseres Körpers gelenkt, und von allen derartigen Theilen sind wir im Gesicht am empfindlichsten, wie es ohne

---

[32] Nach der Autorität der Lady Mary Wortley Montague; siehe Burgess, a. a. O. p. 43.

Zweifel während vieler vorausgegangener Generationen der Fall gewesen ist. Wenn wir daher für den Augenblick einmal annehmen, dasz die Haargefäsze von scharfer Aufmerksamkeit beeinfluszt werden können, so werden diejenigen des Gesichts im höchsten Grade empfindlich geworden sein. Durch die Kraft der Association werden dann dieselben Wirkungen einzutreten geneigt sein, so oft wir denken, dasz Andere unsere Handlungen oder unsern Character beachten oder beurtheilen.

Da die Grundlage dieser Theorie darauf beruht, dasz geistige Aufmerksamkeit eine gewisse Kraft besitzt, den capillaren Kreislauf zu beeinflussen, so wird es nothwendig sein, eine beträchtliche Menge von Einzelnheiten anzuführen, die mehr oder weniger direct sich auf diesen Gegenstand beziehen. Mehrere Beobachter[33], welche in Folge ihrer groszen Erfahrung und Kenntnis in hervorragendem Grade fähig sind, sich ein richtiges Urtheil zu bilden, sind überzeugt, dasz Aufmerksamkeit oder Bewusztwerden (welchen letztern Ausdruck Sir HENRY HOLLAND für den bezeichnenderen hält), auf irgend einen Theil des Körpers concentrirt (und es kann beinahe jeder so beeinfluszt werden), irgend eine gewisse directe physikalische Einwirkung auf denselben hervorruft. Dies gilt sowohl für die Bewegungen der unwillkürlichen wie der willkürlichen Muskeln, wenn sie unwillkürlich in Thätigkeit treten — desgleichen für die Absonderung der Drüsen —, für die Thätigkeit der Sinne und der Sinnesempfindungen — und selbst für die Ernährung der Theile.

---

[33] In England war wohl, wie ich meine, Sir H. Holland der erste, welcher den Einflusz der geistigen Aufmerksamkeit auf verschiedene Theile des Körpers erörterte, in seinen Medical Notes and Reflections, 1839, p. 61. Dieser Aufsatz wurde sehr erweitert wieder abgedruckt von Sir H. Holland in seinen „Chapters on Mental Physiology", 1858, p. 79, nach welchem Werke ich immer citire. Ziemlich zu derselben Zeit und dann auch später noch erörterte Professor Laycock denselben Gegenstand; siehe Edinburgh Medical and Surgical Journal, 1839, July, p. 17—28; s. auch dessen Treatise on the Nervous Diseases of Women, 1840, p. 110, und Mind and Brain, Vol. II, 1860, p. 327. Dr. Carpenter's Ansichten über Mesmerismus gehen ziemlich auf dasselbe hinaus. Der berühmte Physiolog Johannes Müller handelte von dem Einflusse der Aufmerksamkeit auf die Sinne; Handbuch der Physiologie des Menschen, Bd. 2, 1840, S. 95, 272. Sir James Paget erörterte den Einflusz des Geistes auf die Ernährung der Theile in seinen Lectures on Surgical Pathology, 1853, Vol. I, p. 39. Ich citire nach der dritten von Professor Turner revidirten Ausgabe, 1870, p. 28. s. auch Gratiolet, De la Physionomie, p. 283—287.

Es ist bekannt, dasz die unwillkürlichen Bewegungen des Herzens afficirt werden, wenn ihnen eingehende Aufmerksamkeit gewidmet wird. GRATIOLET[34] führt den Fall eines Mannes an, welcher durch beständiges Beobachten und Zählen seines eigenen Pulses zuletzt es veranlaszte, dasz unter je sechs Schlägen einer stets ausfiel. Auf der andern Seite erzählte mir mein Vater von einem sorgfältigen Beobachter, welcher sicher herzkrank war und später an einer Herzkrankheit starb, dasz er positiv angegeben hätte, wie sein Puls gewöhnlich im äuszersten Grade unregelmäszig wäre und doch zu seinem Ärger ausnahmslos regelmäszig geworden wäre, sobald mein Vater das Zimmer betreten hätte. Sir HENRY HOLLAND bemerkt[35], dasz „die Wirkung auf „die Circulation in einem Theile in Folge des plötzlich auf ihn ge„richteten und fest haftenden Bewusztseins häufig und unmittelbar „zu Tage tritt". Prof. LAYCOCK, welcher besondere Aufmerksamkeit auf Erscheinungen dieser Art gerichtet hat[36], hebt hervor, dasz „wenn „die Aufmerksamkeit auf irgend einen Theil des Körpers gerichtet „wird, die Innervation und Circulation local gereizt und die func„tionelle Thätigkeit dieses Theils entwickelt werde."

Es wird allgemein angenommen, dasz die peristaltischen Bewegungen der Eingeweide dadurch beeinfluszt werden, dasz sich die Aufmerksamkeit in bestimmt wiederkehrenden Perioden auf sie richtet, und diese Bewegungen hängen von der Zusammenziehung nicht gestreifter und unwillkürlicher Muskeln ab. Die abnorme Thätigkeit der willkürlichen Muskeln bei Epilepsie, Veitstanz und Hysterie wird bekanntlich durch die Erwartung eines Anfalls beeinfluszt, ebenso durch den Anblick anderer, in ähnlicher Weise leidender Patienten[37]. Dasselbe gilt auch für die unwillkürlichen Acte des Gähnens und Lachens.

Gewisse Drüsen werden durch das Denken an dieselben oder an die Bedingung, unter welcher sie gewohnheitsgemäsz erregt werden, stark beeinfluszt. Dies ist eine allbekannte Erscheinung in Bezug auf den vermehrten Zuflusz von Speichel, wenn z. B. der Gedanke an eine intensiv saure Frucht lebhaft vorgestellt wird[38]. In unserm sechsten

---

[34] De la Physionomie, p. 283.
[35] Chapters on Mental Physiology, 1858, p. 111.
[36] Mind and Brain, 1860, p. 327.
[37] Chapters on Mental Physiology, p. 104—106.
[38] s. über diesen Punkt: Gratiolet, De la Physionomie, p. 287.

Capitel ist gezeigt worden, dasz ein ernstliches und lang anhaltendes Verlangen, entweder die Thätigkeit der Thränendrüsen zurückzuhalten oder zu vermehren von Wirkung ist. Einige merkwürdige Fälle sind in Bezug auf Frauen mitgetheilt worden von der Gewalt des Geistes über die Milchdrüsen und noch merkwürdigere in Bezug auf die Uterinfunctionen [39].

Wenn wir unsere ganze Aufmerksamkeit auf irgend einen Sinn richten, so wird dessen Schärfe erhöht [40], und die beständige Gewohnheit scharfer Aufmerksamkeit, so bei blinden Leuten auf den Gehörsinn und bei blinden und tauben Personen auf den Tastsinn, scheint den in Rede stehenden Sinn permanent feiner auszubilden. Nach den Fähigkeiten verschiedener Menschenrassen zu urtheilen, ist auch einiger Grund zur Annahme vorhanden, dasz die Wirkungen vererbt werden. Wendet man sich zu gewöhnlichen Empfindungen, so ist es eine bekannte Thatsache, dasz der Schmerz ärger wird, wenn man ihm Beachtung schenkt, und Sir Benj. Brodie geht so weit, zu glauben, dasz man Schmerz in jedem Theile des Körpers fühlen könne, auf den die Aufmerksamkeit sich scharf richtet [41]. Sir Henry Holland bemerkt

---

[39] Dr. J. Crichton Browne ist nach seinen Beobachtungen an Geisteskranken überzeugt, dasz die längere Zeit hindurch auf irgend einen Theil oder ein Organ gelenkte Aufmerksamkeit schlieszlich dessen capillare Circulation und Ernährung beeinfluszt. Er hat mir einige auszerordentliche Fälle mitgetheilt; einer derselben, welcher hier nicht ausführlich erzählt werden kann, betrifft eine verheirathete Frau von fünfzig Jahren, welche an der festen und lange anhaltenden Täuschung litt, dasz sie in andern Umständen sei. Als die erwartete Zeit heran kam, benahm sie sich genau so, als wäre sie von einem Kinde entbunden worden, und schien auszerordentliche Schmerzen zu haben, so dasz der Schweisz ihr auf die Stirne trat. Das Resultat war, dasz ein Zustand der Dinge eintrat und drei Tage lang anhielt, welcher während der vorausgehenden sechs Jahre ausgesetzt hatte. Mr. Braid führt in seinem Buche: „Magic, Hypnotism etc." 1852, p. 95, und in andern Werken analoge Fälle, ebenso noch andere Thatsachen an, welche den groszen Einflusz des Willens auf die Milchdrüsen, selbst einer Seite allein nachweisen.

[40] Dr. Maudsley hat (The Physiology and Pathology of Mind. 2. edit., 1868, p. 105) nach guter Gewähr einige merkwürdige Angaben in Bezug auf die Verbesserung des Tastsinnes durch Übung und Aufmerksamkeit mitgetheilt. Es ist merkwürdig, dasz wenn dieser Sinn hierdurch an irgend einem Theile des Körpers, z. B. an einem Finger, schärfer geworden ist, er auch an der andern Seite des Körpers in gleicher Weise an Schärfe gewonnen hat.

[41] The Lancet, 1838, p. 39—40, citirt von Prof. Laycock, Nervous Diseases of Women, 1840, p. 110.

gleichfalls, dasz wir uns nicht blosz der Existenz eines Theiles bewuszt werden, welcher concentrirter Aufmerksamkeit unterworfen wird, sondern wir empfinden in demselben Theile auch verschiedene merkwürdige Gefühle, wie das der Schwere, der Hitze, Kälte, Prickeln oder Stechen [42].

Endlich behaupten manche Physiologen, dasz der Geist die Ernährung der Theile beeinflussen könne. Sir J. Paget hat einen merkwürdigen Fall der Gewalt allerdings nicht des Geistes, sondern des Nervensystems über das Haar mitgetheilt. Eine Dame, „welche An-„fälle von Kopfschmerzen hat, die man nervöses Kopfweh nennt, findet „immer am Morgen nach einem solchen, dasz einige Stellen ihres „Haares weisz sind, als wären sie mit Stärke gepudert. Die Ver-„änderung wird in einer Nacht bewirkt, und in wenig Tagen später „erhalten die Haare allmählich ihre dunkel bräunliche Färbung „wieder" [43].

Wir sehen hieraus, dasz eingehende Aufmerksamkeit sicherlich verschiedene Theile und Organe afficirt, welche nicht eigentlich unter der Controle des Willens stehen. Durch welche Mittel Aufmerksamkeit — vielleicht die wunderbarste aller wunderbaren Kräfte der Seele — bewirkt wird, ist ein äuszerst dunkler Gegenstand. Der Angabe Johannes Müller's zufolge [44] ist der Procesz, durch welchen die empfindenden Zellen des Gehirns durch den Willen für das Erhalten intensiverer und deutlicherer Eindrücke empfindlich gemacht werden, dem sehr analog, durch welchen die Bewegungszellen dazu gereizt werden, Nervenkraft an willkürliche Muskeln zu senden. Es finden sich viele analoge Punkte in der Thätigkeit der empfindenden und bewegenden Nervenzellen, z. B. die allgemein bekannte Thatsache, dasz nahe Aufmerksamkeit auf irgend einen Sinn Ermüdung verursacht, ebenso wie die länger andauernde Anstrengung irgend eines Muskels [45]. Wenn wir daher willkürlich unsere Aufmerksamkeit auf irgend einen Theil des Körpers concentriren, so werden wahrscheinlich die Zellen

---

[42] Chapters on Mental Physiology, 1858, p. 91—93.

[43] Lectures on Surgical Pathology, 3. edit. revised by Prof. Turner, 1870, p. 28, 31.

[44] Handbuch der Physiologie des Menschen, Bd. 2, 1840, S. 97.

[45] Professor Laycock hat diesen Punkt in einer sehr interessanten Art erörtert. Siehe seine „Nervous Diseases of Women", 1840, p. 110.

des Gehirns, welche Eindrücke und Empfindungen von diesem Theile erhalten, in irgend einer unbekannten Weise zur Thätigkeit gereizt. Dies dürfte es erklären, dasz ohne irgend welche locale Veränderung in dem Theile, auf welchen unsere Aufmerksamkeit ernstlich gerichtet ist, Schmerz oder eigenthümliche Empfindungen gefühlt oder verstärkt werden.

Wenn indessen dieser Theil mit Muskeln versehen ist, so können wir nicht sicher sein, wie Mr. MICHAEL FOSTER gegen mich bemerkt hat, ob nicht irgend ein geringer Impuls unbewuszterweise derartigen Muskeln übermittelt wird, und dies würde wahrscheinlich eine dunkle Empfindung in dem Theile verursachen.

In einer groszen Zahl von Fällen, so bei den Speicheldrüsen und Thränendrüsen, dem Darmcanal u. s. w. scheint die Gewalt der Aufmerksamkeit entweder hauptsächlich oder, wie manche Physiologen glauben, ausschlieszlich darauf zu beruhen, dasz das vasomotorische System in einer derartigen Art und Weise afficirt wird, dasz einer gröszeren Menge Blut gestattet wird, in die Capillargefäsze des in Rede stehenden Theils einzuströmen. Diese vermehrte Thätigkeit der Haargefäsze kann in manchen Fällen mit der gleichzeitig vermehrten Thätigkeit des Sensoriums combinirt sein.

Die Art und Weise, in welcher die Seele das vasomotorische System beeinfluszt, kann in der folgenden Weise vorgestellt werden. Wenn wir wirklich eine saure Frucht schmecken, so wird ein Eindruck durch den Geschmacksnerven einem gewissen Theile des Sensoriums zugesendet. Dieses übermittelt Nervenkraft an das vasomotorische Centrum, welches in Folge hiervon den musculösen Wandungen der kleinen Arterien, welche die Speicheldrüsen durchziehen, gestattet zu erschlaffen. In Folge hiervon fliesz mehr Blut in diese Drüsen, und diese sondern eine reichlichere Menge von Speichel ab. Nun scheint es keine unwahrscheinliche Voraussetzung zu sein, dasz wenn wir intensiv über eine Empfindung nachdenken, derselbe Theil des Sensoriums oder ein nahe mit ihm zusammenhängender Theil desselben in einen Zustand von Thätigkeit versetzt wird, in derselben Weise, als wenn wir wirklich die Empfindung wahrnähmen. Ist dies der Fall, so werden dieselben Zellen im Gehirn, wenn auch vielleicht nur in einem geringern Grade, durch ein lebhaftes Denken an einen sauern Geschmack, sowie beim Wahrnehmen eines solchen erregt werden, und sie werden dann in dem einen Falle so gut wie in dem andern Nervenkraft dem vasomotorischen Centraltheile und zwar mit denselben Resultaten übersenden.

Um noch eine andere und in gewissen Beziehungen noch passendere Erläuterung zu geben: Wenn ein Mensch vor einem tüchtigen Feuer steht, so röthet sich sein Gesicht. Dies scheint, wie Mr. Michael Foster mir mittheilt, zum Theil eine Folge der örtlichen Wirkung der Hitze, zum Theil einer Reflexthätigkeit von dem vasomotorischen Centraltheile her zu sein[46]. In diesem letztern Falle afficirt die Hitze die Nerven des Gesichts. Diese übermitteln einen Eindruck den empfindenden Zellen des Gehirns, welche auf den vasomotorischen Centraltheil einwirken, und dieser wieder wirkt auf die kleinen Arterien des Gesichts zurück, erschlafft sie und gestattet ihnen, sich mit Blut zu füllen. Auch hier scheint es nicht unwahrscheinlich zu sein, dasz, wenn wir wiederholt mit groszem Eifer unsere Aufmerksamkeit auf die Erinnerung unserer erhitzten Gesichter concentriren, derselbe Theil des Sensoriums, welcher uns das Bewusztwerden wirklicher Hitze mittheilt, in einem gewissen unbedeutenden Grade gereizt wird, und in Folge hiervon können gewisse Theile von Nervenkraft an die vasomotorischen Centraltheile übersendet werden, so dasz die Haargefäsze des Gesichts sich erweitern. Da nun die Menschen im Verlaufe endloser Generationen ihre Aufmerksamkeit häufig und ernstlich ihrer persönlichen Erscheinung gewidmet haben und besonders ihrem Gesichte, so wird jede beginnende Neigung der Haargefäsze des Gesichts, in dieser Weise afficirt zu werden, im Laufe der Zeit durch die eben erwähnten Grundsätze, nämlich dasz Nervenkraft leicht gewohnten Canälen entlang ausströmt, und durch vererbte Gewohnheit bedeutend verstärkt worden sein. Es wird hierdurch, wie mir scheint, eine plausible Erklärung für die mit dem Acte des Erröthens in Verbindung stehenden leitenden Thatsachen dargeboten.

Recapitulation. — Männer und Frauen, und besonders die jungen, haben stets in hohem Grade ihre persönliche Erscheinung werth gehalten und haben in gleicher Weise die Erscheinung Anderer beobachtet. Das Gesicht ist der hauptsächlichste Gegenstand der

---

[46] s. auch Mr. Michael Foster, über die Thätigkeit des vasomotorischen Systems in seiner interessanten Vorlesung vor der Royal Institution, übersetzt in der „Revue des Cours Scientifiques' Sep. 25. 1869, p. 683.

Aufmerksamkeit gewesen, trotzdem, wenn der Mensch ursprünglich nackt gieng, die ganze Oberfläche seines Körpers beachtet worden sein wird. Unsere Aufmerksamkeit auf uns selbst wird beinahe ausschlieszlich durch die Meinung Anderer angeregt; denn kein in absoluter Einsamkeit lebender Mensch würde sich um seine Erscheinung kümmern. Jedermann fühlt Tadel empfindlicher als Lob. Sobald wir nun wissen oder vermuthen, dasz Andere unsere persönliche Erscheinung geringschätzen, wird unsere Aufmerksamkeit sehr stark auf uns selbst und ganz besonders auf unser Gesicht gerichtet. Die wahrscheinliche Wirkung hiervon wird, wie soeben erklärt wurde, die sein, dasz der Theil des Sensoriums, welcher die empfindenden Nerven des Gesichts erhält, zur Thätigkeit veranlaszt wird; und dieser wird durch das vasomotorische System auf die Haargefäsze des Gesichts zurückwirken. Durch häufige Wiederholung während zahlloser Generationen wird der Procesz in Association mit dem Glauben, dasz Andere sich Gedanken über uns machen, so gewohnheitsgemäsz geworden sein, dasz selbst eine Vermuthung ihrer Geringschätzung genügt, die Haargefäsze zu erschlaffen ohne irgend einen bewuszten Gedanken an unser Gesicht. Bei einigen empfindsamen Personen ist es hinreichend, auch nur ihren Anzug zu beachten, um dieselbe Wirkung hervorzurufen. Auch werden durch die Kraft der Association und Vererbung unsere Haargefäsze erschlafft, sobald wir wissen oder uns einbilden, dasz irgend Jemand, wenn auch stillschweigend, unsere Handlungen, Gedanken oder unsern Character tadelt, und ferner, wenn wir hoch gepriesen werden.

Nach dieser Hypothese können wir verstehen, woher es kommt, dasz das Gesicht viel mehr erröthet, als irgend ein anderer Theil des Körpers, wenn schon die ganze Oberfläche in gewisser Weise afficirt wird, besonders bei den Rassen, welche noch immer nahezu nackt einhergehen. Es ist durchaus nicht überraschend, dasz die dunkel gefärbten Rassen erröthen, wenn schon keine Veränderung der Farbe auf ihrer Haut sichtbar ist. Nach dem Principe der Vererbung ist es ferner nicht überraschend, dasz blindgeborne Personen erröthen. Wir können verstehen, warum junge Individuen viel mehr afficirt werden als alte, und Frauen mehr als Männer und warum die entgegengesetzten Geschlechter speciell gegenseitig das Erröthen erregen. Es wird verständlich, warum persönliche Bemerkungen besonders leicht

Erröthen verursachen und warum die mächtigste aller Ursachen die Schüchternheit ist. Denn die Schüchternheit bezieht sich auf die Gegenwart oder die Meinung Anderer, und schüchterne Personen sind stets mehr oder weniger selbstbewuszt. In Bezug auf wirkliche Scham in Folge moralischer Fehler können wir verstehen, woher es kommt, dasz nicht die Schuld, sondern der Gedanke, dasz Andere uns für schuldig halten, ein Erröthen erregt. Ein Mensch, welcher über ein in Einsamkeit begangenes Verbrechen nachdenkt und von seinem Gewissen gepeinigt wird, erröthet nicht. Doch wird er unter der lebhaften Rückerinnerung an einen entdeckten Fehler oder an einen in der Gegenwart Anderer begangenen erröthen, wobei der Grad des Erröthens in naher Beziehung zum Gefühle der Achtung vor Denen steht, welche seinen Fehler entdeckt, mit erlebt oder vermuthet haben. Verletzung conventioneller Regeln des Betragens verursachen, wenn solche von uns gleich- oder höher als wir stehenden Personen streng aufrecht erhalten werden, häufig intensiveres Erröthen als selbst ein entdecktes Verbrechen, und ein Act, welcher wirklich verbrecherisch ist, erregt, wenn er nicht von uns Gleichstehenden getadelt wird, kaum eine Erhöhung der Farbe auf unsern Wangen. Bescheidenheit aus Demuth oder die Regung der Sittsamkeit in Folge einer Unzartheit erregt ein lebhaftes Erröthen, da sich beide auf das Urtheil oder die feststehenden Gebräuche Anderer beziehen.

In Folge der intimen Sympathie, welche zwischen dem capillaren Kreislaufe der Oberfläche des Kopfes und des Gehirns besteht, wird, sobald intensives Erröthen eintritt, auch eine gewisse und häufig grosze Verlegenheit des Geistes eintreten. Dieselbe wird häufig von ungeschickten Bewegungen und zuweilen von unwillkürlichen Zuckungen gewisser Muskeln begleitet.

Da das Erröthen dieser Hypothese zufolge ein indirectes Resultat der Aufmerksamkeit ist, welche ursprünglich unserer persönlichen Erscheinung, d. h. der Oberfläche des Körpers und ganz besonders dem Gesichte zugewendet war, so können wir die Bedeutung der Geberden verstehen, welche über die ganze Erde das Erröthen begleiten. Diese bestehen in dem Verbergen oder dem Wenden des Gesichts auf den Boden oder nach einer Seite. Die Augen werden gewöhnlich abgewendet oder sind unruhig; denn den Menschen anzublicken, welcher die Ursache war, dasz wir Scham oder Schüchternheit empfinden, bringt uns sofort in einer unerträglichen Weise das Bewusztsein in unsere Seele zurück, dasz sein Blick scharf auf uns gerichtet ist. Durch das Princip associirter Gewohnheit werden dieselben Bewegungen des Gesichts und der Augen ausgeübt und können in der That kaum vermieden werden, sobald wir wissen oder glauben, dasz Andere unser moralisches Betragen tadeln oder zu stark loben.

Vierzehntes Capitel.

Schluszbemerkungen und Zusammenfassung.

Die drei leitenden Grundsätze, welche die hauptsächlichsten Bewegungen des Ausdrucks bestimmt haben. — Deren Vererbung. — Über den Antheil, welchen der Wille und die Absicht bei der Erlangung verschiedener Ausdrucksweisen gehabt haben. — Das instinctive Erkennen des Ausdrucks. — Die Beziehung des Gegenstandes zur Frage von der specifischen Einheit der Menschenrassen. — Über das allmähliche Erlangen verschiedener Ausdrucksformen durch die Urerzeuger des Menschen. — Die Wichtigkeit des Ausdrucks. — Schlusz.

Ich habe nun nach meinen besten Kräften die hauptsächlichsten, einen Ausdruck bezeichnenden Handlungen beim Menschen und bei einigen wenigen der niederen Thiere beschrieben. Ich habe auch versucht, den Ursprung oder die Entwickelung dieser Handlungen aus den drei im ersten Capitel mitgetheilten Grundsätzen zu erklären. Der erste dieser Grundsätze ist der, dasz Bewegungen, welche zur Befriedigung irgend eines Verlangens oder zur Erleichterung irgend einer Empfindung von Nutzen sind, häufig wiederholt und so gewohnheitsgemäsz werden, dasz sie, mögen sie nun von Nutzen sein oder nicht, ausgeführt werden, sobald dasselbe Verlangen oder dieselbe Empfindung selbst in einem sehr schwachen Grade gefühlt wird.

Unser zweites Princip ist das des Gegensatzes Die Gewohnheit, willkürlich unter entgegengesetzten Antrieben entgegengesetzte Bewegungen auszuführen, ist durch die praktische Übung unseres ganzen Lebens fest entwickelt worden. Wenn daher gewisse Handlungen in Übereinstimmung mit unserm ersten Grundsatze bei einem bestimmten Seelenzustande regelmäszig ausgeführt worden sind, so wird unwillkürlich ein lebhaftes Bestreben eintreten, unter der Erregung eines entgegengesetzten Seelenzustandes direct entgegengesetzte Handlungen auszuführen, mögen diese von irgend welchem Nutzen sein oder nicht.

Unser drittes Princip ist das der directen Wirkung des gereizten Nervensystems auf den Körper, unabhängig vom Willen und auch zum groszen Theil unabhängig von der Gewohnheit. Die Erfahrung lehrt, dasz Nervenkraft erzeugt und frei gemacht wird, sobald das Gehirn-Rückenmark-Nervensystem gereizt wird. Die Richtung, welche diese Nervenkraft einschlägt, wird nothwendigerweise durch die Verbindungsarten der Nervenzellen unter einander und mit verschiedenen Theilen des Körpers bestimmt. Es wird diese Richtung aber auch bedeutend durch Gewohnheit beeinfluszt, insofern die Nervenkraft sich leicht in lange gewohnten Canälen fortpflanzt.

Die wahnsinnigen und sinnlosen Bewegungen eines wüthenden Menschen können zum Theil dem einer besonderen Leitung ermangelnden Ausflusse von Nervenkraft und zum Theil der Gewohnheit zugeschrieben werden; denn es stellen dieselben häufig in einer unbestimmten Art den Act des Schlagens dar. Sie gehen hierdurch in die unter unser erstes Princip fallenden Geberden über; so z. B. wenn ein unwilliger oder indignirter Mensch sich unbewuszt in eine zum Angriffe seines Gegners passende Stellung bringt, wenn schon ohne irgend welche Absicht, einen wirklichen Angriff auszuführen. Wir sehen auch den Einflusz der Gewohnheit bei allen den Gemüthsbewegungen und Empfindungen, welche erregende genannt werden; sie haben nämlich diesen Character dadurch angenommen, dasz sie gewöhnlich zu energischem Handeln geführt haben; eine jede Thätigkeit aber afficirt in einer indirecten Weise das Respirations- und Circulationssystem und das letztere wirkt wieder auf das Gehirn zurück. Sobald diese Gemüthsbewegungen oder Empfindungen selbst in unbedeutendem Grade von uns gefühlt werden, wird, wenn dieselben auch zu dieser Zeit gar keine Anstrengung herbeiführen, doch trotzdem unser ganzer Körper durch die Kraft der Gewohnheit und Association mit erregt. Andere Gemüthserregungen und Empfindungen werden deprimirende genannt, weil sie nicht gewöhnlich zu energischem Handeln geführt haben, ausgenommen im ersten Beginne, wie bei äuszerstem Schmerz, Furcht oder Gram; zuletzt haben sie vollständige Erschöpfung verursacht; sie werden in Folge hiervon hauptsächlich durch negative Zeichen und allgemeine Abspannung ausgedrückt. Ferner gibt es noch andere Gemüthsbewegungen, wie die der Zuneigung, welche gewöhnlich zu keiner Thätigkeit irgend welcher Art führen und folglich auch von keinen scharf ausgesprochenen äuszeren

Zeichen dargestellt werden. Allerdings ruft die Zuneigung, insofern sie eine angenehme Empfindung ist, die gewöhnlichen Zeichen des Vergnügens hervor.

Andererseits scheinen viele von den Wirkungen, welche in Folge der Reizung des Nervensystems eintreten, von dem Ausströmen der Nervenkraft in den durch frühere Willensanstrengungen gewohnheitsgemäsz gewordenen Canälen völlig unabhängig zu sein. Derartige Wirkungen, welche häufig den Seelenzustand der in dieser Art afficirten Personen verrathen, können für jetzt nicht erklärt werden; so z. B. die Veränderung der Farbe des Haares in Folge äuszerster Furcht oder Grames, — der kalte Schweisz und das Zittern der Muskeln vor Furcht, — die modificirten Absonderungen des Darmcanals — und das Aufhören der Thätigkeit in gewissen Drüsen.

Trotzdem nun, dasz so Vieles von dem hier behandelten Gegenstande unverständlich bleibt, können doch so viele einen bestimmten Ausdruck darstellende Bewegungen und Thätigkeiten bis zu einem gewissen Grade durch die oben genannten drei Grundsätze oder Gesetze erklärt werden, dasz wir hoffen dürfen, sie später sämmtlich durch diese oder sehr analoge Principien erklärt zu sehen.

Wenn Handlungen aller möglichen Art regelmäszig irgend einen Seelenzustand begleiten, so werden sie sofort als ausdrucksgebend erkannt. Dieselben können aus Bewegungen jedweden Theils des Körpers bestehen: so finden wir das Wedeln mit dem Schwanze beim Hunde, das Zucken mit den Schultern beim Menschen, ferner das Sträuben der Haare, die Absonderung von Schweisz, einen veränderten Zustand der Capillargefäsze, beschwerliches Athmen und den Gebrauch der Stimmorgane und anderer lauterzeugender Werkzeuge zum Ausdrucke benutzt. Selbst Insecten drücken Zorn, äuszerste Furcht, Eifersucht und Liebe durch ihre Stridulation aus. Beim Menschen sind die Respirationsorgane von besonderer Bedeutung beim Ausdruck, nicht blosz in einer directen, sondern in einem noch höhern Grade in einer indirecten Art.

Nur wenig Punkte sind bei dem vorliegenden Gegenstande interessanter als die auszerordentlich complicirte Kette von Vorkommnissen, welche zu gewissen ausdrucksvollen Bewegungen führen. Man nehme z. B. die schräge Stellung der Augenbrauen eines Menschen, der vor Kummer oder Sorgen leidet. Wenn Kinder vor Hunger oder Schmerz laut aufschreien, so wird die Circulation afficirt und die

Augen werden dadurch leicht mit Blut überfüllt: in Folge dessen werden die die Augen umgebenden Muskeln zum Schutze derselben stark zusammengezogen. Diese Handlungsweise ist im Verlaufe vieler Generationen sicher fixirt und vererbt worden. Wenn aber mit dem Fortschritt der Jahre oder der Cultur die Gewohnheit zu schreien zum Theil zurückgedrängt wird, so streben doch die Muskeln rings um die Augen sich zusammenzuziehen, sobald auch nur unbedeutende Noth gefühlt wird. Von diesen Muskeln sind die Pyramidenmuskeln der Nase weniger unter der Controle des Willens als die andern und ihre Zusammenziehung kann nur durch die der mittleren Bündel des Stirnmuskels gehemmt werden; diese letztern Bündel ziehen die innern Enden der Augenbrauen in die Höhe und furchen die Stirn in einer eigenthümlichen Weise, welche wir augenblicklich als den Ausdruck des Kummers oder der Sorge wiedererkennen. Unbedeutende Bewegungen, wie die eben beschriebenen oder das kaum wahrnehmbare Herabziehen der Mundwinkel, sind die letzten Überbleibsel oder Rudimente scharf ausgesprochener und verständlicher Bewegungen. Sie sind uns mit Hinsicht auf den Ausdruck ebenso bedeutungsvoll, wie es die gewöhnlichen Rudimente für den Naturforscher bei der Classification und Genealogie organischer Wesen sind.

Dasz die hauptsächlichsten ausdruckgebenden Handlungen, welche der Mensch und die niedern Thiere zeigen, jetzt angeboren oder angeerbt sind, — d. h. dasz sie nicht von dem Individuum gelernt worden sind, — wird von Jedermann zugegeben. Ein Erlernen oder Nachahmen hat mit mehreren derselben so wenig zu thun, dasz sie von den frühesten Tagen der Kindheit an durch das ganze Leben hindurch vollständig auszer dem Bereiche der Controle liegen: so z. B. die Erschlaffung der Arterien in der Haut und die erhöhte Herzthätigkeit beim Zorn. Wir können Kinder, nur zwei oder drei Jahre alt und selbst blindgeborene, vor Scham erröthen sehen; und die nackte Kopfhaut kleiner Kinder wird in der Leidenschaft roth. Kinder schreien vor Schmerz unmittelbar nach der Geburt und dann nehmen ihre Gesichtszüge sämmtlich dieselbe Form an, wie während späterer Jahre. Schon diese Thatsachen allein reichen hin, um zu zeigen, dasz viele unserer bedeutungsvollsten Ausdrucksweisen nicht gelernt worden sind; es ist indessen merkwürdig, dasz einige derselben, welche sicherlich angeboren sind, Übung beim Individuum erfordern, ehe sie in einer vollständigen und vollkommenen Art und Weise ausgeführt werden:

so z. B. das Weinen und das Lachen. Die Erblichkeit der meisten unserer ausdruckgebenden Handlungen erklärt die Thatsache, dasz Blindgeborene, wie ich von Mr. R. H. BLAIR höre, dieselben ebenso gut zeigen, wie die mit dem Augenlicht begabten Kinder. Wir können hieraus auch die Thatsache verstehen, dasz sowohl die jungen als die alten Individuen weit von einander verschiedener Rassen, sowohl beim Menschen als bei den Thieren, denselben Seelenzustand durch dieselben Bewegungen ausdrücken.

Wir sind mit der Thatsache, dasz junge und alte Thiere ihre Gefühle in derselben Art und Weise zum Ausdruck bringen, so vertraut, dasz wir kaum bemerken, wie merkwürdig es ist, dasz ein junges, kaum geborenes Hündchen mit dem Schwanze wedelt, wenn es freudig gestimmt ist, dasz es seine Ohren niederdrückt und die Eckzähne entblöszt, wenn es böse werden will, genau so wie ein alter Hund, oder dasz ein kleines Kätzchen seinen Rücken krümmt und sein Haar sträubt, wenn es zum Fürchten oder in Zorn gebracht wird, wie eine alte Katze. Wenn wir uns indessen zu Geberden wenden, die bei uns selbst weniger häufig sind und welche wir gewöhnt sind, für künstliche oder conventionelle anzusehen, — so das Zucken der Schultern als ein Zeichen der Unfähigkeit oder das Erheben der Arme mit offenen Händen und ausgespreizten Fingern als ein Zeichen der Verwunderung, — so überrascht es uns vielleicht zu sehr, um sofort zu finden, dasz sie angeboren sind. Dasz diese und einige andere Geberden vererbt werden, können wir indessen daraus entnehmen, dasz sie von ganz kleinen Kindern, von Blindgeborenen und von den allerverschiedensten Menschenrassen ausgeführt werden. Wir müssen auch im Auge behalten, dasz neue und in hohem Grade eigenthümliche Gewohnheiten in Association mit gewissen Seelenzuständen bekanntermaszen bei gewissen Individuen entstanden und auf ihre Nachkommen, in einigen Fällen durch mehr als eine Generation, vererbt worden sind.

Gewisse andere Geberden, welche uns so natürlich zu sein scheinen, dasz wir uns leicht einbilden könnten, sie wären angeboren, sind allem Anscheine nach gelernt worden wie die Wörter einer Sprache. Dies scheint bei dem Falten und Emporheben der Hände und dem Wenden der Augen nach oben im Gebet der Fall zu sein. Dasselbe gilt für das Küssen als ein Zeichen der Zuneigung; dies ist indessen angeboren, insofern es von dem Vergnügen abhängt, welches die Berührung mit einer geliebten Person hervorruft. Die Belege hinsichtlich der Vererbung des Nickens und Schüttelns des Kopfes als Zeichen der Bejahung und der Verneinung sind zweifelhaft; dieselben sind nämlich nicht ganz allgemein, scheinen indessen doch zu weit verbreitet zu sein, als dasz sie von allen Individuen so vieler Rassen unabhängig hätten erlangt werden können.

Wir wollen nun untersuchen, wie weit der Wille und das Bewusztsein bei der Entwickelung der verschiedenartigen Bewegungen des Ausdrucks mit in's Spiel gekommen sind. So weit wir es beurtheilen können, sind nur einige wenige ausdruckgebende Bewegungen, solche wie die oben angeführten, von jedem Individuum gelernt worden, d. h. sind bewuszterweise und willkürlich während der frühern Lebensjahre zu irgend einem bestimmten Zwecke oder aus Nachahmung Anderer ausgeführt und dann zur Gewohnheit geworden. Die bei weitem gröszere Zahl der Bewegungen des Ausdrucks, und alle die bedeutungsvolleren, sind, wie wir gesehen haben, angeboren oder vererbt, und von diesen kann man nicht sagen, dasz sie vom Willen des Individuum abhängen. Nichtsdestoweniger waren alle die unter unser erstes Gesetz Fallenden ursprünglich zu einem bestimmten Zwecke ausgeführt worden — nämlich um irgend einer Gefahr zu entgehen, irgend eine Noth zu erleichtern oder irgend ein Verlangen zu befriedigen. Es kann z. B. darüber kaum ein Zweifel bestehen, dasz die Thiere, welche mit ihren Zähnen kämpfen, die Gewohnheit, wenn sie wild werden, ihre Ohren rückwärts dicht an den Kopf zu drücken, dadurch erlangt haben, dasz ihre Voreltern willkürlich in dieser Weise gehandelt haben, um ihre Ohren vor dem Zerrissenwerden durch ihre Gegner zu schützen; denn diejenigen Thiere, welche nicht mit ihren Zähnen kämpfen, drücken einen wild gereizten Seelenzustand nicht in dieser Weise aus. Wir können es für in hohem Grade wahrscheinlich halten, dasz wir selbst die Gewohnheit, die Muskeln rings um die Augen zusammenzuziehen, wenn wir ruhig weinen, d. h. ohne die Äuszerung irgend eines Lautes, dadurch erlangt haben, dasz unsere Urerzeuger besonders während der Kindheit beim Acte des Schreiens ein unbehagliches Gefühl in ihren Augäpfeln empfunden haben. Ferner sind einige in hohem Grade ausdrucksvolle Bewegungen das Resultat des Versuchs, andere ausdruckgebende Bewegungen aufzuhalten oder zu verhindern; so ist die schräge Stellung der Augenbrauen und das Herabziehen der Mundwinkel eine Folge des Versuchs, den Ausbruch eines Schreianfalls zu verhüten oder ihn zu unterbrechen, wenn er eingetreten ist. Hier liegt es auf der Hand, dasz das Bewusztsein und der Wille zuerst mit in's Spiel gekommen sein müssen, womit indesz nicht gesagt sein soll, dasz wir uns in diesen oder in andern derartigen Fällen bewuszt würden, welche Muskeln in Thätigkeit gesetzt werden, was hier so wenig geschieht wie bei der Ausführung der allergewöhnlichsten willkürlichen Bewegungen.

Was die ausdruckgebenden Bewegungen betrifft, welche von dem Grundsatze des Gegensatzes abhängen, so ist hier klar, dasz, wenn auch in einer entfernten und indirecten Art, der Wille dabei in's Spiel gekommen ist. Dasselbe gilt auch für die Bewegungen, welche unter unser drittes Princip fallen. Insofern diese dadurch beeinfluszt worden sind, dasz die Nervenkraft leicht in gewohnten Canälen sich fortbewegt, sind sie durch frühere wiederholte Äuszerungen des Willens bestimmt worden. Die Wirkungen, welche eine indirecte Folge dieses letztern Einflusses sind, werden häufig in einer complicirten Art durch die Kraft der Gewohnheit und Association mit denen combinirt, welche das directe Resultat der Reizung des Gehirn-Rückenmark-Nervensystems sind. Dies scheint bei der vermehrten Herzthätigkeit unter dem Einflusse einer jeden starken Seelenerregung der Fall zu sein. Wenn ein Thier sein Haar aufrichtet, eine drohende Stellung annimmt und wüthende Laute ausstöszt, um einen Feind in Schrecken und Furcht zu versetzen, so sehen wir eine merkwürdige Combination von solchen Bewegungen, welche ursprünglich willkürlich waren, mit andern unwillkürlichen. Es ist indessen möglich, dasz selbst streng genommen unwillkürliche Acte, wie das Aufrichten der Haare, durch die mysteriöse Gewalt des Willens afficirt worden sein dürften.

Manche ausdruckgebende Bewegungen können in Association mit gewissen Seelenzuständen spontan entstanden, wie die eigenthümlichen kleinen Züge, die erst vor Kurzem noch erwähnt wurden, und später vererbt worden sein. Ich kenne aber keine thatsächlichen Zeugnisse, welche diese Ansicht wahrscheinlich machen.

Das Vermögen der Mittheilung zwischen den Gliedern eines und desselben Stammes mittelst der Sprache ist in Bezug auf die Entwickelung des Menschen von der alleroberstem Bedeutung gewesen; und die Gewalt der Sprache wird durch die einen Ausdruck verleihenden Bewegungen des Gesichts und Körpers bedeutend unterstützt. Wir bemerken dies sofort, wenn wir uns über irgend einen wichtigen Gegenstand mit einer Person unterhalten, deren Gesicht verhüllt ist.

Nichtsdestoweniger bestehen, soweit ich es nachzuweisen im Stande bin, keine Gründe für die Annahme, dasz irgend ein Muskel ausschlieszlich zum Zwecke des Ausdrucks entwickelt oder auch nur modificirt worden wäre. Die Stimmorgane und die andern lauterzeugenden Werkzeuge, durch welche verschiedene ausdrucksvolle Geräusche hervorgebracht werden, scheinen eine theilweise Ausnahme zu bilden; ich habe aber an einem andern Orte zu zeigen versucht, dasz diese Organe anfangs zu sexuellen Zwecken entwickelt wurden, damit das eine Geschlecht das andere rufen oder bezaubern könne. Ich kann auch keine Gründe für die Annahme ausfindig machen, dasz irgend eine vererbte Bewegung, welche jetzt als ein Mittel des Ausdrucks dient, ursprünglich willkürlich und bewuszt zur Erreichung dieses speciellen Zweckes ausgeführt worden wäre, — wie einige der Geberden und die von Taubstummen benutzte Fingersprache. Im Gegentheil scheint jede echte oder vererbte Bewegung des Ausdrucks irgend einen natürlichen oder unabhängigen Ursprung gehabt zu haben. Waren aber derartige Bewegungen einmal erlangt, so können sie willkürlich und bewuszterweise als Hülfsmittel der gegenseitigen Mittheilung angewendet werden. Selbst kleine Kinder finden es in einem sehr frühen Alter heraus, wenn sie sorgfältig gewartet werden, dasz ihre Schreianfälle ihnen Erleichterung herbeiführen, und üben dann das Schreien bald willkürlich aus. Wir können häufig sehen, wie Jemand unwillkürlich seine Augenbrauen erhebt, um Überraschung auszudrücken, oder lächelt, um vermeintliche Befriedigung und Genugthuung auszudrücken. Häufig wünscht Jemand gewisse Geberden auffällig oder demonstrativ zu machen; dann hebt er seine ausgestreckten Arme mit weit von einander gespreizten Fingern über seinen Kopf, um Erstaunen zu zeigen, oder zieht seine Schultern bis an die Ohren in die Höhe, um zu zeigen, dasz er irgend etwas nicht thun kann oder nicht thun will. Die Neigung zu derartigen Bewegungen wird dadurch verstärkt oder erhöht werden, dasz dieselben in der angegebenen Weise willkürlich und wiederholt ausgeführt werden; auch können die Wirkungen vererbt werden.

Es ist vielleicht einer Betrachtung werth, ob sich nicht gewisse Bewegungen, welche anfänglich nur von einem oder von wenigen Individuen dazu benutzt wurden, einen gewissen Seelenzustand auszudrücken, zuweilen auf andere Individuen verbreitet haben und schlieszlich durch die Gewalt der bewuszten wie der unbewuszten Nachahmung ganz allgemein geworden sind. Dasz beim Menschen eine starke Neigung zur Nachahmung besteht, unabhängig von dem bewuszten Willen, ist sicher. Dies zeigt sich in der auszerordentlichsten Art und Weise bei gewissen Gehirnkrankheiten, besonders beim Beginne der entzündlichen Gehirnerweichung, und ist das „Echo-Symptom" genannt worden. Die in dieser Art afficirten Patienten ahmen ohne jedes Verständnis jede ihnen vorgemachte absurde Geberde und jedes Wort nach, welches in ihrer Nähe, selbst in einer fremden Sprache geäuszert wird[1]. Was die Thiere betrifft, so haben der Schakal und der Wolf in der Gefangenschaft das Bellen des Hundes nachahmen gelernt. Auf welche Weise das Bellen des Hundes zuerst gelernt worden ist, welches verschiedene Gemüthserregungen und Begierden auszudrücken dient und welches deshalb so merkwürdig ist, weil es erst erlangt worden ist, seitdem das Thier domesticirt worden ist, und weil es von verschiedenen Rassen in verschiedenem Grade vererbt wird, wissen wir nicht; könnten wir aber nicht vermuthen, dasz die Nachahmung bei seiner Erlangung etwas zu thun gehabt hat, insofern nämlich die Hunde lange Zeit in enger Association mit einem so gesprächigen Thiere wie der Mensch eines ist, gelebt haben?

Im Verlaufe der vorstehenden Bemerkungen und durch dieses ganze Buch habe ich häufig eine bedeutende Schwierigkeit in Bezug auf die gehörige Anwendung der Ausdrücke Willen, Bewusztsein und Beabsichtigung empfunden. Handlungen, welche anfangs willkürlich sind, werden bald gewohnheitsgemäsz und zuletzt erblich, und dann können sie selbst im Gegensatz zum Willen ausgeführt werden. Obschon sie häufig den Seelenzustand verrathen, so wurde doch dieses Resultat anfangs weder beabsichtigt noch erwartet. Selbst solche Ausdrücke, wie dasz „gewisse Bewegungen als Mittel des Ausdrucks „dienen", können leicht irre leiten, da sie den Gedanken einschlieszen, dasz dies ihr ursprünglicher Zweck war. Dies scheint indessen nur selten oder niemals der Fall gewesen zu sein; die Bewegungen sind entweder anfänglich von irgend einem directen Nutzen gewesen, oder sie sind die indirecte Wirkung des gereizten Zustandes des Sensorium. Ein kleines Kind kann entweder absichtlich oder instinctiv schreien, um zu zeigen, dasz es Nahrung bedarf; es hat aber keinen Wunsch

---

[1] s. die interessanten von Dr. Bateman über „Aphasie" mitgetheilten Thatsachen, 1870, p. 110.

oder keine Absicht dabei, seine Gesichtszüge in die eigenthümliche Form zu verziehen, welche so deutlich Unglück anzeigt. Und doch sind einige der characteristischsten Ausdrucksformen des Menschen aus dem Acte des Schreiens herzuleiten, wie früher erklärt worden ist.

Obschon die meisten unserer ausdruckgebenden Handlungen angeboren oder instinctiv sind, wie von Jedermann zugegeben wird, so ist es doch eine andere Frage, ob wir irgend eine instinctive Fähigkeit haben, sie wiederzuerkennen. Allgemein ist angenommen worden, dasz dies der Fall sei; diese Annahme ist aber von Mr. LEMOINE heftig bekämpft worden[2]. Affen lernen bald nicht blosz den Ton der Stimme ihrer Herren, sondern den Ausdruck ihres Gesichts unterscheiden, wie ein sorgfältiger Beobachter angegeben hat[3]. Hunde kennen sehr wohl den Unterschied zwischen liebkosenden und drohenden Geberden und Tönen; auch scheinen sie einen mitleidsvollen Ton zu erkennen. So viel ich aber nach wiederholten Versuchen ermitteln konnte, verstehen sie keine nur auf das Gesicht beschränkte Bewegung mit Ausnahme des Lächelns oder Lachens; dies scheinen sie wenigstens in manchen Fällen wiederzuerkennen. Diesen beschränkten Grad von Kenntnis haben beide, sowohl Affen als Hunde, wahrscheinlich dadurch erlangt, dasz sie eine rauhe oder freundliche Behandlung mit einzelnen unserer Thätigkeiten associirten; sicherlich ist diese Kenntnis nicht instinctiv. Ohne Zweifel werden Kinder bald die Bewegungen des Ausdrucks bei Personen, welche älter als sie sind, in derselben Weise verstehen lernen, wie die Thiere diejenigen ihrer Herren. Wenn überdies ein Kind weint oder lacht, so weisz es in einer allgemeinen Art, was es thut und was es fühlt, so dasz dann nur ein geringer Aufwand von Verstand ihm sagen wird, was das Weinen oder Lachen bei Andern zu bedeuten hat. Die Frage ist indessen die: erlangen unsere Kinder die Kenntnis des Ausdrucks nur durch Erfahrung mittelst der Kraft der Association und des Verstandes?

Da die meisten Bewegungen des Ausdrucks allmählich erlangt worden und später instinctiv geworden sein müssen, so scheint es in gewissem Grade a priori wahrscheinlich, dasz auch das Wiederkennen derselben instinctiv geworden sei. Wenigstens bietet diese Annahme keine gröszere Schwierigkeit dar als anzunehmen, dasz wenn ein weib-

---

[2] La Physionomie et la Parole. 1865, p. 103, 118.
[3] Rengger, Naturgeschichte der Säugethiere von Paraguay. 1830, S. 55.

liches Säugethier zum ersten Mal Junge hat, es das Weinen vor Angst und Noth bei ihren Jungen kennt, oder dasz viele Thiere ihre Feinde instinctiv wiedererkennen und fürchten: und an diesen beiden Thatsachen läszt sich vernünftigerweise nicht zweifeln. Es ist indessen äuszerst schwierig zu beweisen, dasz unsere Kinder instinctiv die Bedeutung irgend eines Ausdrucks erkennen. Ich achtete auf diesen Punkt bei meinem erstgeborenen Kinde, welches nichts durch den Verkehr mit andern Kindern gelernt haben konnte, und kam zu der Überzeugung, dasz es ein Lächeln verstand und Freude empfand, ein solches zu sehen, es auch durch ein gleiches beantwortete, in einem viel zu frühen Alter, als dasz es irgend etwas durch Erfahrung gelernt haben könnte. Als dies Kind ungefähr vier Monate alt war, machte ich in seiner Gegenwart verschiedene curiose Geräusche und fremdartige Grimassen, versuchte auch böse auszusehen; waren aber die Geräusche nicht zu laut, so wurden sie ebenso wie die Grimassen für gute Späsze aufgenommen: ich schrieb dies zu der Zeit dem Umstande zu, dasz allem diesem ein Lächeln vorausgegangen war oder dasz es ein Lächeln begleitete. Als es fünf Monate alt war, schien es einen mitleidsvollen Ausdruck und Ton der Stimme zu verstehen. Als es wenige Tage über sechs Monate alt war, that seine Wärterin so als weinte sie; und hier sah ich, wie sein Gesicht augenblicklich einen melancholischen Ausdruck annahm mit stark herabgezogenen Mundwinkeln. Nun konnte dies Kind nur selten irgend ein anderes Kind und niemals eine erwachsene Person weinen gesehen haben; auch zweifle ich, ob es in einem so frühen Alter über die Sache nachgedacht haben dürfte. Es scheint mir aber, dasz ihm ein angeborenes Gefühl gesagt haben musz, das vermeintliche Weinen der Wärterin drücke Kummer aus; und dies erregte durch den Instinct der Sympathie in ihm Kummer.

Mr. LEMOINE meint, dasz, wenn der Mensch eine angeborene Kenntnis der Ausdrucksformen besäsze, Schriftsteller und Künstler es nicht für so schwierig, wie es notorisch der Fall ist, gefunden haben würden, die characteristischen Zeichen jedes eigenthümlichen Seelenzustandes zu beschreiben und nachzubilden. Dies scheint mir indessen kein gültiges Argument zu sein. Wir können factisch sehen, wie sich der Ausdruck bei einem Menschen oder einem Thiere in einer nicht miszuverstehenden Weise ändert, und doch völlig auszer Stande sein, wie ich aus Erfahrung weisz, die Natur der Veränderung zu analysiren. In zwei von DUCHENNE mitgetheilten Photographien eines und desselben alten Mannes (Taf. III, Fig. 5 und 6) erkannte beinahe ein Jeder, dasz die eine ein echtes, die andere ein falsches Lächeln darstellte; und doch fand ich es für sehr schwierig, zu entscheiden, worin der ganze Unterschied bestand. Es ist mir häufig als eine merkwürdige Thatsache aufgefallen, dasz so viele Nuancirungen des Ausdrucks augenblicklich ohne irgend einen bewuszten Procesz der Analyse unsererseits erkannt werden. Ich glaube, Niemand kann deutlich einen verdrieszlichen und einen schlauen Ausdruck beschreiben; und doch sind viele Beobachter darüber einstimmig, dasz diese Ausdrucksformen bei den verschiedenen Menschenrassen zu erkennen sind. Beinahe ein Jeder, dem ich DUCHENNE's Photographie des jungen Mannes mit schräg gestellten Augenbrauen (Taf. II, Fig. 2) zeigte, erklärte sofort, dasz sie Kummer oder irgend ein derartiges Gefühl ausdrücke; doch hätte wahrscheinlich nicht eine von diesen Personen oder eine unter einem Tausend vorher irgend etwas Genaues über die schräge Stellung der Augenbrauen mit den zusammengewulsteten inneren Enden oder über die rechtwinkligen Furchen auf der Stirn angeben können. So geht es auch mit vielen andern Ausdrucksformen; ich habe darüber practische Erfahrungen gemacht in Bezug auf die Mühe, welche es kostete, Andere zu unterrichten, welche Punkte zu beobachten wären. Wenn daher die grosze Unwissenheit in Bezug auf Einzelnheiten es nicht verhindert, dasz wir mit Sicherheit und Fertigkeit verschiedene Ausdrucksweisen erkennen, so sehe ich nicht ein, wie man diese Unwissenheit als einen Beweis dafür vorbringen kann, dasz unsere Kenntnis, obschon sie nur unbestimmt und ganz allgemein ist, nicht angeboren sei.

Ich habe mit ziemlich detaillirter Ausführlichkeit zu zeigen mich bemüht, dasz alle die hauptsächlichsten Ausdrucksweisen, welche der Mensch darbietet, über die ganze Erde dieselben sind. Diese Thatsache ist interessant, da sie ein neues Argument zu Gunsten der Annahme beibringt, dasz die verschiedenen Rassen von einer einzigen Stammform ausgegangen sind, welche vor der Zeit, in welcher die Rassen von einander abzuweichen begannen, beinahe vollständig menschlich in ihrem Baue und in hohem Grade so in ihrer geistigen Entwickelung gewesen sein musz. Ohne Zweifel sind zwar wohl ähnliche Structureinrichtungen, die demselben Zwecke angepaszt sind, häufig unabhängig von einander durch Abänderung und natürliche Zuchtwahl von verschiedenen Species erlangt worden; diese Ansicht erklärt aber die grosze Ähnlichkeit verschiedener Species in einer groszen Zahl unbedeutender Einzelnheiten nicht. Wenn wir nun die zahlreichen, in keiner Beziehung zum Ausdruck stehenden Punkte der Structur im Sinne behalten, in denen alle Menschenrassen nahe mit einander übereinstimmen und zu diesen die zahlreichen Punkte fügen, — einige von der gröszten Bedeutung und viele von dem untergeordnetsten Werthe, — von welchen die Bewegungen des Ausdrucks direct oder indirect abhängen, so scheint es mir im höchsten Grade unwahrscheinlich zu sein, dasz eine so grosze Ähnlichkeit oder vielmehr Identität im Baue durch unabhängige Mittel erlangt worden sein könne. Und doch müszte dies der Fall gewesen sein, wenn die einzelnen Menschenrassen von mehreren ursprünglich verschiedenen Species abgestammt wären. Es ist bei weitem wahrscheinlicher, dasz die vielen Punkte groszer Ähnlichkeit in den verschiedenen Rassen Folge der Vererbung von einer einzigen elterlichen Form sind, welche bereits einen menschlichen Character angenommen hatte.

Es ist wohl interessant, wenn schon vielleicht müszig, darüber eine Speculation anzustellen, wie früh in der langen Reihe unserer Urerzeuger die verschiedenen ausdruckgebenden Bewegungen, welche der Mensch darbietet, successiv erlangt worden sind. Die folgenden Bemerkungen mögen mindestens dazu dienen, einige der hauptsächlichsten in diesem Bande erörterten Punkte in's Gedächtnis zurückzurufen. Wir können zuverlässig annehmen, dasz das Lachen als ein Zeichen der Freude oder des Vergnügens von unsern Urerzeugern ausgeübt wurde, lange ehe sie verdienten, menschlich genannt zu werden; denn sehr viele Arten von Affen stoszen, wenn sie vergnügt sind, einen oft wiederholten Laut aus, welcher offenbar unserm Lachen analog ist und von zitternden Bewegungen ihrer Kiefer und Lippen begleitet wird, wobei die Mundwinkel nach hinten und oben gezogen, die Wangen gefurcht und selbst die Augen glänzend werden.

In gleicher Weise können wir schlieszen, dasz die Furcht seit einer äuszerst entfernt zurückliegenden Zeit in beinahe derselben Weise ausgedrückt wurde, wie es jetzt von Menschen geschieht: nämlich durch Zittern, das Aufrichten der Haare, kalten Schweisz, Blässe, weit geöffnete Augen, Erschlaffung der meisten Muskeln und dadurch, dasz sich der Körper niederduckte oder bewegungslos gehalten wurde.

Leiden wird von Anfang an, wenn es grosz war, Schreien oder

Heulen verursacht haben, wobei mit den Zähnen geknirscht und der Körper gewunden wurde. Unsere Urerzeuger werden aber jene in so hohem Grade ausdrucksvollen Gesichtszüge nicht eher dargeboten haben, welche das Schreien und Weinen begleiten, als bis ihre Circulations- und Respirationsorgane und die die Augen umgebenden Muskeln ihren gegenwärtigen Bau erlangt hatten. Das Vergieszen von Thränen scheint durch Reflexthätigkeit in Folge der krampfhaften Zusammenziehung der Augenlider, vielleicht in Verbindung mit einer Überfüllung der Augen mit Blut während des Actes des Schreiens, entstanden zu sein. Das Weinen trat daher wahrscheinlich spät in der Reihe unserer Vorfahren auf; dieser Schlusz stimmt mit der Thatsache überein, dasz unsere nächsten Verwandten, die anthropomorphen Affen, nicht weinen. Wir müssen hier indessen mit einiger Vorsicht auftreten; denn da gewisse Affen, welche nicht nahe mit den Menschen verwandt sind, weinen, so kann sich diese Gewohnheit schon vor langer Zeit bei einem Unterzweige der Gruppe entwickelt haben, von welcher der Mensch ausgegangen ist. Wenn unsere frühern Urerzeuger von Kummer oder Sorgen litten, werden sie nicht eher ihre Augenbrauen schräg gestellt oder ihre Mundwinkel herabgezogen haben, bis sie die Gewohnheit erlangt hatten, zu versuchen, ihr Schreien zu unterdrücken. Es ist daher der Ausdruck des Kummers und der Sorge in eminentem Grade menschlich.

Wuth wird schon in einer sehr frühen Zeit durch drohende oder rasende Geberden, durch Rothwerden der Haut und durch starrende Augen, aber nicht durch ein Stirnrunzeln ausgedrückt worden sein. Die Gewohnheit, die Stirne zu runzeln, scheint nämlich dadurch erlangt worden zu sein, dasz die Augenbrauenrunzler (Corrugatoren) die ersten Muskeln waren, welche sich zusammenzogen, sobald während der frühesten Kindheit Schmerz, Zorn oder Trübsal empfunden wurde, zum Theil auch dadurch, dasz das Runzeln der Stirn als Schirm bei schwierigem und intensivem Sehen diente. Diese Handlung, mit den Augenbrauen einen Schirm für die Augen zu bilden, scheint wahrscheinlicherweise nicht eher gewohnheitsgemäsz geworden zu sein, bis der Mensch eine vollkommen aufrechte Stellung angenommen hatte; denn Affen runzeln ihre Augenbrauen nicht, wenn sie blendendem Lichte ausgesetzt werden. Unsere frühen Urerzeuger werden wahrscheinlich, wenn sie in Wuth gerathen sind, ihre Zähne noch weiter gezeigt haben, als es jetzt der Mensch thut, selbst wenn er seinem

Wuthausbruche, wie im Falle einer Geisteskrankheit, vollen Lauf läszt. Wir können auch darüber beinahe sicher sein, dasz sie ihre Lippen vorgestreckt haben werden, wenn sie mürrisch oder enttäuscht waren, und zwar in einem höheren Grade, als es jetzt bei unsern Kindern oder selbst bei den Kindern jetzt lebender wilder Menschenrassen der Fall ist.

Unsere frühen Urerzeuger werden ferner, wenn sie sich unwillig oder in mäszigem Grade zornig fühlten, nicht eher ihren Kopf aufrecht gehalten, ihren Brustkasten erweitert, ihre Schultern scharf zusammengenommen und ihre Fäuste geballt haben, bis sie die gewöhnliche Haltung und aufrechte Stellung des Menschen angenommen und gelernt hatten, mit ihren Fäusten oder mit Keulen zu kämpfen. Bis zum Eintritt dieser Periode wird die gegensätzliche Geberde des Zuckens mit den Schultern als ein Zeichen der Unfähigkeit oder der Geduld nicht entwickelt worden sein. Aus demselben Grunde wird damals das Erstaunen nicht durch ein Emporheben der Arme mit geöffneten Händen und auseinander gespreizten Fingern ausgedrückt worden sein. Auch wird das Erstaunen, nach den Handlungen von Affen zu urtheilen, sich nicht durch einen weit geöffneten Mund zu erkennen gegeben haben; die Augen werden aber weit geöffnet und die Augenbrauen gewölbt worden sein. Abscheu oder Widerwille wird in einer sehr frühen Zeit durch Bewegungen um den Mund, ähnlich denen des Erbrechens, gezeigt worden sein, — indessen nur, wenn die Ansicht, welche ich vermuthungsweise ausgesprochen habe, correct ist, dasz nämlich unsere Urerzeuger die Fähigkeit hatten und auch davon Gebrauch machten, willkürlich und schnell irgend welche Nahrung aus ihrem Magen auszustoszen, die ihnen nicht zusagte. Die verfeinerte Art indessen, Verachtung oder Geringschätzung durch Herabsenkung der Augenlider oder Abwenden der Augen und des Gesichts auszudrücken, als wenn die verachtete Person nicht werth wäre, angesehen zu werden, wird wahrscheinlich nicht eher als bis in einer viel spätern Periode erlangt worden sein.

Von allen Ausdrucksformen scheint das Erröthen die im allerstrengsten Sinne menschliche zu sein; und doch ist sie sämmtlichen oder nahezu sämmtlichen Rassen des Menschen eigen, mag nun irgend welche Veränderung der Farbe auf der Haut dabei sichtbar sein oder nicht. Die Erschlaffung der kleinen Arterien der Hautfläche, von welcher das Erröthen abhängt, scheint an erster Stelle eine Folge davon gewesen zu sein, dasz ernste Aufmerksamkeit der Erscheinung unserer eigenen Person, besonders unseres Gesichts zugewendet wurde, wozu dann Gewohnheit, Vererbung und das leichte Strömen von Nervenkraft gewohnten Canälen entlang zur Unterstützung hinzugetreten sind; später scheint es dann durch die Kraft der Association auf die Form der Selbstbeachtung ausgedehnt worden zu sein, welche sich der moralischen Aufführung zuwendet. Es kann kaum bezweifelt werden, dasz viele Thiere im Stande sind, schöne Farben und selbst Formen zu würdigen, wie es sich in der aufgewandten Mühe zeigt, mit welcher die Individuen des einen Geschlechts ihre Schönheit vor denen des andern Geschlechts entfalten. Es scheint aber nicht möglich zu sein, dasz irgend ein Thier eher, als bis seine geistigen Fähigkeiten sich zu einem gleichen oder nahezu gleichen Grade mit denen des Menschen entwickelt hatten, seine eigene persönliche Erscheinung in nahen Betracht gezogen hätte und in Bezug auf dieselbe empfindlich geworden wäre. Wir können daher wohl schlieszen, dasz das Erröthen in unserer langen Descendenzreihe erst in einer sehr späten Periode entstanden ist.

Aus den verschiedenen, eben erwähnten und im Verlaufe des vorliegenden Bandes mitgetheilten Thatsachen folgt, dasz, wenn die Structur unserer Respirations- und Circulationsorgane nur in einem unbedeutenden Grade von dem Zustande, in dem sie sich jetzt befinden, abgewichen wäre, die meisten unserer Ausdrucksweisen wunderbar verschieden gewesen wären. Eine sehr geringe Veränderung im Verlaufe der Arterien und Venen, welche zum Kopfe gehen, würde es wahrscheinlich verhindert haben, dasz sich das Blut während heftiger Exspirationen in unsern Augäpfeln aufhäuft; denn dasselbe tritt nur bei äuszerst wenig Säugethieren ein. In diesem Falle würden wir einige unserer characteristischsten Ausdrucksformen nicht dargeboten haben. Wenn der Mensch mit Hülfe äuszerer Kiemen Wasser geathmet hätte (obgleich diese Idee kaum einer Vorstellung fähig ist), anstatt Luft durch seinen Mund und seine Nasenlöcher zu athmen, so würden seine Gesichtszüge seine Gefühle nicht viel wirksamer ausgedrückt haben, als es jetzt seine Hände oder Gliedmaszen thun. Wuth und Widerwille würden indessen noch immer durch Bewegungen um die Lippen und den Mund haben gezeigt werden können, und die Augen würden glänzender oder matter geworden sein je nach dem Zustande der Circulation. Wenn unsere Ohren beweglich geblieben wären, so würden ihre Bewegungen in hohem Grade ausdrucksvoll gewesen sein, wie es bei allen den Thieren der Fall ist, die mit ihren Zähnen kämpfen; und wir können annehmen, dasz unsere frühern Urerzeuger in dieser Weise kämpften, da wir noch immer den Eckzahn der einen Seite entblöszen, wenn wir Jemandem Hohn oder Trotz bieten, und wir unsere sämmtlichen Zähne zeigen, wenn wir in rasende Wuth gerathen.

Die Bewegungen des Ausdrucks im Gesicht und am Körper, welcher Art auch ihr Ursprung gewesen sein mag, sind an und für sich selbst für unsere Wohlfahrt von groszer Bedeutung. Sie dienen als die ersten Mittel der Mittheilung zwischen der Mutter und ihrem Kinde; sie lächelt ihm ihre Billigung zu und ermuthigt es dadurch auf dem rechten Wege fortzugehen, oder sie runzelt ihre Stirn aus Misbilligung. Wir nehmen leicht Sympathie bei Andern durch die Form ihres Ausdrucks wahr; unsere Leiden werden dadurch gemildert und unsere Freuden erhöht; und damit wird das gegenseitige wohlwollende Gefühl gekräftigt. Die Bewegungen des Ausdrucks verleihen unsern gesprochenen Worten Lebhaftigkeit und Energie. Sie enthüllen die Gedanken und Absichten Anderer wahrer als es Worte thun, welche gefälscht werden können. Wie viel Wahrheit die sogenannte Wissenschaft der Physiognomie überhaupt enthalten mag, scheint, wie HALLER schon vor langer Zeit bemerkt hat[4], davon abzuhängen, dasz verschiedene Personen je nach ihren Gemüthsstimmungen verschiedene Gesichtsmuskeln in häufigen Gebrauch bringen; die Entwickelung dieser Muskeln wird hierdurch vielleicht verstärkt und die in Folge ihrer gewohnheitsgemäszen Zusammenziehung im Gesicht auftretenden Linien oder Furchen werden damit tiefer und auffallender. Der freie Ausdruck einer Gemüthserregung durch äuszere Zeichen macht sie intensiver. Auf der andern Seite macht das Zurückdrängen aller äuszern Zeichen, so weit dies möglich ist, unsere Seelenbewegungen milder[5]. Wer seiner Wuth durch heftige Geberden nachgibt, wird sie nur vergröszern; wer die äuszern Zeichen der Furcht nicht der Controle des Willens unterwirft, wird Furcht in einem bedeutenderen Grade empfinden; und wer in Unthätigkeit verharrt, wenn er von Kummer überwältigt wird, läszt sich die beste Aussicht entgehen, die

---

[4] citirt von Moreau in seiner Ausgabe des Lavater, 1820, Tom. IV, p. 211.
[5] Gratiolet (De la Physionomie, 1865, p. 66) betont die Richtigkeit dieser Folgerung.

Elasticität des Geistes wieder zu erhalten. Diese Resultate sind zum Theil eine Folge der innigen Beziehung, welche zwischen allen Gemüthserregungen und ihren äuszern Offenbarungen besteht, zum Theil Folge des directen Einflusses einer Anstrengung auf das Herz und folglich auch auf das Gehirn. Selbst das Heucheln einer Gemüthsbewegung erregt dieselbe leicht in unserer Seele. SHAKESPEARE, welcher doch wegen seiner wunderbaren Kenntnis der menschlichen Seele ein ausgezeichneter Beurtheiler sein sollte, sagt: —

> „Ist's nicht erstaunlich, dasz der Spieler hier
> Bei einer bloszen Dichtung, einem Traum
> Der Leidenschaft, vermochte seine Seele
> Nach eignen Vorstellungen so zu zwingen,
> Dasz sein Gesicht von ihrer Regung blaszte,
> Sein Auge nasz, Bestürzung in den Mienen,
> Gebrochne Stimm' und seine ganze Haltung
> Gefügt nach seinem Sinn. Und alles das um nichts!"
>
> Hamlet, Act II, Scene 2.

Wir haben gesehen, wie das Studium der Theorie des Ausdrucks in einer gewissen beschränkten Ausdehnung die Folgerung bestätigt, dasz der Mensch von irgend einer niedern thierischen Form herstammt, und wie dasselbe die Annahme der specifischen oder subspecifischen Identität der verschiedenen Menschenrassen unterstützt; so weit aber mein Urtheil reicht, bedurfte es kaum einer solchen Bestätigung. Wir haben auch gesehen, dasz der Ausdruck an sich, oder die Sprache der Seelenerregungen, wie er zuweilen genannt worden ist, sicherlich für die Wohlfahrt der Menschheit von Bedeutung ist. So weit wie möglich die Quelle und den Ursprung der verschiedenen Ausdrucksweisen, welche stündlich auf den Gesichtern der Menschen um uns herum zu sehen sind (unsere domesticirten Thiere dabei gar nicht zu erwähnen), verstehen zu lernen, sollte ein groszes Interesse für uns besitzen. Aus diesen verschiedenen Gründen können wir schlieszen, dasz die Philosophie unseres Gegenstandes die Aufmerksamkeit, welche sie bereits von mehreren ausgezeichneten Beobachtern erfahren hat, wohl verdient und sie besonders seitens jedes fähigen Physiologen wohl noch mehr verdiente.

Register.

A.

Abbildungen der Gesichtsmuskeln, 22, 23.
Abscheu, 235; Ausspucken ein Zeichen des —s, 238.
Absonderungen, durch starke Gemüthserregungen afficirt, 62.
Abyssinier, weinen vor Lachen, 190; Mundhängen, 212; Wuth, 226; Entblöszen des Eckzahns, 230; Ausspucken vor Abscheu, 238; zucken mit den Schultern, 245; Bejahung und Verneinung, 251; Erstaunen, 256, 265; sollen nicht erröthen, 290, Anm. 12.
Affen, 54; Vermögen gegenseitiger Mittheilung und Ausdruck, 54, 79, 87; Zurückziehen der Ohren, 104; specielle Ausdrucksformen, 119; Vergnügen, Freude u. s. w., 120; schmerzliche Erregungen, 123; Zorn, 124; werden vor Leidenschaft roth, 125; Schreien, 126; mürrisches Wesen, 126; Stirnrunzeln, 129; Erstaunen, Schrecken, 130, fletschen die Zähne nicht, 231; erbrechen sich häufig, 237.
Aguti, Sträuben der Haare, 89.
Albinos, Erröthen bei, 285, 299.
Alison, Professor, 28.
Ameisenfresser, Sträuben der Haare, 89.
Anatomie und Philosophie des Ausdrucks, 1.
Anatomische Abbildungen von Henle, 4.
Andacht, Ausdruck der frommen —, 200.
Anderson, Dr., 97, Anm. 26.
Annesley, Lieut., 113, Anm. 4.
Antilopen, Sträuben der Haare, 89.
Anubis-Pavian, 87, 122.
Araber, zucken mit den Schultern, 245; Bejahung und Verneinung, 251; erröthen, 289.
Araucaner, mürrische Entschlossenheit, 211.
Argwohn, 240.
Arrectores pili, 92, 93.

Association, Kraft der, 27; Beispiele der —, 28, 29.
Audubon, 90, Anm. 14.
Aufblähen des Körpers u. s. w., 95; bei Kröten und Fröschen, 95; bei Chamaeleons u. s. w., 95; Schlangen, 96.
Aufmerksamkeit, 255.
Aufrichten der Hautanhänge, 86.
Augen, Contraction der Muskeln um die — beim Schreien, 143; Stellung derselben während des Schlafes und bei der Andacht, 200.
Augenbrauen, schräge Stellung der, 162.
Ausdruck, Anatomie und Philosophie des —s, 1.
—, allgemeine Gesetze des —s, 24; die drei Hauptgesetze, 24; zweckmäsziger associirter Gewohnheiten, 25, des Gegensatzes, 44, der Thätigkeit des Nervensystems, 60.
—, Mittel des —s bei Thieren, 76; Ausstoszen von Lauten, 76—86; Aufrichten der Hautanhänge, 86—95; Aufblähen des Körpers, 95—101; Zurückziehen der Ohren, 101—104; Aufrichten der Ohren, 104.
Ausdrucksformen, specielle, bei Thieren, 105; Hunde, 105—114; Katzen, 114—117; Pferde, 117—118; Wiederkäuer, 118; Affen, Paviane, Chimpansen, 119—132.
—, specielle, beim Menschen, 133; Leiden, 133; Weinen bei Kindern, 134; Zusammenziehung der Muskeln rings um das Auge beim Schreien, 143; Absonderung von Thränen, 148; Kummer und Gram, 161; schräge Stellung der Augenbrauen, 162; Gram-Muskeln, 164; Herabziehen der Mundwinkel, 175; Freude, 180; Ausgelassenheit, Heiterkeit, 193; Liebe, zarte Empfindungen, 195; andächtige Ergebung, 200.
Ausgelassenheit, 193; Definition derselben von einem Kinde, 193.

Ausstoszen von Lauten, s. Laute.
Australier, Ausdruck des Grams, 169; Herabziehen der Mundwinkel, 176; Ausdruck der Freude, 190, 194; Glänzen der Augen, 194; Küssen unbekannt, 196; Stirnrunzeln, 204; Falten der Augenlider beim Nachdenken, 208; mürrische Entschlossenheit, 211; Schmollen der Kinder, 212; Zorn und Wuth, 226; Entblöszen des Eckzahns, 230; Ausspucken, 238; Ausdruck der Schuld, 240; Zucken mit den Schultern, 246; Bejahung und Verneinung, 251; Ueberraschung und Erstaunen, 256, 257, 262, 264; Furcht und Entsetzen, 267; Furcht, 270; Erröthen, 293.
Aymaras, mürrische Entschlossenheit, 211; Erröthen, 291.
Azara, 115, Anm. 6; 117, Anm. 7.

B.

Bain, Mr., 7, 28, 182, Anm. 4; 195, Anm. 21; 266, Anm. 16; 299, Anm. 25.
Baker, Sir Samuel, 104.
Barber, Mrs., 20, 98, Anm. 28; 251, 264.
Barrington, 293.
Bartlett, Mr., 40, 43, 87, 103, 112, 119, 125.
Behn, Dr., 284.
Bejahung, Zeichen der, 249.
Bell, Mr., 268.
—, Sir Charles, 1, 8, 44, 105, 109, 143, 156, 193, 200, 202, 247, 258, 279, 308.
Bengalesen, Wuth, 227; Trotz, 228; zucken mit den Schultern, 245.
Bennett, G., 126, Anm. 16.
Bergeon, 153, Anm. 21.
Bernard, Claude, 34, 62, 64, Anm. 5.
Bescheidenheit, 306.
Bewegungen, symbolische, 5; sympathische, 6 (nach Gratiolet).
—, associirte gewohnheitsgemäsze bei niedern Thieren, 38; Hunde, 38—41; Wölfe und Schakale, 40; Pferde, 41; Katzen, 42; junge Hühnchen, 43; Spieszente u. s. w., 43.
Bewunderung, 265.
Billard-Spieler, Geberden, 5.
Blair, Mr. R. H., 284, 323.
Blinde, Neigung der —n zu erröthen, 284.
Blödsinnige, s. Idioten.
Blyth, Mr., 89.
Bowman, Mr., 145, Anm. 14; 146, Anm. 16; 154, 207.
Brasilianer, erröthen nicht, 291.
Brehm, 87, 117, 125, Anm. 14; 126, Anm. 15.

Bridges, Mr., 20, 226, 238, 253.
Bridgman, Laura, 180, 194, 244, 250, 257, 261, 263, 284.
Brinton, Dr., 144, Anm. 10.
Brodie, Sir Benj., 312.
Brooke, Rajah, 19, 190, 252, 256.
Brown, Dr. R., 98, Anm. 29.
Browne, Dr. J. Crichton, 12, 69, Anm. 10; 141, 163, 166, 168, 181, 186, 198, 223, 268, 270.
Bucknill, Dr., 272.
Bulmer, Mr. J., 18, 190, 230, 252, 262.
Bunnett, Mr. Templeton, 18, 163, 246.
Burgess, Dr., 4, 219, Anm. 3.
Burton, Captain, 239.
Buschmänner, Erstaunen der, 265.
Button, Jemmy, der Feuerländer, 196.

C.

Callithrix sciureus, 124.
Camper, Peter, 1, und 1, Anm. 3.
Carpenter, Dr. W., über die Grundzüge der vergleichenden Physiologie, 43, Anm. 17.
Catlin, 265.
Caton, Hon. Judge, 89, Anm. 11.
Cebus Azarae, Laute, 80; Ausdrucksformen, 121.
Cercopithecus nictitans, Sträuben der Haare, 87.
Cercopithecus ruber, 104.
Ceylonesen, Entblöszen des Eckzahns, 230; Erstaunen, 256; Furcht, 269.
Chamaeleons, 95.
Charma, 250.
Chevreul, 5.
Chimpanse, 87, 120, 131; Zeichen der Wuth, 213.
Chinesen, Kummer, 190; weinen vor Lachen, 190; mürrische Entschlossenheit, 211; Mundhängen, 212; Zorn und Wuth, 226; Entblöszen des Eckzahns, 230; Entschuldigung, 246; Bejahung und Verneinung, 251; Erstaunen, 256; Erröthen, 289.
Cistercienser Mönche, Geberdensprache, 55.
Clotho arietans, 96.
Cobra-de-capello, die, 96.
Cooke, der Schauspieler, 229.
Cooper, Dr., 96, Anm. 22.
Cope, Professor, 99, Anm. 31.
Crantz, 238.
Cynopithecus niger, 104, 122, 123, 124, 130.

D.

Dakota-Indianer, Wuth, 226; Verachtung, 235.

Darwin, Dr. E., 27, Anm. 3; 42, Anm. 16; 70, Anm. 11.
Dasypeltis, 96.
Demuth, 240.
Dhangars, Ausdruck des Grams, 169, 170; zucken mit den Schultern, 245.
Dickens, Charles, 222.
Donders, Professor, 145, 150, 289.
Duchenne, Dr., 4, 10, 12, 120, 135, Anm. 3; 136, Anm. 4; 165, 172, 203, 211, 233, 236, 273, 277, 279.
Dyaks von Borneo, weinen vor Lachen, 190; Glänzen der Augen, 194; Mundhängen, 212; Verachtung, 233; Bejahung und Verneinung, 252; Erstaunen, 256; erröthen nicht, 290, Anm. 12.

E.

Eber, wilder, 103.
Echis carinata, 97.
Eckzahn, Entblöszung, des —s, 228.
Edgeworth, Maria und R. L., 304.
Ehrgeiz, 240.
Eidechsen, 95.
Eifersucht, 72, 240.
Eingebildetsein, 240.
Eitelkeit, 240 (181).
Elephanten, 103; Weinen der, 151.
Elk, Sträuben der Haare, 89.
Engelmann, Professor W., 208.
Engländer, weinen selten, 140; wenig demonstrativ, 242; Zeichen der Verneinung, 253.
Entblöszen des Eckzahns, 228.
Entschlossenheit oder Entschiedenheit, 214; Schlieszen des Mundes, 216.
Erbrechen, 144.
Erröthen, 283; Neigung zum — vererbt, 285; bei verschiedenen Menschenrassen, 288; Bewegungen und Geberden, welche dasselbe begleiten, 294; Verlegenheit beim —, 295; Natur der Seelenzustände, welche es veranlassen, 298; Schüchternheit, 301; moralische Ursachen, Schuld, 304; Verletzungen der Etikette, 305; Bescheidenheit, 306; Theorie des —s, 308.
—, Physiologie oder Mechanismus des —s, 4; 284, Anm. 1.
Erskine, Mr. H., 19, 30, 170, 252.
Erstaunen, 255; bei Affen, 130.
Erweiterung der Pupille, 278.
Eskimos, Küssen unbekannt, 196; Bejahung und Verneinung, 252.
Etikette, Verletzung der, 305.

F.

Feuerländer, weinen, 140; Küssen unbekannt, 196; Wuth, 226; Verachtung, 238; Anspucken, 239; Bejahung und Verneinung, 252; Erstaunen, 256; Erröthen, 291.
Fingos, Schmollen der Kinder, 212; Erstaunen, 264.
Fledermaus, Sträuben der Haare, 89.
Forbes, Mr. D., 211.
Ford, Mr., 87.
Forster, J. R., 290.
Foster, Mr. Michael, 314, 315.
Fragen, betreffs des Ausdrucks, 14.
Freude, Ausdruck der, 69, 180; bei kleinen Kindern, 69, Hunden, Pferden, 69, Affen, 119; Lachen, 180.
Freycinet, 159.
Frösche, 32, 95.
Fuchs, der, 113, 115.
Furcht, 74, 265; Beschreibung der — bei Hiob, 267.
Furcht, äuszerste, 265; Schweisz bei derselben, 67; bei einer geisteskranken Frau, 268; bei Mördern, 269; Sträuben der Haare, 270; Erweiterung der Pupillen, 278.
Fyffe, Dr., 278.

G.

Gähnen, 125, 149.
Gaika, Christian, 20, 190, 233, 240, 251, 256, 270, 292.
Galton, Mr., 30, Anm. 8.
Gänsehaut, 92, 94.
Garrod, Mr. A. H., 67, Anm. 9.
Gaskell, Mrs, 137, Anm. 5.
Geach, Mr. F., 19, 170, 230, 239, 245, 269, 289.
Geberden, 29, 56; Vererbung gewohnheitsgemäszer, 30, Anm. 8; das Erröthen begleitende, 294.
Geberdensprache, 55.
Gedrücktsein, 161.
Geduldmuskeln, 247.
Gefühle, zärtliche, 195; durch Sympathie erregt, 197.
Gegensatz, Gesetz desselben, 45; Hunde, 45, 50; Katzen, 50; conventionelle Zeichen, 55.
Geisteskranke, 12; weinen viel, 140; Zeichen der Wuth, 223.
Geiz, 240.
Geringschätzung, 223.
Gewohnheit, Macht der, 26.
Gibbon, erregt, 126.
Gibbon-Affe, bringt musikal. Laute hervor, 80.
Glenie, Mr. S. O., 19, 151, 230.
Gordon, Lady Duff, 289.
Gorilla, der, 87, 129.
Gould, Mr. J., 91, Anm. 15.

Gram, 73
Gram-Muskeln, 164.
Gratiolet, Pierre, 5, 29, 107, 207, 209, Anm. 6; 215, 222, Anm 9; 259, 263, 278, 308, 311.
Gray, Professor und Mrs Asa, 20, 245, 289.
Green, Mrs., 18.
Grönländer, Ausdruck der Freude, 194; Abscheu, 238.
Guanacos, 102.
Guaranis, runzeln die Stirn, 204.
Güldenstädt, 113, Anm. 4.
Gunning, Dr, 146.
Günther, Dr. Alb., 91, 95, 96, 99, Anm. 30.
Gypogeranus, 100.

H.

Haar, Farbenveränderung des —s, 61, 313; Sträuben des —s, bei Thieren, 86 flgd. 92, 270.
Hagenauer, Mr., 18, 176, 240, 267.
Haller, A. von, 81, 335.
Harvey, W., 27, Anm. 3.
Hasen, 76.
Hass, 218, Wuth, 219.
Hautanhänge, Aufrichten der —, 86; beim Chimpanse und Orang, 87; Löwen u. s. w., 88; Hund und Katze, 88; Pferde und Rinder, 89; Elk, 89; Fledermaus, 89; Vögel, 90; unter dem Einflusse des Zorns und der Furcht, 92.
Hautmuskel des Halses, s. Platysma myoides 273.
Heiterkeit, 193.
Helmholtz, Professor, 81, 83.
Henderson, Mr., 99, Anm. 31.
Henle. J., 4, 135, Anm. 2; 175, Anm. 6; 184.
Herpestes, 88, 99, 100.
Herz, empfindlich für äusere Reize, 62; wirkt auf das Gehirn zurück, 62; durch Schmerz afficirt, 66; bei der Wuth afficirt, 68.
Hesperomys, singt, 80.
Hindus, Gram-Muskeln thätig, 169, 170; Herabziehen der Mundwinkel, 176; weinen vor Lachen, 190; gute Laune, 194; runzeln die Stirn, 204; Schmollen der Kinder, 212; Abscheu, 238; zucken mit den Schultern, 245; Erstaunen, 255; Furcht, 269; Hals erröthet nicht, 289; Schüchternheit, 302.
Hiob, Beschreibung der Furcht, 267.
Hippocrates, 27, Anm. 3; 66.
Hippopotamus, 63, 67, 102.
Hirsch-Arten, Kampfart, 103; Einziehen des Schwanzes, 112; Ausdrucksformen, 119.

Hogarth, Darstellung eines Betrunkenen, 258.
Hohn, 228.
Holland, Sir Henry, 33, 34, 65, Anm. 8; 310, Anm. 33.
Homer's Beschreibung des Lachens, 180; Weinen vor Freude, 197.
Hottentotten, weinen vor Lachen, 190; Schmollen der Kinder, 212.
Hülflosigkeit, 242.
Humboldt, Alex. von, 124, 291.
Hund, die sympathischen Bewegungen des —s, 6; Herumdrehen vor dem Niederlegen, 39; Stellen, 39; Kratzen u. s. f., 40; Sträuben der Haare, 88; verschiedene Geberden, 56; Bellen, ein Ausdrucksmittel, 78; Heulen, 80; Zurückziehen der Ohren, 101; verschiedene Bewegungen, 104; Geberden der Zuneigung, 107; Grinsen, 109; Schmerz, 110; Aufmerksamkeit, 110; Schrecken, 111; Spiel, 111.
Huschke, E., 162, Anm. 1; 225, Anm. 13; 263.
Husten, 147.
Huxley, Professor, 28, Anm. 5; 87, Anm. 9.
Hyäne, 88, 112.
Hylobates agilis, 80.
Hylobates syndactylus, 126.
Hypochondrie, Gram-Muskeln thätig, 168.

I.

Idioten, Ausdruck der Freude, 181; Erröthen, 284.
Indien, dunkelfarbige Stämme von, Herabziehen der Mundwinkel, 175; Wuth, 226; Eingeborne erröthen, 289.
Indignation, 225.
Innes, Dr. 244.
Inuus ecaudatus, 104, 121, 126, Anm. 15.
Italiener, Zeichen der Verneinung, 253.
Jerdon, Dr., 98.
Jukes, Mr. J. B., 251, Anm. 22.

K.

Kaffern, weinen vor Lachen, 190; runzeln die Stirn, 204; Ausdruck der Verlegenheit, 209; mürrische Entschlossenheit, 211; Schmollen der Kinder, 212; Mundhängen, 212; Verachtung, 233; Ausdruck der Schuld, 240; kennen das Zucken mit den Schultern nicht, 246; Bejahung und Verneinung, 251; Erstaunen, 256, 262, 464; Furcht, 269; erröthen nicht, 292.

Kalmucken sollen nicht erröthen, 290, Anm. 12.
Kämpfen, Art zu — bei Thieren, 101; alle Fleischfresser kämpfen mit ihren Eckzähnen, 101; Hunde, Katzen, 101; Pferde, Guanacos u. s. w., 102; Orignal, 103; Kaninchen, 103; Eber, 103; Elephanten, 103; Rhinocerosse, 103; Affen, 104.
Kanarienvogel, blasz und ohnmächtig, 70.
Känguruhs, Art zu kämpfen, 103.
Kaninchen, Gebrauch der Stimme, 76; stampfen auf den Boden, 85; Art zu kämpfen, 103.
Katze, 42, 114; Vorbereitung zum Kampf, 50; ihren Herrn liebkosend, 50; Zurückziehen der Ohren, 101; Schwingen des Schwanzes, 114; Bewegungen der Zuneigung, 115; in schrecklicher Furcht, 116; Emporheben des Schwanzes, 116; Schnurren, 117.
Kinder, kleine, Ausdruck derselben, 11; Schreien, 134; Weinen, 138.
Kindermann, Herr, 21, 134, Anm. 1.
King, Major Ross, 103.
Kitzel, 183.
Klapperschlange, 97, 99, 100.
Kölliker, Professor, 92.
Kröten, 95.
Kummer, 73; Ausdruck des —s. 161; schräge Stellung der Augenbrauen, 162; Herabziehen der Mundwinkel, 175; bei Affen, 123.
Küssen, 196.

L.

Lächeln, 184, 186, 191; bei kleinen Kindern, 191; bei Wilden, 194.
Lachen, 85, 148, 180; bei Affen, 120; Freude ausgedrückt durch —, 180; bei Kindern, 180; bei Idioten, 181; Ursachen bei Erwachsenen, 181; durch Kitzeln verursacht, 183; Glänzen der Augen, 187; Thränen vergossen bei excessivem, 190; bei Hindus, Malayen u. s. w., 190; zur Verbergung der Gefühle, 195; beginnendes — bei einem Säugling, 192.
Lacy, Mr. Dyson, 18, 211, 222, 251, 269.
Lähmung, allgemeine, bei Geisteskranken, 186.
Lane, Mr. H. D., 18.
Lang, Mr. Archibald G., 18.
Langstaff, Dr., 134, 138, 286.
Lappländer, reiben die Nasen, 196.
Laute, Aeuszerung von —n, wirksames Mittel des Ausdrucks, 76; im Verkehr der beiden Geschlechter, 77; bei getrennten Thieren, 77; der Wuth, 78; Bellen der Hunde, 78; gezähmte Schakale, 78; Tauben, 79; menschliche Stimme, 79; Mittel der Werbung, 79; Musik, 81; bei kleinen Kindern, 84; bei Ueberraschung, Verachtung und Abscheu, 84; Kaninchen, 85; Stachelschweinen, 85; Insecten, 86; bei Vögeln, 86.
Lavater, G., 2. Anm. 6.
Laycock, Professor, 310.
Le-Brun, der Maler, 1, 3, 225, Anm. 13.
Leichhardt, 238.
Leiden des Körpers und Geistes, 133.
Lemoine, M. A., 2, 328.
Lepchas, erröthen, 289.
Lessing, G. E., Laokoon, 13.
Leydig, Prof. Frz., 92, 94.
Liebe, mütterliche, 71; der beiden Geschlechter, 71; Ausdruck der —, 195; Küssen ein Zeichen der —, 196; erregt Thränen, 197.
Lieber, Mr. F., 181. Anm. 2; 250.
Lister, Mr., 92, 183, Anm. 6.
Litchfield, Mr., über den musikalischen Ausdruck, 81.
Lockwood, Mr. S., 80, Anm. 3.
Lorain, Mr., 67, Anm. 9.
Lubbock, Sir John, 140, 196, Anm. 22; 253, Anm. 26.

M.

Macacus sp., 104, 123.
Macacus maurus, 150.
Macacus rhesus, 125; erblaszt aus Furcht, 131.
Macalister, Professor, 9, Anm. 13.
Macroglossa, 27.
Malayen, Ausdruck des Grams, 170; Herabziehen der Mundwinkel, 176; weinen vor Lachen, 190; gute Laune, 194; Falten der Augenlider beim Nachdenken, 208; mürrische Entschlossenheit, 211; Mundhängen, 212; Wuth, 226; Entblöszen des Eckzahns, 230; Ausspucken vor Abscheu, 238; zucken mit den Schultern, 245; Bejahung und Verneinung, 251; Furcht, 269; Erröthen, 289.
Marshall, Mr., 141, Anm. 9; 181, Anm. 3.
Martin, W. L., 120, 124, 127, Anm. 17.
Martius, C. F. Ph. von, 291.
Matthews, Mr. Washington, 20, 210, 235, 245, 253, 262, 265.
Maudsley, Dr., 33, Anm. 10; 36, Anm. 14; 224, 312, Anm. 40.
Mauvaise honte, 301.

May, Mr. A., 22.
Melancholiker, weinen viel, 140; schräge Augenbrauen, 162, 168; Herabziehen der Mundwinkel, 175.
Mensch, Specielle Ausdrucksformen, 133, s. Ausdruck.
Meyer, Dr. Adolf, 252.
Midas oedipus, Sträuben der Haare, 87.
Mittheilung, Vermögen der — bei socialen Thieren, 54; bei Taubstummen, 55; Hunden und Katzen, 56, 57.
Moreau, M., 2, 288.
Moschus-Ochse, 119.
Mowbray, über Hühner, 43, Anm. 18.
Mulatten erröthen, 292.
Müller, Dr. Ferdinand, 18.
—, Fritz, 246.
—, Johannes, 10, 26, Anm. 2; 62, Anm. 2; 64, Anm. 6.
Mund, Oeffnen desselben beim Erstaunen, 258.
Murie, Dr., 259, Anm. 6.
Musculus superbus, 241.
Musik, 199; musikalischer Ausdruck, 82.
Muskel der Furcht, 273, 275; — der Geduld, 247; — der Ueberlegung, 203.

N.

Nachdenken, 208, häufig von gewissen Geberden begleitet, 209.
Neger, Ausdruck des Grams, 169; reiben den Bauch vor Freude, 194; Narben werden roth bei der Wuth, 219; Ausspucken vor Abscheu, 238; zucken mit den Schultern, 245; Bejahung und Verneinung, 250; Erstaunen, 256, 262, 265; Erröthen, 292.
Neid, 240.
Neigungen, vererbte oder instinctive, 27.
Nervensystem, directe Wirkung des —s, 61; Farbenveränderung des Haares, 61; Zittern der Muskeln, 61; Störung der Secretionen, 62; Schweisz, 66; Wuth, 67; Freude, 69; äuszerste Angst, 70; Liebe, 71; Eifersucht u. s. w., 72; Kummer 73.
Neu-Griechen, Bejahung und Verneinung, 251.
Neu-Seeländer, weinen, 140; gute Laune, 194; Küssen unbekannt, 196; reiben die Nasen, 196; Mundhängen, 212; Wuth, 226; Bejahung und Verneinung, 252; Erstaunen, 256; Erröthen, 290.
Nicol, Mr. Patrik, 12, 168, 224, 275.
Niedergeschlagenheit, 73, 161.
Nord-America, Indianer; weinen vor Lachen, 191; Ausdruck der Verlegenheit, 210; mürrische Entschlossenheit, 211; Schmollen der Kinder, 212; werden roth vor Wuth, 219; Wuth, 226; Entblöszen des Eckzahns, 230; Abscheu, 238; zucken mit den Schultern, 246; Bejahung und Verneinung, 253; Erstaunen, 256, 262, 265; Erröthen, 290.

O.

Ogle, Dr. W., 234, 248, 259, 269, 275.
Ohren, das Zurückziehen der —, 101; beim Kämpfen: Hunde, Katzen, Tiger u. s. w., 101; Pferde, 102; Guanacos u. s. w., 102; Orignal, 103; Kaninchen, 103; wilde Eber, 103; Affen, 104; Aufrichten der —, 104.
Oliphant, Mrs., 73, Anm. 12; 247, Anm. 16.
Olmsted, 247.
Orang, 120, 126, 131; Zeichen der Wuth, 213.
Orignal, 103.
Owen, Professor R., 9, Anm. 13; 80, Anm. 3; 129, Anm. 18.

P.

Paget, Sir James, 62, 106, 286, 313.
Papuas, Küssen unbekannt, 196.
Parsons, J., 1, Anm. 1.
Pavian, Anubis-, 87.
Paviane, 125.
Peccari, Sträuben der Haare, 89.
Pfeifen als Zeichen der Ueberraschung, 262.
Pferd, 41; Knabbern, Kratzen, 41; Schweisz bei heftigen Schmerzen, 66; Sträuben des Haares vor Furcht, 89; Schrei vor Noth, 77; Kämpfen, 102; Ausdruck der Furcht, des Vergnügens u. s. w., 117.
Piderit, Dr., 6, 21, 137, 187, 203, 216, 234.
Platysma myoides, Zusammenziehung desselben, 273.
Plautus, 209.
Polynesier, erröthen, 290.
Pouchet, Mr. G., 61, Anm. 1.
Proteles, Sträuben der Haare, 88.
Puff-Otter, 96.
Pupille, Erweiterung der, 278.

R.

Rache, 240.
Reade, Mr. Winwood, 19, 256, 262, 265.
Reflexthätigkeiten, 32; Husten, Niesen u. s. w., 32; Muskelthätigkeit eines enthaupteten Frosches,

32; Schlieszen der Augenlider, 31; Zusammenfahren, 35; Zusammenziehung der Iris, 37.
Rejlander, Mr., 21, 134, Anm. 1; 165, 184, 228.
Rengger, 54, 80, 121, 123.
Resignation, 248.
Reynolds, Sir J., 189, Anm. 15.
Rhinoceros, 67, 103.
Rhinochetus jubatus, 43.
Rinder, schwitzen bei äuszerst heftigen Schmerzen, 66; Sträuben der Haare bei Furcht, 89; ziehen die Ohren nicht zurück, 102.
Rivière, Mr., 22, 109.
Rothkehlchen, vor Schreck ohnmächtig, 70.
Rothrock, Dr., 20, 211, 230, 238.
Rüsselschwärmer, 27.

S.

St. John, Mr., 43.
Salvin, Mr. F., 40, Anm. 15.
Sandwich-Insulaner, weinen im Glück, 159.
Savage, Mr., 129.
Schakale, 40, 113.
Scham, Geberden der, 294; Erwähnung der — bei Jesajah, Esra, 294.
Schauder, beim Abscheu, 235.
Schauern, bei schöner Musik, 62.
Schlangen, 96—101.
Schlauheit, 240.
Schleiereule, 90.
Schluchzen, der Menschenart eigenthümlich, 142.
Schmalz, Mr., 251.
Schmerz, äuszere Zeichen bei Thieren, 63; beim Menschen, 63; beim *Hippopotamus*, 63; führt Schweisz herbei, 66; wirkt auf das Herz, 67; Niedergeschlagenheit, 73.
Schmollen, 211; Ausdruck über die ganze Erde, 212; bei Affen, 126; bei jungen Orangs u. s. w., 213.
Schnippen mit den Fingern, 234.
Schrecken, 70.
Schrei, als Hülferuf, 83; — des Entsetzens, 267.
Schüchternheit, 301.
Schuld, 240; verursacht Erröthen, 304.
Schwan, 90.
Schweine, angewendet zur Vertilgung der Klapperschlangen, 98.
Schweisz, kalter, 266; vor Schmerz, 66.
Scott, Sir W., 166.
—, Mr. J., 19, 170, 226—228, 238, 245, 252, 256.
—, Dr. W. R., 55, Anm. 3.

Secretair, der (Geier), 100.
Semiten, erröthen, 289.
Seneca, 295.
Shakespeare, 28, 72, 221, 238, 240, 247, 256, 270, 307.
Shaler, Professor, 98, 99.
Sittsamkeit, 306.
Smith, Sir Andr., 190.
Smyth, Mr. Brough, 18, 262, 269.
Somalis, Küssen unbekannt, 196.
Somerville, 109.
Sorgen, 161.
Speedy, Captain, 20, 230, 246, 252, 265.
Spencer, Mr. Herbert, 7, 8, Anm. 11; 24, Anm. 1; 26, Anm. 2; 65, 79, 182, 207, Anm. 5; 241.
Spenser (der Dichter), 72, 240.
Spieszente, 43.
Spitzen der Ohren, 104.
Spix, J. von, 291.
Spotten oder Höhnen, 228.
Sprache, Geberden-, 55.
Spucken, Zeichen des Abscheus, 238.
Stachelschweine, 85.
Stack, Mr. J. W., 18, 212, 226, 256.
Stimme, menschliche, 79.
Stirnrunzeln, Art des — s, 3, 202; Menschen aller Rassen runzeln die Stirn, 204; bei Kindern, 205; zur Unterstützung des Sehens, 206; um blendendes Licht abzuhalten, 207.
Stolz, 240, 241.
Stotterer, runzeln die Stirn, 203.
Sträuben des Haares, 91.
Stuart, Mr., 257.
Sutton, Mr., 87, 125, 131, 231, 237.
Swinhoe, Mr., 19, 190, 226.
Sympathie, 198.

T.

Tadorna, 43.
Tagalen, Zeichen der Bejahung, 252.
Tahiti, Eingeborene, Küssen unbekannt, 196; Erstaunen, 262; Frauen erröthen, 290.
Taplin, Mr. G., 18, 170, 226, 293.
Taubstumme, Benutzung der Gegensätze bei ihrem Unterricht, 55, Anm. 3; 234.
Taylor, Mr. R., 141.
Tegetmeier, Mr., 91.
Tennent, Sir J. Emerson, 151.
Thiere, specielle Ausdrucksformen bei —n, 105, s. Ausdruck.
—, gewohnheitsgemäsz associirte Bewegungen bei niedern —n, 38—44; Wölfe und Schakale, 40; Pferde 41; Katzen, 42; Hühnchen, 43; Spieszenten, 43; Flamingo, Kagu und Eisvögel, 43.

Thränen, Ursache der Absonderung, 148; Lachen, Husten, 148; Gähnen, 149; Reflexthätigkeit, 154.
Thwaites, Mr., 151.
Trigonocephalus, 98.
Tropik-Vogel, 90.
Trotz, herausfordernder, 228.
Türken, Bejahung und Verneinung, 251.
Turner, Professor W., 92, Anm. 18.
Tylor, Mr., 55, Anm. 2; 234, 239, Anm. 11.

U.

Ueberlegung, 202; tiefe — gewöhnlich von Stirnrunzeln begleitet, 203.
Ueberraschung, 255.
Ueble Laune, 210.
Unfähigkeit, 242.
Unwillen, 225.

V.

Vasomotorisches Nervensystem, 63, 314.
Verachtung, 232; Schnippen mit den Fingern, 234.
Vererbung, gewohnheitsgemäszer Geberden, 30, Anm. 8; Erröthen, 285.
Verlegenheit, 204, 209.
Verneinung, Zeichen der, 249.
Versunkensein in Gedanken, 208.
Verwirrung des Geistes, beim Erröthen, 295.
Verzweiflung, 161.
Virchow, R., 32, Anm. 9.
Voeux, Mr. des, 100, Anm. 32.
Vögel, richten ihre Federn im Zorne auf, 90; drücken dieselben vor Furcht an, 91.
Vogt, C., 187, Anm. 12.

W.

Wallace, Mr., 120.
Wallich, Dr., 21, 184.
Weale, Mr. J. P. Mansel, 20, 209, 212, 262.
Wedgwood, Mr. Hensleigh, 95, 148, Anm. 18; 201, 211, Anm. 10; 220, Anm. 6; 229, 250, 262, 281.
Weinen, 132; die Zeit des ersten Thränenvergieszens bei kleinen Kindern ganz unbestimmt, 138; bei Wilden, 140; bei Geisteskranken, 140; Unterdrückung oder Stärkung der Gewohnheit, 141; Schreien u. Schluchzen kleiner Kinder, 142, s. auch Thränen.
Weir, Mr. Jenner, 90.
West, Mr., 19.
Widerwille, 235.
Wiederkäuer, ihre Seelenerregungen, 118.
Wilson, Mr., 17.
—, Mr. Samuel, 18.
Wolf, der, 40, 113.
Wolf, Mr., 21.
Wood, Mr. J., 164, Anm. 3; 272.
—, Mr. T. W., 21.
Würgen, 144.
Wuth, 67, 219; Zittern, eine Folge der, 220; Shakespeare's Beschreibung, 221; Fletschen der Zähne, 222.
Wyman, J., 129.

Z.

Zeichen, der Bejahung und Verneinung, 249; conventionelle, 55.
Ziegen, Sträuben der Haare, 89; ziehen die Ohren nicht zurück, 102.
Zittern, von der Furcht veranlaszt, 61; vor Entzücken, 61; bei schöner Musik, 61; vor Wuth, 62; vor äuszerster Angst, 70.
Zorn, 225; bei Affen, 124.
Zucken mit den Schultern, 242.
Zusammenfassung, 318.

Notiz für den Buchbinder!

Tafel I. gegenüber von Seite 124.
   „   II.   „   „   „ 163.
   „   III.   „   „   „ 184.
   „   IV.   „   „   „ 228.
   „   V.   „   „   „ 233.
   „   VI.   „   „   „ 242.
   „   VII.   „   „   „ 274.

www.ingramcontent.com/pod-product-compliance
Lightning Source LLC
Chambersburg PA
CBHW060303010526
44108CB00042B/2621